令和7年版

根本正次のリア

# 司法書士 合格ゾーン テキスト

## 7 商業登記法

# はじめに

本書は、初めて司法書士試験の勉強にチャレンジする方が、本試験突破の「合格力」を無理なくつけるために制作しました。

まず、下の図を見てください。

これは、司法書士試験での、理想的な知識の入れ方のイメージです。

まず、がっちりとした基礎力をつけます。この基礎力が備わっていれば、その後の部分は演習をすることで、徐々に知識を積み重ねていくことが可能になります。

私は、**この基礎力のことを「合格力」と呼んでいます**。

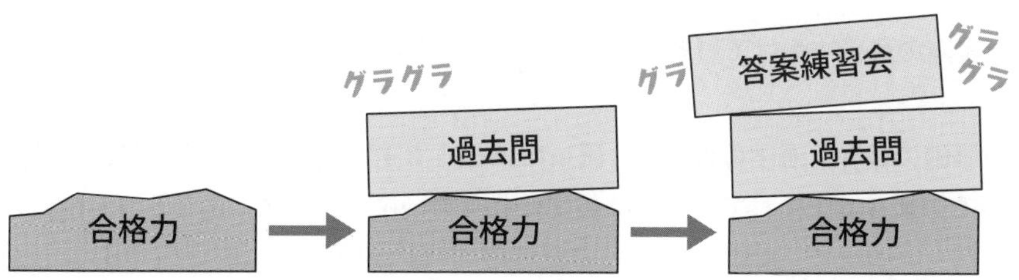


この合格力がついていないと、いくら勉強しても、知識を上積みすることができず、ドンドンと抜けていってしまいます（これまでの受験指導の中で、こういった受験生を本当に多く見ています…）。

本書は、まさにこの**「合格力（＋ある程度の過去問知識）」をつけるための基本書です**。

本書では、この「合格力」をつけるためにさまざまな工夫をしています。

### ①「合格に必要な知識」だけを厳選して掲載。

学問分野すべてを記載するのではなく、司法書士試験に出題がある部分（または今後出題される可能性が高いもの）に絞った記述にしています。学問的に重要であっても、「司法書士試験において必要かどうか」という観点で、論点を大胆に絞りました。

**覚えるべき知識量を抑えることによって、繰り返し学習がしやすくなり、スムーズに合格力がつけられるようになります**。本書を何度も通読し、合格力がついてきたら、次は過去問集にチャレンジしていきましょう。

### ②初学者が理解しやすい言葉、言い回しを使用。

本書は、司法書士試験に向けてこれから法律を本格的に学ぶ方のために作っています。そのため、**法律に初めて触れる方でも理解しやすい言葉や言い回しを使っています**。これは「極めて正確な用語の使い回し」をしたり、「出題可能性が低い例外を説明」することが、「必ずしも初学者のためになるとは限らない」という確固たる私のポリシーがあるからです。

### ③実際の講義を受けているようなライブ感を再現。

**生講義のライブ感そのままに、話し言葉と「ですます調」の軟らかな文体で解説しています**。また、できるだけ長文にならないよう、リズムよく5～6行ごとに段落を区切っています。さらに文章だけのページが極力ないように心掛けました。

### ④「図表」→「講義」→「問題」の繰り返し学習で知識定着。

1つの知識について、「図表・イラスト」、「講義」、「問題」で構成しています。そのため、本書を読み進めるだけで、**1つの知識について、3つの角度から繰り返し学習ができます**。また、「図表」は、講義中の登場人物の心境や物語の流れを把握するのに役立ちます。

## ⑤本試験問題を解いて実戦力、得点力アップ。

**試験で落としてはいけない「基本知識」の問題を掲載**。講義の理解度をチェックし、実戦力、得点力を養います。基礎知識を確認するための問題集としても使えます。

## 最後に

2002年から受験指導を始めて、たくさんの受験生・合格者を見てきました。
改めて、司法書士試験の受験勉強とは何をすることかを考えると、

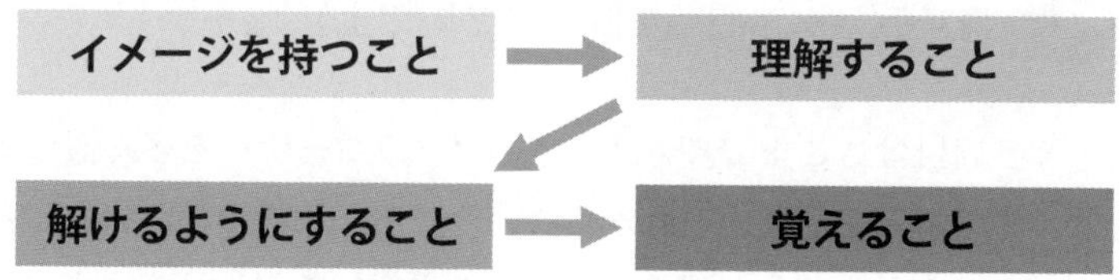


このプロセスを丹念に踏むことに尽きると思っています。

学習のスタートは、早ければ早いほど合格に近づきます。

しかし、いざ学習を始めるに当たり、「自分にできるかどうか」という不安をもっている方も多いのではないでしょうか。
ですが、**司法書士試験に今までの学習経験・学歴は、一切関係ありません。出題される知識を、「繰り返す」「続ける」努力を続けた人が勝つ試験です。**
本書は、いろいろな方法で学習を始めやすい・続けやすい工夫を凝らしています。安心して、本書を手に取って学習を始めてみましょう。

2024年5月
LEC専任講師　根本 正次

◆本書は2024年5月1日現在成立している法律に基づいて作成しています。

## ●本書シリーズを使った学習法

**STEP 1**　本書を通読＋掲載されている問題を解く（1～2周）
※　ただし「2周目はここまで押さえよう」の部分を除く

まずは、本書をあたまから順々に読んでいってください。

各章ごとに、「問題を解いて確認しよう」という問題演習のパートがあります。それを解くことによって、知識が入っているかどうかを確認してください。ここの問題を間違えた場合は、次に進む前に、該当箇所の復習をするようにしてください。

**STEP 2**　本書の「2周目はここまで押さえよう」の部分を含めて通読する　＋　問題を解く（2周以上）

本書には「2周目はここまで押さえよう」というコーナーを多く設けています。この部分は、先の学習をしないとわからないところ、知識の細かいところ、基本知識が固まらないうちに読むと消化不良を起こす部分を記載しています。

STEP 1を数回クリアしていれば、この部分も読めるようになっています。ぜひ、この部分を読んで知識を広げていってください（法律の学習は、いきなり0から10まで学ぶのではなく、コアなところをしっかり作ってから、広げるのが効率的です）。

**STEP 3**　本書の姉妹本「合格ゾーン ポケット判択一過去問肢集」で演習をする　＋　「これで到達合格ゾーン」のコーナーを参照する

ここまで学習が進むとアウトプット中心の学習へ移行できます。そこでお勧めしたいのが、「合格ゾーン ポケット判択一過去問肢集」です。こちらは、膨大な過去問集の中からAAランク・Aランクの知識に絞って演習ができる教材になっています。

そして、分からないもの、初めて見る論点があれば、本書の「これで到達合格ゾーン」の個所を見てください。

ここには、近年の司法書士試験の重要過去問について、解説を加えています。

この部分を読んで、新しい知識の記憶を強めていきましょう。

（そして、学習が深化してきたら、「これで到達合格ゾーン」の部分のみ通読するのも効果的です。）

## STEP 4　ＬＥＣの答案練習会・公開模試に参加する

本試験では、過去問に出題されたとおりの問題が出題されたり、問い方を変えて出題されたりすることがあります。

また、本試験の２～３割以上は、過去に出題されていない部分から出されます。

こういった部分の問題演習は、予備校が実施する答練で行うのが効率的です。

ＬＥＣの答練は、

・過去問の知識をアレンジしたもの

・未出知識（かつ、その年に出題が予想されるもの）

を出題していて、実力アップにぴったりです。

どういった模試・答練が実施されているかは、是非お近くのLEC各本校に、お問い合わせください。

## TOPIC　令和６年度から記述式問題の配点が変更！ より要求されるのは「基礎知識の理解度」

令和６年度本試験から、午後の部の配点が、択一の点数（１０５点）：記述の点数（１４０点）へと変更されました。

「配点の多い記述式の検討のため、択一問題を速く処理すること」、これが新時代の司法書士試験の戦略です。

そのためには、基礎知識を着実に。かつ、時間をかけずに解けるようにすることが、特に重要になってきます。

# ●本書の使い方

本書は、図表➡説明**という構成になっています**（上に図表があり、その下に文章が載っています）。

本書を使うときは、「図表がでてきたら、その下の説明を読む。その講義を読みながら、上の図表を見ていく」、こういうスタイルで見ていってください。

そして、**最終的には、「図表だけ見たら知識が思い出せる」というところを目標にしてください。**

**イントロダクション**

この編で何を学んで行くのかの全体像がつかめます。この内容を意識しながら学習を進めるといいでしょう。

章の初めには、「どういったことを学ぶのか」「どういった点が重要か」という説明が書かれています。この部分を読んでから、メリハリをつけて本文を読みましょう。

**基本構造**

本書の基本構造は「図表➡その説明」となっています。「図表を軽く見る➡本文を読む➡図表に戻る」という感じで読んでいきましょう。

---

第2編 **民法の基礎知識**

ここから民法の基礎知識を14個のテーマに分けて、見ていきます。この14個のテーマを学習した後に、第3編以降で細かく受験の論点を追いかけていきましょう。

**～代理人は本人の代わりなので、ちゃんとした人で～**

第1章 **代理制度**

これからやる代理という制度は、本試験で多くの出題があるところです。
まずは、①そもそも代理というのはどういう制度なのか、②代理が成立するための要件は何か、③頼まれてもいないのに代理した場合はどうなるか、こういったことを学習しましょう。

第1節 **任意代理**

図表

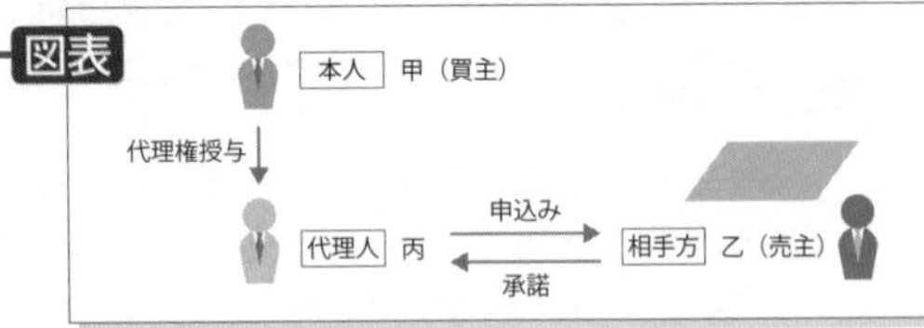


説明 甲は、丙に、「乙の土地が欲しいから、値段交渉をして買ってきて欲しい」と頼みました。

2　LEC東京リーガルマインド 令和7年版 根本正次のリアル実況中継 司法書士 合格ゾーンテキスト 1 民法Ⅰ

## 根本講師が説明！ 本書の使い方Web動画！

本書の使い方を、著者の根本正次ＬＥＣ専任講師が動画で解説します。登録不要、視聴無料で、いつでもアクセスできます。

本書の構成要素を、ひとつひとつ解説していき、設定の意図や留意点などを分かりやすく説明していきます。

是非、学習前に視聴していただき、本書を効率よく使ってください。

※スマートフォン等による視聴の場合、パケット通信料はお客様負担となります。

◆アクセスはこちら

◆二次元コードを読み込めない方はこちらから
https://www.lec-jp.com/shoshi/book/nemoto.html

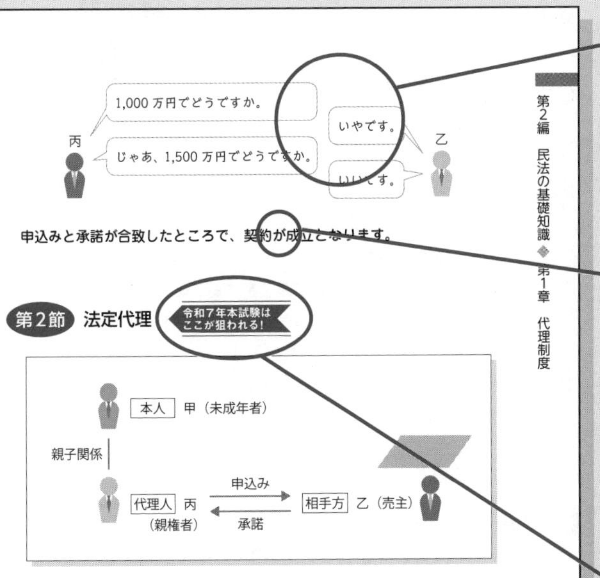


**会話調のイラスト**

流れや状況を会話調のイラストにすることにより、イメージしやすくなり、理解が早まります。

**本文**

黒太字：知識の理由となっている部分です。理由付けは理解するためだけでなく、思い出すきっかけにもなるところです。

赤太字：知識として特に重要な部分につけています。

**令和７年本試験はここが狙われる！**

令和７年本試験で狙われる論点をアイコンで強調表示しています。

**条文**

本試験では条文がそのまま出題されることがあります。覚える必要はありませんが、出てくるたびに読むようにしてください。

※上記は見本ページであり、実際の書籍とは異なります。

## 図に表示されている矢印の違い

本書には数多くの図が掲載されていますが、掲載されている矢の形で意味合いが異なってきます。

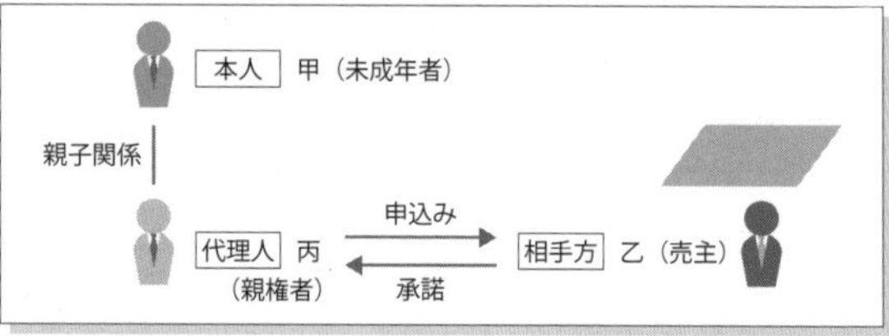


**覚えましょう**

試験問題を解答していく上で、欠かせない重要な部分です。読んだ後、この箇所を隠して暗記できているかを確認していきましょう。

**覚えましょう**

**代理行為が成立する要件**

① 本人 甲が権利能力を有すること
② 代理人 丙が代理権を有すること
③ 代理人 丙が 相手方 乙に対して顕名をすること
④ 代理人 丙と 相手方 乙との間に有効な契約が成立すること

理行為が有効に成立するためには、①から④までの要件が必要です。
この4つをすべてクリアすると、直接甲に効果帰属します。

**(1) 権利能力について**

**Point**

その単元の特に重要な部分です。この部分は特に理解することをこころがけて読んでください。

**Point**

**権利能力**：権利義務の帰属主体となりうる地位
→「人」が持つ
→「人」とは、自然人・法人

権利能力とは、私は「**権利を持てる能力、義務を負える能力**」と説明しています。

そして、この**能力を持つのは、人**です。

法律の世界で人といった場合は、**自然人と法人**を指します。

4 LEC東京リーガルマインド 令和7年版 根本正次のリアル実況中継 司法書士 合格ゾーンテキスト 1 民法Ⅰ

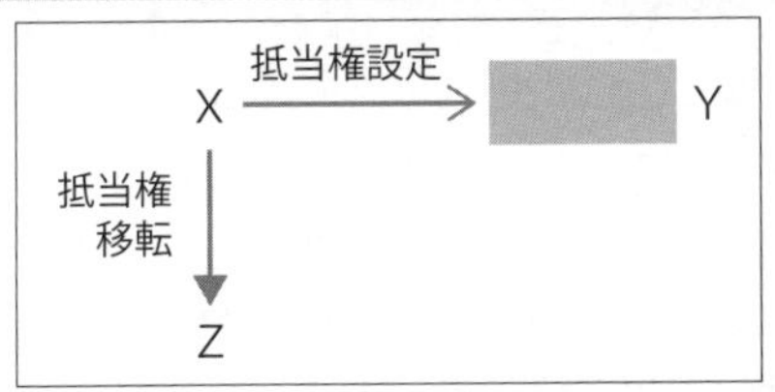


（太い矢印）や（細い矢印）流れを示しています。権利や物がその方向で動いていると思ってください。
※太さが異なっても意味は同じです。

（矢印）債権、所有権、地上権などの権利を差しています。誰が権利をもっていて、どこに向かっているかを意識してみるようにしてください。

～お金を貸すときは担保が大事です～

# 第3章 債権者平等の原則と担保物権

第2編 民法の基礎知識◆第3章 債権者平等の原則と担保物権

甲
債権 1,000 万円
乙
乙所有の土地
（1,500 万円の価値）

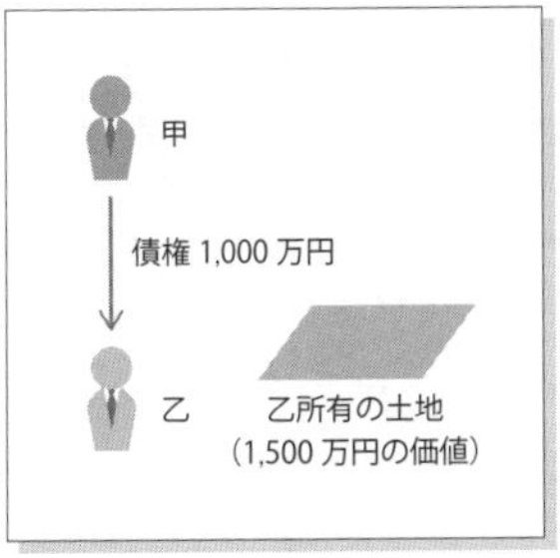

甲と乙が「1,000万円貸す」という借金契約をしました（この借金契約のことを、法律では、金銭消費貸借契約と呼びます）。

この場合、甲から乙に対し貸金債権が発生します。これは、「貸したお金を返せ」と請求できる権利です。

**取引の常識**
甲は、乙に金を貸す際に、乙の資産状態（資力ともいう）を確認してから貸す

**問題を解いて確認しよう**

1 金銭消費貸借契約をすることによって、抵当権は当然に設定されたこととなる。〔オリジナル〕 ×

**ヒトコト解説**

1 借金の契約とは別に、抵当権をつけるという契約をしないと抵当権は設定されません。

LEC東京リーガルマインド 令和７年版 根本正次のリアル実況中継 司法書士 合格ゾーンテキスト 1 民法Ⅰ 5

**根本のフキダシ**

根本が考える「この部分は、こう考えるといいよ」という理解の方向性を示している部分です。

**問題を解いて確認しよう**

ここまでの理解を確認します。理解していればすぐに解ける肢を、主に過去問からセレクトしていますので学習の指針にしてください。また、出題年度を明記しています。

例：〔13-2-4〕→平成13年問題2の肢4

×肢には「ヒトコト解説」が付いてくるので、なぜ誤っているかはここで確認してください。

※上記は見本ページであり、実際の書籍とは異なります。

**書面**

実際に存在する書面は、出来る限りイラストで表記しています。単なる暗記ではなく、イメージ化することで記憶しやすくします。

**書面**

不動産登記法・商業登記法では登記簿を多く載せています。これを見ながら権利関係の流れを追いかけていきましょう。

（四）　印鑑証明書

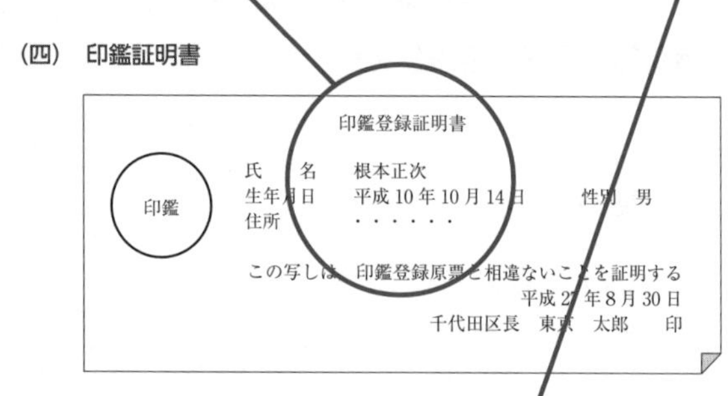

印鑑登録証明書

印鑑

氏　　名　根本正次
生年月日　平成10年10月14日　　性別　男
住所　　　・・・・・・

この写しは，印鑑登録原票と相違ないことを証明する
平成27年8月30日
千代田区長　東京　太郎　　印

第1節　売買に関する登記

（一）　基本形の登記

| 順位番号 | 登記の目的 | 受付年月日 | 権利者その他の事項 |
|---|---|---|---|
| 1 | 所有権保存 | （略） | 所有者　（住所省略）　甲野一郎 |
| 2 | 所有権移転 | （略） | 原因　　平成17年9月1日売買<br>所有者　（住所省略）　乙野二郎 |

1番に所有権保存で甲野一郎がいて，この甲野一郎が乙野二郎に所有権を全部売り，2番に所有権移転で乙野二郎名義になっています。

この2番の所有権移転登記を作るための申請書を見ていきましょう。

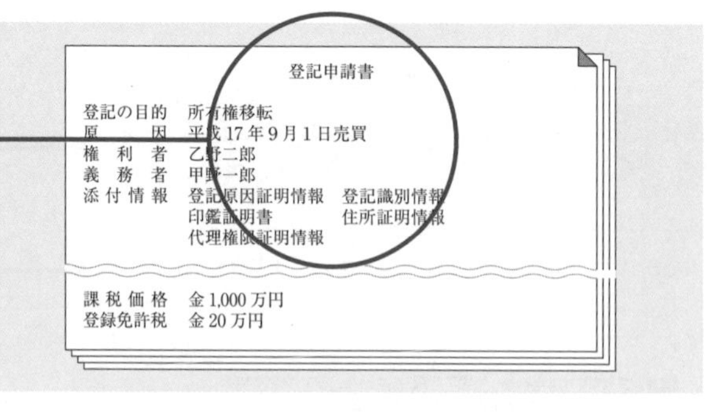

登記申請書

登記の目的　所有権移転
原　　　因　平成17年9月1日売買
権　利　者　乙野二郎
義　務　者　甲野一郎
添 付 情 報　登記原因証明情報　登記識別情報
　　　　　　印鑑証明書　　　　住所証明情報
　　　　　　代理権限証明情報

課 税 価 格　金1,000万円
登録免許税　金20万円

**イラストで登記申請書を表記**

不動産登記法・商業登記法では登記申請書を掲載しています。記述式で必要になる部分ですので、これができたら積極的に暗記していきましょう。

14　LEC東京リーガルマインド　令和7年版 根本正次のリアル実況中継
司法書士 合格ゾーンテキスト 4 不動産登記法Ⅰ

※上記は見本ページであり、実際の書籍とは異なります。

# 目 次

## 第４章　会社の計算に関する登記　177



## 第５章　機関に関する登記　190

根本正次のリアル実況中継

司法書士

# 合格ゾーン テキスト

## 7 商業登記法

まるわかりWeb講義

著者、根本正次による、科目導入部分のまるわかり Web 講義！

**科目導入部分は、根本講師と共に読んで行こう！**
**初学者の方は、最初に視聴することをおすすめします。**

◆二次元コードを読み込んで、アンケートにお答えいただくと、ご案内のメールを送信させて頂きます。
◆「まるわかりWeb講義」は各科目の「第1編・第1章」のみとなります。2編以降にはございません。
◆一度アンケートにお答えいただくと、全ての科目の「まるわかりWeb講義」が視聴できます。
◆応募期限・動画の視聴開始日・終了日については、専用サイトにてご案内いたします。
◆本書カバー折り返し部分にもご案内がございます。

# 第1編　商業登記法の全体構造

ここでは、主に
①　商業登記はなぜ必要なのか
②　どういったことを登記するのか
③　申請書の書き方の基本
という内容を学んでいきます。

特に②の何が登記されるかについては、今のうちから登記簿を何度も見返して、「何が登記されていて」「何は登記されないのか」を把握しておきましょう。

**～記述問題が解けるように頑張ること、それに尽きます～**

## 第1章　司法書士試験における商業登記法

午後の択一問題で8問出ます。
しかも、午後科目の最後8問のため、そのあとに記述問題が待っているプレッシャーから、急いで解く方が多いです。そのため、**ケアレスミスが起きやすい科目**と言えます。

1. 司法書士試験における商業登記法
午後択一　8問 / 35問
午後記述70点 / 140点

2. 科目の特徴
①　会社法の復習になる
②　記述　→　択一

勉強する内容は、会社法の手続を書面化するだけなので、会社法で説明した内容と全く同じ内容が繰り返されます。

そして　**記述の勉強をすれば、択一知識になります**。

不動産登記の場合は、記述の勉強をしても、択一知識は別個に付ける必要があります。記述の力があった上で、択一知識を上乗せするという感覚です。

商業登記の場合は、記述の力が、そのまま択一の知識になります。だから、別個に択一の勉強をする必要がありません。

そのため、**記述問題をどんどん解くようにしていってください**。まずは簡単な問題集を1冊買って、解き進めてください。

～会社を作り登記をしっかりすることで社会の信用を得ます～

# 第2章 商業登記法の位置付けと特徴

目に見えない「会社」等を目に見えるようにする
↓
取引の安全・迅速を図る

不動産登記の場合は、「権利は目に見えない→見えるようにする→それによって不動産取引の安全、円滑を図る」という仕組みでした。

商業登記の場合は、「**会社というのが目に見えない→目に見えるようにする→それによって商取引の安全迅速を図る**」という仕組みになっています。

具体例で説明していきましょう。

右の企業から「300万円の物品を買いたい」と取引の申込みがありました。

申し込まれた人は、いろんなことを不安に思います。

**①そもそも会社自体があるのか。**

「名刺に載っていた住所に行ってみたら、会社なんてなかった」、そんな詐欺事件は普通にあります。取引をしようとする人は、会社自体がそもそもあるのかということを不安に思います。

**②申込みに来た鈴木太郎が、本当に代表取締役なのか。**

本当は代表取締役が別人で、鈴木が代表取締役だと嘘をついている、無権代表取締役という状態ではないかということも不安に感じるでしょう。

**③300万円の取引をしても、その債務の支払いができるのか。**

資力がない企業と取引をしたいとは思いません。どれぐらいの会社規模なのかを事前に知りたいでしょう。

こういった不安を持った方が、企業調査のためにまずやるのが、登記簿での調査です。

登記所

商号　日本人材サービス
資本金の額　２億円
代表取締役　鈴木太郎

※　商人(会社)ごとに登記簿がある

登記所には**会社ごとに登記簿が1つ、あります**（不動産登記は、不動産ごとに登記簿が1つでした）。

登記は情報公開制度ですから、誰でも見られます。企業の関係者だけが見られるのではありません。

その登記簿を見ると、代表取締役がわかりますし、資本規模もわかります。これによって、

「登記簿があるということから会社が実在するのがわかる」

「代表取締役が鈴木だというのがわかる」

「資本規模、最低保有が2億円だから、300万円程度だったらいけるだろう、というのがわかる」ことになります。

**「安全な情報（国が証明しています）を迅速に手に入れる→それによって、商取引が安全にできるようになる**」これが、商業登記が目指していることです。

# 第3章 登記簿の仕組み、読み方

登記簿には一体どんな情報が載っているのでしょうか。登記簿のモデルケースを見てみましょう。

| 商　号 | 株式会社日本人材サービス |
|---|---|
| 本　店 | 東京都豊島区南池袋一丁目8番9号 |
| 公告をする方法 | 官報に掲載してする |
| 会社成立の年月日 | 昭和50年3月1日 |
| 目　的 | 1.労働者派遣事業<br>2.物品のリース及び情報提供サービス業<br>3.前記各号に付帯する一切の事業 |
| 単元株式数 | 10株 |
| 発行可能株式総数 | 2万1,000株 |
| 発行済株式の総数<br>並びに種類及び数 | 発行済株式の総数<br>1万700株 |
| 株券を発行する旨の定め | 当会社の株式については、株券を発行する。 |
| 資本金の額 | 金2億円 |
| 株式の譲渡制限に関する規定 | 当会社の株式を譲渡により取得するには、取締役会の承認を要する。 |
| 役員に関する事項 | 取締役　鈴　木　太　郎 |
| | 取締役　大　橋　大　吉 |
| | 取締役　田　中　美智子 |
| | 東京都豊島区南池袋一丁目8番9号<br>代表取締役　鈴　木　太　郎 |
| | 監査役　甲　野　二　郎 |
| 支配人に関する事項 | 神奈川県横浜市南区浜一丁目5番5号<br>乙　野　次　郎<br>営業所<br>神奈川県横浜市西区港一丁目1番1号 |
| 支　店 | 1<br>神奈川県横浜市西区港一丁目1番1号 |
| 存続期間 | 会社設立の日から満100年 |
| 取締役会設置会社に関する事項 | 取締役会設置会社 |
| 監査役設置会社に関する事項 | 監査役設置会社 |
| 登記記録に関する事項 | 設　立 |

**商号**

社名にあたります。

**本店**

自然人の住所にあたります。自然人の特定は、氏名と住所で行いますが、法人の特定は、商号と本店で行います。

**公告をする方法**

これは、株主への情報伝達手段です。「官報・日刊新聞・電子公告」この中から選べます。例えば、ここで官報を選んでしまうと、債権者保護手続のときに、個別催告が省略できません。

**会社成立年月日**

これは会社の誕生日です。いつから権利能力を手に入れたのかわかります。

**目的**

ここには事業内容が書かれます。法律的には、これが権利能力の範囲を表します。この事業内容の範囲だけ権利能力を持っているのです。

**単元株式数**

一人前の数です。この会社は10株で議決権が1個、ということがわかります。

**発行可能株式総数**

これは会社が発行できるMAXの数字です。

**発行済株式総数並びに種類及び数**

実際に、発行している数を表します。

**株券を発行する旨の定め**

株券は、原則発行しません。株券を発行する場合には、事前に「当会社の株式については、株券を発行する」という旨を定款で定める必要があります。

**資本金**

会社が持つべき財産の保有義務を指しています。

**株式の譲渡制限に関する規定**

この欄を見ることによって、株式譲渡が自由なのか、それとも制限を受けているのかがわかります。本事例では、株式のすべてに譲渡制限を付けているのが読み取れるので、この会社は非公開会社であることがわかります。

**役員に関する事項**

役員１人１人の名前が登記簿に載ります。しかも代表取締役は、住所まで載ります。

**支配人に関する事項**

支店長というイメージですが、相当高度な権限までもらってないと支配人とは呼ばれません。この登記簿上には、誰が支配人で、どこの営業所を任せているのかまで載っています。

**支店**

この会社が、どこに支店を置いているのかわかります。登記簿を取ることによって、日本にいくつ支店を持っているのかがわかるのです。

**存続期間**

定款で、会社を何年間続けさせるかを決めることができます（普通このようなものを載せる会社はありませんけどね）。定款で決めていたら、それは外部にも公示して見せることにしています。

**取締役会設置会社に関する事項、監査役設置会社に関する事項**

どんな機関を置いているかも書くようになっています。ただ、株主総会・取締役はすべての株式会社に置いてありますので、「株主総会設置会社　取締役設置会社」とは登記されません。

**登記記録に関する事項**

なぜ、この登記簿を作ったのかを見せる欄です。先ほどの会社は、設立があったから登記簿を作ったようです。ここには新設合併で作ったのだとか、本店移転で作ったのだとか色んな表現が出てきます。

ここまでが、**登記事項**です。

この登記事項ですが、定款に書かれる内容とだいぶかぶっています。

定款記載事項のすべてが登記されるわけではない。

「**定款に書かれているけど、登記されないもの**」もあれば、「**登記されているけど、定款に書かれないもの**」もあります。

今回の登記簿から定款に書かれるものを列挙していきますと、商号、本店、目的、単元株式数、発行可能株式総数、株券を発行する旨の定め、株式の譲渡制限に関する規定、存続期間、取締役会設置会社に関する事項、監査役設置会社に関する事項、これらは定款にも記載されています。

公告をする方法は微妙なところで、定款に記載がなければ強制的に官報と扱われます。ですから、登記されている公告方法が、定款に書かれていない可能性があります。

以上が定款に書かれる内容かつ登記事項です。

発行済株式の総数並びに種類及び数や資本金の額、これらは登記事項ではありますが、定款には載りません（定款に載せたら、発行済株式総数や資本金が変わるたびに、定款変更が必要になってしまいます）。

他にも「役員に関する事項」「支配人に関する事項」「支店」 このあたりも登記簿には載りますが、定款には載りません。

このように、定款記載事項かどうかというのは、あとで重要な論点になりますので、意識しておいてください。

# 第4章 申請するように仕向けたアメとムチ

いくら、登記事項の内容が変わっても、会社側が申請してこない限り登記簿は変わりません。申請しない限りは古い情報が登記簿に残ったままになってしまうのです。
そこで、この申請を促すために、アメとムチを用意しました。

## 第1節 義務

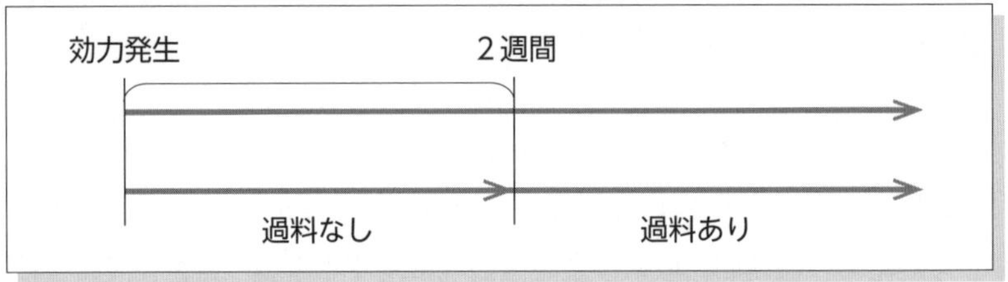


**商業登記は不動産と違って登記する義務（ムチ）があります。**

不動産登記は、「登記するかしないかは任意だよ。でもやらないと痛い目にあうからね」という立場でした。

一方、商業登記は、効力が生じたら、2週間以内に登記しなさいという義務を課しています。もし2週間以降に登記申請をした場合は、100万円以下の過料を取るようになっています（12年ぐらい登記を放置して、24万円取られた事例もあるようです）。

このように、**商業登記では、効力発生から2週間までに登記しなさいという義務を課しています。**

ここで気を付けてほしい点があります。

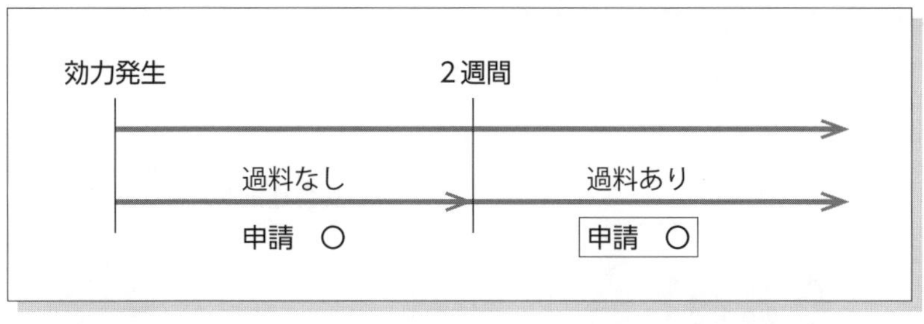


効力が生じてから2週間の間、もちろんこれは登記申請ができます。ただ、**2週間経ったとしても、登記申請は可能**です（登記申請ができないのであれば、登記簿はずっと古い情報のままになります）。

いつまで登記できるのか、という議論と
いつまでなら過料が取られないか、を分けて考えてください。

次は商業登記をやって良かったというメリット（アメ）について説明します。

## 第2節 公示力

株式会社日本人材サービスという会社があり、代表取締役が変わりました。ただ、登記を変えていません。

左の方は、代表取締役が変わったことを知っている人です。この人には、「代表取締役が変わっている」ということを主張できます。

商取引の対抗要件は登記ではありません、悪意です。**相手が悪意であれば、登**

**記をしていなくても対抗ができます。**

では、登記したらどうなるのでしょうか。

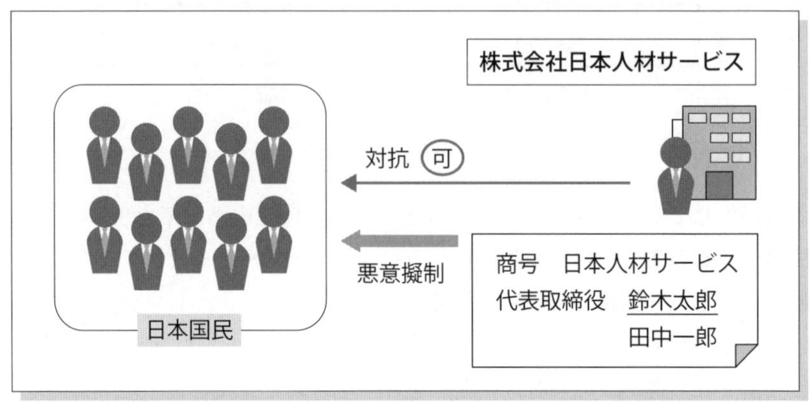


代表取締役が鈴木太郎から田中一郎に変わったことを登記したようです。

この登記をすることによって、日本国民全員を悪意にすることができます。

「登記をしている→変わったことが見える状態になっている→いやむしろ見たはずだ→日本国民全員を悪意にする」という論法です。

これが商業登記をするメリットです。公示力、これは**日本国民全員を悪意にする力**と思ってください。

～日本固有の印鑑制度は、商業登記法でしっかり採用されています～

# 第5章 その会社が申請していることの確認方法

印鑑制度、これは、不動産登記の登記識別情報に匹敵する制度です。
その人が本人なのかをどうやって確認したかといったら、不動産は登記識別情報というパスワードでしましたが、**商業登記は印鑑で本人確認をする**ことにしています。

会社を作ったら、登記所に印鑑届をすることができます。具体的には次の図のように、紙に押印して、その紙を提出するのです。

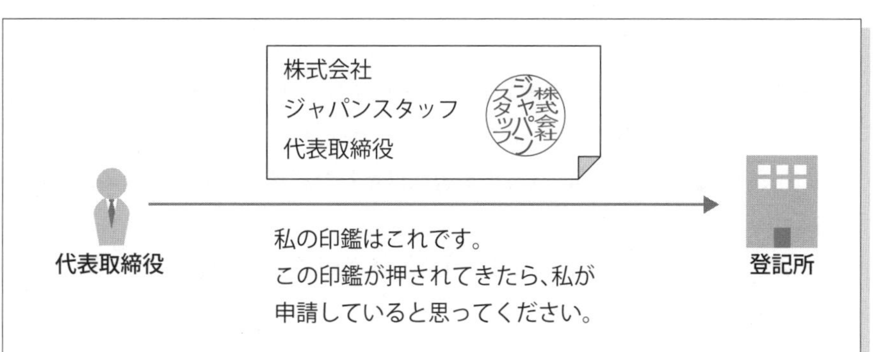
株式会社
ジャパンスタッフ
代表取締役
株式会社ジャパンスタッフ
代表取締役
私の印鑑はこれです。
この印鑑が押されてきたら、私が
申請していると思ってください。
登記所

印鑑届があると、その印鑑届は、登記所で保管します（印鑑ファイルというものに閉じ込められます）。

これによって、その印鑑は**届出印**という扱いになります（ビジネス用語では会社印と呼ばれます）。これを出すことのメリットが2つあります。

**印鑑届をするメリット**

① 印鑑証明書が発行される

② 次の登記申請の本人確認になる

メリットの1つ目は、登記所に提出した印鑑について証明書を作ってくれることで、これが登記所発行の印鑑証明書と呼ばれるものです。

もう1つは、会社の本人確認が取れるようになることです。

登記申請の申請書には、印鑑届をした印鑑を押します。その場合、登記所は「届け出た印と、同じ印が押されているかどうか」ということを確認します。具体的には、**印鑑ファイルの印鑑と申請書に押された印鑑が一致しているかどうかを見る**のです。

これが一致していれば、「これは、代表取締役が登記申請行為をしている」と扱ってくれます。

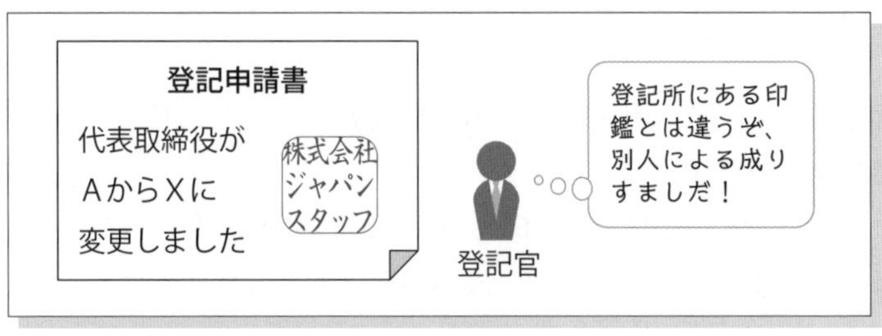


上の図は、第三者が勝手に代表取締役の名前を変えてやろうと思って作った申請書です。届出印がないので、違う印鑑を押しているのです。

この場合、登記申請はもちろん却下を受けます。

登記の審査では、まず印鑑が正しいかのチェックが入ります。具体的には、先に届けた印鑑と、同じ印が押されているかどうかを見るのです。

不動産登記は登記識別情報を持ってきたら、本人が来たと扱いますが、商業登記では、届出印が押されていたら、本人が来たと扱うのです。

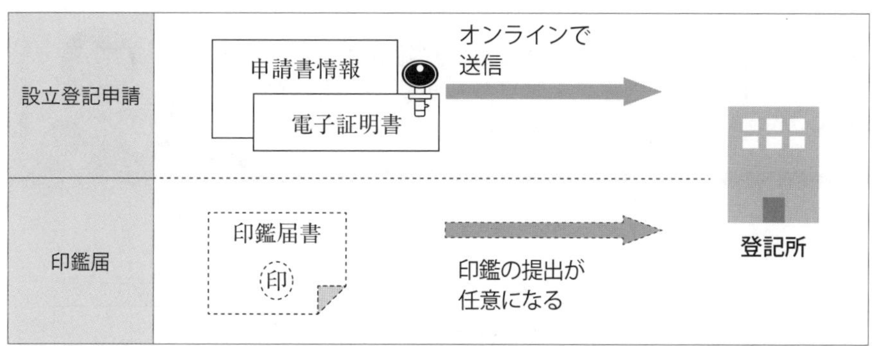


・登記申請をオンラインで行う場合には、登記所への印鑑の提出が任意になる
・書面での申請の場合には、従来通り印鑑の提出が必要

設立登記申請（初めて会社の登記簿を作る登記申請と思ってください）を、オンライン申請で行う場合、印鑑届は義務ではありません。

オンライン登記申請を行っている会社は、その後の登記手続もオンラインで行うのが通常です。

そのため、**印鑑届をしても押印することが、まずありえません。**

そこで、**設立登記申請を、オンライン申請で行う場合、印鑑届をすることは任意になっています**（もちろん、その後、書面で登記申請をすることになったら、印鑑の提出は必要になります）。

**問題を解いて確認しよう**

| | | |
|---|---|---|
| 1 | インターネットを利用した登記の申請により会社の設立の登記を申請する場合には、送信された電子署名及び電子証明書により会社を代表すべき者の本人確認が可能なので、その者の印鑑を登記所に提出する必要はない。〔17-31-ウ改題〕 | ○ |

〜どう申請するかは、「不動産登記」よりもずっと明快です〜

# 第6章 商業登記の申請に関する基礎知識

ここでは、商業登記の申請書の書き方の基本を見ていきます。
不動産登記法と違って、そこまで複雑な作りにはなっていません。書き方の基本をしっかり押さえれば、多くの申請書で応用が利きます。

株式会社変更登記申請書

1. 商号　東京商事株式会社
1. 本店　東京都千代田区神田三崎町四丁目4番4号
1. 登記の事由　募集株式の発行
1. 登記すべき事項
   令和6年6月25日変更
   発行済株式の総数　200株
   資本金の額　金1億円
1. 課税標準金額　金1,000万円
1. 登録免許税　金7万円
1. 添付書類
   取締役会議事録　1通
   募集株式の引受けの申込みを証する書面　1通
   払込みがあったことを証する書面　1通
   資本金の額が会社法及び会社計算規則の規定に従って計上されたことを証する書面　1通
   委任状　1通

上記のとおり登記を申請する。
令和6年7月1日　東京法務局御中
東京都千代田区神田三崎町四丁目4番4号　申請人　東京商事株式会社
東京都千代田区神田三崎町三丁目3番3号　代表取締役　東京太郎
東京都千代田区神田三崎町四丁目1番1号　上記代理人　司法書士　司法太郎㊞

書かせるのは、上から3段目の登記の事由、4段目の登記すべき事項、5段目の課税標準金額、6段目の登録免許税、7段目の添付書類、ここまでです。

では、上から見てきましょう。

冒頭は**商号**と**本店**が書いてあります。これは、「この登記簿を変えてくれ」というニュアンスで**登記簿を特定するために記載**します。

**登記の事由**

なぜ登記の申請をしているのという原因にあたる部分です。ここは、**登記がされるところではないので、一言一句、同じにする必要はありません**。ここには募集株式の発行と書いていますが、募集株式発行と書いても間違いではありません。

**登記すべき事項**

ここに記載されることは登記されます。

イメージは、ここに記載したことがコピー＆ペーストされているという感じです。

ここは、書き方のフォーマットが決まっています。

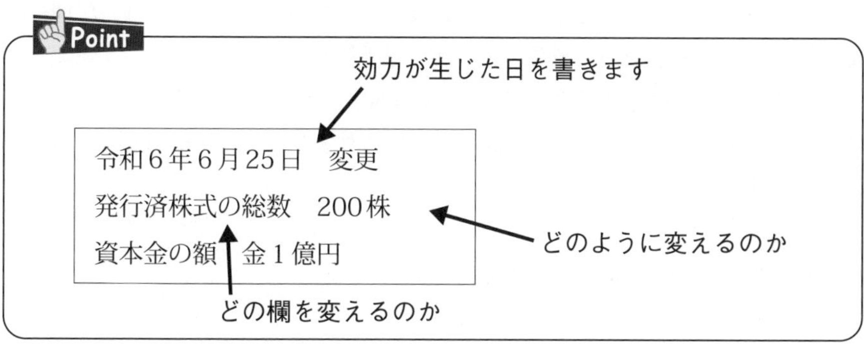


日付を書いて変更と書く、そして下の段には、「どの欄」を「こう変えてくれ」というニュアンスで記載します。

この事例では、発行済株式の総数という欄と、資本金という欄を変えることになるので、「発行済株式の総数」という欄の名前を書いて、それがどう変わるかを右に書く、「資本金の額」という欄の名前を書いて、変わる内容を右に書く、こんな感じになります。

**欄の名前は無理に覚えなくていい**です。問題文の登記簿を見れば、欄の名前は載っていますから、それを見ながら書けばいいのです。

**商業登記は不動産登記と違って、書き方に悩むことはあまりありません**。一言一句、覚えなくちゃいけない申請書は、10件ぐらいでしょうか。

記載の方法はほとんどが定型文なので、「暗記しないと」と意気込みしすぎないでいいでしょう。

**課税標準金額、登録免許税**

不動産登記の場合、課税標準金額は書いたでしょうか。例えば、抹消登記では課税標準金額を書かずに登録免許税だけ記載しました。

その点は商業登記も同じで、**定率課税は課税標準を記載し、定額課税では記載しない**となっています。

**添付書類**

添付書類を書くという点は、不動産登記と同じなのですが、不動産登記と違って、**通数まで書きます**。

また違う点としては、委任状という記載です。不動産登記の場合は、代理権限証明情報と書きましたが、商業登記では、委任状と書きます。

そして、**添付書類の表現の厳密さが違います**。不動産登記と違って、商業登記の添付書類の表現は、一言一句、同じ必要はありません。相手に内容が伝われば大丈夫です。

以上が申請書の基本形と思ってください。

MEMO

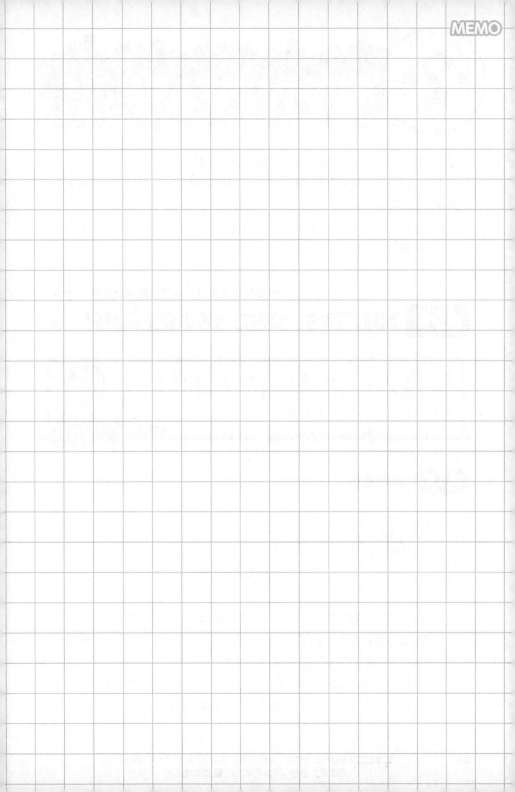

# 第2編 株式会社に関する登記

ではこれから1つ1つ登記申請書を見ていきます。

まずは株式会社に関する登記からです。記述問題のほとんどは株式会社の登記が題材になっています。

そしてその中のメインが、株式会社の変更登記です。すでに登記簿がある状態から、ある欄を変えるという登記を見ていきましょう。

～会社法を復習しながら読み込みましょう～

## 第1章 商号、目的、公告方法等の変更の登記

第1章は、単純な登記、書き方がそんなに難しくない登記を集めています。この章を通じて、商業登記の記述の基本を身につけていきましょう。

### 第1節 商号変更

| 商号 | A株式会社 | |
|---|---|---|
| | B株式会社 | 令和6年6月25日変更<br>令和6年7月1日登記 |

上記の登記簿は、A株式会社という社名を、B株式会社という社名に変更して登記申請した状態になっています。古い情報のA株式会社というのが消されて、新しい情報に書き換えられることがわかります。

そして、いつ変わったか、いつ登記簿に記入されたかもわかります（令和6年6月25日変更、令和6年7月1日登記、という部分です）。

この登記簿を作るために必要な手続を説明していきます。

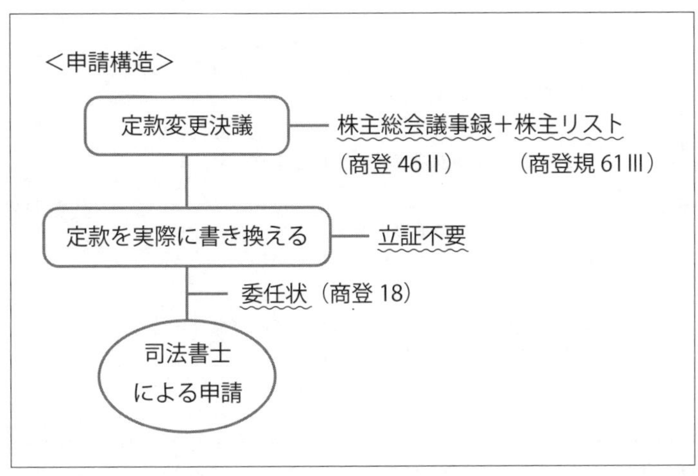


これは手続にどんなものが必要で、どんな添付書類が要るかというのを表している図です。

手続としては、まずは**定款の変更決議**が必要です。

**「商号は、定款に書かれる→商号を変えるということは、定款変更になる→定款変更の決議、つまり特別決議が必要」**ということです。

その特別決議を取ったあと、**定款を実際に書き換え**ます。

このように手続としては、「定款変更決議をとる→実際に書き換える→司法書士に頼む」となります。

ただ、**登記官は、この全部を見たいわけではない**のです。

代表取締役

定款変更をしたということは、特別決議がいるね。
株主総会の議事を書いた、株主総会議事録を持ってきました。これを見れば、株主総会特別決議をしたことがわかります！
ほんとだね。特別決議をしているようだね。
あと、定款の中身も書き換えたので、定款を見てください。
そんな社内的なことは、こちらは興味がありません。それは出さなくていいですよ。




定款変更決議をしているかどうかは確認したいから、株主総会の議事録を添付することになりますが、実際に定款を書き換えたかどうかは、登記官にとってはどうでもいいのですよ。**会社の内部的な話なので、別にそれを登記所の方で確認する必要はありません**。だから、書き換えた定款を持っていく必要はありません。

**商業登記の嫌らしいところは、会社法上でやっている手続のすべてを立証するわけではない点**です。重要部分は立証させますが、内部的なことや、些細なことは立証を要求していないのです。

| | |
|---|---|
| 1.事 | 商号変更 |
| 1.登 | 令和6年6月25日変更<br>商号　B株式会社 |
| 1.税 | 金3万円（登録税別表1.24.(1) ツ） |

申請書の「1.事」、というのは、登記の事由です。

ここは、商号変更と書きます。ただ、商号の変更と書いても別に構いません。

申請書の「1.登」、これは登記すべき事項です。

どの欄をどう変えたかというように書きます。だから今回は、商号という欄をB株式会社と変えてくれと記載するのです。

次に、登録免許税です。本件では、3万円の税金がかかります。

覚えてほしいのは、そのあとに載っている、「ツ」という文言です。これが課税区分と呼ばれるものです。

商業登記は課税区分ごとに税金をとります。**同じ課税区分だと、原則1回しか税金を取らないルールになっている**のです。

```
1.  登記の事由
    商号変更
    目的変更
    支配人選任
    （中略）

1.  登録免許税                      金６万円
        内訳     支配人選任分       金３万円
                   他の変更分       金３万円
```

上記の申請書は、３つのことを申請しています。登録免許税の区分は商号変更がツ（３万円）、目的変更がツ（３万円）、支配人選任がヨ（３万円）、となっています（これは後々に勉強します）。

同じ区分は２回払わなくてよいとなっているので、ツで１回３万円、ヨで１回３万円、合計６万円になります。

このようなルールになっているため、**登録免許税は金額だけでなく、区分も覚えてください**。ただ大抵はツなので、ツ以外が出てきたら、その都度、覚えるというやり方でいいでしょう（ちなみに、この区分はイから始まります。次がロ・ハ・ニ・ホ・・・「いろは」歌から来ています）。

商号変更がある場合の検討事項

1　決議権限

　→　株主総会で決議をしているか（会社466）

　→　特別決議の要件を満たしているか（会社309 II）

商業登記では、登記できないことを平気で依頼してきます。その時に、

司法書士
社長さん、これはね、こういう理由で、登記できませんよ。


というように指摘する必要があります。試験問題でもそういうことが出てきます。例えば、「当事者は、取締役会の決議で商号変更をして依頼してきている」という問題になっていれば、「定款変更決議の要件を満たしていないので、登記申請をしない」と解答することになります。

**どんなことをチェックしなければいけないかは、登記ごとに違います。**

今回の商号変更においては、①株主総会で決議しているか、②特別決議の要件を満たしているか、この２点のチェックが必要です。

特別決議の要件を満たしているかは、①定足数、②賛成数の２つをチェックすることで行います。少々厄介なのが①定足数です。

**Point**

**株主総会決議　→　議決権の過半数の出席があるか？**

- YES → 瑕疵なし（判断終了）
- NO → 定款「定足数を軽減する規定」あるか
  - YES → 定款を添付
  - NO → 違法

定足数は過半数の出席が必要なので、その過半数が出席しているかを見てください。出席していれば問題なく瑕疵がないことになります。

逆に出席していなければ、定款で、定足数を軽くする規定がないかを見てください。定款規定があれば、決議に問題はないのですが、**定款で定足数を軽くしていることを立証するため、添付書類に定款を付け加えてください。**

<事実関係>
株主名簿には、Aが110株、Bが90株、Cが10株として記載されている（全員に議決権あり）。
定時株主総会を開催し、「商号をホウム株式会社に変更する決議」をしたところ、Bのみが出席し、そのBが賛成した。

<定款規定の抜粋>
第32条　会社法第309条第2項の規定による決議は、議決権を行使することができる株主の議決権の3分の1以上の議決権を有する株主が出席し、出席した株主の議決権の3分の2以上にあたる多数をもって行う。

この事例、定足数を満たしているでしょうか。

本来の定足数は106個にもかかわらず、B 1人しか来ていませんから90個になり、これでは定足数を満たしていません。

ただ、この会社には定款に規定があります。そのため、議決権の3分の1以上あればオッケーにしていますので、今回、Bの90個で3分の1以上あるから、問題なく定足数は満たしています。

そして、出席した株主の議決権の3分の2以上が賛成していることもわかります（出席がB 1人で、Bが賛成しているから、議決権の3分の2も満たしています）。

これによって決議は通っていることにはなるのですが、問題は、**登記官に、定款の内容を知らせる必要がある**ということです。

もし定款に規定がなければ、

登記官
過半数が株主総会に来てないじゃないか。よってこれはダメだ。


と処理してきます。そこで、

いやいや、うちの会社には定款規定があるので、3分の1来ていればいいんですよ。
定款
会社

ということを知らせる必要があるのです。だから登記は通るけど、定款を別途添付することが必要です。

ちなみにこの事例で、Ａだけが出席し、Ａだけが賛成した場合、決議は通りますか（そして定款の添付は必要でしょうか）？

これはＡ１人が来れば過半数の出席になります。定款の規定に頼る必要はありません。そのため、その事例では決議は通るし、定款を添付書類に追加する必要はありません。

**覚えましょう**

商号変更がある場合の検討事項

2　決議内容

①使用強制文言を使用しているか

②使用できない文字を使用していないか

③同一商号・同一本店の株式会社がほかにも存在しないか

①使用強制文言、これは例えば株式会社、合名会社、合資会社という会社の種類です。会社の種類も商号の中に入れる必要があります。

ただ、株式会社という文字を頭に付けるか、後ろに付けるかは問題ありません。株式会社Ａでもいいし、Ａ株式会社でも構いません。

②使用できない文字を使ってないかという部分です。

| 株式会社ブックス田中（ジャパン） | × |
|---|---|

かっこ「（　）」という記号は基本使えません。

| 株式会社ブックスTANAKA2018 | ○ |
|---|---|

ローマ字や算用数字は商号に使えます。

| シティ・コーポレーション株式会社 | ○ |
|---|---|
| 株式会社・シティ | × |
| 第一・商事・株式会社 | × |

中点「・」は区切りなので、頭と後ろには付けられません。

株式会社という字を隠してください。それを隠したうえで、頭と後ろに「・」をもってきてはいけないのです。

| 株式会社キャスカコーポレーション東京出張所 | × |
|---|---|
| 株式会社キャスカコーポレーション東京支社 | × |
| 株式会社キャスカコーポレーション東京支店 | × |
| 株式会社キャスカコーポレーション東京支部 | ○ |

名刺では、「東京出張所」というのが使われることがあります。ただ、この**出張所という言葉は、商号で使ってはいけない**のです。

出張所という言葉は、他の会社に属しているというように見られます。**出張所という言葉では、１つの独立した会社と思われない**のでＮＧワードになっています。

他にも使っちゃいけない言葉として、支社、支店があります。

一方、支部という言葉は許されています（昔はダメでしたが…）。

ここは、覚えてしまうのが早いところです。**「出張所」「支社」「支店」は使えない**と覚えましょう。

【既登記会社】
商号　ABC商事株式会社
本店　千代田区千代田一丁目１番１号

【申請会社】
商号　XYZ商事株式会社
本店　千代田区千代田一丁目１番１号

↓

ABC商事株式会社への商号変更は不可

次のチェック事項は、同一商号・同一本店所在地の他の会社がないかという点です。

左にすでに登記されている会社があって、右に申請会社があります。

この申請会社が商号をABC商事とすることはできません。これを認めると、**商号と本店が同じ会社が２つできてしまい、会社の区別がつかなくなる**のです。

自然人は氏名と住所の２つで特定しますが、会社は商号と本店で特定します。そのため、商号と本店が同じ会社ができあがると、その会社の区別ができなくなるため、その２つが一致することを禁止しています。

### 問題を解いて確認しよう

| | | |
|---|---|---|
| 1 | 株式会社の商号中に「支社」、「支部」という文字を使用する商号の登記は、申請することができる。〔オリジナル〕 | × |
| 2 | 株式会社は、既に登記した他の株式会社と同一の商号とする変更の登記を申請しようとする場合において、本店の所在場所が当該他の株式会社と同一の本店の所在場所であるときは、当該商号の変更の登記をすることができない。〔オリジナル〕 | ○ |

### ×肢のヒトコト解説

**1** 「支社」は商号として使用できません。

### これで到達！

### 合格ゾーン

☐ 破産手続開始の決定の登記がされている株式会社と同一の所在場所に、同一の商号をもってする株式会社の設立の登記は、申請することができない。

〔20-34-イ〕

★同一の所在場所における同一商号の登記の禁止に関する規定（27）は、閉鎖登記簿に係る株式会社については適用されないので、閉鎖登記簿に係る株式会社と同一所在場所において、同一の商号を使用することができます。ただ、破産手続開始の決定があっても、破産手続が終了するまで存続するため、登記記録が閉鎖されません。そのため、破産した会社と同一商号・同一本店所在地の登記は許されないことになります。

## 第2節 目的変更

<table>
<tr><td rowspan="2">目的</td><td colspan="2"><u>1家庭電器用品の製造及び販売<br>2家具、什器類の製造及び販売<br>3光学機械の販売<br>4前各号に附帯する一切の事業</u></td></tr>
<tr><td>1家庭電器用品の製造及び販売<br>2家具、什器類の製造及び販売<br>3光学機械の販売<br>4電子複写機の販売<br>5発電機の製造及び販売<br>6前各号に附帯する一切の事業</td><td>令和6年5月20日変更<br>令和6年6月1日登記</td></tr>
</table>

目的というのは、会社の事業内容です。上記の登記簿は、その会社の事業内容を変えたという内容になっています。

ただ、上と下と見比べると、全部が変わっているわけではないのですよね（今の事業内容に付け加えているだけです）。それでも、この**目的の登記は、一部でも変わったら全部書き直す必要があります**。

もともと、この目的というのは、その法人の権利能力の範囲を意味する重要な部分なのです。**重要部分は見やすくするため１つの欄だけで公示しています**。

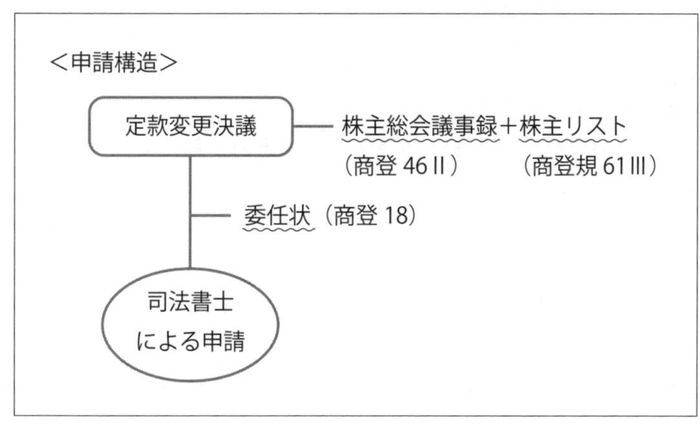


では、手続と添付書類を勉強しましょう。ここは、先ほどの商号変更と同じです。「目的は定款に書かれる→それを変えるには定款変更がいる→定款変更は特

別決議が必要だからそれを立証する」ことになります。本来はその定款を書き換える必要がありますが、その部分は立証を要求していません。

```
1.事　　目的変更
1.登　　令和6年5月20日変更
　　　　目的
　　　　　1家庭電器用品の製造及び販売
　　　　　2家具、什器類の製造及び販売
　　　　　3光学機械の販売
　　　　　4電子複写機の販売
　　　　　5発電機の製造及び販売
　　　　　6前各号に附帯する一切の事業
1.税　　金3万円（登録税別表1.24.(1)ツ）
```

申請書は、フォーマット通りの書き方になります。**登記すべき事項には、変わったところだけでなく、目的の全部を書くようにしてください。**

**覚えましょう**

目的変更がある場合の検討事項

1　決議権限
　→　株主総会で決議をしているか（会社466）
　→　特別決議の要件を満たしているか（会社309 II）

2　決議内容
　適法性の要件を満たしているか
　　司法書士の業務・行政書士の業務・弁理士の業務　NG
　　債権の取立　NG

目的変更でチェックしなければいけないことを見ていきましょう。

1　これに関しては商号変更と同じです。

2　決議内容における適法性のチェック、これは事業内容として、司法書士の業務、行政書士業務、弁理士業務、いわゆる士業の業務を事業内容にすることは認めていません。

司法書士法人が司法書士の業務を業務内容にするのはいいのですが、**株式会社が、司法書士の業務を業務内容にしてはいけない**のです。

次に、債権の取立ても事業内容にできません。債権の取立てというのは、払わなかったら訴訟などもすることを意味します。**訴訟業務は弁護士だけ行うというルールがあり（弁護士法72条）、他の者が行えば、弁護士法違反となってしまいます**。

ただ、債権の取立てがダメであって、債権の集金だったら構いません。訴訟を伴う取立てではなくて、単にお金を集めるだけだったら、問題ありません。

**問題を解いて確認しよう**

| | | |
|---|---|---|
| 1 | 定款に複数の事業を目的として掲げている会社が、その目的の一部を変更したときは、当該変更した目的のみについて変更の登記を申請しなければならない。〔オリジナル〕 | × |
| 2 | 定款に複数の事業を目的として掲げている会社が、その目的の一部を変更したときであっても、目的の全体について変更の登記を申請しなければならない。〔オリジナル〕 | ○ |
| 3 | 株式会社は、「司法書士の事務所の経営」を会社の目的とする変更の登記を申請することはできない。〔オリジナル〕 | ○ |

**×肢のヒトコト解説**

1 一部でも変更すれば、目的の欄の全体の変更登記が必要になります。

## 第3節 公告をする方法の変更

公告をする方法、これは会社が株主に対して情報伝達する媒体のことです。官報、日刊新聞、電子公告、この３つの中から選ぶ必要があります。

| 公告をする方法 | 日本経済新聞に掲載してする。 |
|---|---|

日刊新聞を内容にしている場合の登記簿です。

| 公告をする方法 | 電子公告の方法により行う。<br>http://www.dai-ichi-denki.co.jp/koukoku/index.html |
|---|---|

これは電子公告にしている場合です。電子公告にするということと、URLを登記する必要があります。

ただ、このURLは、定款に書く必要はありません。**電子公告にすることは定款に書く必要がありますが、URL自体は書く必要はありません。**

**URLはサーバー上の問題で変わる可能性があるので、そのときに定款変更にならないよう**（わざわざ特別決議をとらなくていいよう）に、定款記載事項から外しているのです。

| 公告をする方法 | 電子公告の方法により行う。<br>http://www.dai-ichi-denki.co.jp/koukoku/index.html<br>当会社の公告は、電子公告による公告をすることができない事故その他のやむを得ない事由が生じた場合には、官報に掲載してする。 |
|---|---|

これは**サーバーの事故の場合には、官報に載せる**という回避方法を指していて、これも登記できます。

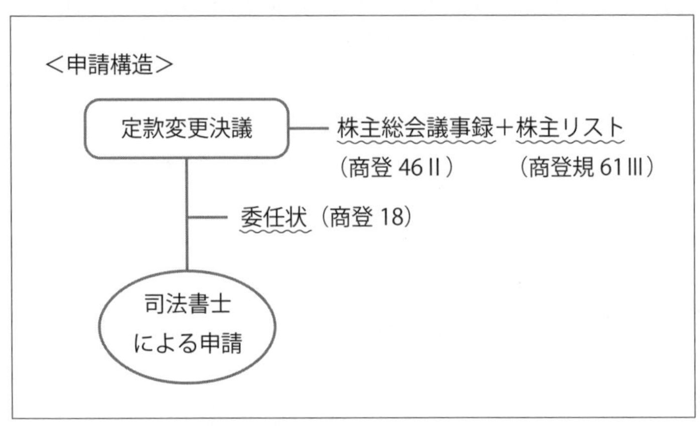


手続面は今までと同じで、定款変更決議のみを立証すればよく、株主総会議事録と委任状が添付書類になります。

1. 事　公告をする方法の変更
1. 登　令和6年5月20日変更
　　公告をする方法
　　　日本経済新聞に掲載してする。
1. 税　金3万円（登録税別表1.24.(1)ツ）

これもフォーマット通りです。

初めのうちは、欄の名前を確認しながら、書くようにしてください。それを何度もやってればそのうち欄の名前は覚えられるでしょう。

**覚えましょう**

公告方法の変更がある場合の検討事項

1　決議権限

→　株主総会で決議をしているか（会社466）

→　特別決議の要件を満たしているか（会社309Ⅱ）

2　決議内容

①官報・時事に関する事項を掲載する日刊新聞紙・電子公告のいずれかを採用しているか

②定めた公告方法の内容は適法か

→　「官報又は日本経済新聞」のように選択的な定め方はNG

**2①について**

選べる媒体は３つだけなので、それ以外を選んでいないかをチェックしましょう。

**2②について**

趣旨は、**株主に２紙以上の新聞を買わせたくない**ということです。

| | 具体例 | 可否 |
|---|---|---|
| 選択的な定め方 | ①「官報又は日本経済新聞に掲載してする」 | × |
| | ②「A紙に、同紙が廃刊又は休刊のときはB紙に掲載してする」 | ○ |
| | ③「A紙に、同紙に不都合があるときはB紙に掲載してする」 | × |
| 並列的な定め方 | ④「官報及び日本経済新聞に掲載してする」 | ○ |

①会社がどちらに載せるかが選べる状態になります。**情報を確実に入手したければ、株主は、２つの新聞を買うはめになります**。これは株主の負担が重くなるので許しません。

②これは、基本的にA紙を買っておけばいいのです。A紙がだめになったらB紙に変えればいいので、２つ新聞を買うことになりません。

③**何をもって不都合ということかわかりません**。株主は２つ新聞を買うはめにな

ります。

④これは2つの新聞媒体に載せるとしています。だから、株主としてみれば、どっちかの媒体さえ買っておけばいいのです。

## 問題を解いて確認しよう

| | | |
|---|---|---|
| 1 | 株式会社は、公告方法を「官報及び日本経済新聞に掲載してする。」と定めて、登記を申請することはできない。〔オリジナル〕 | × |
| 2 | 公告方法を電子公告としている株式会社が、事故その他やむを得ない事由によって電子公告をすることができない場合の予備的公告方法を定款で定めたときは、当該予備的公告方法の定めを登記しなければならない。〔オリジナル〕 | ○ |

### ×肢のヒトコト解説

1 官報「及び」日本経済新聞であれば、どちらかを買っていれば、情報を入手できます。

## これで到達！ 合格ゾーン

□株式会社で、公告方法につき「A新聞に掲載してする。」旨の定款の定めがある会社が、公告方法を「B市において発行するA新聞に掲載してする。」とする定款の変更をして、当該公告方法の変更の登記の申請をすることができる。〔29-34-エ〕

**★全国紙であっても、複数の発行地があり、その特定の発行地において発行されるもののみを公告方法とする場合には、「○○において発行する○○新聞」等と定款において発行地を特定することができます（昭34.9.4 民甲1974号）。**

□定款で時事に関する事項を掲載する日刊新聞紙に掲載する方法を公告方法とする旨を定めた場合であっても、事故その他やむを得ない事由によって時事に関する事項を掲載する日刊新聞紙に掲載する方法による公告をすることができない場合の公告方法として、官報に掲載する方法又は電子公告のいずれかを定めることはできない（939Ⅲ参照）。〔会社法令3-34-エ〕

★電子公告を定めた際に、ネット環境や、諸々のトラブルによるサーバーの事故の場合には、官報に載せるということは可能です。一方、日刊新聞に載せることができない事情があっても、官報に載せることは認めていません（サーバーの事故ほど起きるものではないでしょう）。

## 第4節 貸借対照表に係る情報の提供を受けるために必要な事項の設定

| 公告をする方法が電子公告である会社の場合 | 電子公告の方法で、貸借対照表の全文の公告をしなければならない（会社440Ⅰ）。 |
|---|---|
| 公告をする方法が「官報」又は「時事を掲載する日刊新聞紙」である会社の場合 | 「官報」又は「時事を掲載する日刊新聞紙」において、貸借対照表の要旨を公告することで足りる（会社440Ⅱ）。 |

決算公告をどこまでしなければいけないかは公告媒体で違います。公告をネットで行っている場合は、全文を載せる必要がありますが、公告を新聞で行っている場合は、掲載料を考えて要旨を載せればよいとしています。

ただ、**要旨でもいいのですが、毎年掲載する必要があります**。

毎年、**新聞媒体に載せるというのは、会社にとって負担が大きい**です。そこで、公告方法を新聞媒体にしている会社が、毎年行う**決算公告だけはネットでやりたいという要望**がでることがあります。その場合に作るのが、次の登記簿です。

| 公告をする方法 | 日本経済新聞に掲載してする | |
|---|---|---|
| 貸借対照表に係る情報の提供を受けるために必要な事項 | http://www.dai-ichi-denki.co.jp/koukoku/index.html | 令和６年５月20日設定<br>令和６年５月23日登記 |

この登記簿は、「当会社の公告方法は日本経済新聞です。ただ、決算公告だけは、ネット媒体でやります」ということを公示しています。

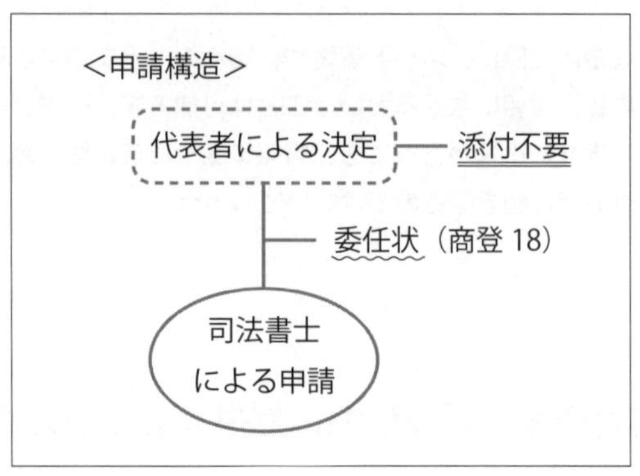


URLを決めることが必要です。ただ、たかが**URLを決めるために、わざわざ取締役会まで開く必要はありません**。これは、代表取締役の一存で決められる内容なのです。

URLは代表取締役の一存で決め、それを決めた代表取締役が登記申請します。**申請行為が、代表取締役がURLを決定したことの立証になる**ので、別途書面での立証を要求していません。

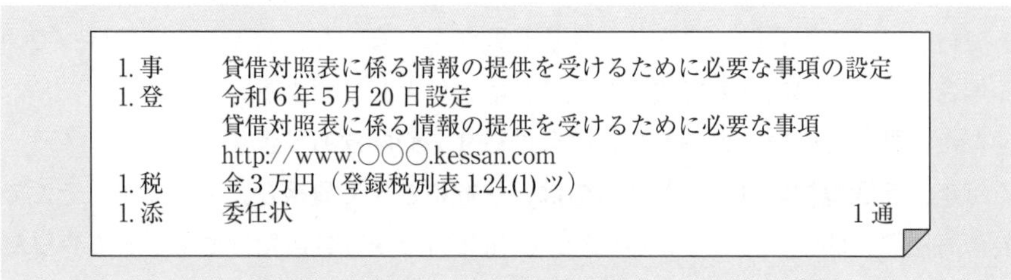

1. 事　貸借対照表に係る情報の提供を受けるために必要な事項の設定
1. 登　令和6年5月20日設定
貸借対照表に係る情報の提供を受けるために必要な事項
http://www.○○○.kessan.com
1. 税　金3万円（登録税別表1.24.(1)ツ）
1. 添　委任状　1通

申請書、今回1点だけ注意です。これは、年月日の後に「設定」と書いてあります。変更というのは、今まである欄を変えることを指します。**今回の登記は、新しく欄を突っ込むというところから、変更ではなく、設定となります。**

貸借対照表に係る情報の提供を受けるために必要な事項に関する規定の設定がある場合の検討事項

1　決定権限・決議形式

→　特に規定がないため、適宜の業務執行機関が定めればよい（会社440 Ⅲ）。そのため、決議や決定があったことを証する書面は必要ない。

2　決議内容

官報又は時事に関する事項を掲載する日刊新聞紙が公告方法であることが必要。

→　電子公告を採用している株式会社がこのような定めを設ける余地はない。



普段は新聞媒体だけど決算だけネットでやりたいというのが、今回の登記です。

そのため、**普段からネット媒体で公告をしている会社は、この欄を設ける必要はありません**。

そこで、この登記の依頼があったら、その会社がどんな媒体で公告しているかを見るようにしてください。

問題を解いて確認しよう

| | | |
|---|---|---|
| 1 | 公告方法を官報とする株式会社において、貸借対照表の内容である情報を開示するためのウェブページのURLは登記事項であるが、公告方法を電子公告とする株式会社において、電子公告を行うウェブページのURLは登記事項ではない。〔オリジナル〕 | × |
| 2 | 取締役会設置会社において、当該株式会社が貸借対照表に係る情報の提供を受けるために必要な事項を定めたときは、当該変更の登記の申請書に、当該貸借対照表に係る情報の提供を受けるために必要な事項の決定に係る取締役会の議事録を添付しなければならない。〔オリジナル〕 | × |

ヒトコト解説

1　どちらの場合も、URLは登記事項です。

2　URLの決定については、取締役会などで決議をする必要はありません。

## 2周目はここまで押さえよう

（2周目はここまで押さえよう、のコーナーは「あとあと学ぶことが前提知識として必要」「少々細かいので、後から入れた方が効率的」という知識を入れています。この科目のテキストをすべて通読して、専門用語等が頭に残り始めてきてからお読みください。）

### ◆ 貸借対照表に係る情報の提供を受けるために必要な事項の廃止 ◆

| ケース | | 申請か<br>職権か |
|---|---|---|
| ①　会社代表者の業務の決定として廃止する場合 | | 申請（注） |
| 法律上、当然に廃止になる場合 | ②　公告方法を電子公告に変更した場合 | 職権 |
| | ③　有価証券報告書提出会社に該当した場合 | 申請（注） |

（注）立証書面は委任状以外は不要（平18.3.31 民商782号第2部第4.1）

ＵＲＬの登記を止める場面は、３つあります。

まずは、会社の意思でこの制度を止めるという場合です。この場合、設定と同じく添付書面は不要です（始めるときと同様、代表取締役の一存で決められるからです）。

上場企業になった場合も、添付書面は不要です（上記の図表③になります）。上場することで多くのことが情報公開されるようになるので、そちらの方で貸借対照表の公開もなされるためです。

また、公告方法が官報・日刊新聞の場合の制度であるため、電子公告にすればこの制度は当然に廃止になります（上記の図表②になります）。これは、公告方法を電子公告にする変更登記を申請すれば、登記所側に「もう『貸借対照表に係る情報の提供を受けるために必要な事項』は不要になる」ことが分かるので、職権で抹消されるのです。

| | | |
|---|---|---|
| ☑ 1 | 株式会社（特例有限会社を除く。）で、公告方法を官報に掲載する方法とし、かつ、貸借対照表の電磁的開示のためのウェブページのアドレスを登記している会社が、有価証券報告書提出会社に該当することとなったため、そのためのウェブページのアドレスを廃止する変更の登記の申請をする場合には、当該会社が有価証券報告書提出会社に該当することとなったことを証する書面を添付しなければならない。〔29-34-ウ〕 | × |
| 2 | 株式会社（特例有限会社を除く。）で、公告方法を官報に掲載する方法とし、かつ、貸借対照表の電磁的開示のためのウェブページのアドレスを登記している会社が、その公告方法を電子公告に変更し、公告方法の変更の登記がされたときは、登記官の職権により、貸借対照表の電磁的開示のためのウェブページのアドレスの登記を抹消する記号が記録される。〔29-34-オ〕 | ○ |
| 3 | 公告方法が官報に掲載する方法であり、かつ、貸借対照表の電磁的開示の制度を採用する株式会社が、公告方法を電子公告とする定款の変更をしたときは、当該変更の登記と併せて、貸借対照表に係る情報の提供を受けるために必要な事項を廃止する登記を申請しなければならない。〔オリジナル〕 | × |

次の節に行く前に、株主リストを紹介します。

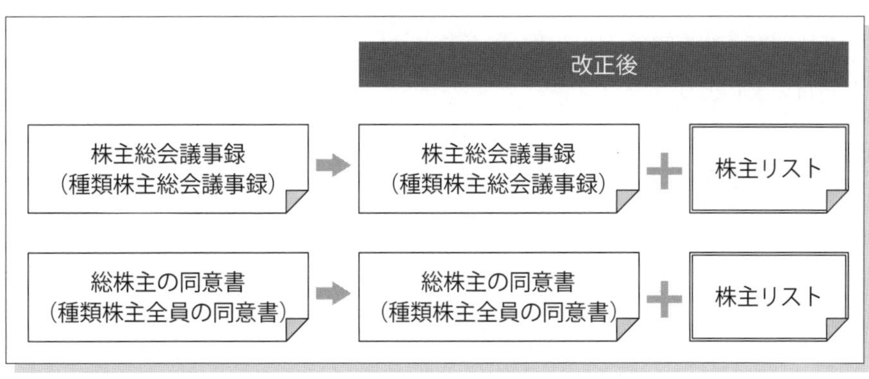

昔は、株主総会の議事録だけ付ければよかったのが、法改正により株主総会の議事録に加えて、株主のリストも付けなさいとなりました。
また総株主の同意書を添付する場合は、昔だったら総株主の同意書だけでよかったのが、総株主の同意書に加えて、全員というのは誰なのか、そのリストを付けなさいとなりました。

株主自体は登記事項ではありません。ただ、**誰が株主なのか登記所も把握したいということから、改正で付け加わった**のです。

## 第5節 商業登記法の学習の方法について

商業登記法の学習のコツ
単元ごとに、記述問題を解く！

商業登記法の学習は、記述問題を解くことによって、学習したことを使いながら行うことをお勧めします。
ルールだけでは頭に残りづらく、それを使うことよって記憶に定着します。

例えば、LECには「書式ベーシック」という基礎力をつけるための問題集があります。本書を読みながら、こういった問題集を解いていくことをお勧めします。

その問題を解く際には、本書に記載されている「検討事項」の部分を検証しながら行いましょう。

実際に問題を1つ用意しましたので、やっていきましょう。

**(例題)**

令和６年７月１日、東京商事株式会社の代表者が司法書士田中一郎の事務所を訪れ、別紙１及び２の書類のほか必要書類を交付し、これらに基づく登記申請書の作成及び登記申請の代理を依頼した。登記申請書を作成せよ。

**別紙１**

（登記事項証明書の抜粋）

| | |
|---|---|
| 商号 | 東京商事株式会社 |
| 本店 | 東京都千代田区内幸町一丁目１番１号 |
| 会社成立の年月日 | 平成12年４月１日 |
| 公告方法 | 官報に掲載してする |
| 目的 | １．不動産の売買・仲介<br>２．前号に付帯する一切の業務 |
| 発行可能株式総数 | 800株 |
| 発行済株式の総数 | 200株 |
| 資本金の額 | 金5,000万円 |
| 役員に関する事項 | 取締役　安部一郎　令和５年６月25日重任<br>取締役　加藤次郎　令和５年６月25日重任<br>取締役　佐藤花子　令和５年６月25日重任<br>東京都新宿区北新宿五丁目８番10号<br>代表取締役　安部一郎　令和５年６月25日重任<br>監査役　甲野太郎　令和５年６月25日就任<br>取締役会設置会社に関する事項　取締役会設置会社<br>監査役設置会社に関する事項　監査役設置会社 |

**別紙２（令和６年６月５日臨時株主総会の事実関係）**

1　令和６年６月５日、本店会議室において臨時株主総会を開催した。

総株主の総数　５名

議決権を有する株主総数　５名

総株主の議決権数　200個

出席株主数　４名

出席株主の議決権数　140個

代表取締役は、定款第22条の規定に基づいて議長となり、午前10時開会を宣した。

2　１号議案である公告方法の変更の件について、令和６年６月20日をもって、当社の定款第３条を下記のとおり変更したい旨を述べ、その可否を議場に諮ったところ賛成株主数３名（その有する議決権数94個）をもって承認可決した。

変更後の定款３条

当社の公告は、官報又は大阪市で発行する日本経済新聞においてする。

3　２号議案である目的の変更の件について、令和６年６月20日をもって、当社の定款第４条を下記のとおり変更したい旨を述べ、その可否を議場に諮ったところ賛成株主数２名（その有する議決権数71個）をもって承認可決した。

変更後の定款４条

1．不動産の売買・仲介

2．建築業

3．前号に付帯する一切の業務

4　３号議案である商号変更の件について議長は、当社の定款第１条を下記のとおり変更したい旨を述べ、その可否を議場に諮ったところ満場一致をもって承認可決した。

変更後の定款１条　　商号　　株式会社やまだ・2003・支社

この問題ですが、登記できる内容は全くありません。
では、具体的な検討をしましょう。

1号議案は、下記を使って検討します。

公告方法の変更がある場合の検討事項
1　決議権限
→　株主総会で決議をしているか（会社466）
→　特別決議の要件を満たしているか（会社309 II）

2　決議内容
①官報・時事に関する事項を掲載する日刊新聞紙・電子公告のいずれかを採用しているか
②定めた公告方法の内容は適法か
→　「官報又は日本経済新聞」のように選択的な定め方はNG

本問では「官報又は大阪市で発行する日本経済新聞においてする」となっているので、登記はできません。

2号議案は、次を使って検討します。

目的変更がある場合の検討事項
1　決議権限
株主総会で決議をしているか（会社466）
→　特別決議の要件を満たしているか（会社309 II）

2　決議内容
適法性の要件を満たしているか
司法書士の業務・行政書士の業務・弁理士の業務　NG
債権の取立　NG

本問では、特別決議の要件を満たしていません。140個の３分の２以上の賛成が得られていません。

３号議案は、次を使って検討します。

商号変更がある場合の検討事項

1　決議権限

→　株主総会で決議をしているか（会社466）

→　特別決議の要件を満たしているか（会社309 II）

2　決議内容

①使用強制文言を使用しているか

②使用できない文字を使用していないか

③同一商号・同一本店の株式会社がほかにも存在しないか

本問では、使用できない文字「支社」を使っているので登記できません。

このように、本書に載っている「検討事項」を使って記述問題を解いていきましょう。

# 第2章 株式に関する登記

ここからは株式に関する登記を見ていきます。
会社法で勉強した内容が多く出てくるので、??と思ったところは面倒でも会社法のテキストを見ながら読むようにしてください。
多くの登記申請を見ていきますが、特に重要なのは「発行可能株式総数の変更・単元株式数の登記・株式の譲渡制限に関する登記」の部分です。

## 第1節 発行可能株式総数の変更

| 発行可能株式総数 | 9万株 | |
|---|---|---|
| | 12万株 | 令和6年6月25日変更<br>令和6年7月1日 登記 |

会社が株式を発行できるMAXの数を、発行可能株式総数と呼びます。今回はそれを変更する登記を勉強します。

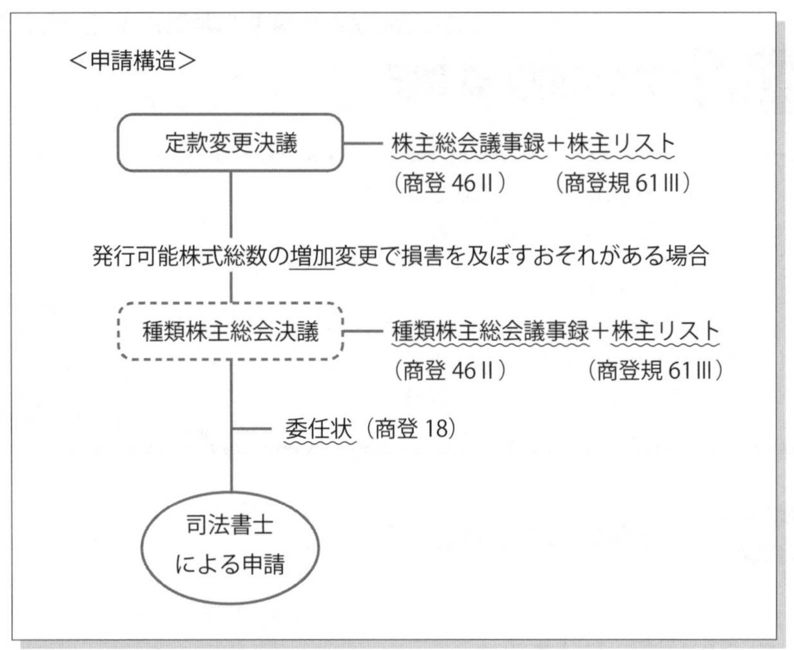


発行可能株式総数は定款記載事項なので、これを変えることは定款変更になるため、株主総会の議事録及び株主リストを添付することになります。

そして、種類株主総会の決議がいる場合があります。具体的には、発行可能株式総数を増やすことによって、**ある種類の株主に損害を及ぼすおそれがあるような場合**です。

この場合、その種類株主のOKがないと発行可能株式総数は増やせません。そのOKがあるということを立証するために、種類株主総会議事録を付けることになります。

この会社法322条の内容ですが、記述式問題では「添付する・しない」の判断が相当難しいです。というのも、何をもって損害を及ぼすかがわからない、判例の蓄積がないからです。「**会社法322条というのがあるけど、記述では出題の可能性が低いんだな**」それぐらいの感覚で構いません。

1. 事　　発行可能株式総数の変更
1. 登　　○年○月○日変更
　　　　発行可能株式総数　○株
1. 税　　金３万円（登録税別表1.24.(1)ツ）

**覚えましょう**

発行可能株式総数の変更がある場合の検討事項

1　決議権限・決議形式
　株主総会（特別決議）で決議をしているか（会社466、309Ⅱ）

※　株式の分割と同時であり、株式の分割の範囲内であれば、現に2以上の種類の株式を発行している場合を除き、取締役の決定（取締役会設置会社にあっては取締役会決議）により発行可能株式総数を増加することができる（会社184Ⅱ）。

※のところを見てください。発行可能株式総数の変更は、定款変更になりますが、株式の分割の時は、株主総会決議なしでもできる場合があります。

発行済株式総数　100株　→　400株
発行可能株式総数　300株　→　1,200株までなら取締役でOK

今回、株式分割をして発行済株式を４倍にしました。この場合、発行可能株式総数を４倍までなら、役員だけで変えられます。**株式分割という株価対策を迅速にできるようにする**ため、**株式分割の割合の範囲内であれば、役員だけで変えていい**よという特別ルールです。

ただ、**２タイプ以上の種類の株式を発行している場合は、この特別ルールは使えません**。２タイプ以上の株式を発行している場合は、増えた発行可能株式総数をどっちのタイプに振られるかはわからないので、現に２タイプ出している場合は、役員達だけでは変えられない、株主総会で変えなさいとしています。

発行可能株式総数の変更がある場合の検討事項

2　決議内容

①増加変更の場合（公開会社）

定款を変更して発行可能株式総数を増加する場合は、当該定款の変更が効力を生じた時における発行済株式の総数の4倍を超えることができない（会社113Ⅲ①）。

発行済株式総数　100株
発行可能株式総数　200株　→　400株　が上限

いわゆる4倍ルール、**発行済株式総数の4倍までしか発行可能株式総数は増やせないというルール**です（ぴったり4倍にする必要はありません。4倍までならよいことに注意してください）。

これは**公開会社に限定しているルール**でした。

「公開会社→役員達だけで株式発行ができる→ある意味役員によって自分たちの持ち株比率が下げられる→これは酷だから、下げられるとしても、上限を付けておこう→発行可能株式総数は発行済株式の4倍までにしよう」という歯止めのルールです。

一方、非公開会社であれば、発行可能株式総数を1万株とか10万株にしても構いません。非公開会社は、募集株式発行には特別決議が必要で、役員達だけではできません。だから、**募集株式発行をする段階で、株主の意思が入るから、事前に歯止めをかけておく必要はない**のです。

ここの**4倍のチェックをするときは、まずは公開か非公開かを見抜いてから行ってください**。

具体的には、登記簿で「株式の譲渡制限に関する規定」という欄があるかどうかをチェックする必要があります。

発行可能株式総数の変更がある場合の検討事項

2　決議内容

②減少変更の場合

定款を変更して発行可能株式総数を減少する場合は、変更後の発行可能株式総数は、当該定款の変更が効力を生じたときにおける発行済株式の総数を下ることができない（会社113 II）。

③発行可能株式総数に関する定款規定の廃止の可否（会社113 I）

定款を変更して発行可能株式総数についての定めを廃止することができない。

減少変更では、発行済株式総数を下回ってはいけません（発行済株式総数10万株、発行可能株式総数３万株という状態はまずいですよね）。

また発行可能株式総数を廃止することは、113条１項で明確に否定していますので廃止する登記申請はできません。

## 問題を解いて確認しよう

| | | |
|---|---|---|
| 1 | 種類株式発行会社が、定款を変更して発行可能種類株式総数を増加する場合において、ある種類の株式の種類株主に損害を及ぼすおそれがあるときは、当該発行可能種類株式総数の変更の登記の申請書には、種類株主総会議事録を添付しなければならない。〔オリジナル〕 | ○ |
| 2 | 会社法上の公開会社でない株式会社において、発行可能株式総数を発行済株式の総数の４倍を超えて増加することができる旨の定款の定めがない場合でも、発行可能株式総数を発行済株式の総数の８倍に変更する登記を申請することができる。〔16-34-4〕 | ○ |
| 3 | 取締役会設置会社が現に２以上の種類の株式を発行している場合において、株式の分割の効力発生と同時に当該株式の分割に係る分割比率を超えない範囲内で発行可能株式総数を増加したことによる変更の登記の申請書には、取締役会議事録を添付すれば、株主総会議事録を添付することを要しない。〔25-30-イ（令4-29-エ)〕 | × |

4　Ａ種類株式とＢ種類株式の２種類の種類株式を発行する旨を定めている株式会社が現にＡ種類株式を４万株発行している場合において、Ａ種類株式の発行可能種類株式総数を６万株から３万株に減少させる旨の定款の変更をすることはできない。〔会社法18-30-ア〕　○

**×肢のヒトコト解説**

3　現に２種類以上の株式を発行している場合、発行可能株式総数の変更を取締役会だけで変更することが認められていません。

## ２周目はここまで押さえよう

発行可能株式総数　4,000株
発行済株式総数　　1,000株

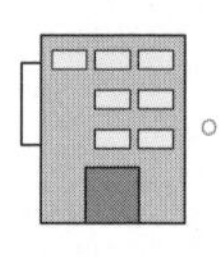
あと、3,000株
発行できるな

私がいるんですが…

**新株予約権者**
（新株予約権の目的である株式数2,000株）

上記の会社は、新株を何株発行できるのでしょうか。

発行可能株式総数の空きが3,000株あるからといって、3,000株発行してしまうと、新株予約権者が行使したときに、発行できなくなってしまいます。

そのため、上記の会社は新株予約権の行使される分、発行可能株式総数を残しておく必要があります（これを新株予約権の留保といいます）。

これを計算式にすると、次のようになります。

| (発行可能株式総数)<br>－(発行済株式の総数)<br>－(新株予約権の行使の際に新株予約権者に対して発行する株式数)※1 |
|---|
| ※1　行使期間の初日が到来していないものを除く。 |

新株予約権で行使される株式数を残しておく必要がある、と説明しましたが、残さなくてもいい場合があります。

それは、まだ新株予約権を行使できる日が到来していない場合です。

そのため、先ほどの事例で新株予約権を行使できる日が到来していない場合、当該会社はあと3,000株発行できることになるのです。

☑ 1　新株予約権を発行している会社が新株予約権の行使期間の初日の到来前に募集株式を発行した場合には、当該募集株式の発行後の発行済株式の総数に新株予約権の目的である株式の数を加えた数が当該会社の発行可能株式総数を超えるときであっても、当該募集株式の発行による変更の登記を申請することができる。〔18-33-ア〕　○

## 第2節 株式の分割

| 発行可能株式総数 | 20万株 | |
|---|---|---|
| 発行済株式の総数<br>並びに種類及び数 | 5万株 | |
| | 10万株 | 令和6年11月1日変更<br>令和6年11月7日登記 |
| 資本金の額 | 金5,000万円 | |

1．事　　株式の分割
1．登　　令和6年11月1日変更
　　　　発行済株式の総数　10万株
1．税　　金3万円（登録税別表1.24.(1)ツ）

株式を細かく切る、細分化する行為を株式分割といいます。この株式分割をすると、発行済株式の総数だけが増加し、それ以外の発行可能株式総数や資本金の額には、何の変化も起きません。

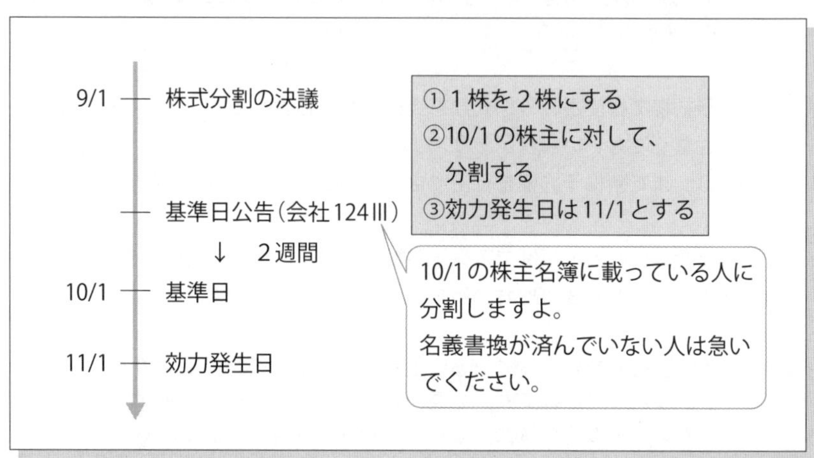


この株式分割は、株式分割の決議をすることから始まります。その決議では、「いつの人に」「どれだけ」「いつあげる」かを決めます。「いつの人」というのが基準日、「いつあげる」というのが効力発生日です。

この基準日を決めたら　事前にお知らせをします。2週間前に「10月1日に株主だった人に株式をあげますよ、早く名義書換をしてくださいね」といったお知らせをするのです。これを基準日公告と呼びます。

以上が会社法で要求されている手続ですが、このすべての立証がいるわけではありません。

具体的には、株式分割の決議の立証は必要ですが、その後の**基準日公告は立証不要**なのです。

**Point**

| （会社法の規定） | | | （商業登記） |
|---|---|---|---|
| 通知 | を要する | | |
| 公告 | を要する | | |
| 通知又は公告 | を要する | | |
| 通知及び公告 | を要する | ← | 公告を立証する |

前記は、会社法の条文と、商業登記で立証がいるかの関係を表した図です。

会社法の条文が「通知を要する」「公告を要する」とか、「通知または公告を要する」の場合は、会社法上は手続が必要でも、商業登記法では立証は不要としています。

商業登記の実務は、**会社法の条文が、「通知及び公告」を要するとなっている場合だけ、立証を要求**しました。旧法ではわかりづらかったのを、**会社法改正時に「条文だけでわかるようにしたい」という要請から変えた内容**です。

しかも公告の方だけの立証がいるのです（通知自体は立証を要求しません）。

今回の株式分割における**基準日については、公告しかしないので立証はいらない**ことになります。

会社法の条文を見るとき、通知を要するのか、通知または公告なのか、通知及び公告なのかということは細かく見てください。

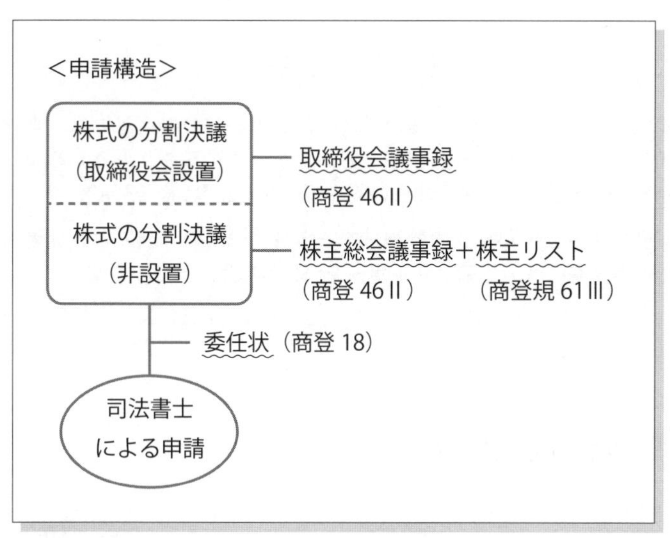


株式分割決議だけ立証すればいいことになっています。

そして、その分割の決議はどこで行うかは、株価対策のために行うということから、経営判断となり、取締役会か株主総会というパターンになります。

株式の分割がある場合の検討事項

1　決議権限

→ 取締役会設置会社でない：株主総会で決議をしているか(会社183 II)
　取締役会設置会社　　　　：取締役会で決議をしているか(会社183 II)

→ 種類株主総会が必要かをチェック

2　決議内容

①発行可能株式総数の範囲内か

②発行可能種類株式総数の範囲内か

2①②ですが、株式分割も株式発行にあたるため、発行可能株式総数の範囲内でやる必要があります。

問題を解いて確認しよう

| | | |
|---|---|---|
| 1 | 株式の分割による発行済株式の総数の変更の登記の申請書には、当該株式の分割に係る基準日及び基準日株主が行使することができる権利の内容を公告したことを証する書面の添付を要しない。〔21-29-ア〕 | ○ |
| 2 | 取締役会設置会社が株式の分割をする場合、株式の分割による変更の登記の申請書には、取締役会議事録を添付しなければならない。〔オリジナル〕 | ○ |

## 第3節　株式無償割当て

| | | 株式分割 | 株式無償割当て |
|---|---|---|---|
| 種類株式との関係 | | 分割によって増加する株式を他の種類の株式とすることはできない | 異なる種類の株式を割り当てることができる(会社186 I ①参照) |
| 自己株式 | 増加・割当て | 分割の割合に応じて自己株式の数も増加する | 自己株式に対する割当てはできない(会社186 II) |
| 自己株式 | 株主に自己株式を交付すること | できない | できる |

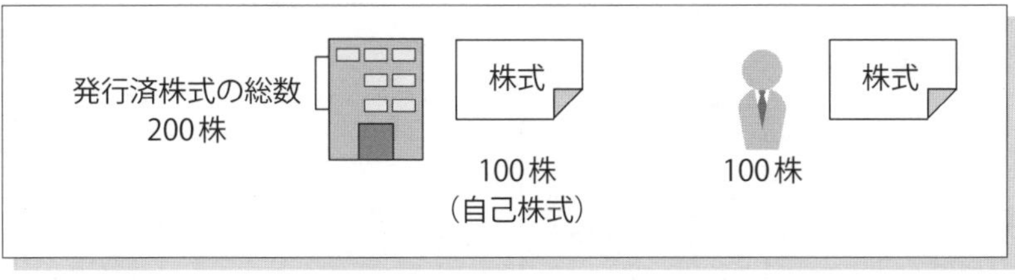


ある会社の発行済株式総数が200株であり、100株が自己株式、100株が一般に出回っている状態でした。このときに1株を2株に株式分割した場合、自己株式が200株になり、そして市場に出回っている株式も200株になり、発行済株式総数が400株になります。

一方、1株につき1株ずつ無償割当てをした場合はどうなるでしょう。自己株式には割当てはされないため、自己株式は増えません。市場に出ている100株を持っている人に対してだけ、ただで株式を渡せばいいのです。あとは、100株を発行して渡すのか、自己株式を渡すかを会社が選択できます。

**（ケース１）100株を新規に発行して、株主に渡す。**

市場に出回っているのが100株で、それにプラス100株発行します。そして自己株式を合わせて、発行済株式総数の合計は300株となります。

**（ケース２）自己株式の100株を株主に渡す。**

この場合、株式を新しく発行することにはならないので、発行済株式総数は増えません。そのため、**このケースの場合には、登記事項に変化がないので、登記申請は不要**です。

| | |
|---|---|
| 1．事 | 株式無償割当て |
| 1．登 | 令和6年6月20日変更<br>発行済株式の総数　1万2,000株 |
| 1．税 | 金3万円（登録税別表1.24.(1)ツ） |

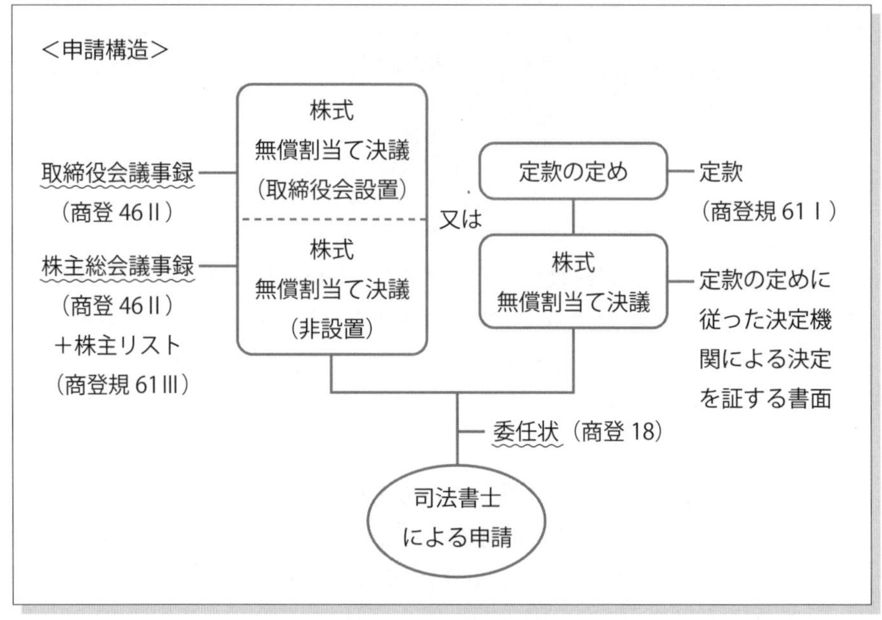


こちらの登記も、発行済株式の総数だけ変わります。

手続面では、決議だけを立証し、その決議機関は株式分割と同じです。ただ、**株式分割と違い、定款の定めがあれば、決議機関を変えられます。**

株式無償割当てがある場合の検討事項

1　決議権限

→取締役会設置会社でない　：株主総会で決議をしているか(会社186Ⅲ)
　取締役会設置会社　　　　：取締役会で決議をしているか(会社186Ⅲ)

→決議機関について定款で別段の定めをしている場合があるので注意（会社186Ⅲ）

2　決議内容

①発行可能株式総数の範囲内か
②発行可能種類株式総数の範囲内か

ここも株式分割と同じで、決議権限と、発行可能株式総数内で収まっているかを見るようにしてください。

問題を解いて確認しよう

| | | |
|---|---|---|
| 1 | 種類株式発行会社が株式無償割当てをして新たな株式を発行した場合、発行済株式の総数、その種類及び種類ごとの数、変更年月日並びに資本金の額が登記すべき事項となる。〔オリジナル〕 | × |
| 2 | 株式無償割当てにより新たに株式を発行した場合における発行済株式の総数が増加したことによる変更の登記の申請書には、株主及び登録株式質権者に対して当該株主が割当てを受けた株式の数を通知したことを証する書面を添付しなければならない。〔25-30-エ〕 | × |

ヒトコト解説

1 株式無償割当てをしても、資本金は増加しません。そのため、申請書に資本金の額を記載する必要はありません。

2 通知については、立証は不要です。

## 第4節 株式の消却

株式の消却、自己株式を会社の判断で消す、という制度です。

例えば、ある会社が自己株式を２万株持っている場合、自己株式２万株はリサイクルしてもいいし、保有を続けても構いません。

また、リサイクルする必要がないのであれば消却することも選択できます。

| 発行可能株式総数 | 20万株 | |
|---|---|---|
| 発行済株式の総数並びに種類及び数 | 10万株 | |
| | ８万株 | 令和６年５月20日変更<br>令和６年５月23日登記 |
| 資本金の額 | 金5,000万円 | |

上記の登記簿を見てください。

今回、自己株式２万株を消却したようです。それによって変わるのは、発行済株式総数だけです。発行可能株式総数や資本金の変化は起きません。

１．事　　株式の消却
１．登　　令和６年５月 20 日変更
　　　　　発行済株式の総数　８万株
１．税　　金３万円（登録税別表 1.24.⑴ツ）

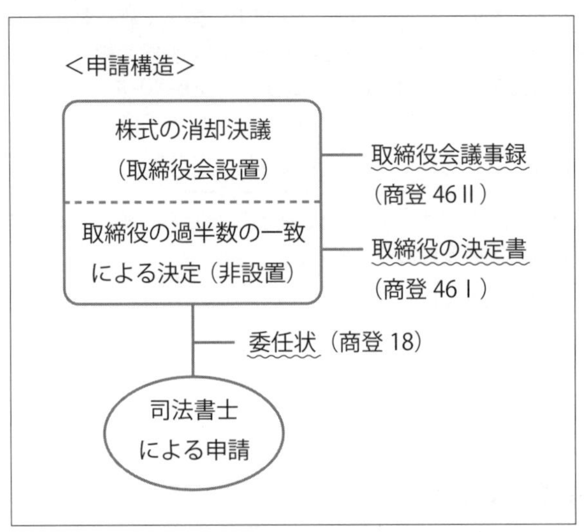


初めに消却の決議が必要です。**自己株式を消すだけなので、株主の意思を聴く必要は全くありません**。だから、取締役会の決議（取締役の過半数の一致）で行うことになります。

その後、株主名簿の書き換え、株券の処理などを行います。ただ、これは内部的な処理のため、登記手続では立証しません。

株式の消却がある場合の検討事項

1　決議機関・決議形式

　→　取締役の決定（取締役会設置会社：取締役会決議）が行われているか

## 2周目はここまで押さえよう

発行可能株式総数　4,000株
発行済株式総数　　1,000株
自己株式　　　　　　400株

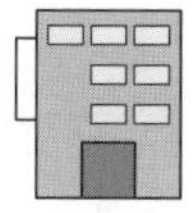

定款「自己株式を消却した場合、消却した分、発行可能株式総数が減少する」

自己株式を消却した場合、発行済株式の総数は減少しますが、発行可能株式総数は減少しません。発行可能株式総数を減少するには、別途、株主総会特別決議で定款変更をすべきです。

ただ、上記のような定款規定があれば別です。定款規定、つまり株主からの授権があれば、自動的に発行可能株式総数が減少することになります。

このような定款規定がある会社が、自己株式を消却した場合には、発行済株式の総数と発行可能株式総数の変更登記が必要になります。
添付書類は、株式消却の添付書類と、定款になります。

定款規定によって、発行可能株式総数が減少するので定款の添付が必要です。一方、発行可能株式総数を減少するために株主総会決議は不要なので、株主総会議事録は不要です。

| | |
|---|---|
| ☑ 1　自己株式を消却した場合にあっては消却した株式の数について発行可能株式総数が減少する旨の定款の定めがある取締役会設置会社において、株式消却の取締役会決議を行ったときは、当該株式消却に係る発行可能株式総数の変更の登記の申請書には、当該取締役会決議に係る議事録のほか、発行可能株式総数の変更に係る株主総会の議事録を添付しなければならない。〔20-35-ウ〕 | × |

## 第5節 株式の併合

| 発行可能株式総数 | 20万株 | |
|---|---|---|
| | 15万株 | 令和6年6月20日変更<br>令和6年7月 1日登記 |
| 発行済株式の総数<br>並びに種類及び数 | 10万株 | |
| | 5万株 | 令和6年6月20日変更<br>令和6年7月 1日登記 |
| 資本金の額 | 金5,000万円 | |

上記の登記簿では、2株を1株にまとめるという株式併合をしています。それによって、発行済株式総数は確実に減ります。

問題は発行可能株式総数です。この発行可能株式総数は、決議で変えられます。株式併合をすると、未発行株式数が相当増えます。もし上記の例で、発行可能株式総数を変えなければ、未発行株式数が15万株になります。

そのため、株式併合の決議では発行可能株式総数についても決議をします。株主に対し、**未発行株式数をどれぐらいにしますかといった意思確認を取るため**です。

その場合は、その決議の内容に沿って、発行可能株式総数も変化することになります。

1．事　株式の併合
1．登　令和6年6月20日変更
　　　発行済株式の総数　5万株
　　　発行可能株式総数　15万株
1．税　金3万円（登録税別表1.24.(1)ツ）

申請書としては、登記の事由として「株式の併合」と書き、発行可能株式総数と発行済株式総数の2つが変わったことを表してください。

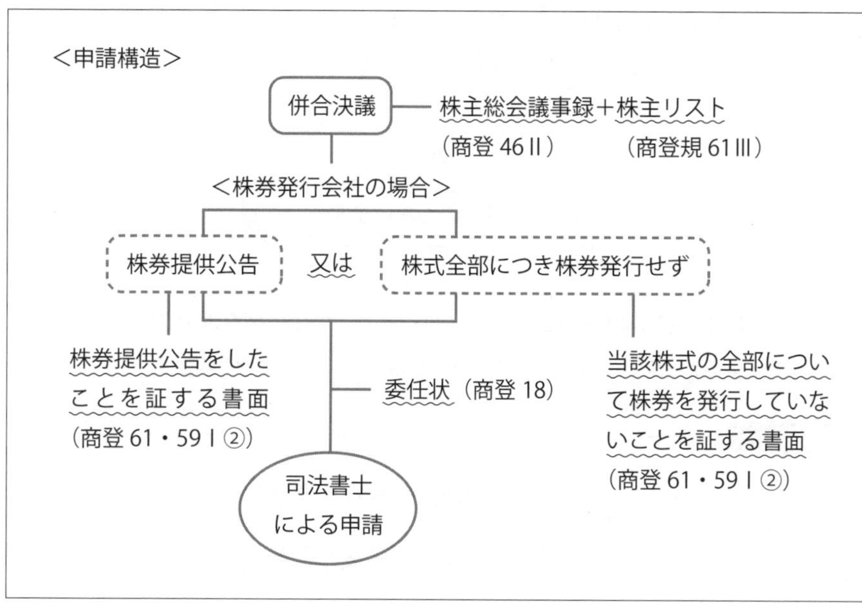


まず冒頭で行うのが株式併合の決議です。この決議は、株主総会の特別決議が必要です。

株式併合は株価対策、株価を上げるために行います。ただこれによって、**結果的に議決権をなくしてしまう人がでてきます**。議決権がなくなるという側面があるので、**大多数の株主のOK、株主総会の特別決議を要求しています**。これを立証するため株主総会議事録が必要です。

株券発行会社は、もう１つ手続が必要です。それが、株券の回収です。

ある会社が、２株を１株に併合した場合、今ある10株券は内容がウソになる

ので、株券は回収し、そして５株券にして返すことが必要になります。
これを行うために、会社は公告を打つのです。

公告
「10株券を持ってきてください。
代わりに５株券をあげますよ。」

これがいわゆる株券提供公告というものです。この株券提供公告をするかしないか、立証するかしないかについては相当細かい場合分けが必要になります。

株券発行会社（定款の定めあり）
- ①現実に株券を発行している
- ②現実に株券を発行していない

株券不発行会社……③株券を発行していない

大きく分けると株券発行会社とそれ以外の会社に分かれます。
株券発行会社の定義は株券を出すと定款で決めている会社です。その中にも現実に株券を出している会社もあれば、まだ出していない会社もあります。
**現実に株券を出している会社は、回収が必要なので、回収のための公告をすることになり、その公告を立証します（「公告をしたことを証する書面」）。**

現実に出していない会社は、回収手続をとる必要はありません。
ただ、**立証が必要**です。

当会社は、定款で株券発行会社と書いてあるけど、
現実にはまだ発行していないので、株券提供公告を
していません。

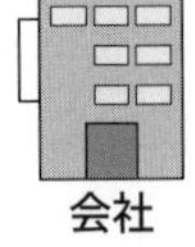

前記のような立証が必要です。これが「当該株式の全部について株券を発行していないことを証する書面」と呼ばれるもので、実際には、株主名簿を添付することが多いです。**株主名簿を見れば、株券を出しているかどうか記載されているからです。**

株券不発行会社の場合は、回収手続をとる必要はありませんし、「発行していない」ことの立証も要りません。これは、登記簿でわかるからです。

| 商号 | 第一電器株式会社 |
|---|---|
| 本店 | 東京都中央区京橋一丁目１番１号 |
| | |
| 株券を発行する旨の定め | 当会社の株式については、株券を発行する。 |

株券発行の定款規定がある会社は登記簿で、株券を発行する旨の定めという欄が設けられます。この欄があれば株券発行会社、なければ株券不発行会社です。

**株券不発行会社の場合、回収もいらないし、不発行だということを立証する必要もありません**（登記官が登記簿で判断できるためです）。

**覚えましょう**

株式の併合がある場合の検討事項

1　決議権限

→　株主総会で決議をしているか（会社466）

→　特別決議の要件を満たしているか（会社309 II）

2　決議内容

①異種類間での併合はすることができない

②発行可能株式総数を変更しているか

③公開会社の場合、発行済株式総数が発行可能株式総数の４分の１未満にできない

3　株券提供公告

→　公告媒体は適法か、１か月以上の期間を設けているかを確認

### 2① 異種類間での併合はすることができない

A種類2株を1株に併合するということはできるのですが、A種類とB種類を1株ずつ合体させるってことはできません。それを認めたとして、合体したらその種類はなんでしょう（AB型？）。**別々の種類の合体を認めたら、その種類は何なのかわからなくなる**ので、異種類間での併合を認めていないのです。

### 2② 発行可能株式総数を変更しているか

発行可能株式総数を変える義務はないのですが、変えているかどうかはチェックしてください。

### 2③ 公開会社の場合、発行済株式総数が発行可能株式総数の４分の１未満にできない

株式併合の時も４倍ルールの適用を受けるので、公開会社の場合は、４倍以内に留まっているかを見てください。

### 3 株券提供公告
### → 公告媒体は適法か、１か月以上の期間を設けているかを確認

まずチェックするのは、公告媒体が正しいかです。公告媒体は、会社の公告する方法でやる必要があります。

そして次にチェックするのは、期間です。回収には結構時間かかるので、１か月は空ける必要があります。

**問題を解いて確認しよう**

| | | |
|---|---|---|
| 1 | 株式の併合をした場合においては、株式の併合による変更の登記の申請と同時に、当該株式の併合に係る併合比率に応じた発行可能株式総数の減少による変更の登記も、申請しなければならない。〔25-31-イ〕 | × |
| 2 | 現に２以上の種類の株式を発行している会社は、ある種類の株式と別の種類の株式を併合する内容の株式の併合による変更の登記の申請をすることができる。〔25-31-エ〕 | × |
| 3 | 株式の併合による変更の登記の申請書には、登記すべき事項として、変更後の資本金の額も、記載しなければならない。〔25-31-ア〕 | × |

ヒトコト解説

1　発行可能株式総数は、決議で決めた数に変更されます。併合比率に応じて、自動的に発行可能株式総数が減少するわけではありません。

2　種類が違う株式をまとめることはできません。

3　株式併合があっても資本金に変動は起きません。

これで到達！

合格ゾーン

□ 種類株式発行会社にあっては株式の種類ごとに異なった併合比率で併合をすることができる。〔25-31-ウ〕

★株式会社は、株式の併合をしようとするときは、株主総会の決議によって、併合の割合、株式会社が種類株式発行会社である場合には、併合する株式の種類等を定めることになっています。そのため、「A種類　2株を1株」「B種類　4株を1株」と併合比率を変えることも認められるのです。

## 第6節　単元株式数

### （1）単元株式数の設定（増加変更）

| 単元株式数 | 1,000 株 | 令和6年5月20日設定<br>令和6年5月23日登記 |
|---|---|---|

1．事　　単元株式数の設定
1．登　　令和6年5月20日設定
　　　　　単元株式数　1,000 株
1．税　　金3万円（登録税別表1.24.(1) ツ）

この会社は、１単元を1,000株としています。この場合、1,000株あれば、議決権を１個あげますが、1,000株なければ議決権が認められなくなります。

前ページの登記簿は、単元株という制度を初めて導入した場合のものです。今までと表現が若干違っていて、年月日「設定」となっています。

**Point**

今ある欄を変える場合
→　年月日変更
新しく欄を突っ込む場合
→　年月日設定

このように表現を使い分けるようにしてください。

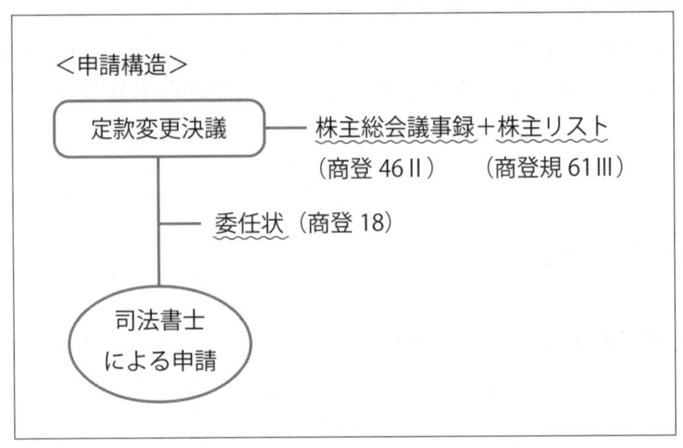


定款変更決議だけで設定ができ、その定款変更には特別決議が必要になります。

**単元の設定によって、議決権が奪われるという不利益が生じる**ため、株式併合と同じように特別決議が要求されています。

単元株式数の設定・増加がある場合の検討事項

1　決議権限

→　株主総会（特別決議）で決議をしているか（会社466・309 II）

※株式の分割と同時であり、かつ変更前後で各株主が有する議決権数が減少しない場合は取締役の決定（取締役会設置会社にあっては取締役会決議）によって定款変更が可能（会社191）

2　決議内容

単元株式数は1,000及び発行済株式の総数の200分の1を超えることができない（会社188 II、会施規34）

先に決議内容を見てください。単元の数は**発行済株式総数の200分の1が上限**になります。ただ、200分の1をした数が、どんなに大きくとも、**1単元1,000株が限界**です。

次に決議権限ですが、本来、株主総会特別決議となるのですが、次のような場合は、特別決議になりません。

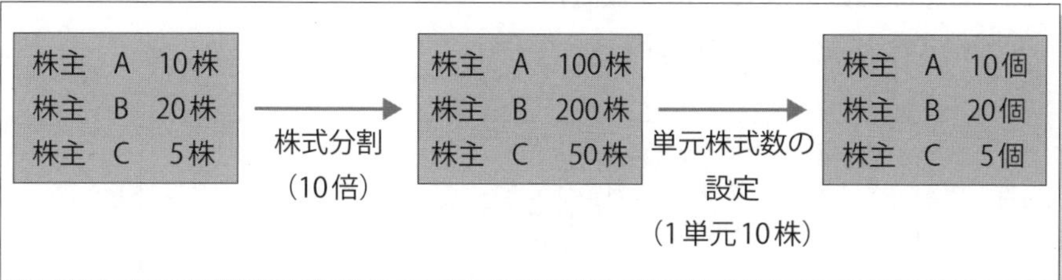


上記のような株式分割と単元株式数の設定を、同時にした場合です。

上記の例の場合、**分割前と分割後で議決権の数が変わっていないため、株主の不利益はない**ことから、株主の意見を聴かずに単元株式数を設定することができます。この場合の手続モデルは、次のとおりです。

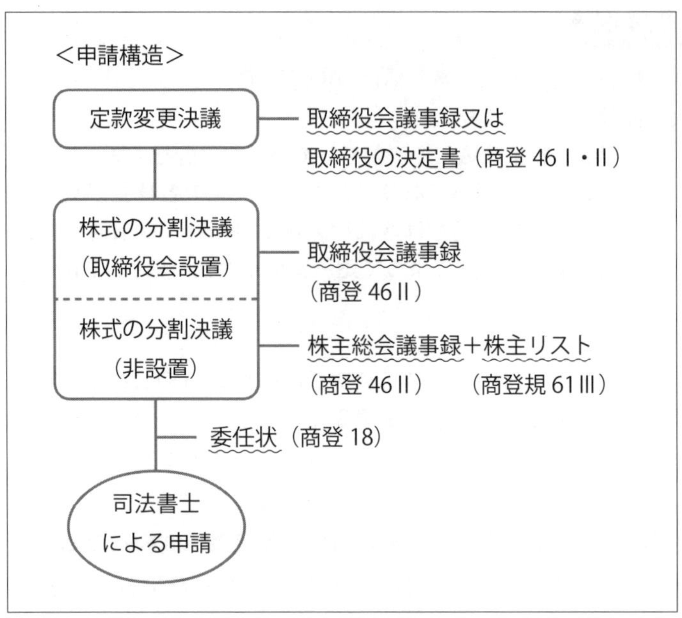


単元株式数設定の定款変更自体、取締役の方だけで出来ます。そして、あとは株式分割の決議をとることになります。

## （2）単元株式数の廃止（減少変更）

単元株式数の減少変更（種類株式発行会社）

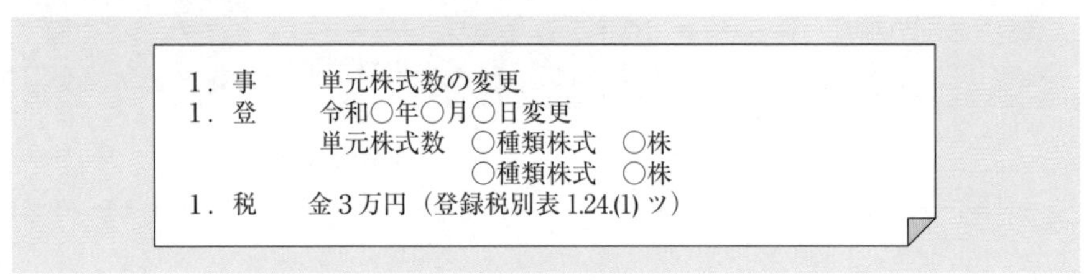

1．事　　単元株式数の変更
1．登　　令和○年○月○日変更
　　　　　単元株式数　○種類株式　○株
　　　　　　　　　　　○種類株式　○株
1．税　　金３万円（登録税別表1.24.(1)ツ）

これは、単元株式数の数を減らす、例えば、１単元100株だったのを１単元50株にするような場合の申請書です。

1．事　　単元株式数の定めの廃止
1．登　　令和○年○月○日単元株式数の定めの廃止
1．税　　金３万円（登録税別表1.24.(1)ツ）

単元株制度をやめるという申請書です。廃止という文字を意識しておけばいいでしょう。

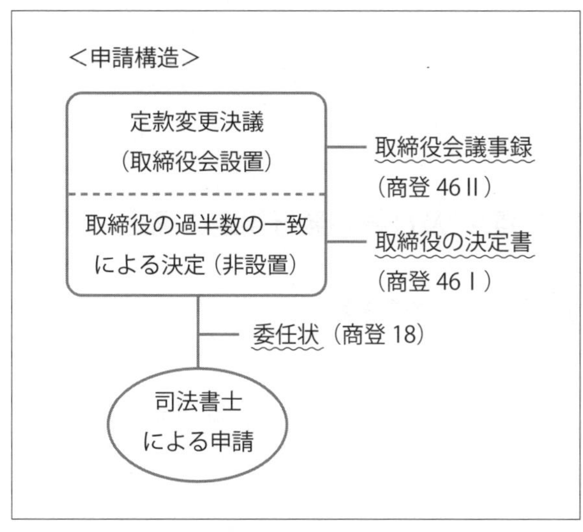


定款変更にはなるのですが、取締役の方だけで可能です。

単元株式数の数を減らす、又は単元株式数をやめれば、株主に議決権が戻ってきます。それにより、株主に不利益は起きません。

単元株式数の設定は、議決権を奪うから特別決議ですが、**今回の申請では議決権が復活し株主に不利益が生じない**ことから、結論が変わってくるのです。

### 問題を解いて確認しよう

| | | |
|---|---|---|
| 1 | 発行済株式の総数が10万株である場合において、単元株式数を1,000株とする単元株式数の設定による変更の登記の申請は、することができない。〔25-30-オ〕 | ○ |
| 2 | 取締役会設置会社が株式の分割と同時に単元株式数についての定款の定めを設けた場合、当該定款の変更の前後において、各株主が有する議決権の数が減少しないときであっても、単元株式数の設定による変更の登記の申請書には、株主総会議事録を添付しなければならない。〔オリジナル〕 | × |

×肢のヒトコト解説

2　株式分割と同時に単元株式を設定していて、議決権が減少しないため、取締役会の決議で単元株式を設定できます。そのため、株主総会議事録ではなく、取締役会議事録を添付することで登記申請は可能です。

## 第7節　株券の発行及び株券発行規定の廃止

### （1）株券発行に関する定めの設定

| 株券を発行する旨の定め | 当会社の株式については、株券を発行する。<br>令和6年6月25日設定　令和6年7月1日登記 |
|---|---|

1．事　　株券を発行する旨の定めの設定
1．登　　○年○月○日設定
　　　　　株券を発行する旨の定め
　　　　　当会社の株式については、株券を発行する。
1．税　　金3万円（登録税別表1.24.(1)ツ）

株券発行の定めが登記事項になっています。これは、**株券を発行するということを定款で決めた時点で登記事項になります**（**現実に発行した時点ではない**ので、注意してください）。

前記は、発行することを定めた登記簿・申請書です。

「設定」となっていることに気付くでしょうか（新しく欄を作るから設定です）。

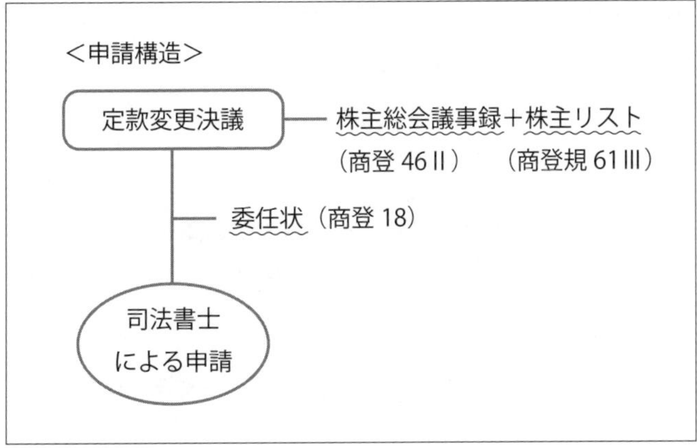

株券を発行する旨の定めの設定がある場合の検討事項

1　決議権限

→　株主総会（特別決議）で決議をしているか（会社466・309Ⅱ）

2　決議内容

種類株式発行会社において株券を発行する場合は、すべての種類の株式について株券を発行する必要がある（会社214括弧書）

**1について**

定款変更決議になるので株主総会特別決議で行います。

**2について**

株券というのは、すべての種類で発行する、すべての種類で発行しないという決め方しかできません。**ある種類だけ発行して、ある種類は発行しないという定め方はできない**のです。

## （2）株券発行に関する定めの廃止

1．事　株券を発行する旨の定めの廃止
1．登　○年○月○日株券を発行する旨の定め廃止
1．税　金３万円（登録税別表1.24.(1)ツ）

定款の「株券を発行する」部分を削除した場合の話です（申請書の表現は「廃止」という文字になることを意識してください）。

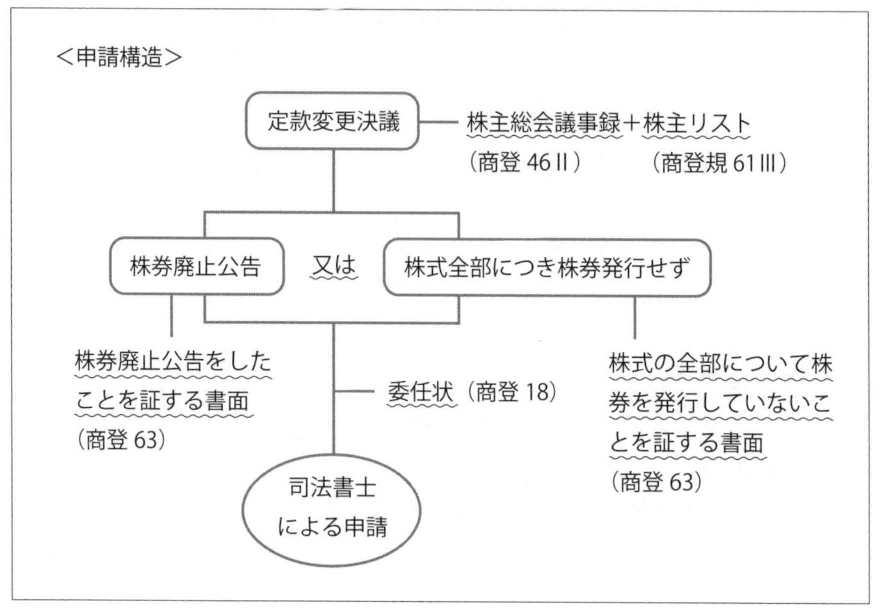


まずは、定款規定を削除するための定款変更決議を、株主総会の特別決議で行います。

その後、「当社は株券発行会社でなくなりましたよ」というお知らせをすることになります。

このお知らせですが、もし株券を発行していなければ、さすがにお知らせは要りません。その場合は、発行してないことを証明すればいいです。

ここだけ見ると、株券提供公告と似ているのですが、**この手続、株券提供公告とは別の条文**なのです。株券提供公告は会社法219条、今回の制度は会社法218条です。

株券提供公告は株券の回収をするのですが、今回の公告は株券の回収をしません。コストを削減するために回収はしなくてよいとしています。

そのため、**株券提供公告は、1か月の期間を空けましたが、今回の手続では株券を回収しないので、2週間の期間でよい**となっています。

株券を発行する旨の定めの廃止がある場合の検討事項

1　決議権限

→　株主総会（特別決議）で決議をしているか（会社466・309 II）

2　その他手続

①株券を発行している場合

→　効力発生日の2週間前までに株主及び登録株式質権者に対し一定事項を通知し、かつ公告しなければならない（会社218 I）

→　立証必要

②株券を発行していない場合

→　効力発生日の2週間前までに株主及び登録株式質権者に対して通知又は公告をしなければならない（会社218 III・IV）

→　立証不要

**2②について**

発行していない場合は、通知または公告をすれば足りるため、それを行ったことの立証が不要になります（ただ、発行していないことの立証が必要となることに注意をしてください）。

**問題を解いて確認しよう**

| | | |
|---|---|---|
| 1 | 株式会社が株式に係る株券を発行する旨の定款の定めを設定した場合、当該株券を発行する旨の定めの設定の登記の申請書には、定款を添付しなければならない。〔オリジナル〕 | × |
| 2 | 株式の全部について株券を発行していない株券発行会社が、株券を発行する旨の定款の定めを廃止する場合、当該変更の登記の申請書には、株式の全部について株券を発行していないことを証する書面を添付しなければならない。〔オリジナル〕 | ○ |

| | | |
|---|---|---|
| 3 | 株式の全部について現に株券を発行していない株券発行会社が、株主総会において、株券を発行する旨の定款の定めを廃止する決議をした場合は、当該定款の定めの廃止による変更の登記の申請書には、株主及び登録株式質権者に対し、当該定款の定めを廃止する旨及びその効力が生ずる日並びに当該日において当該株式会社の株券は無効となる旨を通知したことを証する書面を添付しなければならない。〔31-29-オ〕 | × |

**×肢のヒトコト解説**

1　定款を変更することにした特別決議を立証すればよく、変更したあとの定款を添付する必要はありません。

3　通知については、立証は不要です。

## 第8節　株主名簿管理人

### （1）株主名簿管理人の設置

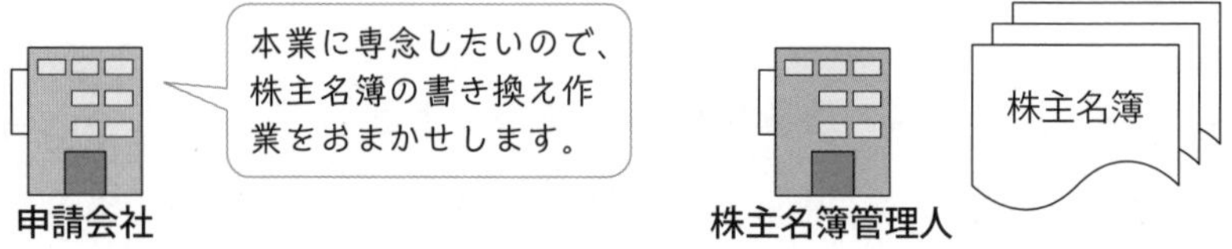
本業に専念したいので、株主名簿の書き換え作業をおまかせします。
申請会社
株主名簿
株主名簿管理人

株主名簿は、本店に備え置き、名義書換をしたい人は本店にて手続を取ることになります。ただ、この備え置き、名義書換作業を本店ではなく、別の会社に頼むことができます。

この頼まれた方を株主名簿管理人と呼びます。

この株主名簿管理人を置いた場合は、**株主名簿はそこだけに置かれ、もう本店には置かれません**。

| 株主名簿管理人の氏名又は名称及び住所並びに営業所 | 東京都千代田区有楽町二丁目2番2号<br>T信託株式会社　有楽町支店<br>本店　東京都千代田区神田三崎町一丁目1番1号<br>令和6年5月25日設置　　令和6年5月23日登記 |
|---|---|

**株主名簿管理人を置いているかどうかは登記簿で公示します。**その会社の株式を買おうとしている人が、**買った後の名義書換をする場合、本社にいけばいいのか、株主名簿管理人のところにいけばいいのかを判断できるように登記事項にした**のです。

上記の登記簿を見てください。登記の内容を見ると、どの信託会社の、どこでやっているのかがわかります。

そして、表現が年月日「設置」となっている点に注意してください。新しく欄を作る場合は設定なのですが、**ここはなぜか設置と記載します。**

1．事　　株主名簿管理人の設置
1．登　　令和6年5月25日設置
　　　　　株主名簿管理人の氏名又は名称及び住所並びに営業所
　　　　　東京都千代田区有楽町二丁目2番2号
　　　　　T信託株式会社　有楽町支店
　　　　　本店　東京都千代田区神田三崎町一丁目1番1号
1．税　　金3万円（登録税別表1.24.(1)ツ）

表現は、頑張って覚えるしかありません（何度も声に出して覚えましょう）。

上記の申請書は、ある信託会社の支店に置いた場合のものになっています。その場合は、末尾に本社の場所も示す必要があります。

**会社自体は、商号と本店で特定しますので、本店の場所も書くようにしてください。**

東京都千代田区神田三崎町一丁目1番1号
T信託株式会社　本店

これは、その信託会社の本社に置くという場合です。本社に置くという場合は、本社の住所と商号だけで結構です。これで本店と商号は特定できていますから、本店の場所をもう1回書く必要はありません。

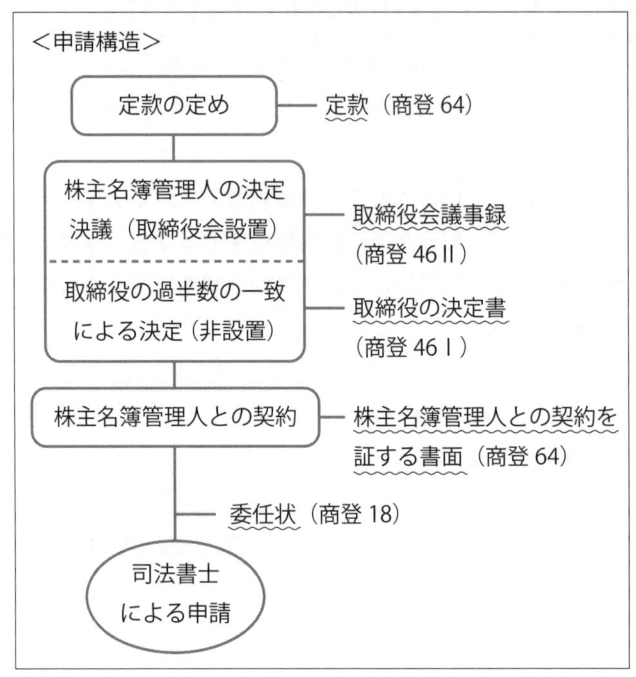


定款に規定があることの立証が要ります。株主名簿管理人の設置は、経営陣の一存ではできないのです。

**株主から「本社でやらなくていいよ。名義書換をする管理人を選んでいいよ。」という授権がなければ、株主名簿管理人は設置できない**のです。

そのため、株主からの授権があるのかを立証するために、定款を添付します。

具体的には、定款に次のような定めがあるかどうかをチェックします。

> 定款
>
> 当会社は、株主名簿及び新株予約権原簿の作成及び備置きその他の事務を代行させるため株主名簿管理人を置くことができる。

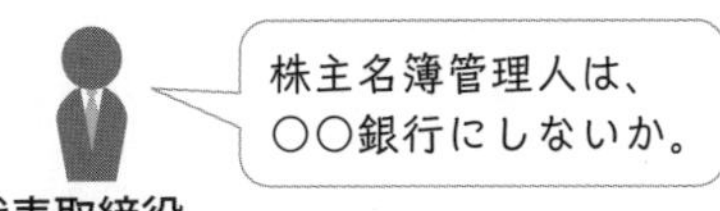

株主名簿管理人は、
○○銀行にしないか。
代表取締役

定款規定があった上で、株主名簿管理人を誰にするかを決めます。授権をもらっているので、もう役員の方々だけで決めることが可能です。

代表取締役

当社の株主名簿管理人をやってくれませんか？

いいですよ。やりましょう。

○○銀行

誰にするかを決めたら、その法人と契約して効力が生じます。その契約部分の立証も必要です。

株主名簿管理人の設置がある場合の検討事項

1　定款規定があるかどうかをチェック

2　決議権限

取締役会設置会社でない：取締役の過半数の一致（会社348 Ⅱ）
取締役会設置会社　　　：取締役会決議（会社362 Ⅱ①）

3　株主名簿管理人との契約がされているかをチェック
→　契約日が変更の日付となるので日付を確認すること

## （2）株主名簿管理人の廃止

1．事　　株主名簿管理人の廃止
1．登　　○年○月○日株主名簿管理人Ｔ信託株式会社の廃止
1．税　　金３万円（登録税別表 1.24.(1)ツ）

申請書で気を付けるのは、「廃止」と記載するところと、株主名簿管理人の名

前を入れるところです。

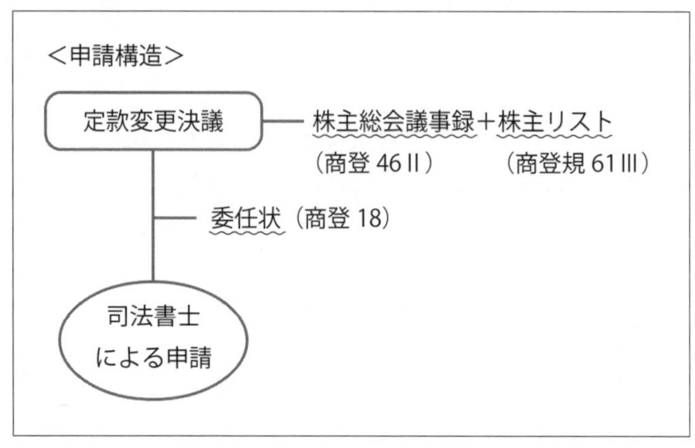


廃止する場面は２つあります。

その会社と**契約をやめる（別の会社に頼むことになります）場合**と、この**制度自体をやめる場合**です。

上記の手続モデルは、この制度自体をやめた場合のものです。これは、定款の規定を削除する株主総会の特別決議が必要です。

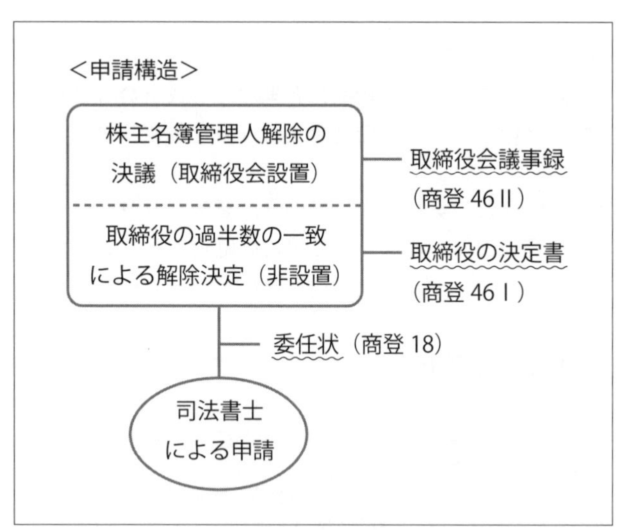


この申請構造は、その会社と契約をやめる場合です。契約をやめる決定を立証すればよく、これは、取締役の方で契約を解除することを決定します（もともと

取締役の方で誰にするか決めたので、解除する場合も同じ決議機関になります)。

このあと契約解除することを株主名簿管理人に伝えるのですが、そこは立証を要求していません。

| | | |
|---|---|---|
| 1 | 株主名簿管理人の設置による変更の登記の申請書には、定款を添付しなければならない。〔オリジナル〕 | ○ |
| 2 | 株式会社が株主名簿管理人を置いた場合、当該株主名簿管理人の氏名又は名称のみが登記すべき事項となる。〔オリジナル〕 | × |
| 3 | 株式会社が株主名簿管理人を置いた場合、当該株主名簿管理人の氏名又は名称及び住所並びに営業所が登記事項となる。〔オリジナル〕 | ○ |
| 4 | 株式会社が定款を変更して株主名簿管理人を廃止する場合、株主名簿管理人の廃止による変更の登記の申請書には、代理人が申請する場合を除き、株主総会議事録及び株主リストを添付すれば足りる。〔オリジナル〕 | ○ |

×肢のヒトコト解説

2 株主名簿管理人の住所並びに営業所も登記事項です。

## 第9節 株式の内容・種類株式総説

発行する全部の株式の内容の定め

①譲渡による当該株式の取得について当該株式会社の承認を要すること(譲渡制限株式)

②当該株式について、株主が当該株式会社に対してその取得を請求することができること(取得請求権付株式)

③当該株式について、当該株式会社が一定の事由が生じたことを条件としてこれを取得することができること(取得条項付株式)

これから、株式に付ける特色の登記を見ていきます。

そもそも、単一株式発行会社が付けられる特色と種類株式発行会社が付けられる特色は異なります。まずは単一株式発行会社が付けられる特色の３つから学習しましょう。

| 発行する株式の内容 | 当会社は、当会社が別に定める日が到来したときに、当会社の株式を取得することができる。<br>（以下、略） |
|---|---|
| 株式の譲渡制限に関する規定 | 当会社の株式を譲渡により取得するには、取締役会の承認を要する。<br>令和６年６月25日設定　　令和６年７月１日登記 |

発行する株式の内容、単一株式発行会社で特色を付けた場合は、この欄に書かれるようになっています。

ただ、１つだけ例外があって、それが株式の譲渡制限です。**譲渡制限規定の有無は、公開・非公開会社の基準になる重要な指針**なので、**目立たせるために、別欄にしています**。

発行する各種類の株式の内容の定め
① 剰余金の配当
② 残余財産の分配
③ 株主総会において議決権を行使することができる事項
④ 譲渡による当該種類の株式の取得について当該株式会社の承認を要すること。
⑤ 当該種類の株式について、株主が当該株式会社に対してその取得を請求することができること。
⑥ 当該種類の株式について、当該株式会社が一定の事由が生じたことを条件としてこれを取得することができること。
⑦ 当該種類の株式について、当該株式会社が株主総会の決議によってその全部を取得すること。
⑧ 株主総会（取締役会設置会社にあっては株主総会又は取締役会、清算人会設置会社（第478条第８項に規定する清算人会設置会社をいう。以下この条において同じ。）にあっては株主総会又は清算人会）において決議すべき事項のうち、当該決議のほか、当該種類の株式の種類株主を構成員とする種類株主総会の決議があることを必要とするもの
⑨ 当該種類の株式の種類株主を構成員とする種類株主総会において取締役（監査等委員会設置会社にあっては、監査等委員である取締役又はそれ以外の取締役。会社法108条第２項第９号及び第112条第１項において同じ。）又は監査役を選任すること。

今度は種類株式の場合に付けられる特色です。種類株式の場合は全部で９つ特色が付けられました。

| 発行可能種類株式総数及び発行する各種類の株式の内容 | 甲種類株式　　9万株<br>乙種類株式　　3万株<br>甲種類株式　株主は、いつでも当会社に対して甲種類株式を取得することを請求することができる。<br>乙種類株式　当会社は、当会社が別に定める日が到来したときに乙種類株式を取得することができる。<br>（以下、略） |
|---|---|
| 株式の譲渡制限に関する規定 | 当会社の株式を譲渡により取得するには、取締役会の承認を要する。<br>令和6年6月25日設定　　令和6年7月1日登記 |



種類株式発行会社の特色は、「発行可能株式総数及び発行する各種類の株式の内容」という欄に書かれます。

その欄には、発行可能株式総数とは別に、**種類ごとの発行可能株式総数が載り**、そのあとに、その**種類株式の特色が載っています**。

基本的には種類株式の特色はこの欄に記載されるのですが、**株式の譲渡制限は別欄になります**（これは単一株式発行会社の場合と同じです）。

発行可能株式総数について1つ補足があります。

例1）　発行可能株式総数　1万株
　　　発行可能種類株式総数　A種類株式　1万株
　　　　　　　　　　　　　　B種類株式　1万株
例2）　発行可能株式総数　1万株
　　　発行可能種類株式総数　A種類株式　4,000株
　　　　　　　　　　　　　　B種類株式　5,000株

上記の例は、両方とも許されます。**「全体の発行可能株式総数は、各種類株式の発行可能種類株式総数の合計と一致させなければならない」といったルールを条文で規定していない**からです。

例えば、ある会社がトータルで1万株を発行することを決めているのですが、A種類をどれぐらい発行するのか、B種類をどれぐらい発行するのかを決め兼ねているという場合、例1のような定め方をしておくのです（もちろん、この会社がA種類株式を1万株発行すれば、もうB種類株式は全く発行できません）。

株式につける特色は、色々ありますが、１番多く出題されるのが、次の節の株式の譲渡制限です。

## 第10節 株式の譲渡制限規定

### （1） 株式の譲渡制限規定の設定

| | |
|---|---|
| 1．事 | 株式の譲渡制限に関する規定の設定 |
| 1．登 | 令和６年６月25日設定<br>株式の譲渡制限に関する規定<br>当会社の株式を譲渡により取得するには、当会社の承認を要する。 |
| 1．税 | 金３万円（登録税別表1.24.(1)ツ） |

株式の譲渡制限を設定する場面の申請書です。新しく付けるので「設定」という表現になっています。

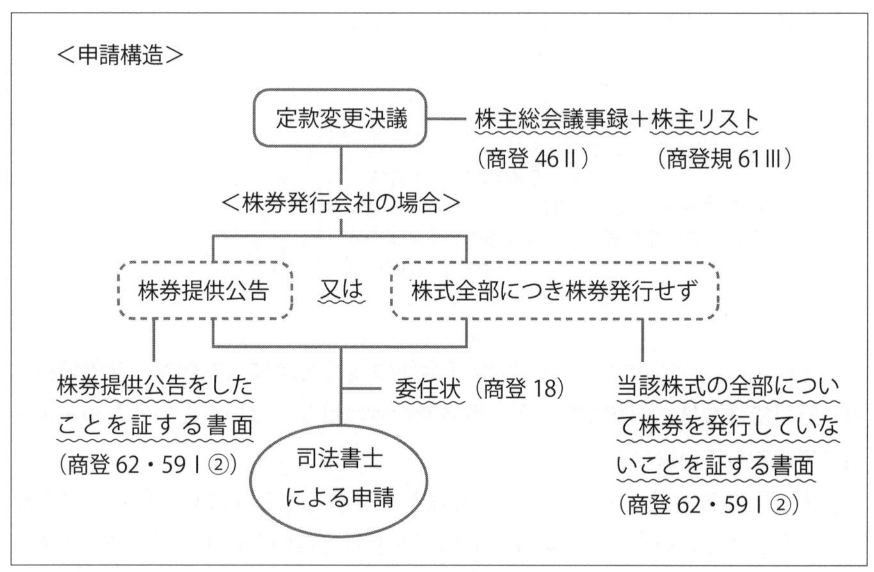


この申請構造は、単一株式発行会社と思ってください。

この場合、定款変更決議で行い、株券発行会社の場合は、株券の回収の手続をとります。**株券を回収して、譲渡制限を書き込んで返す**のです。

立証については、株式併合のときと同じです。株券を出していれば公告をしたことを立証し、発行していなければ、発行していないことの証明が必要になります。

ここで、特殊決議の要件を再確認しておきましょう。

**会社法309条3項（特殊決議）**
議決権を行使することができる株主の半数以上であって、
当該株主の議決権の３分の２以上
に当たる多数をもってする。

これは、**賛成数だけで決める多数決になっています**（定足数の概念はありません）。

１段目のポイントは、「株主の半数」という部分です。議決権の半数ではなく、株主の頭数の半分の賛成が必要です。

２段目のポイントは「議決権の３分の２」という部分です。しかも、出席の３分の２ではなく、トータルの議決権の３分の２の賛成が要るのです。

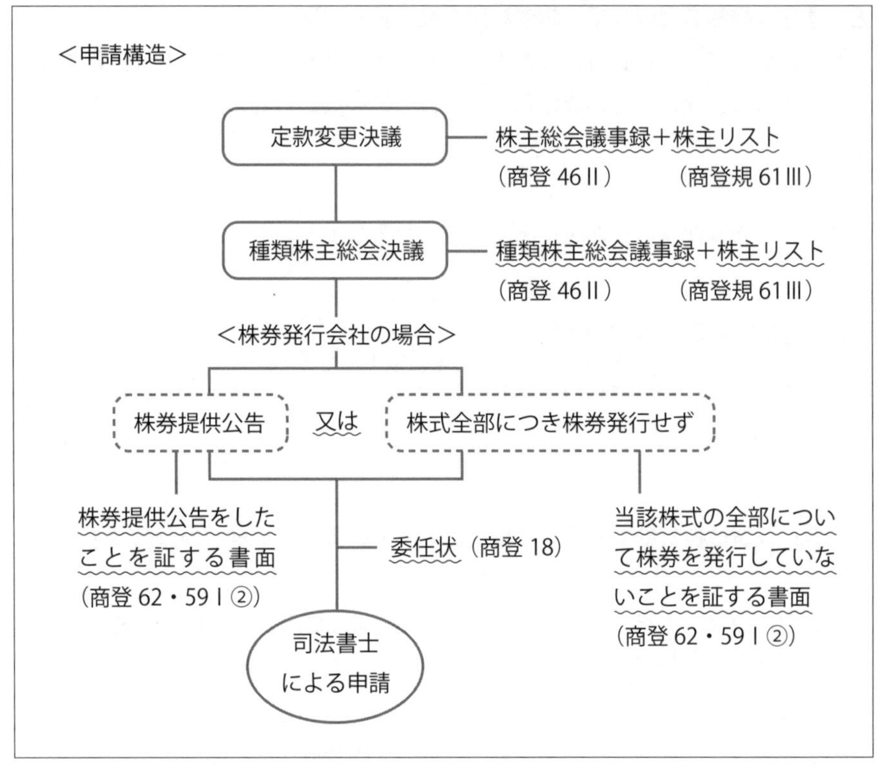


84 これは種類株式発行会社の場合の申請構造です。

種類株式発行会社の場合、定款変更決議は株主総会の特別決議になります。

それに**加えて、種類株主総会の決議が別個に必要**となり、ここでの決議要件は特殊決議です。

その後、株券の回収をするという点は、単一株式発行会社の場合と同じです。

株式の譲渡制限に関する規定の設定がある場合の検討事項

1　決議権限

（単一株式発行会社）

→　株主総会（特殊決議）で決議をしているか

（種類株式発行会社）

→　株主総会で決議をしているか

→　以下の３つの種類株主総会決議（特殊決議）があるか

・譲渡制限規定が付される株式の種類株主総会決議

・譲渡制限規定が付される株式を対価としている取得請求権付株式の種類株主総会決議

・譲渡制限規定が付される株式を対価としている取得条項付株式の種類株主総会決議

2　決議内容（何が登記事項となるのか）

○　当該株式を譲渡により取得することについて当該株式会社の承認を要する旨

○　一定の場合においては株式会社が譲渡による取得の承認をしたものとみなすときは、その旨及び当該一定の場合

×　指定買取人の定め

3　株券提供公告

現に株券を発行している株券発行会社においては株券提供公告が必要

→　公告媒体は適法か、１か月以上の期間を設けているかを確認

決議内容としては、下記のような「承認みなし」という規定も設けられます。

| 株主間の譲渡による取得については会社が承認したものとみなす。 |
|---|

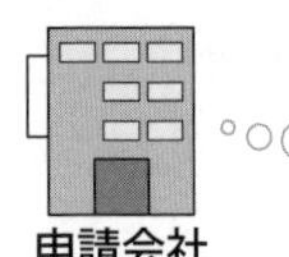


よそ者が来るのは防ぎたいけど、株主同士で売り買いするんだったら、それはわざわざ承認決議したくないなぁ。

鎖国というイメージで、今の株主以外から入ってくるのを防ぎたい場合に設ける規定です。

| 譲渡制限株式の譲渡を認めない場合、○○持株会が指定買取人としてその株式を買い取ることにする。 |
|---|

譲渡制限株式の譲渡があった場合、会社が上記のような定めを設けることができ、この「○○持株会」のことを指定買取人と呼びます。ただ、これは**内部的に誰が買うかという定めにすぎないので、登記簿には載りません**。

| | |
|---|---|
| 「当会社の株式を譲渡するには、A種類株主総会の承認を要する」 | ○ |
| 「当会社の株式を譲渡するには、代表取締役の承認を要する」 | ○ |
| 「当会社の株式を譲渡するには、株主総会の承認を要する」<br>(取締役会設置会社) | ○ |

株式の譲渡制限の規定には、どの機関が承認するかを記載することになり、条文上は「取締役会設置会社　→　取締役会」「取締役会を置かない会社　→　株主総会」で承認すると規定されていますが、**定款で自由に変えられます**。

そのため、上記のようにどんなパターンでも大抵とおります。承認機関が問われたら、ほぼどこでもいいと考えて問題を解きましょう。

## （2）株式の譲渡制限規定の廃止

1．事　株式の譲渡制限に関する規定の廃止
1．登　○年○月○日株式の譲渡制限に関する規定廃止
1．税　金３万円（登録税別表1.24.(1)ツ）

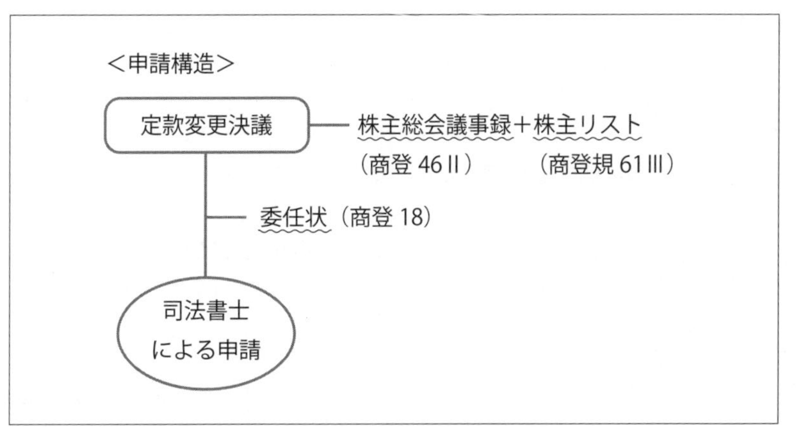


株式の譲渡制限規定を廃止する定款変更決議をする必要がありますが、これは特別決議で結構です。設定のときは特殊決議ですが、**廃止のときは単なる定款変更の特別決議で構わない**のです。

また、株券提供公告も要りません。つまり株券を回収しないのです。

「株券に譲渡制限が書いてある。それを回収して、譲渡制限がない株券を発行し直す」ことが必要と思えますが、**回収に手間が掛かる、費用が掛かるということで、回収は不意打ちになる設定の場面に限定しました。**

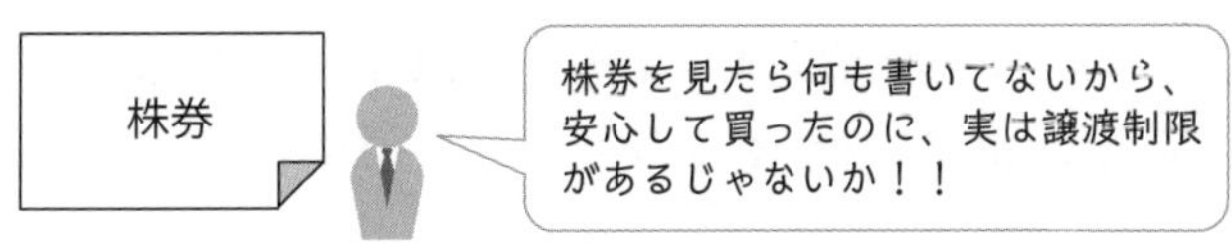

株券
株券を見たら何も書いてないから、
安心して買ったのに、実は譲渡制限
があるじゃないか！！


これは防ぐべき事態です。そのため、譲渡制限を設定する際には株券の回収をするのです。

株券
譲渡制限

譲渡制限があると覚悟して買ったのに、実は譲渡制限がなくなっているじゃないか！！！

これは不意打ちというより、むしろ、よかったと思いますよね。

**譲渡制限の廃止を気付けなくても不意打ちにならないことから、株券を回収しないことにした**のです。

**覚えましょう**

株式の譲渡制限に関する規定の変更がある場合の検討事項

1　決議権限

→　株主総会（特別決議）で決議をしているか（会社466）

2　その他手続・注意事項

①公開会社になる

→　機関設計は適法か否かを確認
（取締役会が設置されているか　→　監査役がいるor監査等委員会設置会社or指名委員会等設置会社）

→　4倍ルールを満たしているかを確認

②取締役・監査役選解任権付株式を発行している会社は、譲渡制限株式の定めの廃止の登記を申請することはできない（会社108Ⅰ但書、商登24⑨）。

③譲渡制限規定を廃止した場合、監査等委員会設置会社及び指名委員会等設置会社を除いて取締役、会計参与及び監査役の任期が満了することに注意！（会社332Ⅶ③・334Ⅰ・336Ⅳ④）

**2①について**

公開会社になれば、取締役会設置は義務になるし、取締役会設置が義務になれば、基本的に監査役設置まで義務になりますので、それを置いているかのチェックが必要です。

そして、公開会社になるので、発行済株式総数と発行可能株式総数の関係を見て、4倍のチェックをしましょう。

**2②について**

選解任種類株式は公開会社や指名委員会等設置会社では発行できないため、公開会社化するタイミングで、この制度を廃止する必要があります。

**2③について**

非公開会社から公開会社になれば、今の任期が維持できないというところから、役員は任期満了します。そのため、役員がやめる登記が必要になります（ただここで、新しい後任者を選んでなければ、権利義務役員として残ることになります）。

**問題を解いて確認しよう**

| | | |
|---|---|---|
| 1 | 譲渡制限株式の定めについて「当会社の株式を譲渡により取得するには、当会社の承認を要する。」との登記をしている株券発行会社である取締役会設置会社が取締役会設置会社の定めの廃止をした場合には、株券提供公告をしたことを証する書面を添付して当該譲渡制限株式の定めについての変更の登記をしなければならない。〔21-29-ウ〕 | × |
| 2 | 株式の譲渡制限に関する規定の設定の登記の申請書には、定款に別段の定めがある場合を除き、議決権を行使することができる株主の半数以上であって、当該株主の議決権の4分の3以上に当たる多数で決議した株主総会の議事録を添付しなければならない。〔19-30-ア〕 | × |
| 3 | 種類株式発行会社において、株式の譲渡につき株主総会の承認を要する旨の定款の定めを設定する場合、登記記録上、「発行可能種類株式総数及び発行する各種類の株式の内容」欄に記録される。〔オリジナル〕 | × |
| 4 | 定款にその発行する株式の全部の内容として譲渡による当該株式の取得について株式会社の承認を要する旨の定めを設けている株式会社において、定款に当該株式会社が承認しなかった場合における指定買取人の定めを設けたときであっても、当該指定買取人の定めについて登記の申請をすることはできない。〔20-35-オ（23-30-イ）〕 | ○ |
| 5 | 種類株式の内容として株式譲渡制限を定款で定めた場合には、当該種類株式の種類株主を構成員とする種類株主総会を譲渡承認機関とする内容の登記を申請することができる。〔23-30-ア〕 | ○ |
| 6 | 取締役会設置会社でない株式会社においては、代表取締役を譲渡承認機関とする内容の登記を申請することができない。〔23-30-オ〕 | × |
| 7 | 取締役会設置会社であっても、譲渡による株式の取得について株主総会の承認を要する旨の株式の譲渡制限に関する規定の設定の登記の申請をすることができる。〔19-30-エ〕 | ○ |

×肢のヒトコト解説

1 取締役会設置会社の定めを廃止した場合でも、株券提供公告をする必要はありません。

2 必要な議決権は４分の３ではなく、３分の２で足ります。特殊決議の要件を確認してください。

3 公開会社、非公開会社の区別で重要なため「株式の譲渡制限に関する規定」という別欄で登記されます。

6 代表取締役を承認機関にすることも可能です。

## 第11節 取得請求権付株式

### （1）取得請求権付（種類）株式の定め

取得請求権付株式、これは、株式を会社に買い取れと請求できる特色でした。

まずは設定する場面から説明します。

1. 事　発行する株式の内容の変更
1. 登　○年○月○日発行する株式の内容の変更
　　株主は、いつでも当会社に対して当会社の株式を時価で取得することを請求することができる。
　　「時価」とは、当該取得請求日に先立つ45取引日目に始まる30取引日の株式会社東京証券取引所における毎日の終値の平均値をいう。
1. 税　金3万円（登録税別表1.24.(1)ツ）

これは単一株式発行会社が取得請求権付株式を設定した場合の申請書です。

事由に「登記すべき事項　発行する株式の内容」という言葉があります。これが単一株式発行会社を作る欄の名前です。

その欄の名前を書いて、あとは「いつまで取得請求ができる」かということと、「取得請求の対価（買い取ってくれと請求したときに、何がもらえるか）」を記載しましょう。

1. 事　発行可能種類株式総数及び発行する各種類の株式の内容の変更
1. 登　○年○月○日発行可能種類株式総数及び発行する各種類の株式の内容の変更
A 種類株式　○株
B 種類株式　○株
1. A 種類株式の株主は、会社に対し、A 種類株式の取得を請求することができる。
a. 引換えに交付すべき B 種類株式の数
会社は、A 種類株式 1 株の取得と引換えに、B 種類株式 1 株を交付する。
b. 取得を請求することのできる期間
○年○月○日から○年○月○日までとする。
1. 税　金 3 万円（登録税別表 1.24.(1)ツ）

これは、種類株式発行会社が取得請求という特色を付けた場合の申請書です。

申請書の欄の名前は、「発行可能種類株式総数及び発行する各種類の株式の内容」となるので覚えましょう。

そして、登記すべき事項には、**種類ごとのMAX及び種類の特色**（「いつまで取得請求ができる」かということと、「取得請求の対価」）を記載します。

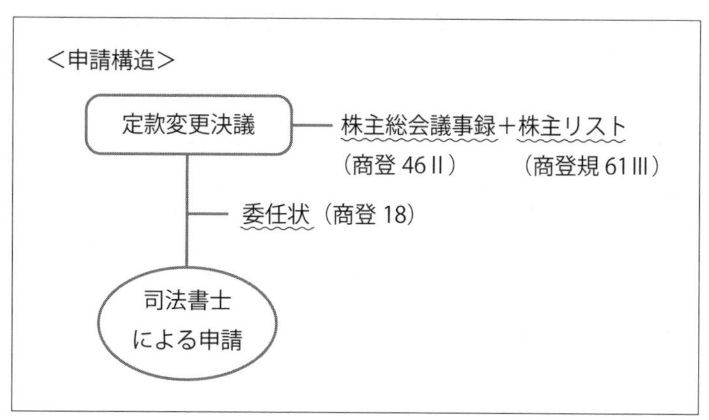


手続としては、定款変更決議だけで可能です。その定款変更は株主総会特別決議で行います。

## （2）取得請求権付株式の取得と引換えにする株式の発行

株主がA種類株式からB種類株式にチェンジしてくれと請求して、B種類株式をもらう、これがこの取得請求権付株式と引換えにする株式の発行という手続です。

株主的には、持っている株式がA種類株式からB種類株式に変わっただけですが、法的な理屈は少々複雑です。

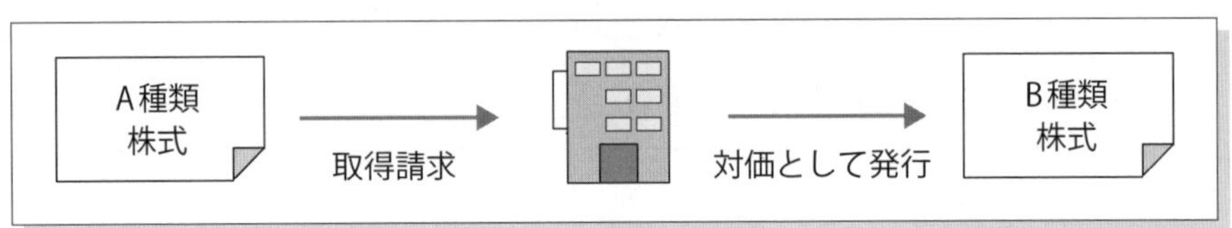


株主が持っているA種類株式の取得請求をすることによって、その株式は会社の自己株式になります。この時点で、A種類株式がなくなるわけではありません。

その後、会社は新しくB種類株式というのを作って、取得請求権者に渡します。

株式数の変化としては、**A種類株式は会社が取得するだけで増えも減りもしません**が、**B種類株式を1株作っているため、B種類の発行済株式数が1株増える**ことになります。

| 発行済株式の総数並びに種類及び数 | 発行済株式の総数<br>　1万2,000株<br>各種の株式の数<br>　普通株式　　　　9,000株<br>　A種優先株式　　1,000株<br>　B種優先株式　　2,000株 |
|---|---|
| 発行可能種類株式総数及び発行する各種類の株式の内容 | 普通株式　　3万6,000株<br>A種優先株式　　2,000株<br>B種優先株式　　2,000株<br>（A種優先株式）<br>　A種優先株式を有する株主は、いつでも当会社に対して、その有するA種優先株式を取得することを請求することができる。この場合、当会社は、A種優先株式1株を取得するのと引換えに、当該株主に対して、当会社の普通株式2株を交付する。<br>（B種優先株式）<br>　B種優先株式を有する株主は、いつでも当会社に対して、その有するB種優先株式を取得することを請求することができる。この場合、当会社は、B種優先株式1株を取得するのと引換えに、当該株主に対して、当会社の普通株式1株を交付する。 |

前ページの登記記録の状態の株式会社において、令和6年6月12日にA種優先株式の300株とB種優先株式の200株について取得の請求があった場合の申請書

1. 事　　取得請求権付株式の取得と引換えにする株式の発行
1. 登　　令和6年6月30日変更
　　　　発行済株式の総数　1万2,800株
　　　　発行済各種の株式の数
　　　　　　　普通株式　　　9,800株
　　　　　　　A種優先株式　1,000株
　　　　　　　B種優先株式　2,000株
1. 税　　金3万円（登録税別表1.24.(1)ツ）

A種優先株式は、1株取得請求すると普通株式が2株もらえ、

B種優先株式を1株取得請求すると、普通株式が1株もらえるという状態です。

この会社でA種優先株式300株の取得請求、B種優先株式の200株の取得請求があったようです。

A種優先株式を300株叩きつけても、それは会社の金庫に入るだけなので、A種優先株式に権利変動はありません。その対価として、普通株式600株を発行したので、普通株式の発行済株式数が600株増えます。

B種優先株式を200株叩きつけて、その対価として普通株式200株を発行するので、普通株式の発行済株式数が200株増えます。

結果的にはA種優先株式・B種優先株式の発行済株式数は変わらず、普通株式を合計で800株新規発行するので、普通株式の発行済株式数が増えます。この発行済株式数が増えたことを登記します。

申請書に何を書くのかを見ましょう。

これは、**普通株式が800株増えたことを書けばいいのではなく、株式数の状態をすべて書き直しています。発行済株式総数の欄は、1か所でも変わったら全部書き直し**となります。

登記の事由の、「取得請求権付株式の取得と引換えにする株式の発行」、この言葉は覚えてください。考えて出せるようなものではないので、覚えることを強くすすめます。

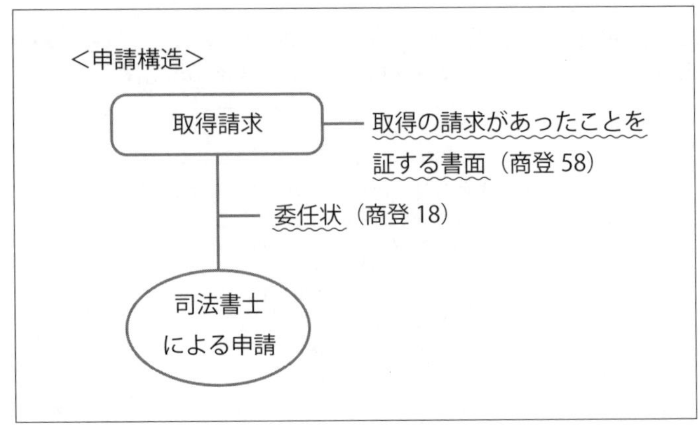


手続としては取得請求をしたことだけを立証します。添付書類には「取得の請求があったことを証する書面」となっていますが、一言一句同じ必要はありませんからね（相手に伝わればいいですよ）。

| 効力発生日 | 取得請求権付株式の株主が会社に取得の請求をした日（会社167Ⅰ・Ⅱ） |
|---|---|
| 登記期間 | 毎月末日現在により、当該末日から2週間以内（会社915Ⅲ②） |
| 登記すべき事項に記載する日付 | 請求した月の末日 |

この取得請求の効力は、まさに取得請求をした日に生じます。

ただ、**登記期間は、月の末日から2週間**となっています。

本来、登記というのは効力が生じてから2週間以内に登記する必要があります。

すると、ひと月に4、5回の取得請求が来たら、4回、5回、登記する義務が生じてしまうのです。これは、**会社にとって非常に面倒**でしょう。

そこで、**月末締めにして、ひと月分まとめて登記していいよとしました。**

その結果、申請書の登記すべき事項の日付は、取得請求の日でも、月の末日でもいいことになります。

ex

1. 事　　公告をする方法の変更
1. 登　　令和6年5月20日変更
　　　　公告をする方法
　　　　日本経済新聞に掲載してする。

← ここから2週間以内に登記をしないと過料になる

そもそも、登記申請書の日付というのは、効力発生日を公示したいという要請から記載しているのではなく、**登記期間を守っているか、それを登記官に示したいために記載している**のです。

令和6年5月20日変更と書いてあり、この年月日は効力発生日です。そこから2週間以内に登記していれば、登記懈怠はないので過料は取られません。この過料をとるかどうかを登記官が判断するために、年月日を書くのです。

今回の**登記申請は、月の末日から2週間以内であれば、過料は取られません**。だから、申請書には、月の末日を書くことができるのです。

### 問題を解いて確認しよう

| | | |
|---|---|---|
| 1 | 会社が取得請求権付株式の株主から請求を受け、数回にわたり、当該取得請求権付株式の取得と引換えに当該会社の他の種類の株式を発行した場合には、その都度、取得請求権付株式の取得と引換えにする株式の発行の登記の申請をしなければならない。〔30-31-イ〕 | × |
| 2 | 取得請求権付株式の取得と引換えにする株式の発行による変更の登記の申請は、当該株式の取得の請求があった日から2週間以内にしなければならない。〔オリジナル〕 | × |

### ヒトコト解説

1　同じ月の請求であれば、まとめて申請できます。

2　月の末日現在から2週間以内で足ります。

## 第12節 取得条項付株式

### （1）取得条項付（種類）株式の定め

次は、取得条項について設定する場面、巻き上げて株式を渡す場面を説明します。まずは取得条項を設定する場面です。

1. 事　発行する株式の内容の変更
1. 登　○年○月○日発行する株式の内容の変更
　当会社は、当会社が別に定める日が到来したときに、当会社の株式を時価で取得することができる。
　「時価」とは、当該取得請求日に先立つ45取引日目に始まる30取引日の株式会社東京証券取引所における毎日の終値の平均値をいう。
1. 税　金3万円（登録税別表1.24.(1)ツ）

これは単一株式発行会社の申請書で、記載する内容は、対価と取得事由です。この事例の取得事由は、「会社が定める日が到来したとき」、そして対価は、時価だというのがわかります。

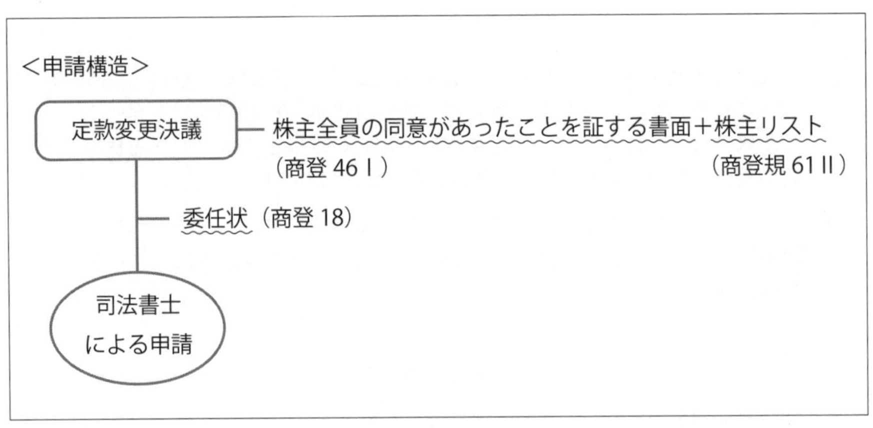


定款変更の要件がいつもと違います。**取得条項は、株主全員が不利益を受けるので株主全員の同意が必要**です。そのため、株主全員の同意書＋株主全員を記載した株主リストが必要になります。

1. 事　　発行可能種類株式総数及び発行する各種類の株式の内容の設定
1. 登　　○年○月○日発行可能種類株式総数及び発行する各種類の株式の内容の変更
　　　　甲種類株式　○株
　　　　乙種類株式　○株
　　　　乙種類株式については、甲種類株式が東京証券取引所に上場されることが決定した場合に、上場日前１か月間で取締役会が定める日に、当会社が取得することができる。
　　　　　会社は、乙種類株式１株の取得と引換えに、甲種類株式２株を交付する。
1. 税　　金３万円（登録税別表1.24.(1)ツ）

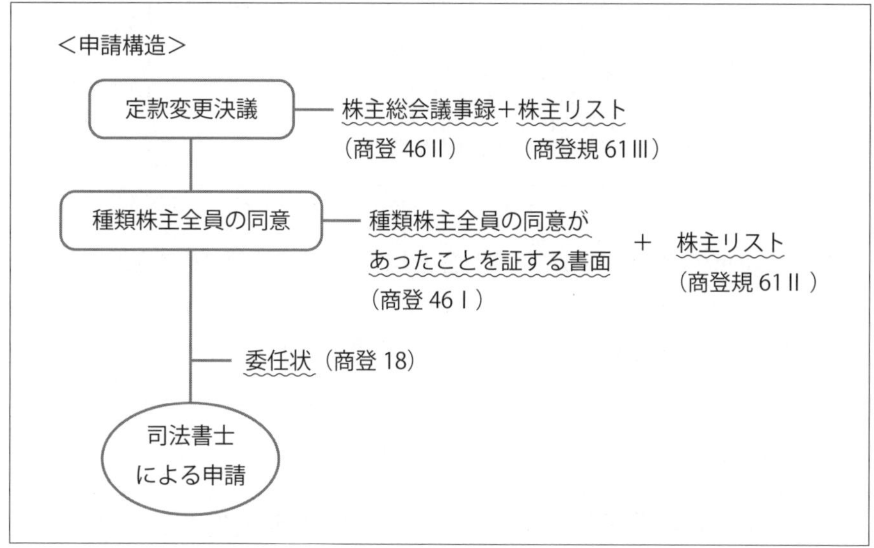


上にあるのは、種類株式発行会社の場合の申請書と申請構造です。書き方は取得請求とほとんど変わりません。

そして、手続面としては、まずは定款変更決議をします。株主が集まる株主総会では、特別決議で構いません。ただ、取得条項を付けられる種類株式（上記でいうと乙種類にあたります）、その**種類株式についての全員の同意が必要**になります。

## （2）取得条項付株式の取得と引換えにする株式の発行

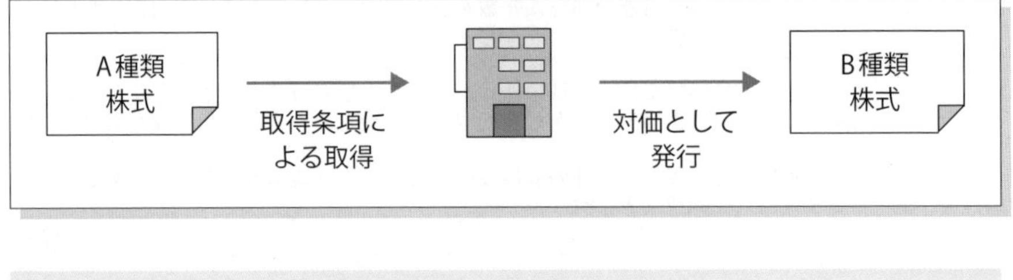


1. 事　取得条項付株式の取得と引換えにする株式の発行
1. 登　令和6年5月20日変更
　発行済株式の総数　3,000株
　発行済各種の株式の数
　A種類株式　2,000株
　B種類株式　1,000株
1. 税　金3万円（登録税別表1.24.(1)ツ）

では、この取得条項を使って株式を巻き上げて、そして他の株式を渡すという場面に行きましょう。

申請書自体は、取得請求のときと、ほとんど変わりません。

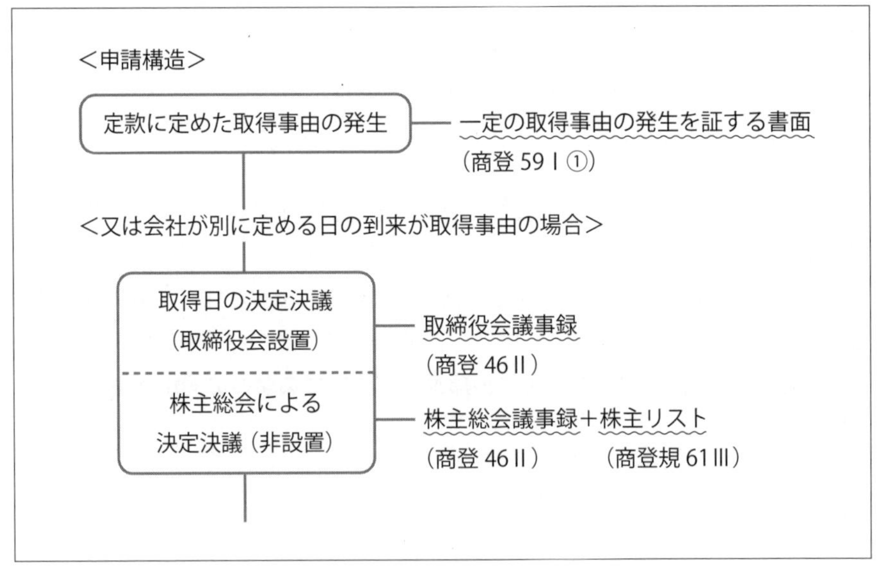

定款で「○○が起きたら巻き上げる」というのを決めている場合は、そのような**事由が発生したことを立証**してください。

ただ、「設定後に、取得する日付を決めて、その日が来たら取得するよ」というパターンの場合は、**取得日を決めたということを立証**することになります（**取得日が来たかどうかは、カレンダーを見ればわかる**ので、取得日を決めたことの立証で足ります）。

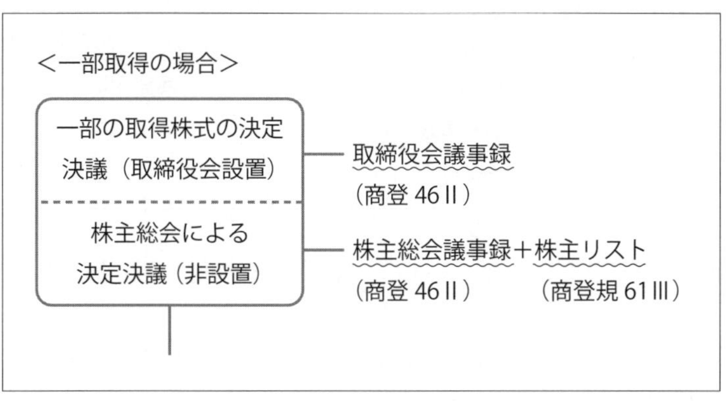


第１号議案　取得条項付株式の取得日の決定の件
　議長は、当会社のＢ種類株式を取得する日を令和６年６月25日としたい旨を述べ、その賛否を議場に諮ったところ、満場一致をもってこれを承認可決した。

第２号議案　取得条項付株式の一部取得の対象となる株式の決定の件
　議長は、Ｂ種類株式を下記の要領で取得したい旨を述べ、その賛否を議場に諮ったところ、満場一致をもってこれを承認可決した。

記

取得する株式　　株主甲が保有するＢ種類株式200株
　　　　　　　　株主乙が保有するＢ種類株式100株

取得条項の場合はすべてを巻き上げるだけでなく、一部分だけを巻き上げることもでき、どの株式を巻き上げるかは決議で決めます。

この決議ですが、**取得日を決める決議と決議機関が同じ**になっています。

そのため、上記の議事録のように、取得日を決める決議と、一部取得を決める決議は同じ会議で行うことがほとんどです。

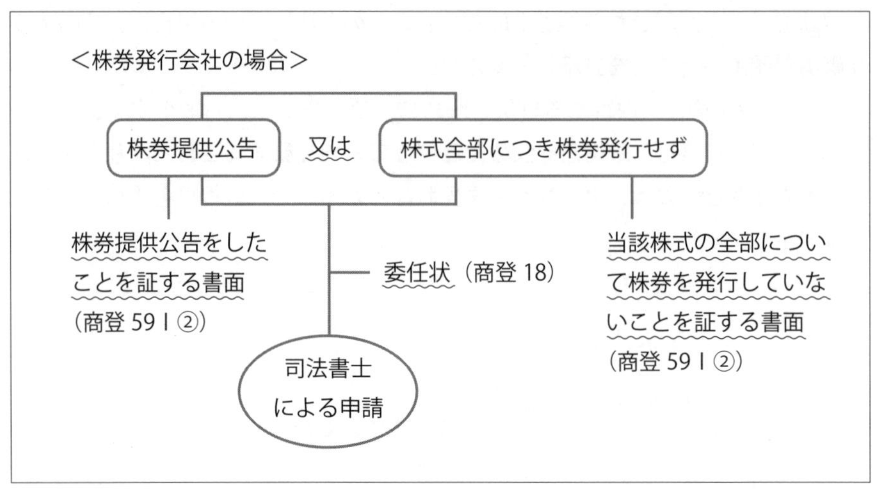


取得条項の手続を取ることによって、株式という権利を巻き上げることができます。

ただ、このままでは、株主のところに、株券という紙が置き去りになります。

そのため株券の回収がいるわけです。

株券提供公告がいる場面は「株式が消滅する場合、株式を巻き上げる場合、譲渡制限を設定する場合」です。今回は**株式を巻き上げる場合にあたるので、株券提供公告が必要**になります。

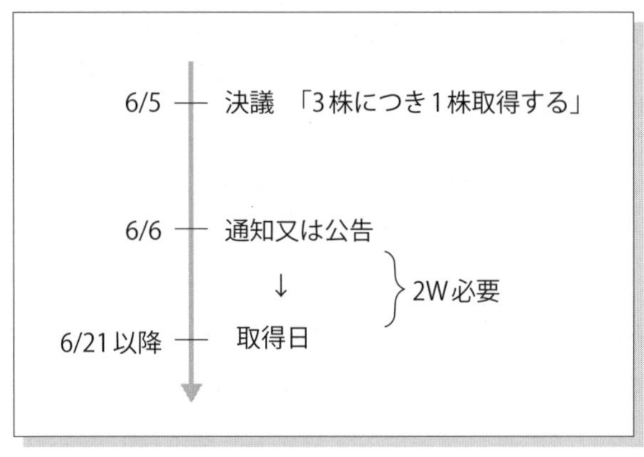


これは、一部取得をする場合の手続です。

一部取得することを決めたら、その内容を知らせ、２週間は待つ必要があります（不当な一部決議の場合には、仮処分をかけることになるので、それの期間を待ってあげるためでした）。

問題）下記の事例で効力発生をする日付を特定せよ。
(1) 会社法第168条第２項及び同法第169条第３項に規定された取得条項付株式の株主及びその登録株式質権者に対する通知は、令和６年６月５日に適法に行なわれ、翌日に到達した。
(2) 令和６年６月５日開催の取締役会において、議長は、当会社のＢ種類株式を取得する日を令和６年６月25日とする決議をしている。

この事例で、通知・公告から２週間後というのは６月21日ですよね。この会社は、取得日を６月25日として決議をしています。

この場合、遅い方の日付である６月25日が原因日付になります。

一部取得のときは、**通知又は公告から２週間経った日と取得日の双方を見比べて、遅い方が効力発生日**になります。

**覚えましょう**

取得条項付株式の取得と引き換えにする株式の発行がある場合の検討事項

①取得事由の発生

取得事由が定款に定められている場合

→　その事由の発生を確認すること

会社が別に定める一定の日が取得事由とされている場合

→　株主総会普通決議（取締役会設置会社にあっては取締役会決議）で定めているかをチェック

②株券提供公告の要否

取得に係る株式について現に株券を発行している場合は、株券提供公告が必要である（会社219 Ⅰ④）

→　公告媒体が適法であるか、また、１か月間以上の期間を設けているかを確認すること

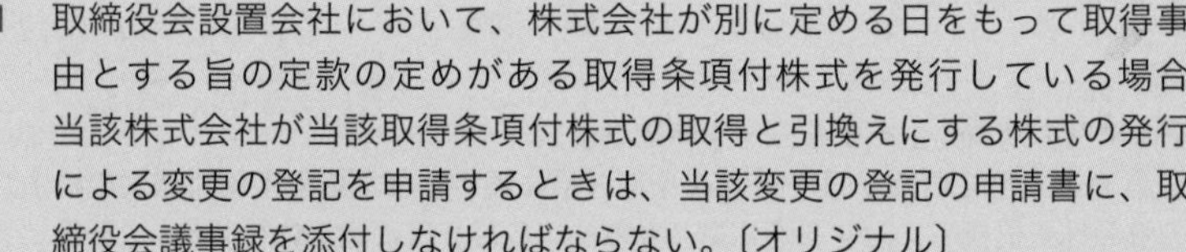

**問題を解いて確認しよう**

| | | |
|---|---|---|
| 1 | 取締役会設置会社において、株式会社が別に定める日をもって取得事由とする旨の定款の定めがある取得条項付株式を発行している場合、当該株式会社が当該取得条項付株式の取得と引換えにする株式の発行による変更の登記を申請するときは、当該変更の登記の申請書に、取締役会議事録を添付しなければならない。〔オリジナル〕 | ○ |
| 2 | 取得条項付株式の取得事由が定款で定められている場合、当該取得条項付株式の取得と引換えにする株式の発行による変更の登記の申請書には、当該定款を添付しなければならない。〔オリジナル〕 | × |
| 3 | 株式会社が、取得条項付株式の取得と引換えにする株式の発行による変更の登記を申請する場合、当該変更の登記の申請書には、一定の事由の発生を証する書面及び当該発生事由についての株主全員の同意書を添付しなければならない。〔オリジナル〕 | × |

**×肢のヒトコト解説**

2　取得事由は登記されていますので、定款をつけて立証する必要はありません。

3　取得するときは、株主の同意は不要です。

## 第13節 全部取得条項付種類株式

### （1）全部取得条項の定め

1. 事　発行可能種類株式総数及び発行する各種類の株式の内容の設定
1. 登　○年○月○日発行可能種類株式総数及び発行する各種類の株式の内容の変更
　　甲種類株式　○株
　　乙種類株式　○株
　　1. 甲種類株式についての全部取得条項に関する定め
　　　当社は、甲種類株式について株主総会の決議によってその全部を取得することができる。
　　　甲種類株式を取得する対価の価額は取得決議時の会社財産の状況を踏まえて定める。
　　1. 議決権
　　　乙種類株式の株主は、株主総会において議決権を行使することができない。
1. 税　金３万円（登録税別表1.24.(1)ツ）

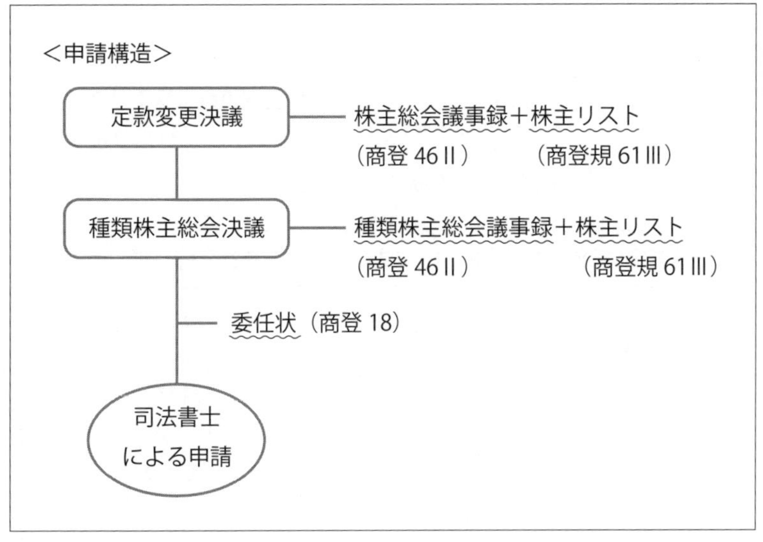


上記は、設定の場面の申請書と申請構造です。

申請構造の定款変更決議ですが、これは株主総会の特別決議と、種類株主総会の決議が必要です。

どの種類株主総会の決議がいるかというと、譲渡制限付株式を設定する場合に必要な種類株主総会と変わりません。ただ**決議要件が特殊決議ではなく、特別決議になる点に注意が必要**です。

## （2）全部取得条項付種類株式の取得と引換えにする株式の発行の登記

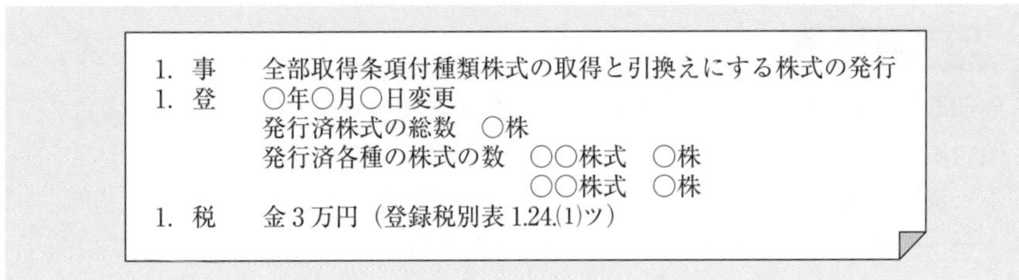

1. 事　全部取得条項付種類株式の取得と引換えにする株式の発行
1. 登　○年○月○日変更
　　　発行済株式の総数　○株
　　　発行済各種の株式の数　○○株式　○株
　　　　　　　　　　　　　　○○株式　○株
1. 税　金３万円（登録税別表 1.24.(1)ツ）

では、全部取得条項付株式を巻き上げて、別の種類の株式を渡した場合の手続を見ていきます。申請書は、先ほどまでと事由が違うだけです。

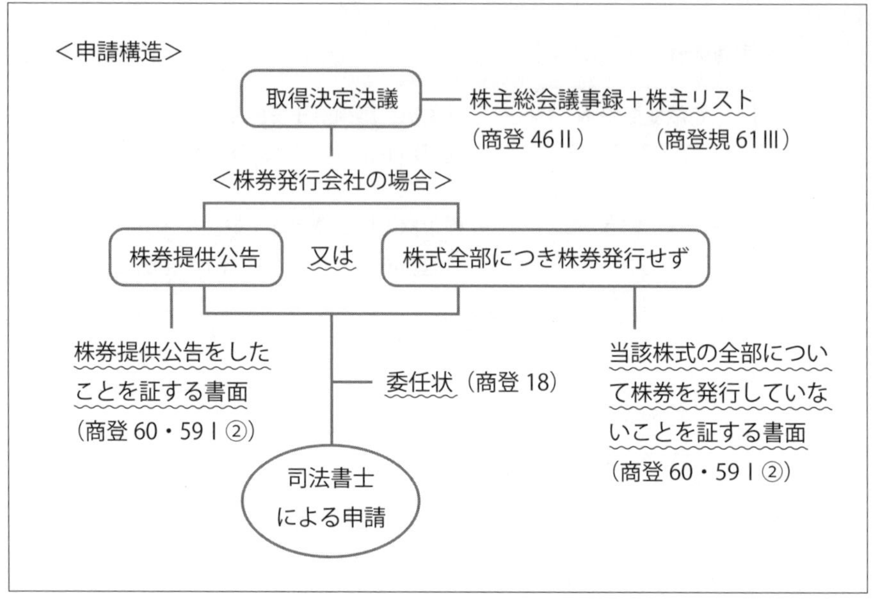


まず冒頭で、取得決定の決議をします。

ここは株主総会の決議だけです。設定をするときは、株主総会と全部取得条項を受ける種類の種類株主総会の特別決議が必要ですが、**取得の際には、全体の株主総会決議しかやりません**。

そして、**株式を巻き上げたので、株券発行会社は株券の回収となる**ので、株券提供公告の手続をとります。

**覚えましょう**

全部取得条項付種類株式の取得と引き換えにする株式の発行がある場合の検討事項

1　決議権限
　→　株主総会で決議をしているか（会社171 I）

2　決議形式
　→　特別決議の要件を満たしているか（会社309 II）

3　株券提供公告の要否

取得に係る株式について現に株券を発行している場合は、株券提供公告が必要である（会社219 Ⅰ③）

→　公告媒体が適法であるか、また、1か月間以上の期間を設けているかを確認すること

問題を解いて確認しよう

1　全部取得条項付種類株式の取得と引換えにする株式の発行による変更の登記の申請書には、株主総会議事録を添付しなければならない。〔オリジナル〕　○

2　種類株式発行会社が全部取得条項付種類株式の取得と引換えに新たに株式を発行した場合、当該全部取得条項付種類株式の取得と引換えにする株式の発行による変更の登記の申請書には、当該全部取得条項付種類株式の取得の決議に係る株主総会の議事録及び全部取得条項付種類株式を有する種類株主を構成員とする種類株主総会の議事録を添付しなければならない。〔オリジナル〕　×

×肢のヒトコト解説

2　設定するときと違い、取得するときは株主総会決議のみで足ります。

## 第14節　その他　種類株式の登記

この節の重要度は低いところです。初めて学習される方は、この節を飛ばして次にすすむことをお勧めします。

### （1）剰余金の配当・残余財産の分配に関する種類株式

株式会社は、「剰余金の配当」「残余財産の分配」について、種類ごとに差をつけることができます。この場合の申請書は次のとおりです。

1．事　発行可能種類株式総数及び発行する各種類の株式の内容の設定（変更）
1．登　○年○月○日発行可能種類株式総数及び発行する各種類の株式の内容の変更
　　　　　A種類株式　○万株
　　　　　B種類株式　○万株
　　　　　1．剰余金の配当
　　　　　　剰余金については、B種類株式を有する株主に対し、A種類株式を
　　　　　有する株主に先立ち、1株につき○万円の剰余金を支払う。
　　　　　1．残余財産の分配
　　　　　　残余財産の分配については、B種類株式を有する株主に対し、A種
　　　　　類株式を有する株主に先立ち1株につき○万円の金銭を支払う。
1．税　　金3万円（登録税別表1.24.(1)ツ）

## (2) 議決権制限種類株式

株式会社は、「株主総会において議決権を行使することができる事項」について、種類ごとに差をつけることができます。この場合の申請書は次のとおりです。

1．事　発行可能種類株式総数及び発行する各種類の株式の内容の設定（変更）
1．登　○年○月○日発行可能種類株式総数及び発行する各種類の株式の内容の変更
　　　　　普通株式　　○株
　　　　　甲種類株式　○株
　　　　　1．議決権制限に関する定め
　　　　　　　甲種類株式の株主は、株主総会において議決権を有しない。
1．税　　金3万円（登録税別表1.24.(1)ツ）

## (3) 拒否権条項付種類株式

「新たに普通株式を発行しようとする場合においては、甲種類株式を有する株主による種類株主総会の決議を経なければならない。」のような定めをすることによって、甲種類株主総会のOKがなければ、株式を発行できません。ある意味、会社が決めたことであっても、甲種類株主総会が拒否できるのです。

このように、株主総会・取締役会・清算人会で決議すべき事項について、ある種類に拒否できる権限を与えることができます。この場合の申請書は次のとおりです。

1．事　発行可能種類株式総数及び発行する各種類の株式の内容の設定（変更）
1．登　○年○月○日発行可能種類株式総数及び発行する各種類の株式の内容の変更
　　　普通株式　　○株
　　　甲種類株式　○株
　　　1．種類株主総会の決議を要する事項に関する定め
　　　　　新たに普通株式を発行しようとする場合においては、甲種類株式を有する株主による種類株主総会の決議を経なければならない。
1．税　　金３万円（登録税別表1.24.(1)ツ）

### （4）取締役・監査役選解任権付種類株式

「A種類株主総会で取締役を３人選任し、B種類株主総会で取締役を１人選任する」といったように、種類株主総会で取締役を選べる性質をつけることができます。これがいわゆる取締役・監査役選解任権付種類株式というものです。

ちなみに、この性質は、公開会社及び指名委員会等設置会社は発行することができません(会社108 Ⅰ但書)。この場合の申請書は次のとおりです。

1．事　発行可能種類株式総数及び発行する各種類の株式の内容の設定（変更）
1．登　○年○月○日発行可能種類株式総数及び発行する各種類の株式の内容の変更
　　　A種類株式　○株
　　　B種類株式　○株
　　　1．取締役の選任
　　　　　A種類株式を有する株主は、種類株主総会において、定款所定の定数全ての取締役を選任することができる。
　　　　　B種類株式を有する株主は、種類株主総会において、取締役を選任することができない。
1．税　　金３万円（登録税別表1.24.(1)ツ）

## (5)(1)〜(4)の申請構造

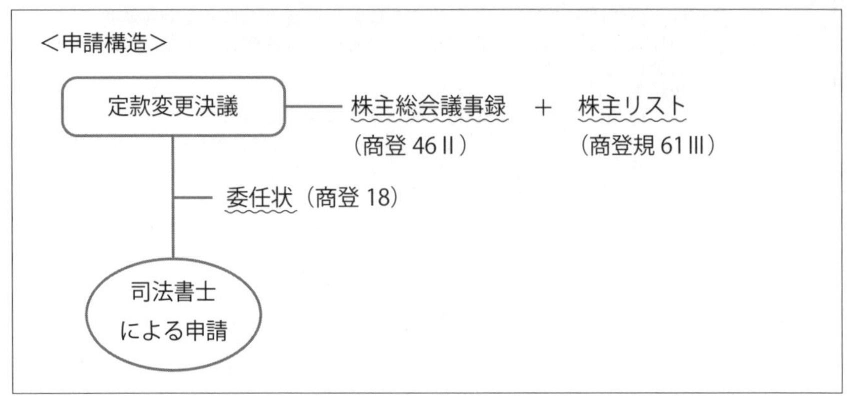


(1)〜(4)すべて共通で、定款変更決議として株主総会特別決議が必要となります。

**譲渡制限・取得条項・全部取得条項のように株主に一方的な不利益を与えることはない**ので、**種類株主全員の同意や、種類株主総会決議などは原則として不要です**。

## (6)属人的な定め

非公開会社では、「株主Aには議決権を与えない」という内容で、人ごとに差をつけることができます。具体的には、①剰余金の配当を受ける権利、②残余財産の分配を受ける権利、③株主総会における議決権について、株主ごとに異なる取扱いを定款で定めることができます。

ただ、プライバシーの問題から、この定款内容は登記事項とされていません。

**問題を解いて確認しよう**

| | | |
|---|---|---|
| 1 | 会社法上の公開会社でない会社が定款を変更して、「株主Aは、他の株主に交付する1 株当たりの剰余金の配当額につき15%を付加した額にその有する株式の数に乗じて得た額の配当を受ける。」旨を定めたときは、発行可能種類株式総数及び発行する各種類の株式の内容の設定による変更の登記の申請をしなければならない。〔30-31-ア〕 | × |

ヒトコト解説

1 株主ごとの異なる取扱いは登記されません。

## 2周目はここまで押さえよう

| | 結論 |
|---|---|
| 意義 | 種類株式については、原則として、その具体的内容を定款で定めなければならない（会社108 II）が、そのうち一定の事項については、その要綱を定款で定めれば足りる（会社108 III、施規20 I）。 |
| 具体的内容を決める時期 | 当該種類の株式を初めて発行する時まで（会社108 III） |

「剰余金に関する優先株式に関する定款の定めを作りたい」、ただ、「具体的な金額はギリギリまで決めたくない」という場合には、とりあえず、定款には要綱（大事な事柄）を定めることでとどめることができます。この要綱は、登記されます。

| 発行可能種類株式総数及び発行する各種類の株式の内容 | 普通株式　　5万株<br>優先株式　　1万株<br>　優先株式は、毎決算期において、普通株式に先立ち1株につき年300円を限度として優先株式発行に際し取締役会の決議で定める額の剰余金の配当を受けるものとする |
|---|---|

「年300円を限度として」とざっくりにしておくのです。具体的な金額は、この種類を発行するタイミングまでに定めればよいとされています。

次の図を見てください。具体的な金額を定めた場合には、その金額は登記されます。

| 発行可能種類株式総数及び発行する各種類の株式の内容 | <u>普通株式　　5万株</u><br><u>優先株式　　1万株</u><br>　<u>優先株式は、毎決算期において、普通株式に先立ち1株につき年300円を限度として優先株式発行に際し取締役会の決議で定める額の剰余金の配当を受けるものとする</u> |
|---|---|
| | 普通株式　　5万株<br>優先株式　　1万株<br>　優先株式は、毎決算期において、普通株式に先立ち1株につき年300円の剰余金の配当を受けるものとする<br>令和○年○月○日変更　　令和○年○月○日登記 |

- [x] 1 種類株式の内容の要綱を登記した場合には、当該種類の株式を初めて発行する時までに当該株式の内容を定め、発行する各種類の株式の内容の変更の登記を申請しなければならない。〔18-33-オ〕 ○

2 定款に剰余金の配当について内容の異なる種類の株式を発行する旨の定めのある種類株式発行会社において、定款に当該種類の株式の種類株主が配当を受けることができる額の上限の定めとともに、当該優先配当額の具体額については当該種類の株式を初めて発行する時までに株主総会の決議によって定める旨の定めがある場合においては、当該優先配当額の具体額を決定して当該種類の株式を発行するまでは、当該種類の株式の内容に係る登記の申請をすることはできない。〔20-35-エ〕 ×

## 第15節 種類株主総会の決議を要しない旨の定め

会社が、**会社法322条1項1号の2から14号に掲げる行為**をする場合において、**ある種類の株主に損害を及ぼすおそれがあるとき**は、原則として、当該種類の種類株主による種類株主総会決議がなければ、その効力を生じません。

**会社法322条の内容**
1号　次に掲げる事項についての定款の変更
　イ　株式の種類の追加
　ロ　株式の内容の変更
　ハ　発行可能株式総数又は発行可能種類株式総数の増加
1号の2　特別支配株主による株式等売渡請求の承認
2号　株式の併合又は株式の分割
3号　株式無償割当て
4号　株主割当による株式の募集
5号　株主割当による新株予約権の募集
6号　新株予約権無償割当て
7号〜14号　合併等の組織再編行為

会社法322条という条文は、「損害を及ぼすおそれがある」という抽象的な表現になっています。そのため、どの程度の場合に損害を及ぼすおそれがあるかの明確な基準はわかりません（これは、今後の裁判例の積み重ねで決まっていくでしょう）。

そのため、会社の経営者からすれば、「今回は種類株主総会決議が要るのかな。要らないのかな」と不安に思うことでしょう。

そこで、定款で定めれば、この種類株主総会決議は排除できるとしました。定款で「当会社は会社法322条の種類株主総会決議はやらないよ」と定めておくことができるのです。

そして、その定款の定めは登記されるのです。この場合の申請書は以下のとおりです。

1．事　発行可能種類株式総数及び発行する各種類の株式の内容の変更
1．登　○年○月○日発行可能種類株式総数及び発行する各種類の株式の内容の変更
　　　A種類株式　○株
　　　B種類株式　○株
　　　1．種類株主総会の決議を要しない事項
　　　　法令に別段の定めがある場合を除き、会社法第322条第1項各号に掲げる行為をする場合においては、A種類株式の株主に損害を及ぼすおそれがあるときであっても、当該種類株主総会の決議を要しない。
1．税　金3万円（登録税別表1.24.(1)ツ）
1．添　株主総会議事録　1通
　　　A種類株主全員の同意があったことを証する書面　○通
　　　委任状　1通

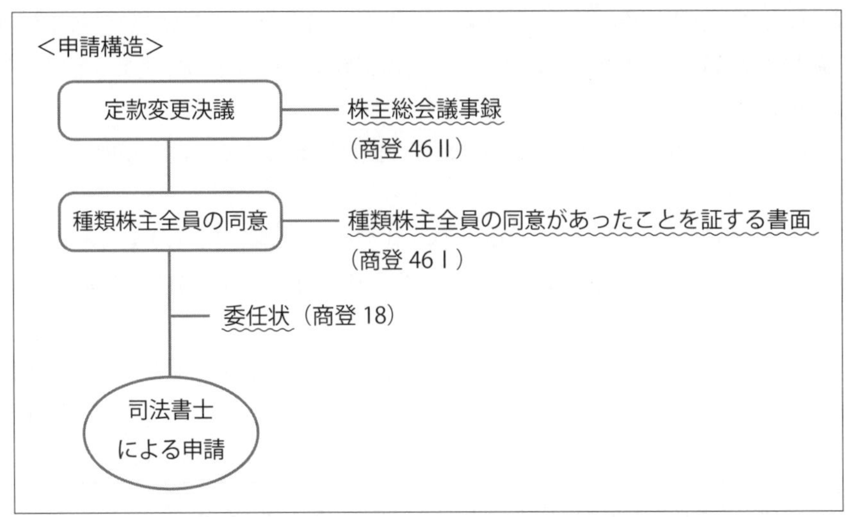


定款変更をするので、株主総会特別決議が必要ですが、それに加えて**A種類株主全員の同意をもらう必要があります**。

この定めがされるといかに不当な変更がされても、反対することができないため、**対象となる種類に大きな不利益が生じる可能性があります**。これを株主総会の多数決だけで決めさせるべきではなく、A種類株主の方の承諾を要件としたのです（株主総会で決議がされても、A種類株主が反対できる、ということも意味しています）。

～会社法の条文をなぞりながら、細かな決まりごとを覚えましょう～

# 第3章 資金調達に関する登記



ここからは、募集株式の発行、新株予約権の発行・行使など会社が資金調達する場面の登記を学習していきます。
資本金が増えることによって、登録免許税が変わってきたり、新たな添付書類が登場してきます。
ここでもわからないことがあったら、会社法のテキストに戻ることを忘れないようにしましょう。

## 第1節 募集株式の発行

### (1) 総説

1. 事　募集株式の発行
1. 登　○年○月○日変更
　　発行済株式の総数　○株
　　発行済各種の株式の数 ○○株式　○株
　　　　　　　　　　　　○○株式　○株
　　資本金の額　金○円
1. 課　金○円
1. 税　増加した資本金の額 ×7／1000
　　(計算額が3万円未満のときは金3万円)(登録税別表1.24.(1)ニ)

資金調達関係の登記です。１番よく出るのが募集株式の発行で、択一では２年に１回、記述では３年に２回は出るという論点です。

募集株式の発行をすることによって、株式を作ることから発行済株式の総数が増加し、株式を発行すれば財産が入るため、資本金の増加も生じます。

ただ、株式を発行せずに、お金を払った人に自己株式を渡した場合、株式を新たに発行するわけではないので、資本金は増えません。この場合は、発行済株式の総数も増えないので、**登記事項に変化が生じず、登記申請はできません。**

そして、登録免許税は、初めて出る区分「ニ」になっています。この「ニ」というのは、資本金が増える場合の区分です。

ケース1）資本金の額2,000 万円の会社が、募集株式の発行により資本金を400 万円増加させた場合
課税標準金額　金400 万円
登録免許税　　金3 万円

ケース2）資本金の額2,000 万円の会社が、募集株式の発行により資本金を500 万円増加させた場合
課税標準金額　金500 万円
登録免許税　　金3 万5,000 円

ケース1は、増加額に1000分の7を掛けた数字は2万8,000円です。3万円に到達していない場合は、強制的に3万円になります。

ケース2は、増加額に1000分の7を掛けた数字は3万5,000円なので、その数字が登録免許税になります。

Point

募集株式の発行により、資本金の額の変更登記の他、発行済株式の総数の変更登記も申請することになるが、前者に係る登録免許税を納付する限り、後者に係る登録免許税を別途納付する必要はない

登記の登録免許税というのは、登記すべき事項で決まるわけではありません。

登記すべき事項に発行済株式の総数と資本金があるから、発行済株式の総数についてはツで3万円、資本金についてはニで増加額の1000分の7払うとはならないのです。

**登録免許税は、登記の事由でカウントします**。今回の登記の事由は、募集株式発行の1つなので、1つの区分だけの税金になるのです。

## 2周目はここまで押さえよう

### ◆「株主となる時期」「登記期間の起算日」「変更年月日」◆

| | 株主となる時期（注１） | 登記期間の起算日 | 登記の変更年月日 |
|---|---|---|---|
| 「払込期日」を定めた場合 | 払込期日 | 払込期日 | 払込期日 |
| 「払込期間」を定めた場合 | 出資の履行をした日（払込日） | 出資の履行をした日（払込日） | 個々の株式引受人の払込日（注２） |
| | | 払込期間の末日とすることもできる | 払込期間の末日 |

（注１）取締役の報酬等として株式の発行等をする場合には、割当日（209Ⅳ）
（注２）この場合の変更年月日は、個々の引受人の払込日としなければならず、払込期間の末日とすることはできない。

「払込期日　令和８年１０月１４日」と決めた場合には、いつ払ったとしても株主になるのは令和８年１０月１４日になります。会社の便宜を図って、一律処理をしようとしたのです。この場合は、令和８年１０月１４日から２週間以内に登記をすることになります。

一方、「払込期間　令和８年３月１日～令和８年１０月１４日」と払込期間を決めた場合には処理が異なります。この払込期間は大体長いことが多いため、早めに払った人はすぐに株主にします。払ったタイミングで株主となり、その日から２週間以内に登記する必要があります。もし４人払った場合には、４人とも払うタイミングが異なれば、４回に分けて登記申請する羽目になります。

これが面倒だと感じた場合は、「登記するのは令和８年１０月１４日」まで待つこともできます（「株主になるのは払ったタイミング」であるのは変わりません）。この場合、すべての払込みを１回の申請で、令和８年１０月１４日から２週間以内にすることになります。

| | | |
|---|---|---|
| ☑ 1 | 募集株式と引換えにする現物出資財産の給付の期間を定めた場合において、募集株式の引受人が当該期間内に現物出資財産の給付をしたときは、当該引受人は、当該期間の末日に株主となる。〔令2-28-エ〕 | × |
| 2 | 金銭の払込期間を定めて募集株式を発行する場合において、株式引受人全員が当該払込期間の初日にその金銭の全額の払込みをしたとしても、募集株式の発行による変更の登記の申請は、当該払込期間の末日から2週間以内にすれば足りる。〔令2-30-オ〕 | ○ |

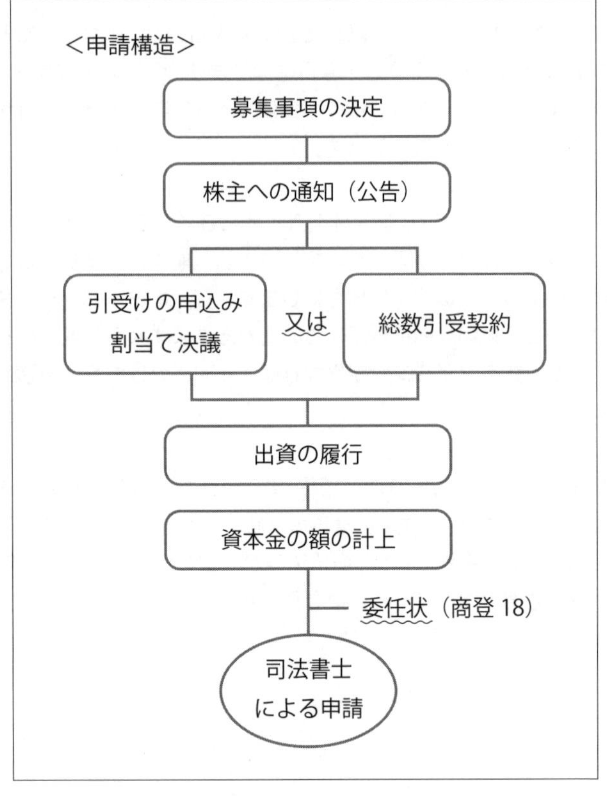

募集株式発行手続の流れを説明します。

初めに、発行する条件を決めます（**募集事項の決定**、という部分です)。そして、「募集株式を発行する手続をとること」を株主に知らせます（**株主への通知（公告）**という部分です)。

その後、買おうと思っている人は申込手続をとり、それに対して会社がその人に売るかどうかを決めます（**申込み・割当て決議**という部分です)。ただ、買う人が事前に決まっているのであれば、契約をすることでこの手続は省略できます（**総数引受契約**という部分です)。

最後に、買うことが決まった人が払い込み、資本金としてカウントすることで手続が終了です（**出資の履行、資本金の額の計上**という部分です)。

では、上記のブロック１つ１つを細かく見ていきます。

### （2）募集事項の決定

**覚えましょう**

募集株式発行がある場合に検討しなければならない事項

1　決議権限

　→　決議機関は適法か否か

募集事項は、原則として取締役の方で決めるのですが、**株主に不利益が出る場合は、株主総会の特別決議が必要**になります。

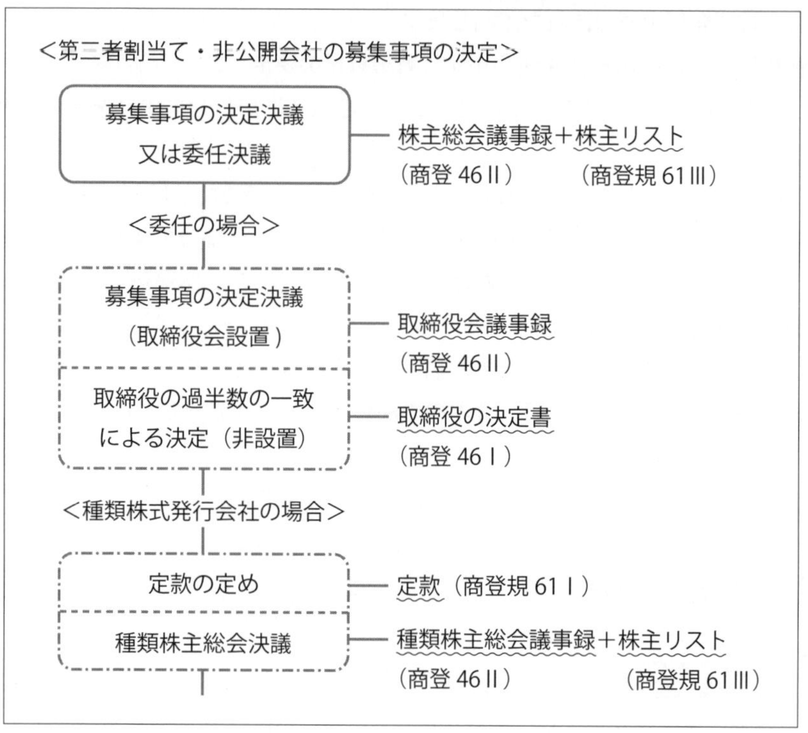


上記は第三者割当て、非公開会社の募集株式発行の申請構造になっています。

非公開会社という時点で、株主に不利益が起きます。だから**決議要件は株主総会の特別決議**です。

ただ、この特別決議ですべて決めてもいいのですが、株主たちに判断する知識がない場合には、株主たちは、**重要部分だけを決めて、取締役の方に投げる**ということができます。その重要な部分というのは、**募集株式の数の上限と払込金額の下限**です。そこだけ決めれば、残りは取締役の方に委任ができます。

この委任があった場合は、取締役が委任された内容を決めていきます。

そして、種類株式発行会社が、**譲渡制限株式を発行する場合は、種類株主総会決議が追加で必要**になります。

ただ定款に「当社は、種類株主総会決議を行わない」という旨の規定があれば、この種類株主総会決議は不要にできます。その場合は、**種類株主総会議事録に代えて、定款を添付**します。

## これで到達！  合格ゾーン

□ 公開会社でない種類株式発行会社が募集株式を発行する場合において、たとえ株主総会と種類株主総会とで議決権を行使することができる株主が全く同一であるという事情があるとしても、株主総会の決議をもって種類株主総会の決議があったものとみなすことや、株主総会の決議をもって種類株主総会の決議を兼ねることはできない〔平27記述式〕。

**★株主総会と種類株主総会とは別個のものなので、別個に会議体を開き、決議をする必要があるのです。**

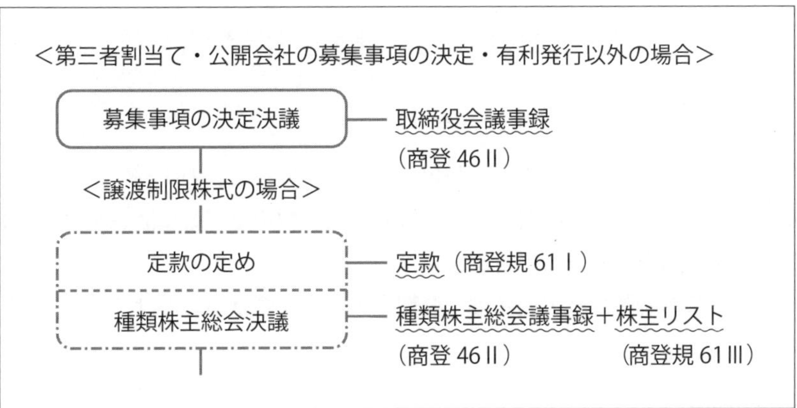


公開会社で有利発行でもない場合は、株主に不利益がありません。そのため、取締役の方で決議することが認められます。

ただし、発行する株式が譲渡制限だと、種類株主総会決議も要求されます。

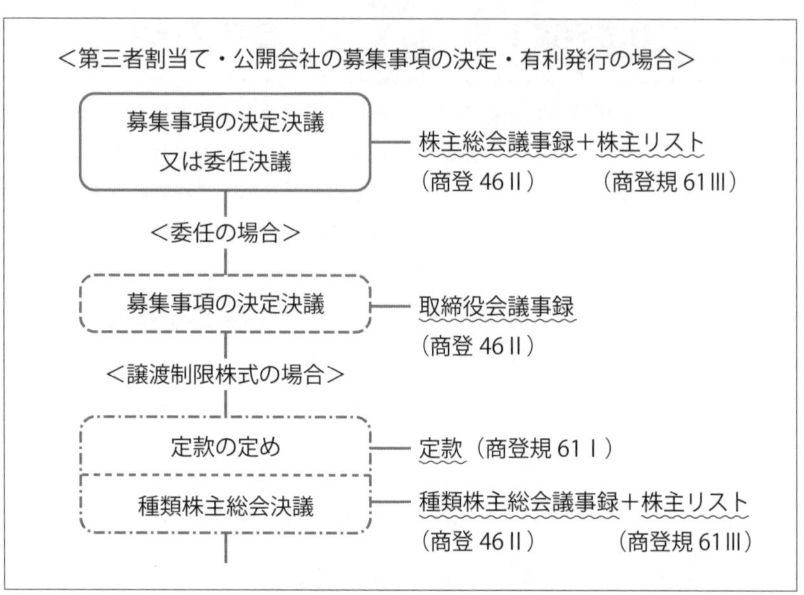


有利発行であれば株主に不利益が起きるので、株主総会の決議になります。

ただ、すべてを決める必要はなく、**募集株式の数の上限と払込金額の下限を決めて、取締役の方に委任もできます**。

そして、**譲渡制限株式の場合は、種類株主総会決議がいる**のは、今までと同じです。

**Point**

有利発行の場合で株主総会特別決議による委任がなされたときは、株主総会議事録の添付を要しないとされている

**有利発行かどうかは、登記官に判断できません**。市場価格を登記官が把握しているわけではありませんし、どれぐらい安いと有利発行になるかという基準もありません。

そのため、**有利発行のケースでは、株主総会議事録がなくても申請は通ってしまう**のです。

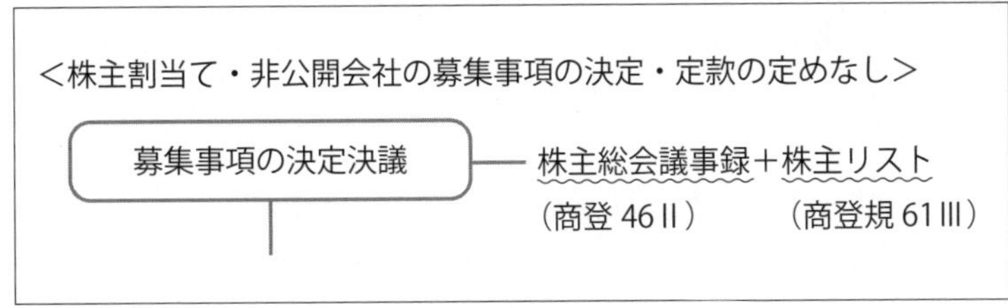


非公開会社という時点で、株主に不利益が生じますので、株主総会の特別決議が必要です。

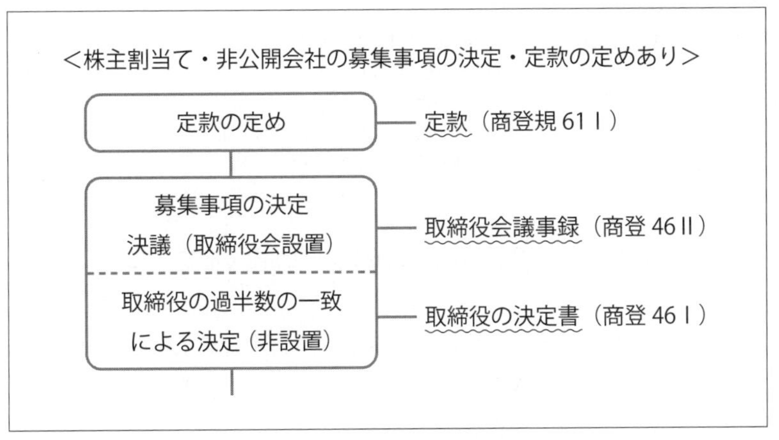


非公開会社でも、株主割当てであれば、取締役の方に丸投げできます。株主割当てであれば、持株比率は下がらないので、株主に不利益はないからです。

ただ、お金がない時に株式を発行されれば、株式を買うことができず、持株比率が落ちてしまいます。そこで**勝手に取締役が発行できないように、定款による授権を必要としました**。そのため、**取締役（会）で決議したときは、定款を添付して、授権があることを立証する**ことになります。

では次に、募集事項の決議で何を決めるのか（何をチェックするのか）を見ていきましょう。

募集株式発行がある場合の検討事項

2　決議内容

①発行可能株式総数・発行可能種類株式総数の範囲内か

②増加する資本金及び資本準備金の適格性のチェック

議案　募集株式の発行の件

議長は、募集株式を発行するにあたり、下記のとおり募集事項を定めることについて、議場に諮ったところ、出席取締役の全員が賛成し、可決確定した。

(1) 募集株式の数　　1,000 株
(2) 募集株式の払込金額　　募集株式1株につき金3万円
(3) 払込期日　　令和6年6月1日
(4) 増加する資本金の額　　金3,000万円
(5) 払込取扱場所　　東京都千代田区大手町七丁目7番7号
株式会社大手町銀行　本店

まず募集株式の数を見て発行可能株式総数の範囲内で収まっているかをチェックしてください。

次に増加する資本金です。この事例で増加する資本金を1,000万円と決めていたら、アウトです。入ってきた分の半分は資本金にする義務があるので、そのルールを守っているかを見てください。

これで到達！

合格ゾーン

□ 募集株式発行できる株式数（自己株式がないものとする）（会社113）

発行可能株式総数
－　発行済株式の総数
－　新株予約権の行使の際に新株予約権者に対して発行する株式数

**★発行可能株式総数が3万株で、発行済株式の総数1万株の会社が募集株式発行をする場合には、2万株発行できるとは限りません。もし、その会社が新株予約権を発行していた場合（新株予約権の目的たる株式の数を5,000株）には、1万5,000株となります。新株予約権が行使されることを考え、その分を残しておく必要があるのです。**

## 問題を解いて確認しよう

1 会社法上の公開会社でない会社において、株主に株式の割当てを受ける権利を与えずに、払込金額が引受人に特に有利な金額でない募集株式の募集事項の決定を株主総会の特別決議で行った場合には、当該募集株式の発行による変更の登記の申請書に定款を添付しなければならない。〔18-33-イ（22-29-イ）〕 ×

2 会社法上の公開会社でない会社が、株主総会で募集株式の募集事項を決定し、募集株式を株主以外の者に対し発行した場合にする変更の登記の申請書には、当該募集株式の募集事項の決定に関する特別決議をした株主総会の議事録を添付しなければならない。〔6-29-オ（19-31-ア）〕 ○

3 会社法上の公開会社でない株式会社が株主に株式の割当てを受ける権利を与えてする募集株式の発行の場合において、取締役会設置会社が募集事項を取締役会の決議により決定したときは、募集株式の発行による変更の登記の申請書に、取締役会の議事録に加え、定款を添付しなければならない。〔26-33-イ（20-33-ウ）〕 ○

4 会社法上の公開会社である種類株式発行会社が、株主割当以外の方法によって譲渡制限株式を発行する場合、募集株式の発行による変更の登記の申請書には、当該譲渡制限株式の種類株主を構成員とする種類株主総会議事録を添付しなければならない。〔オリジナル〕 ○

5 種類株式発行会社が、株主に株式の割当てを受ける権利を与えずに募集株式として譲渡制限株式を発行する場合、当該株式の募集事項について種類株主総会の決議を要しない旨の定款の定めがあるときは、当該募集株式の発行による変更の登記の申請書には、定款を添付することを要しない。〔オリジナル〕 ×

6 会社法上の公開会社が株主に株式の割当てを受ける権利を与えないで募集株式を発行した場合において、募集事項として定めた払込金額が募集株式を引き受ける者に特に有利な金額であるときは、募集株式の発行による変更の登記の申請書には、株主総会の特別決議に係る議事録を添付しなければならない。〔28-31-ア〕 ×

## ×肢のヒトコト解説

1 非公開会社が株主割当以外をする場合、定款を添付する必要はありません。

5 種類総会決議を行わない旨の定款規定を立証するため、定款の添付が必要です。

6 有利発行にあたっても、株主総会議事録の添付は不要です。

## 2周目はここまで押さえよう

**Point**

有利発行
→　株主総会議事録なしで、登記申請が可能

通常より安い値段で発行すれば有利発行と扱われます。有利発行では、株主総会特別決議が会社法で要求されているため、登記手続では株主総会議事録を添付するべきだと考えるでしょう。

ただ、問題は「登記官には有利発行かどうかの判断ができない」点です。登記所には、すべての会社の株価が分かるような仕組みになっていません。そのため、「通常より安い」ということが判断できません。

そのため、有利発行だとしても、株主総会議事録を添付することを要せず、取締役会議事録を添付することで足りるとする先例があります。

| | |
|---|---|
| ☑ 1　会社法上の公開会社が株主に株式の割当てを受ける権利を与えないで募集株式を発行した場合において、募集事項として定めた払込金額が募集株式を引き受ける者に特に有利な金額であるときは、募集株式の発行による変更の登記の申請書には、株主総会の特別決議に係る議事録を添付しなければならない。〔28-31-ア〕 | × |

| 募集事項の決定日<br>――┼――→<br>「本日を払込期日として、即時に効力を生じさせる」 | 原則 | × |
|---|---|---|
| | 例外 | 総数引受契約をする場合<br>○ |

すぐにでも資金調達をしたいため、「本日を払込期日として、即時に効力を生じさせる」ことを決議しても、その募集株式発行は原則としてできません。これは「割当ての決定をした場合、会社は、払込期日の前日までに、申込者に対して割り当てる株式の数を通知しなければならない（会社204Ⅲ）」というルールがあるからです。

上記のように割当ての規制がかかることが理由であるため、総数引受契約であれば、申込み及び割当ての手続を要しないことから、総数引受契約の日を払込期日として、その日に効力を発生させることができるようになります。

☑ 1　取締役会設置会社でない会社が、株主総会の決議によって、株主総会の開催日を募集株式と引換えにする金銭の払込期日として募集事項を決定した上で総数引受契約を承認した場合において、当該承認後、当該株主総会の開催日当日中に、当該契約の締結及び募集株式と引換えにする金銭の全額の払込みが行われたときは、募集株式の発行による変更の登記を申請することができる。〔令2-30-エ〕　○

これで到達！  合格ゾーン

□ 会社法上の公開会社において、一度の取締役会の決議で複数回の募集株式の発行のための募集事項を決定している場合には、当該取締役会の議事録を１回目の募集株式の発行による変更の登記の申請書の添付書面とすることだけでなく、２回目以降の募集株式の発行による変更の登記の申請書の添付書面とすることもできる。〔28-31-エ〕

**★たとえば１回の決議で、５回分の募集株式発行を決めることができます。この場合の取締役会の議事録は、各回の募集株式の発行の登記の添付書面にすることが可能です（昭37.6.13民甲1563号）。**

□ 会社法上の公開会社でない取締役会設置会社が株主に株式の割当てを受ける権利を与えないでする募集株式の発行の場合において、株主総会の特別決議により募集事項の決定と申込みがされることを条件とする申込者に対する募集株式の割当てに関する事項の決定を同時に行ったとしても、当該株主総会の議事録を添付して募集株式の発行による変更の登記を申請することはできない。〔令3-30-エ〕

★募集事項の決定と割当ての決定の決議機関が同一であれば、募集事項の決定の際に、既に判明している引受人の申込みを条件として割当て決議をすることもでき、この場合、別途割当ての決議を要しないとされています。ただ、上記の事例の場合、募集事項の決定は株主総会ですが、割当決議は取締役会で行う必要があり、同一の決議機関になっていません。

### （3）募集事項（等）の通知等

**◆第三者割当てと株主割当てにおける株主への通知の比較◆**

| | 募集事項の通知又は公告（会社201 Ⅲ） | 募集事項等の通知（会社202 Ⅳ）（失権予告付催告） |
|---|---|---|
| 通知を要する場合 | 下記のすべてに該当する場合<br>① 公開会社の場合<br>② 第三者割当ての方法による場合<br>③ 取締役会の決議によって募集事項を定めた場合 | 株主割当ての方法による場合 |
| 通知の趣旨 | 差止請求（会社210）の機会の確保 | 申込の機会の確保 |
| 通知事項 | 募集事項 | ① 募集事項<br>② 株主が割当てを受ける募集株式の数<br>③ 申込期日 |
| 通知期間 | 払込期日（払込期間を定めた場合にあっては、払込期間の初日）の２週間前まで | 申込期日の２週間前まで |
| 登記手続上、要求されている期間 | 募集事項の決議～払込期日（払込期間を定めた場合にあっては、払込期間の初日）まで２週間 | 募集事項の決議～申込期日まで２週間 |

株主へお知らせするというお話です。上記の表は、左側が株主割当て以外、右が株主割当ての場合です。

まず株主割当て以外から復習しましょう。

もし、この発行決議の内容が違法だった場合は、株主は募集株式の発行を止められます。そのため、株主に対し、「こういう条件で発行するよ、違法だと思うんだったら差し止めなさい」と知らせるのが、この募集事項の通知公告というものです。

効力が生じるのは払込期日なので、払込期日の後に通知するのでは意味がありません。かといって、払込期日のぎりぎりに教えてもらっても、これも困ります。
そこで、**払込期日の２週間前までに通知又は公告する**ことにしました。

では、登記手続の話に移ります。
**募集事項の通知「または」公告を会社法が要求している**ため通知自体は立証しなくてよいことになります。ただ、通知又は公告がなければ、募集株式発行は無効になるため、登記官もある程度審査します。
では登記官はどういった審査をするのでしょう。次の図を見てください。

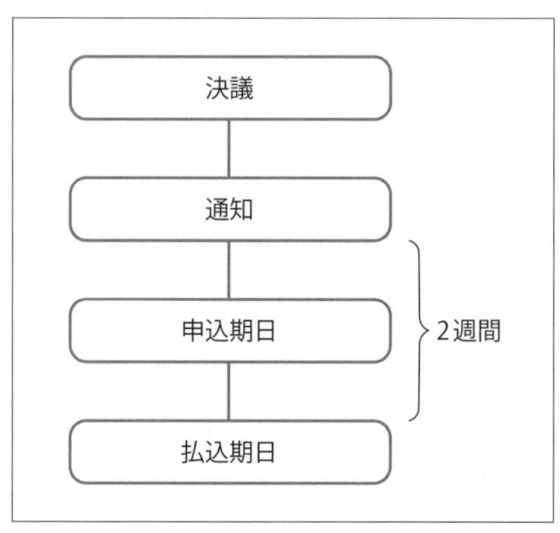


本来、通知と払込期日の間で２週間が必要ですが、登記所は、決議と払込期日の間に２週間あるかどうかをチェックします。

決議　3／7　11：00
払込期日　3／10　21：00
→　原則）登記申請は却下される
　　例外）総株主の同意がある場合

決議と払込期日の間に２週間ありません。そのため、その間で行っている通知と払込期日の間も２週間ないことになります。この場合、募集株式発行の登記申請は却下されます。
このように**通知を証する書面でチェックはできないのですが、その代わりに日付を見てチェックをする**ことにしたのです。

ただ、緊急に増資をしたい、資金調達したいという状態の会社もあります。決議と払込期日の間に**2週間ないけど増資をしたい場合には、総株主からの同意をもらっていれば、やっていい**としています。

**株主のためのルールなので、株主からOKをもらっていればいい**、という理屈です。

まとめると、決議と払込期日の間に2週間が必要。もし2週間なければ、総株主からの同意を条件に効力を認めるということになります。

そして記述問題では、下記のような注意事項がまず書かれています。

| ある者の同意がなければ、登記すべき事項につき無効又は取消しの原因が存するものについては、すべて適法に同意が得られているものとする。 |
|---|

そのため、2週間がなければ登記申請をしない、ではなく、総株主の同意書を付けて申請するのが記述問題の通例です。

先ほどの図表、株主割当ての方の説明に移ります。

株主割当てでは、株主に対し、「あなたは何株買えますよ」「○月○日までに申し込めば買えますよ」といったお知らせをします。

申込期日までに申し込まなければ、買えません。申込期日のあとで通知したのでは遅いことになります。また、ぎりぎりでも意味がありません。そのため、**申込期日の2週間前までにする必要があります**。

ただ、これも募集事項の通知だけがいるケースなので、通知自体の立証を要求できません。そこで、以下のようなチェックをすることにしています。

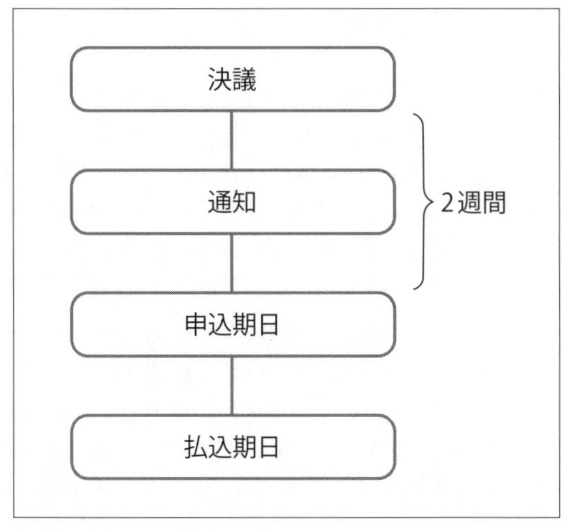


**決議の日と申込期日の間に2週間があるか**どうかが審査されます。次の事例はどうでしょう。

決議　　　2／3　11：00
申込期日　2／17　21：00
→　原則）登記申請は却下される
　　例外）総株主の同意がある場合

決議が2月3日であれば、申込期日は2月18日の0時以降の必要があります。17日では2週間ありません。そのため、却下されることになります。

ただ先ほどと同じ理屈で、**間に2週間がなくても、株主全員の同意が取れていたら、登記の申請は受け付ける**ようになっています。

## 問題を解いて確認しよう

1　会社法上の公開会社でない取締役会設置会社が、募集株式の発行に際して、株主に株式の割当てを受ける権利を与えた場合には、募集株式の発行による変更の登記の申請書には、株主に対して募集事項、当該株主が割当てを受ける募集株式の数及び募集株式の引受けの申込みの期日を通知したことを証する書面を添付しなければならない。〔22-29-ウ〕　×

2　会社法上の公開会社でない取締役会設置会社において、株主に株式の割当てを受ける権利を与えた場合において、募集事項を決定した株主総会決議の日と募集株式の引受けの申込みの期日との間に2週間の期間がないときは、募集株式の発行による変更の登記の申請書には、当該期間の短縮についての総株主の同意書を添付しなければならない。〔22-29-エ（26-33-エ）〕　○

3　会社法上の公開会社でない株式会社が株主に株式の割当てを受ける権利を与えないでする募集株式の発行の場合において、払込みの期日が、募集事項の決定をした株主総会の決議の日の10日後であったときは、募集株式の発行による変更の登記の申請書に、期間の短縮についての総株主の同意を証する書面を添付しなければならない。〔26-33-ウ〕　×

4　会社法上の公開会社が第三者割当て（有利発行ではない）によって募集株式の発行をした場合において、払込期日と募集事項の公示との間に2週間の期間を置かないで募集株式の発行がされたときは、株主全員の同意書を添付しなければならない。〔63-34-3（8-29-エ）〕　○

## ×肢のヒトコト解説

1　通知したことを証する書面は、立証書面になりません（その代わりに、決議と申込期日に2週間があるかどうかの審査をするのです）。

3　募集事項の決定を、株主総会特別決議で行っています。これにより株主は募集株式発行の事実を知っているので、別途、株主への通知（公告）は不要になります。

## （4）株式の申込みと割当て（総数引受契約）



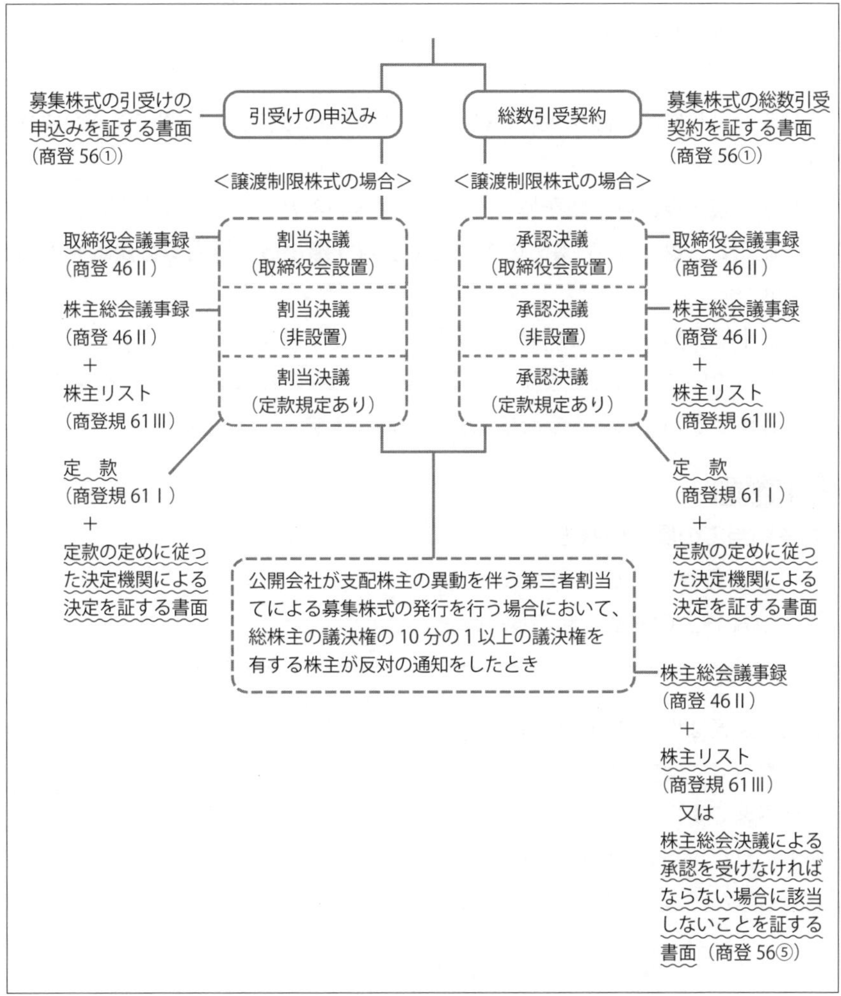


基本形が左側のルートで、引受けの申込みをして、そして割当てを受ける流れです。

この割当て部分ですが、本来決議は要りませんが、**譲渡制限株式を出す場合は、譲渡制限株式の譲渡になるため、承認決議が要求されています**。承認決議は、取締役会設置会社だったら取締役会決議、取締役会を置かない会社は株主総会の特別決議で行います。

もう１つが右側のルートで、すべての株式を買うという契約をしている流れです。この場合は、申込み・割当ては要りませんが、**譲渡制限株式であった場合には、左側のルートとのバランスで、決議は別個必要**になります。

そして、いわゆる支配株主の異動があった場合には、また別個に決議が要ります。

これは、議決権の過半数を持っている人が変わるというような場合は、事前に株主に通知し、株主から**10分の１以上の反対が出たら、株主総会決議を取るという制度**です。

ただ株主総会を開催していたら、会社が倒産してしまうというような場合には、決議をとらないこともできますが、その場合には、**緊急投資をしないと会社が倒産してしまうということを立証する必要があります**。

**Point**

**株主割当ての場合の修正**

① 割当行為はしてはいけない

② 支配株主の異動も起こらない

前記の図表は株主割当て以外の場合で必要な流れです。

株主割当てでは、割当行為は不要です（むしろ、割当行為をやってはいけないという感覚です）。

株主に対し、「あなたは10株買えますよ」という通知をします。にもかかわらず、申し込んだら「君は気に食わないから売りません」そんな絞込みをされたら

株主
おい、どういうことだ。売ってくれると言ったじゃないか。

と怒るでしょう。そこで、**株主割当ての場合は、この割当てをすることが認められていない**のです。

また、最後の**支配株主の異動というのも起こりません**。**株主割当ては、持株比率に応じて、割当てをするので、過半数を超える株主が変わることがない**からです。

**覚えましょう**

募集株式発行がある場合に検討しなければならない事項

3　申込手続の適法性

4　割当手続の適法性

募集株式が譲渡制限株式の場合は、割当てを決議でやっているかをチェック（会社204 II）

総数引受契約を締結する場合でも、募集株式が譲渡制限株式であるときは、決議が行われているかをチェック

※　公開会社が株主割当て以外の方法により募集株式の発行等を行うにあたっては、支配株主の異動を伴うかを確認すること

**問題を解いて確認しよう**

| | | |
|---|---|---|
| 1 | 株式会社が募集株式の引受人と総数引受契約を締結した場合、募集株式の発行による変更の登記の申請書には、総数引受契約を証する書面を添付することを要しない。〔オリジナル〕 | × |
| 2 | 取締役会設置会社でない会社が株主に株式の割当てを受ける権利を与えないで譲渡制限株式を発行した場合には、定款に別段の定めがあるときを除き、募集株式の発行による変更の登記の申請書には、株式の割当てを決定し、又は総数引受契約を承認した株主総会の特別決議に係る議事録を添付しなければならない。〔28-31-イ〕 | ○ |
| 3 | 会社法上の公開会社でない取締役会設置会社が株主に株式の割当てを受ける権利を与えて募集株式を発行した場合には、株式の割当てを受ける者を決定した取締役会の議事録を添付しなければならない。〔19-31-イ〕 | × |
| 4 | 会社法上の公開会社でない株式会社が株主に募集株式の割当てを受ける権利を与えないで募集株式を発行する場合、募集株式の募集事項の決定について株主総会の特別決議があったときでも、募集株式の割当てを受ける者についての取締役会決議を欠くときは、定款に別段の定めがない限り、募集株式の発行による変更の登記を申請することはできない。〔16-34-5〕 | ○ |

| | | |
|---|---|---|
| 5 | 第三者割当てにより譲渡制限株式でない募集株式の発行をする場合には、募集株式の割当ての決定を代表取締役が行ったときであっても、当該登記の申請書には、代表取締役が募集株式の割当てについて決定したことを証する書面の添付を要しない。〔23-31-イ〕 | ○ |
| 6 | 会社法上の公開会社が発行する募集株式の割当てにより引受人となった者が、その引き受けた募集株式の株主となることにより、当該募集株式の引受人の全員が株主となった場合における総株主の議決権の過半数を有することとなる場合に、総株主の議決権の10分の1以上の議決権を有する株主から反対の通知があったときは、当該会社の財産状況が著しく悪化している場合において、当該会社の事業継続のため緊急の必要があるときを除き、募集株式の発行による変更の登記の申請書には、当該割当ての承認を決議した株主総会の議事録を添付しなければならない。〔28-31-ウ〕 | ○ |

×肢のヒトコト解説

1 契約をしている以上、その契約書の添付が必要です。

3 株主割当てなので、割当行為は不要です。

## (5) 出資の履行

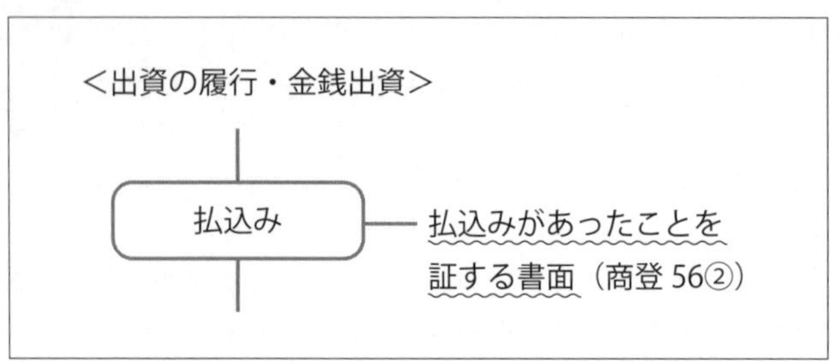


出資の履行、金銭出資の場合は払ったというのを立証することになります。具体的には、預金通帳のコピーなどを添付します。

◆ 払込期日の変更 ◆

| | | 繰上変更 5/1 → 4/15 | 延期変更 5/1 → 5/15 |
|---|---|---|---|
| 要件 | ① | 払込金額の全額が払い込まれていること | |
| | ② | 発行決議機関の決議があること | 発行決議機関の決議があること |
| | ③ | | 株式引受人全員の同意があること |

払込期日は前倒しするという変更もでき、後ろに倒す、延期するという変更もできます。

もう払ったよ～。
予定より早く、皆さん払っているな。だったら、早く株主にしてあげよう。
株式申込人


繰上変更は、**早く株主にしてあげる**ために行います。

払込期日の到来時に、募集株式の効力は生じます。**みんなが払っているのであれば、早く株主にしてあげよう**ということから、払込期日を前倒しにできるのです。ただ前倒しするには、**発行決議機関の決議**（取締役会の決議、株主総会の決議）**が必要**となります。

払込期日までに払えそうもありません…。
だったら、払込期日を先延ばしにしてあげよう…。
株式申込人


一方、払込期日の延期というのもできます。これは、先ほどとは逆で、**みんな払っていないので、払込期日を延ばしてあげようというときに行います**。

これも発行決議の機関で決議できるのですが、**引受人の同意をもらう必要があります。**

引受人は、５月１日の時点で株主になれると期待しています。**払込期日の延期によって、株主となれる時期が遅れてしまうので、OKをとる必要がある**のです。

## 問題を解いて確認しよう

| | | |
|---|---|---|
| 1 | 会社法上の公開会社でない取締役会設置会社の募集株式の発行による変更の登記の申請に関して、株主総会の決議により決定された払込期日より前に募集株式の引受人のすべてが出資の履行を完了した場合において、当該払込期日を繰り上げる旨の株主総会の決議をしたときは、当該払込期日より前の日を登記原因年月日とする募集株式の発行による変更の登記の申請書には、当該株主総会の議事録を添付しなければならない。〔22-29-ア（3-33-3、6-29-ウ、8-29-5)〕 | ○ |
| 2 | 会社法上の公開会社でない取締役会設置会社の募集株式の発行による変更の登記の申請に関して、株主総会の決議により決定された払込期日を当該払込期日の経過前に延期する旨の決議を株主総会においてした場合には、募集株式の発行による変更の登記の申請書には、当該延期に係る決議をした株主総会の議事録及び募集株式の引受けの申込みをした者全員の同意書を添付しなければならない。〔22-29-オ（57-34-3、63-34-2、14-33-3)〕 | ○ |

## これで到達！ 合格ゾーン

□ 預金通帳の入金記録の日付が払込期日に先立つ場合であっても、登記申請は受理されることとなる。〔23-31-ア〕

**★募集株式の引受人は、払込金額の全額を払い込む義務があり、払込みをしなかったときは、当然に失権します。こうした事態を未然に防ぐため、実務では、申込証拠金を支払わせるのが通例となっています（申込みをする際に、払込みをさせるのです）。払込期日の前の払込みになっていますが、会社法のルール上問題ありません。**

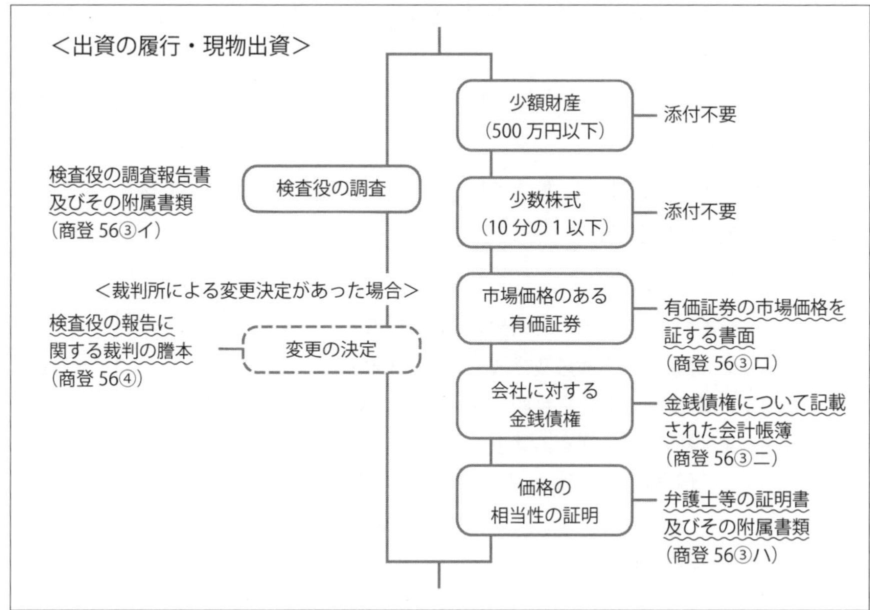


今度は現物出資の立証書面を見ていきます。

現物出資の場合、**物を渡したということは立証しません**。

いろんな理由があると思うのですが、物を渡したことをどうやって立証するのでしょう。引渡しをしたときの写真か何かで立証するのでしょうか。なかなか立証が難しいことから、株式会社では、給付の立証は要求しませんでした。

ただ、何も立証しないわけではなく、**現物出資の価格に問題がないことの立証は必要**です。

基本的には、左側のルートになります。

裁判所に頼んで検査役のチェックを受けます。そして、検査役のチェックを受けて、裁判所がおかしいと判断して、変更決定を出した場合には、その変更決定の裁判の立証も必要です。

ただ、左側のルートはあまり使いません。検査役の調査が入れば手続は相当長引いてしまうからです。

現実には右側のルート、検査役を省略するルートを使うのが一般的です。

検査役の調査が省略できる場合には、少額財産、少数株式、市場価格がある有価証券、金銭債権、弁護士等の証明などがありました（これらの詳しい内容は、会社法を復習してください）。

そして、検査役を省略できた場合には、その検査役を省略できた理由を立証するのが基本です。

ただ少額財産、少数株式にあたる場合は、少額財産、少数株式にあたることを立証する必要はありません。

取締役会議事録

| | |
|---|---|
| 1．募集株式の種類及び数 | 300株 |
| 2．募集株式の払込金額 | 1株につき金5万円 |
| 3．現物出資に関する事項 | |
| 現物出資の目的たる財産 | ①甲土地 |
| | ②この価格　金300万円 |
| 4．払込期日 | 令和6年12月3日 |

少額財産は、取締役会の決議で決めた値段で判断します。現実の値段ではなくて、取締役会で幾らと決めたのか、そこで少額財産かどうかは決まるのです。

上記の議事録には300万円と書いていますので、この事例では少額財産にあたることになり、検査役の調査は省略できます。

登記簿の要旨

| | |
|---|---|
| 発行可能株式総数 | 8,000株 |
| 発行済株式総数 | 4,000株 |

登記簿を見れば、発行済株式総数が4,000株とわかります。つまりこの会社は、4,000株の10分1である400株までだったら、検査役の調査なしで現物出資ができます。

上記の事例は少額財産にあたるだけでなく、少数株式にもあたる事例になっています（ただ、少数株式、少額財産の両方にあたる必要はありません。どちらかにあたっていれば、検査役の調査は省略できます）。

以上の2つは、**議事録や登記簿で判断ができますので、少数株式であること、**

**少額財産であることは別個に書類を作って立証する必要はありません。**

次に、市場価格がある有価証券を現物出資する場合にも、検査役を省略することができます。例えば上場企業の株を投資する場合は、その上場企業の株価を立証すれば、検査役を連れてくる必要ありません。ただ、この技を使うには、**株価の立証が必要**なことに注意をしてください。

**これで到達！　合格ゾーン**

- □ 市場価格を証する書面は、原則として、現物出資財産の価額決定日における最終市場価格を証する必要がある。

  **★ポイントは「価額決定日」の価格を立証するという点です（通常は、取締役会で現物出資を決議した日になります）。そのため、有価証券を当該会社に給付した日における市場価格を証する書面では適格性が認められません（〔30-30-エ〕で出題されています）。**

- □ 募集事項で決定された価額が添付された書面から判断できる市場価格を超える場合には、例外要件を満たさないため、当該変更の登記の申請は却下される（24⑧）。

  **★決議で「A社株式を100万円で出資する」と決定していたのですが、その日の最終市場価格が80万に過ぎなかったような場合でイメージしてください。**

会社に対する金銭債権を現物出資する場合にも、検査役の調査を省略することができます。この会社に対する金銭債権の金額は、会社の会計帳簿を見れば分かるので、その**会計帳簿を付ければ**、検査役の調査を省略できます。

そして弁護士さんらが価格証明した場合も省略できますが、その**弁護士さんらの証明書を付けることは必要**です。

| | | |
|---|---|---|
| 1 | 引受人に割り当てる株式の総数が発行済株式総数の10分の1を超えない場合、募集株式の引受人が会社に対する600万円の金銭債権を出資したときであっても、当該金銭債権について記載された会計帳簿を添付する必要はない。〔19-31-エ〕 | ○ |
| 2 | 出資の目的が金銭以外の財産である場合において、現物出資財産を給付する募集株式の引受人に割り当てる株式の総数が発行済株式の総数の10分の1を超えないため検査役の調査を要しないときは、当該登記の申請書には、当該引受人に割り当てる株式の総数が発行済株式の総数の10分の1を超えないことを証する書面を添付しなければならない。〔23-31-エ〕 | × |
| 3 | 募集株式の発行による変更の登記について、出資の目的が市場価格のない株式のみである場合において、当該株式について募集事項の決定で定められた価額の総額が700万円であっても、当該総額が相当であることについて税理士の証明を受けているときは、当該登記の申請書には、検査役の調査報告を記載した書面及びその附属書類ではなく、当該証明を記載した書面及びその附属書類を添付しなければならない。〔21-29-オ〕 | ○ |
| 4 | 会社法上の公開会社でない取締役会設置会社の募集株式の発行による変更の登記の申請に関して、株主総会の決議により決定された払込期日より前に募集株式の引受人のすべてが出資の履行を完了した場合において、当該払込期日を繰り上げる旨の株主総会の決議をしたときは、当該払込期日より前の日を登記原因年月日とする募集株式の発行による変更の登記の申請書には、当該株主総会の議事録を添付しなければならない。〔22-29-ア（3-33-3、6-29-ウ、8-29-オ）〕 | ○ |
| 5 | 会社法上の公開会社でない取締役会設置会社の募集株式の発行による変更の登記の申請に関して、株主総会の決議により決定された払込期日を当該払込期日の経過前に延期する旨の決議を株主総会においてした場合には、募集株式の発行による変更の登記の申請書には、当該延期に係る決議をした株主総会の議事録及び募集株式の引受けの申込みをした者全員の同意書を添付しなければならない。〔22-29-オ（14-33-3）〕 | ○ |

### ×肢のヒトコト解説

2　10分の1を超えているかどうかは、登記簿と今回の議事録で分かりますので、別途紙を作って立証する必要はありません。

## 2周目はここまで押さえよう



弁護士等の証明がある場合の特例の注意点①

> 現物出資の目的である財産が不動産である場合には、「不動産鑑定士による鑑定評価を記載した書面」をも添付しなければならない。

不動産を現物出資した場合には、弁護士だけの証明では足りません。不動産という重要な財産については、その財産の評価を仕事にする不動産鑑定士の鑑定評価も要求されています。

弁護士等の証明がある場合の特例の注意点②

> 証明書には、証明又は鑑定評価をした者が自然人であるときは、その資格が記載されていることを要するが、その者の資格を証する書面を添付することは要しない。

| 弁護士の証明書<br>〇〇円で間違いありません。<br>弁護士　根本 | 弁護士の証明書<br>根本は弁護士です | ←　不要 |
|---|---|---|

弁護士の証明を使って検査役の調査を省略する場合には、弁護士の証明書は必要ですが、その人が弁護士である、という部分の証明は不要です。

資格があるかどうかは、調べれば容易に分かるから不要にしたものと考えられます。

弁護士等の証明がある場合の特例の注意点③

証明ができない者(主なもの)
① 取締役、会計参与、監査役若しくは執行役又は支配人その他の使用人
② 募集株式の引受人
③ 業務の停止の処分を受け、その停止の期間を経過しない者

**弁護士**
(実は、この会社の取締役)

検査役の調査を免れるために、弁護士の証明をもらうことになりました。取締役の中に弁護士資格を持っている人がいた場合、彼が証明していいでしょうか。

これができたら、会社の便宜を図った証明をする可能性があります。このように、会社関係者(上の図①)、株式を買う人(上の図②)など募集株式発行に利害が強い人は、証明をすることができません。

また、弁護士資格を持っていても、懲戒処分を受けて、弁護士の仕事ができない人も証明できません(当たり前ですね。上の図③)。

| | | |
|---|---|---|
| 1 | 募集株式の発行の際に、現物出資の目的である財産が不動産である場合において、公認会計士がその価額の証明を行うときは、登記の申請書には、公認会計士の証明書と共に、不動産鑑定士の鑑定評価書又は固定資産課税台帳に登録されている価額に関する証明書を添付しなければならない。〔17-33-オ〕 | × |
| 2 | 募集株式の発行の際に、登記の申請書に現物出資の目的である財産の価額についての税理士の証明書を添付する場合には、その資格を証する書面を添付する必要はない。〔17-33-エ(23-31-ウ)〕 | ○ |

| | | |
|---|---|---|
| 3 | 弁済期の到来した第三者に対する金銭債権を出資の目的とする場合において、会社が募集事項の決定の際に当該金銭債権の価額を1000 万円と定めていたときは、その価額が相当であることについて当該会社の監査役である弁護士の証明を記載した書面及びその附属書類を添付して、募集株式の発行による変更の登記を申請することができる。〔30-30-ア〕 | × |



### (6) 資本金の額の計上

例えば、100株を発行して100万円入ってきました。資本金は最大で100万円増やせます。

自己株式を100株持ってきて渡し、100万円もらった場合、資本金はいくら増えるでしょうか。

株式を発行していないのですから、資本金は増えません。

では、100株を新規発行、100株を自己株式で渡して、200万円入ってきたら、いくら資本金が増えるでしょうか。

全部で200株を売りに出しましたが、新株は100株なので、200分の100で、2分の1をかけて計算したと思います。それでいいのです。

**Point**

**<例題1>資本金等増加限度額を求めよ**

- 100株の募集株式の発行等を行った（70株は新たに発行し、30株は自己株式の処分）
- 1株につき10万円が払い込まれた
- 自己株式1株あたりの帳簿価額は10万円である

解答700万円

100株×10万円に、100分の70を掛けると上記のような答えがでます。

このように**基本的には「入ってきた金額×新株割合」で資本金は決まります。**

ただ、問題は、自己株式で損をしている場合なのです。

この例題の場合、自己株式の帳簿価額は10万円となっています。これは、自己株式を仕入れたときの値段です。

「自己株式を仕入れたときの値段が10万円で、それを10万円で売っている」ため、会社に損が出ていないので問題ありません。

Point

**<例題2>資本金等増加限度額を求めよ**

・200株の募集株式の発行等を行った（180株は新たに発行し、20株は自己株式の処分）

・1株につき5万円が払い込まれた

・自己株式1株あたりの帳簿価額は6万円である

解答880万円

自己株式を6万円で仕入れたのですが、6万円では誰も買ってくれないということで、5万円で売ることになりました。この場合、自己株式を1株売るごとに1万円損をしますよね。

この場合、自己株式で損する分は、資本を増加しなくてよいことになっています。

したがって、計算式は、

（200株×5万円×200分の180）－（1万円×20株）となります。

上記のことを、正式な計算式にしたのが次の図です。

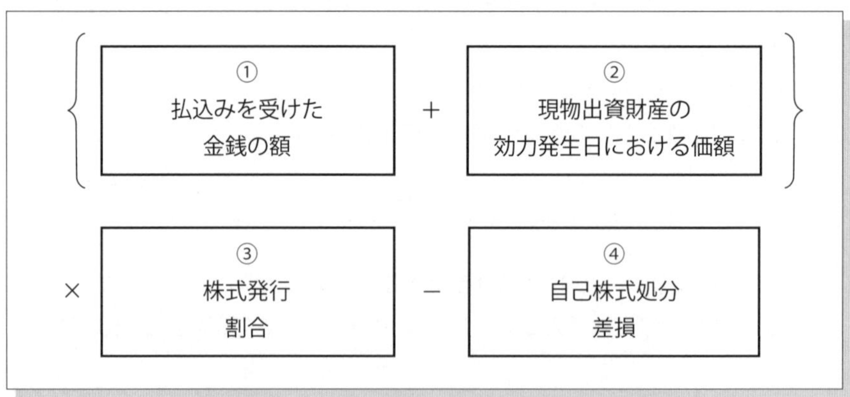

そして、この計算式は書面化して、登記所に出す必要があります。

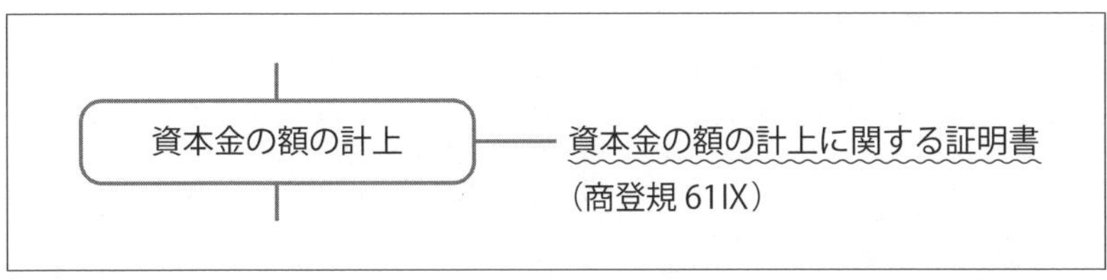


前記で説明した計算式を紙に書いて渡します。これが資本金の額の計上を証する書面、正式名称は、「資本金の額が会社法及び会社計算規則の規定に従って計上されたことを証する書面」と呼ばれるものです。

資本金の額の計上に関する証明書
→　資本金を計算するときに、登記官にわからない数値を教えるために添付する書面

登記官が添付書類等を見てわからないのは、**②現物出資財産の効力発生日における価額**、**③株式発行割合**、**④自己株処分差損**、この３つです。この３つの数値を教えるために、添付するのです。

**問題を解いて確認しよう**

| | | |
|---|---|---|
| 1 | 出資の目的が金銭である場合において、その全額を資本金の額に計上するときは、募集株式の発行による変更の登記の申請書には、資本金の額が会社法及び会社計算規則の規定に従って計上されたことを証する書面を添付しなければならない。〔23-31-オ〕 | ○ |

これまでの知識を使って、記述問題を１問解いてみましょう。

【登記事項証明書の内容の抜粋】

| 発行可能株式総数 | ３万株 |
|---|---|
| 発行済株式の総数並びに種類及び数 | 発行済株式の総数　6,000株<br>各種の株式の数　普通株式　3,000株<br>第一種優先株式　2,000株<br>第二種優先株式　1,000株 |
| 資本金の額 | 金8,000万円 |
| 発行可能種類株式総数及び発行する各種類の株式の内容 | 普通株式　２万株<br>第一種優先株式　5,000株<br>第二種優先株式　5,000株 |
| 株式の譲渡制限に関する規定 | 当会社の株式を譲渡により取得するには、取締役会の承認を要する。 |
| 取締役会設置会社に関する事項 | 取締役会設置会社 |
| 監査役設置会社に関する事項 | 監査役設置会社 |

【注意事項】

1　ある者の同意がなければ、登記すべき事項につき、無効又は取消しの原因が存するものについては、すべて適法に同意が得られているものとする。

2　募集株式の発行により、普通株式、第一種優先株式及び第二種優先株式の株主に損害を及ぼすおそれはないものとする。

3　申請会社は自己株式を保有していない。

4　【令和６年６月13日付け定時株主総会議事録記載の事実関係】

（株主全員が出席）

議案　募集株式の発行の件

議長は、次のとおり募集株式の発行をしたい旨を述べ、その可否を議場に諮ったところ、出席株主全員が賛成し、可決確定した。

（1）募集株式の種類及び数　普通株式　１万5,000株

（2）募集株式の払込金額　募集株式１株につき金5,000円

（3）増加する資本金の額　資本金等増加限度額に２分の１を乗じて得た額とする。

（4）増加する資本準備金の額　資本金等増加限度額に２分の１を乗じて得た額とする。

(5) 割当てに関する事項　令和6年6月13日午後5時現在の株主名簿に記載されている普通株式の株主に対し、その持株数1株につき普通株式5株の割合をもって割り当てる。
(6) 申込期日　令和6年6月19日
(7) 払込期日　令和6年6月25日
(8) 申込取扱場所及び払込取扱場所
東京都新宿区本町一丁目4番5号　株式会社新宿銀行　本店

【司法書士の聴取記録】

募集株式の発行に関する事実は、次のとおりである。
(1) 令和6年6月13日、会社法第202条第4項に規定する普通株式の株主全員に対する通知がされている。
(2) 当該募集株式の発行について、募集株式の割当てを受けるべき普通株式の株主全員から、申込期日である令和6年6月19日までに、申請会社に対して募集株式の引受けの申込みがされており、申込取扱機関から株式申込取扱証明書1通が提出されている。なお、募集株式の引受けの申込みに関する手続は、すべて適法にされている。
(3) 当該募集株式の発行決議において定められた増加する資本金及び資本準備金の額は、会社法及び会社計算規則の規定に従って適法に計上されている。
(4) 払込期日までに、引受けの申込みをした普通株式の株主の全員が、募集株式の発行に係る株式の払込金額全額の払込みを完了している。また、資本金等増加限度額から減ずるべき額は定められていない。

**<解答>**

登記の事由　募集株式の発行
登記すべき事項　令和6年6月25日次のとおり変更
発行済株式の総数　2万1,000株
発行済各種の株式の数　普通株式　1万8,000株
第一種優先株式　2,000株
第二種優先株式　1,000株
資本金の額　金1億1,750万円

| | |
|---|---|
| 課税標準金額 | 金3,750万円 |
| 登録免許税 | 金26万2,500円 |
| 添付書面 | 株主総会議事録１通　★１<br>株主リスト１通<br>株式申込取扱証明書１通　★２<br>払込みがあったことを証する書面１通<br>会社法第202条第４項の通知期間短縮の同意書１通　★３<br>資本金の額が会社法及び会社計算規則の規定に従って計上されたことを証する書面１通<br>委任状１通 |

★１　株主に株式の割当てを受ける権利を与えて募集株式を発行する場合、株主は、募集株式引受けの申込みをすれば、その割当てを受ける権利に基づき、当然に募集株式の引受人としての地位を取得するため、会社法204条１項から３項までの割当て決定手続は不要と解されています。

★２　募集株式申込みの取扱を行った銀行等が作成した株式申込取扱証明書１通を添付することでも差し支えないとされています。募集株式引受人が多数の場合、実務上便利なためです。

★３　株主に株式の割当てを受ける権利を与えて募集株式を発行する場合には、募集事項等を株主に対して募集株式引受けの申込期日の２週間前までに通知しなければなりません。この通知は、募集事項の決定の効力が発生した後でなければすることができず、この視点から、募集事項の決定された日付と申込期日との間に２週間以上の期間がない場合は、通知期間に瑕疵があると判断することになります。
募集株式の発行決議の効力発生日は株主総会決議が行われた令和６年６月13日、引受けの申込期日は令和６年６月19日であり、その間に２週間の期間が存在しないため、「会社法第202条第４項の通知期間短縮の同意書」を添付することになります。

## 2周目はここまで押さえよう

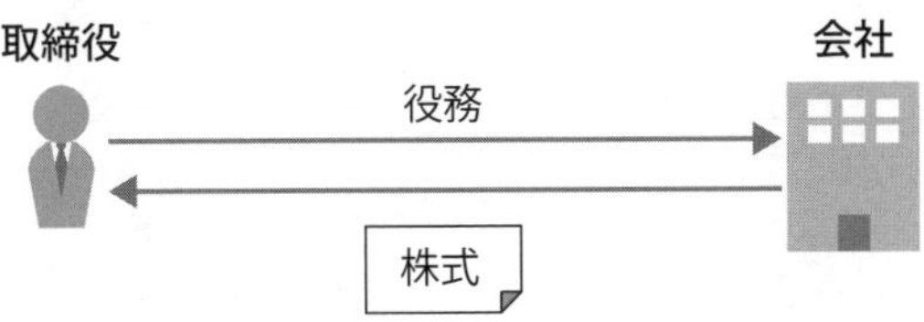


取締役の報酬として株式を発行した場合、資本金が増加することがあります。

取締役は、会社で働きますが、ここを「役務を提供した」と考えるのです。役務の提供をして（ここが出資）、株式を発行したので、資本金が増加するのです。

いつ資本金が増加するのか、何を登記するかは、その報酬が次に説明する「事後交付型」か「事前交付型」かで異なってきます。

<事後交付型のイメージとなすべき登記>

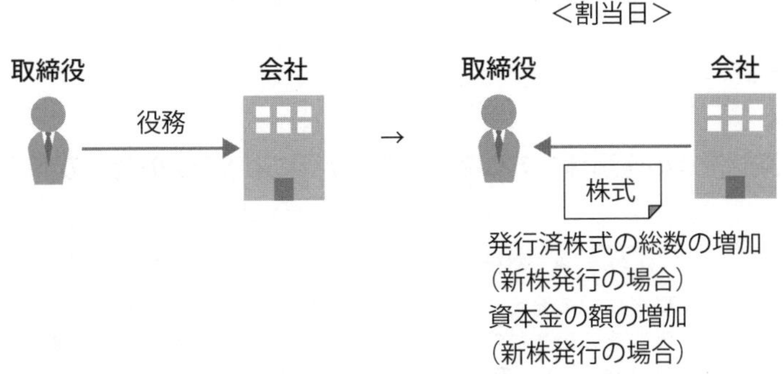


取締役が役務を先に提供し、その対価として、株式を発行する場合（働いた分をあとで株式で払う）が事後交付型です。役務提供後に、株式を発行するのです。

この場合、**割当日に発行済株式の総数が増加、資本金が増加します**（自己株式を交付しない場合）。

＜事前交付型のイメージとなすべき登記＞

＜割当日＞　　　　　　　　　　　　　　＜各事業年度の末日＞

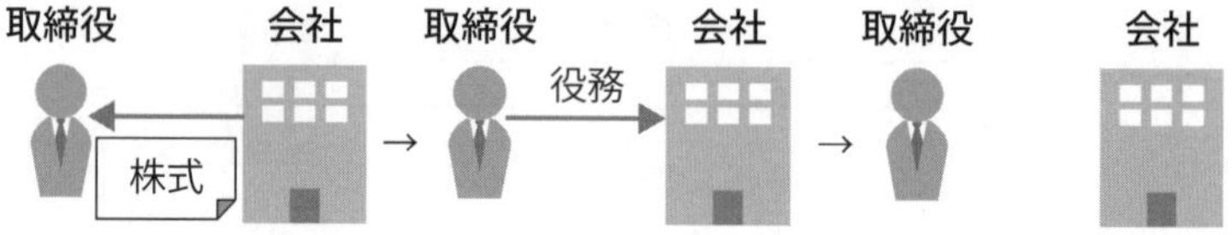

取締役　会社　→　取締役 —役務→ 会社　→　取締役　会社

株式

発行済株式総数の増加
（新株発行の場合）

資本金の額の増加
（新株発行の場合）

これは、取締役が先に株式の交付を受けて、その後、役務を提供し、事業年度の末日に資本金を増加するというパターンです（先に株式を渡して、働いて払ってもらう）。先に株式の交付を受けますが、「条件が成就するまでは、譲渡しはできない」という縛りをつけておくことが想定されています。

この場合、**割当日の時点で発行済株式の総数が増加し、株主資本変動日（毎事業年度末日及び臨時決算日）に資本金が増加**します。

そのため、**このパターンでは２回の登記申請が必要**です。

割当日の時点で発行済株式の総数の増加の変更登記をして、株主資本変動日に資本金の額の増加の変更登記をすることになるのです。

では、登記手続をまとめてみましょう。

## ◆ 取締役等の報酬等である募集株式の発行による変更の登記の手続 ◆

（令和３年１月29 日法務省民商第14号）

| | 事前交付型 | 事後交付型 |
|---|---|---|
| 登記期間 | 募集株式の発行により発行済み株式の総数並びにその種類及び種類ごとの数に変更があったとき(注) | 募集株式の発行により発行済み株式の総数並びにその種類及び種類ごとの数並びに資本金の額（増加する場合に限る。）に変更があったとき |
| | 割当日から２週間以内 | |
| 登記すべき事項 | ・発行済み株式の総数並びにその種類及び種類ごとの数<br>・資本金の額（資本金の額が増加する場合に限る。）<br>・変更年月日 | |

| 登録免許税 | 資本金の額の増加を伴わない場合<br>→申請1件につき3万円（登録免許税法別表第一第24号(1)ツ）。<br><br>資本金の額の増加を伴う場合<br>→増加した資本金の額の1000分の7（これによって計算した税額が3万円に満たないときは、申請件数1件につき3万円）（登録免許税法別表第一第24号(1)ニ）<br>※発行済株式の総数の変更の登記については、資本金の額の変更の登記と同時に申請される限り、別途登録免許税を納付する必要はない |
|---|---|

（注）事前交付型の場合であって、資本金の額が増加する場合における資本金の額の増加については、株主資本変動日から2週間以内に、本店の所在地において変更の登記をしなければならない。

事後交付型は、一般の募集株式発行と同じように見ればいいでしょう（効力発生日が割当日という点に注意してください）。

事前交付型は、**まず割当日に発行済株式の総数のみを登記します**。ここでは、資本金を登記せず、登録免許税はツとして課税されます。

その後、**株主資本変動日に資本が増加したタイミングで、資本金について登記申請**することになります。

## これで到達！ 合格ゾーン

□ 新株発行の無効の訴えに係る請求を認容する判決が確定した場合には、当該新株発行によりされた発行済株式の総数の変更の登記は、裁判所書記官の嘱託により抹消される（会社937Ⅰ①ロ、商登規70）。しかし、資本金の額は、新株発行の無効の訴えに係る請求を認容する判決が確定した場合には減少せず（会社計規25Ⅱ①）、嘱託により抹消されるわけではない（商登規70 後段括弧書参照）。〔22-31-ア、31-32-ア〕

**★新株発行の手続によって、発行済株式総数と資本金が変化しますが、その新株発行を無効にしただけでは発行済株式総数しか変化しません。資本金は、資本減少手続を取らない限り減少しないというルールのためです。**

# 第2節 新株予約権に関する登記

## （1）募集新株予約権の発行

新株予約権、これは株式を買えるチケットのことでした。

まず、新株予約権の典型的な流れを確認しましょう。

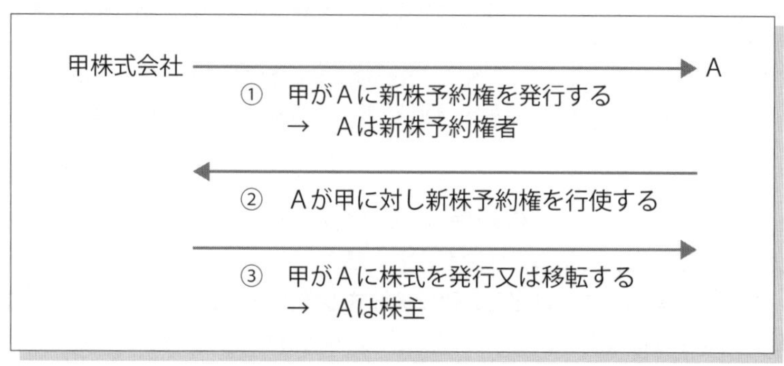


会社が新株予約権をＡに渡します。それによりＡは新株予約権者となります。

その後、Ａはこの株が買えるチケットとお金を持っていって行使します。それにより、Ａは会社から、自己株式をもらうか新規発行した株をもらうかして株主となります。

この一連の流れの中で、どのタイミングで登記をするかというと、①と②③この両方のタイミングで登記をします。

まず①で、**新株予約権が生まれたことを登記**し、②③で、**発行済株式の総数と資本金を登記**する場合があります。

②③のところで、資本金が増えるというのは大丈夫でしょうか。**お金を払って株式を発行しているから**です（ちなみに、①のタイミングでは資本金は増えません。発行しているのが、株式ではないからです）。

では①に関する登記から検討していきましょう。

1．事　募集新株予約権の発行
1．登　令和６年６月20日発行
第１回新株予約権
新株予約権の数
　20個
新株予約権の目的たる株式の種類及び数又はその算定方法
　A種類株式　400株
募集新株予約権の払込金額若しくはその算定方法又は払込を要しないとする旨
　金2,000円
新株予約権の行使に際して出資される財産の価額又はその算定方法
　金8,000円
金銭以外の財産を各新株予約権の行使に際して出資する旨並びに内容及び価額
　証券取引所に上場されている有価証券であって、当該証券取引所の開設する市場における当該新株予約権の行使の前日の最終価格により算定して金8,000円に相当するもの。
新株予約権を行使することができる期間
　令和７年４月１日から令和８年３月31日まで
新株予約権の取得に関する事項
　当社が必要と認めたときは、取締役会または執行役が別途定める日に、当社は募集新株予約権を無償にて取得することができるものとする。
1．税　金９万円（登録税別表1.24.(1)ヌ）

登記すべき事項の１行目を見てください。年月日発行と書きます（募集株式の発行と違って「年月日変更」ではありません）。

そして、第１回新株予約権と書いて、その新株予約権の内容を書いていきます。

登録免許税ですが、この新株予約権の発行は多くの事項を登記させます。だからでしょうか、９万円も課税されます。

第２号議案　募集新株予約権の発行に関する件
　議長は、第１回新株予約権を発行し、下記のとおり募集事項を定めたい旨を述べ、その可否を議場に諮ったところ、満場異議なく承認可決した。

記

⑴新株予約権の数
　20個
⑵新株予約権の目的たる株式の種類及び数又はその算定方法
　A種類株式　400株
⑶募集新株予約権の払込金額
　金2,000円
⑷新株予約権の行使に際して出資される財産の価額又はその算定方法
　金8,000円
⑸金銭以外の財産を各新株予約権の行使に際して出資する旨並びに内容及び価額
　証券取引所に上場されている有価証券であって、当該証券取引所の開設する市場における当該新株予約権の行使の前日の最終価格により算定して金8,000円に相当するもの。
⑹新株予約権の行使により株式を発行する場合における増加する資本金及び資本準備金に関する事項
　払込みに係る額の2分の1に当たる額は、資本準備金として計上する。
⑺譲渡による新株予約権の取得について会社の承認を要する旨
　新株予約権を譲渡により取得するには、株主総会の承認を要する。
⑻新株予約権の取得に関する事項
　当社が必要と認めたときは、取締役会または執行役が別途定める日に、当社は募集新株予約権を無償にて取得することができるものとする。
⑼新株予約権を行使することができる期間
　令和７年４月１日から令和８年３月31日まで
⑽割当日
　令和６年６月20日
⑾払込期日
　令和６年６月15日

これは募集新株予約権を発行する決議の議事録です。

この発行する決議で、新株予約権の内容等を決めますが、この内容のすべてが登記されているわけではありません。この議事録と前のページの申請書と見比べてください。

決議で決めたことの全部が登記されていないのです。決議しているのに、登記されていないものを押さえていきましょう。

**⑹新株予約権の行使により株式を発行する場合における増加する資本金及び資本準備金に関する事項**

**⑺譲渡による新株予約権の取得について会社の承認を要する旨**

**⑽割当日**

⑾**払込期日**

まずは、これら４つを押さえておいてください（本事例以外であれば、ここで決議したこと以外にも登記事項でないものもあります。それは後々学習が進んだら、押さえていきましょう）。

逆に登記されるものは、積極的に覚えなくて大丈夫です。これから何十回も新株予約権の登記は見るので、徐々に頭に入っていくことでしょう。



### 問題を解いて確認しよう

| | | |
|---|---|---|
| 1 | 新株予約権の行使を請求することができる期間は、新株予約権付社債を発行する際の登記事項ではない。〔10-32-エ改題〕 | × |
| 2 | 新株予約権の行使により株式を発行する場合における増加する資本金及び資本準備金に関する事項は、新株予約権付社債を発行する際の登記事項ではない。〔10-32-ウ改題〕 | ○ |
| 3 | 譲渡による新株予約権の取得について当該株式会社の承認を要する旨を定めた場合、当該事項は登記事項とならない。〔オリジナル〕 | ○ |
| 4 | 譲渡による株式の取得について株式会社の承認を要することは、株式の内容として株式会社の登記事項となり、また、譲渡による新株予約権の取得について株式会社の承認を要することは、新株予約権の内容として株式会社の登記事項となる。〔会社法19-30-イ改題（29-31-イ）〕 | × |

### ×肢のヒトコト解説

1 「新株予約権をいつから、いつまで行使できるか」は、新株予約権を持っている人にとって重要事項なため、登記事項になっています。

4 新株予約権の譲渡制限は登記事項ではありません。

## 2周目はここまで押さえよう

| 募集新株予約権の募集事項で定める新株予約権の内容 | 登記 |
| --- | --- |
| ① 新株予約権の目的である株式の数（種類株式発行会社にあっては、株式の種類及び種類ごとの数）又はその数の算定方法 | ○ |
| ② 新株予約権の行使に際して出資される財産の価額又はその算定方法 | ○ |
| ③ 金銭以外の財産を当該新株予約権の行使に際してする出資の目的とするときは、その旨並びに当該財産の内容及び価額 | ○ |
| ④ 新株予約権を行使することができる期間<br>（その他、新株予約権行使の条件） | ○ |
| ⑤ 新株予約権の行使により株式を発行する場合における増加する資本金及び資本準備金に関する事項 | × |
| ⑥ 譲渡による当該新株予約権の取得について当該株式会社の承認を要することとするときは、その旨 | × |
| ⑦ 新株予約権について、当該株式会社が一定の事由が生じたことを条件としてこれを取得することができることとするときは、その具体的内容 | ○ |
| ⑧ 当該株式会社が、企業再編をする場合に、存続会社等（設立会社）となる会社の新株予約権を新株予約権者に交付することとするときは、その旨及びその条件 | × |
| ⑨ 新株予約権を行使した新株予約権者に交付する株式の数に一株に満たない端数がある場合において、これを切り捨てるものとするときは、その旨 | × |
| ⑩ 新株予約権に係る新株予約権証券を発行することとするときは、その旨 | × |
| ⑪ ⑩の場合に、新株予約権者が記名式と無記名式の転換の請求の全部又は一部をすることができないこととするときは、その旨 | × |

発行する新株予約権の内容を、募集事項で定めますが、すべての内容を登記するわけではありません。

ここまでに、説明していないもので重要なものをピックアップします。

> ⑧ 当該株式会社が、企業再編をする場合に、存続会社等（設立会社）となる会社の新株予約権を新株予約権者に交付することとするときは、その旨及びその条件

これは、新株予約権の承継の約束になり、「新株予約権の買取請求ができるかどうかの基準」となります（企業再編の部分を復習してください）。

ただ、買取請求の話は、会社の内部のことに過ぎないので、公示しないことにしています。

| ⑩ 新株予約権に係る新株予約権証券を発行することとするときは、その旨 |
|---|

株券発行する旨は登記事項ですが、新株予約権証券については登記事項とされていません（⑪も同様です）。

株式は譲渡されやすいので、株券の有無は登記事項ですが、新株予約権はあまり積極的な取引がされないことから登記事項ではないものと考えられます（譲渡制限も登記事項でないのも同じ理由かと考えられます）。

この部分は、×をメインに覚えていって、それ以外は登記事項と判断するのが効率的です。下記の問題で試してみてください。

| | | |
|---|---|---|
| 1 | 新株予約権の内容として、当該新株予約権に係る新株予約権証券を発行する旨の定めがある場合であっても、募集新株予約権の発行による変更の登記の申請書には、登記すべき事項として当該定めを記載することを要しない。〔31-31-イ〕 | ○ |
| 2 | 株式会社が募集新株予約権を発行する場合において、合併等の組織再編の際に存続会社等が新株予約権を交付する旨の内容を新株予約権に定めるときであっても、その旨及びその条件を登記することはできない。〔オリジナル〕 | ○ |
| 3 | 新株予約権付社債に付された新株予約権については、当該新株予約権の内容として一定の事由が生じた場合に限り当該新株予約権を行使することができる旨の条件を定めることはできない。〔会社法31-29-オ〕 | × |
| 4 | 新株予約権の内容として、金銭以外の財産を当該新株予約権の行使に際してする出資の目的とする定めがある場合であっても、募集新株予約権の発行による変更の登記の申請書には、登記すべき事項として当該財産の価額を記載することを要しない。〔31-31-ウ〕 | × |

募集新株予約権の発行がある場合の検討事項

1　決議権限

→　決議機関は適法か否か

※　種類株主総会が必要か

→　決議要件を満たしているか

2　2週間の有無の検討の要否

3　申込手続の適法性

4　割当手続の適法性

①募集新株予約権が譲渡制限新株予約権か、新株予約権の行使の目的の全部又は一部が譲渡制限株式の場合

→　割当決議が必要

②総数引受契約を締結する場合でも、募集新株予約権の目的である株式の全部又は一部が譲渡制限株式であるとき又は募集新株予約権が譲渡制限新株予約権であるとき

→　総数引受契約の承認決議が必要

③公開会社が株主割当て以外の方法により募集株式の発行等を行うにあたっては、支配株主の異動を伴うかを確認すること

5　払込・給付の有無の確認（有償発行の場合）

基本的には募集株式の発行と同じなので、添付書面・チェック事項などは、募集株式の発行に応じて処理をしてください。また、割当決議が必要な場面について理屈が思い出せない方は、会社法のテキストを確認してください。

払込みの部分の添付書類の処理には、注意が必要です。

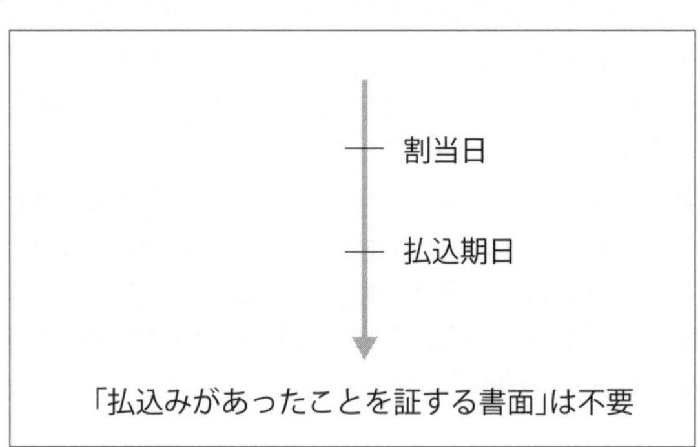

払込みがあったことを証する書面は、どんな場合でも添付するわけではありません。上記のように、割当日が先に来て、払込期日があとに来る場合には「払込みがあったことを証する書面」の添付は不要です。

募集新株予約権発行は、割当日に効力が生じるので、その時点で登記する義務が生まれます。そのため、**払込期日の払込みを待って登記申請することができない**のです。

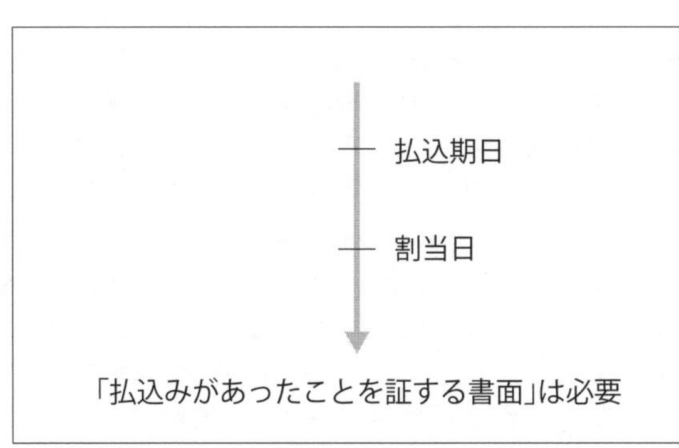


割当日という効力発生前に、払込期日が来ているので、添付書類が手に入っています。そのため、登記申請には払込みがあったことを証する書面を付けることができます。

| 資本金の額が会社法及び計算規則の規定に従って計上されたことを証する書面 | |
|---|---|
| 募集株式発行の登記 | 必要 |
| 募集新株予約権の発行 | 不要 |

「資本金の額が会社法及び計算規則の規定に従って計上されたことを証する書面」、これは資本金を登記する場面で添付が要求されます。そのため、募集株式発行の登記では添付が必要ですが、資本金を登記しない募集新株予約権の発行の登記では不要となります。

| | | |
|---|---|---|
| 1 | 新株予約権の登記に関し、募集新株予約権と引換えにする金銭の払込みの期日を定めた場合において、当該金銭の払込みがされて募集新株予約権が発行されたときは、募集新株予約権の発行による変更の登記の申請書には、当該期日が当該募集新株予約権の割当日より前の日であるときに限り、当該払込みがあったことを証する書面を添付しなければならない。〔29-31-ア〕 | ○ |
| 2 | 募集新株予約権の発行をする場合において、新株予約権と引換えにする金銭の払込みの期日が当該新株予約権の割当日より後の日であるときは、募集新株予約権の発行による変更の登記の申請書には、払込みがあったことを証する書面を添付することを要しない。〔オリジナル〕 | ○ |
| 3 | 取締役会設置会社が株主に新株予約権の割当てを受ける権利を与えずに募集新株予約権の発行をした場合において、当該募集新株予約権が譲渡制限新株予約権であるときは、当該募集新株予約権の発行による変更の登記の申請書には、割当てに係る取締役会議事録を添付することを要しない。なお、総数引受契約については考慮しないものとする。〔オリジナル〕 | × |
| 4 | 会社法上の公開会社でない取締役会設置会社が、株主割当ての方法により、募集新株予約権を発行した場合において、募集新株予約権の募集事項等を取締役会の決議によって定めたときは、募集新株予約権の発行による変更の登記の申請書には、定款を添付しなければならない。〔オリジナル〕 | ○ |
| 5 | 募集新株予約権の発行による変更の登記の申請書には、資本金の額が会社法及び計算規則の規定に従って計上されたことを証する書面を添付しなければならない。〔オリジナル〕 | × |

×肢のヒトコト解説

3　発行する新株予約権自体に、譲渡制限がついている場合には割当決議が必要です（譲渡制限がついている予約権の譲渡になるからです）。

5　資本金が増加しないため、資本金の計上に関する証明書は不要です。

### （2）新株予約権の行使

次ページに新株予約権の欄の登記事項の一部を抜粋しています。新株予約権の行使の際に使う情報は、そこに載っている情報です。

| 発行済株式の総数<br>並びに種類及び数 | 発行済株式の総数<br>　50万株 |
|---|---|
| 資本金の額 | 金５億円 |
| 新株予約権 | 第１回新株予約権<br>新株予約権の数<br>　100個<br>新株予約権の目的たる株式の種類及び数又はその算定方法<br>　普通株式　5,000株<br>募集新株予約権の払込金額若しくはその算定方法又は払込を要しないとする旨<br>　無償<br>新株予約権の行使に際して出資される財産の価額又はその算定方法<br>　金100万円<br>新株予約権を行使することができる期間<br>　令和７年３月31日まで |

登記事項の意味を１つ１つ説明します。

**新株予約権の数**

今回発行している新株予約権の数を示しています。

**新株予約権の目的たる株式の種類及び数又はその算定方法**

今回の新株予約権をすべて行使したら、5,000株渡すことを示しています。つまり、この会社には5,000株の潜在的な株式があることを意味しています（100個使うと、5,000株なのですから、１個使えば50株もらえるということになります）。

**新株予約権の行使に際して出資される財産の価額又はその算定方法**

これは、新株予約権１個使うための値段です。これにより「１個使うために100万円払って、50株もらえる」状況なのがわかります。

**新株予約権を行使することができる期間**

名前のとおり、新株予約権を行使することができる期間のことで、ここまでに使わないと新株予約権がなくなってしまいます。

1　令和６年９月20日、新株予約権者のＡから、第１回新株予約権20個につき、同日、新株予約権を（行使する日として）行使する旨を記載した書面及び新株予約権証券が甲株式会社に提出された。
2　同日、Ａは、甲株式会社が定めた払込みの取扱の場所である株式会社Ｘ銀行本店において、新株予約権の行使に際して出資すべき金額の全額を払い込んだ。
3　令和６年９月20日現在、甲株式会社は自己株式を有していない。
4　第１回新株予約権の募集事項の決定（令和６年３月12日臨時株主総会で決議されている）においては、新株予約権の行使により増加すべき資本準備金は資本金等増加限度額の２分の１とする旨が定められている。
5　行使時における第１回新株予約権の帳簿価額は０円である。

では、上記の事実関係の場合、登記事項のどこがどう変わるかを考えてください。登記事項は、４か所変わります。

1．事　新株予約権の行使
1．登　令和６年９月30日次のとおり変更
　　　発行済株式の総数　50万1,000株
　　　資本金の額　金５億1,000万円
　　　第１回新株予約権の数　80個
　　　前記新株予約権の目的たる株式の種類及び数又はその算定方法
　　　　普通株式　4,000株
1．課　増加した資本金の額
1．税　増加した資本金の額 × ７／1000
　　　（計算額が３万円未満のときは金３万円）（登録税別表1.24.(1)ニ）

株式を発行するから、発行済株式総数が1,000株増えます。

また資本金が増えるので、資本金の変更も登記します。払込みによって会社に入ってくるのは2,000万円ですが、資本準備金を半分とする定めがありますので、資本金は1,000万円しか増えません。

この**資本準備金に関する定めがある場合、発行決議時の議事録が添付書類として必要**になります。

払込みを証する書面
2,000万円、払い込まれました。

申請書
資本金、1,000万円増加しました。

払込が2,000万円あるのに、なぜ、1,000万円しか資本金が上昇しないんだ？

登記官は、上記のような疑問を持つことになります。そこで、発行決議の議事録を添付するのです。

株主総会議事録
払込みに係る額の2分の1に当たる額は、資本準備金として計上する。

このように、払込金を全額資本金にしない場合は、登記官に対して発行決議の議事録をつけて立証することになります。

**新株予約権の行使の問題では頻繁に問われる論点なので、疑って問題文を見るようにしましょう。**

他の登記事項の変化を見ましょう。

「新株予約権の個数」は、減少します。新株予約権は行使すると消滅することになるからです。また、「新株予約権の目的たる株式の種類及び数又はその算定方法」も変わります。今までは、潜在的に5,000株を発行する可能性があることを公示しましたが、今回の行使によって、1,000株出しましたから、あと潜在的に出る数は4,000株になります。

では、次に、申請書の細かいところを見ていきます。

まず、**登記すべき事項の日付が行使の日ではなく、月末になっています。**

発想は取得請求と同じです。「**月に何回も新株予約権の行使が来る→その度に登記するのは面倒→月末締めで、まとめて登記すればいい→申請書に記載する日付も、月の末日を書く**」という論法です。

次に登録免許税です。資本金が増える場合は、根拠が「ニ」で増加額の1000分の７（最低３万円）になると考えてください（募集株式発行と同じ根拠になります）。

では申請構造を見ていきましょう。

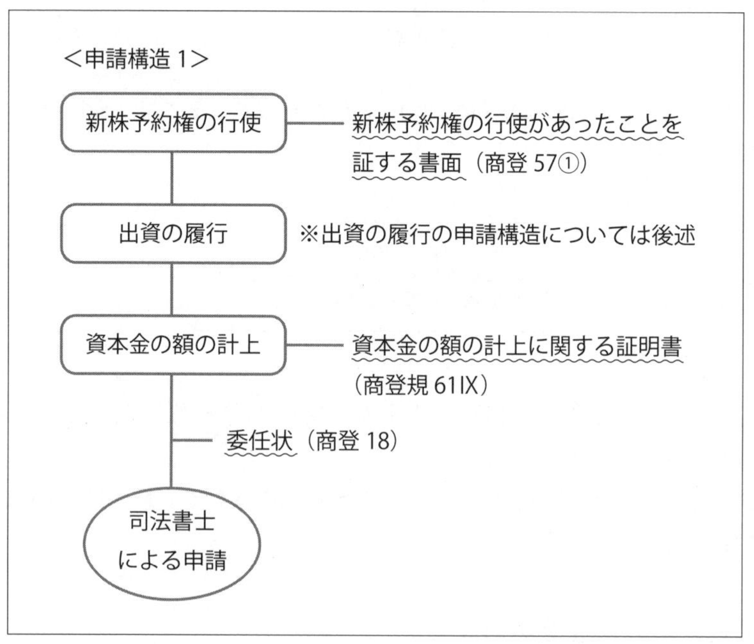


立証することは、新株予約権を行使したこと、出資の履行、最後に資本金の計上の部分です。

新株予約権の行使によって資本金が増えるため現物出資の価格の立証、株式発行割合、自己株式処分差損を立証することになります。

出資の履行の添付書類は、次のとおりです。

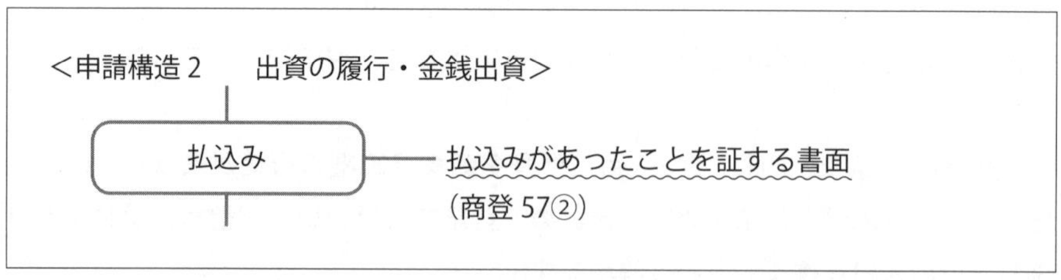

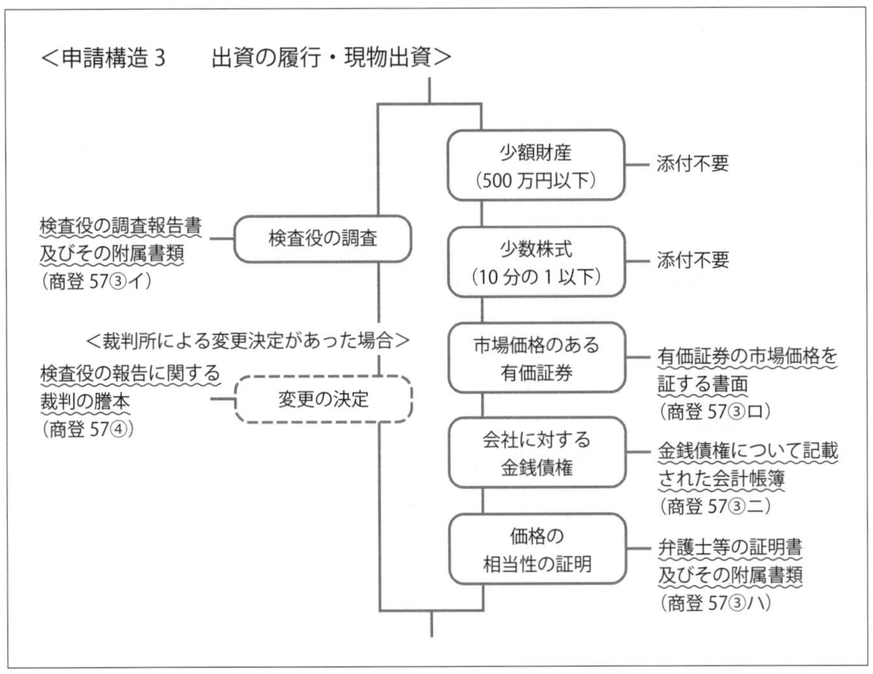


お気付きだと思うのですが、この2つのモデルは募集株式発行と同じなので、別個に覚える必要はありません。

## 問題を解いて確認しよう

| | | |
|---|---|---|
| 1 | 新株予約権の行使に際して株式会社が自己株式のみを交付した場合、新株予約権の行使による変更の登記の登録免許税額は、申請件数1件につき金3万円である。〔オリジナル〕 | ○ |
| 2 | 会社法上の公開会社でない株式会社が新株予約権の行使により株式を発行する場合における当該新株予約権の発行に係る募集事項として、株主総会の決議により資本金として計上しない額を定めたときは、新株予約権の行使による変更の登記の申請書には、当該株主総会の議事録を添付しなければならない。〔24-29-ア〕 | ○ |
| 3 | 株式会社が新株予約権の行使により新たに株式を発行した場合、新株予約権の行使による変更の登記の申請書には、資本金の額が会社法及び会社計算規則の規定に従って計上されたことを証する書面を添付しなければならない。〔オリジナル〕 | ○ |

| 4 | 金銭を新株予約権の行使に際してする出資の目的とする場合、新株予約権の行使による変更の登記の申請書には、払込みがあったことを証する書面を添付しなければならない。〔オリジナル〕 | ○ |
|---|---|---|

## 2周目はここまで押さえよう

| 発行済株式の総数並びに種類及び数 | 発行済株式の総数<br>50万株 |
|---|---|
| 資本金の額 | 金5億円 |
| 新株予約権 | 第1回新株予約権<br>新株予約権の数<br>100個<br>新株予約権の目的たる株式の種類及び数又はその算定方法<br>普通株式　5,000株 |

↓　50個の新株予約権の行使に伴い、自己株式のみを交付した場合

| 発行済株式の総数並びに種類及び数 | 発行済株式の総数<br>50万株 |
|---|---|
| 資本金の額 | 金5億円 |
| 新株予約権 | 第1回新株予約権<br>新株予約権の数<br><u>100個</u><br>50個<br>新株予約権の目的たる株式の種類及び数又はその算定方法<br><u>普通株式　5,000株</u><br>普通株式　2,500株 |

50個の新株予約権が行使され、2,500株交付することになりましたが、すべてを会社にある自己株式を交付することにしました。

この場合、新しい株式の発行ではないので、発行済株式の総数は増えませんし、資本金も増加しません（資本金が増加する要件を満たしていません）。

ただ、新株予約権を使ったために新株予約権の個数は減りますし、新株予約権の目的たる株式の種類及び数も減少します。そのため、登記申請が必要になります。

（ちなみに、募集株式発行で自己株式のみ交付したという場合は登記申請は不要ですが、新株予約権行使の場合には、自己株式のみ交付した場合でも、登記申請が必要になるのです。）

| | | |
|---|---|---|
| ☑ 1 | 新株予約権の行使がされた場合においては、当該株式会社が自己株式のみを交付したときであっても、新株予約権の行使による変更の登記の申請をしなければならない。〔24-29-ウ〕 | ○ |
| 2 | 新株予約権の行使に際してする出資の目的を金銭とする場合には、当該新株予約権の行使により自己株式のみが交付されるときであっても、新株予約権の行使による変更の登記の申請書には、その行使に係る新株予約権についての払込みがあったことを証する書面を添付しなければならない。〔29-31-オ〕 | ○ |

### （3）取得条項と株式、新株予約権に関する登記

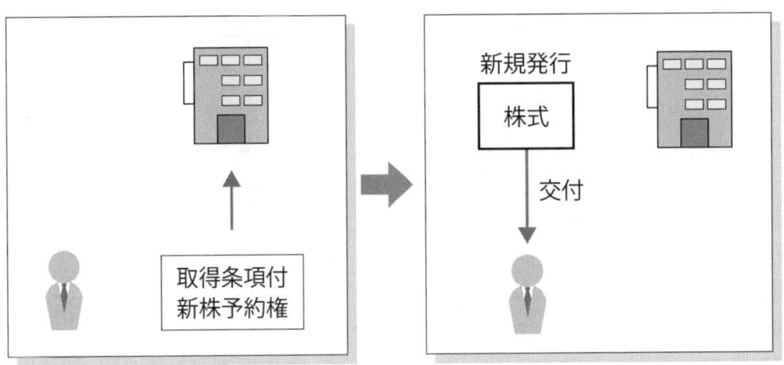


新株予約権にも、取得条項を付けることができます。例えばストックオプションの場合は、会社を辞めたら巻き上げるとか、役員を辞めたら巻き上げるということをします。

上記の図は「取得条項が付いている新株予約権が巻き上げられて、会社は株を

新規発行して渡した」という場面になっています。

実は**この場合、資本金が増えます**。

**覚えましょう**

取得条項付新株予約権の取得と引換えにする株式の発行の登記
→ 資本金の額が会社法及び会社計算規則の規定に従って計上されたことを証する書面が必要

新株予約権自体には価値があります。**価値があるものを、会社が巻き上げて、株式を発行**しているので、資本金が増えるのです。

ただ、新株予約権の価値は登記官にはわかりません。そのため資本金の計上のために、**新株予約権の価値を立証する必要があります**（資本金の額が会社法及び会社計算規則の規定に従って計上したことを証する書面です）。

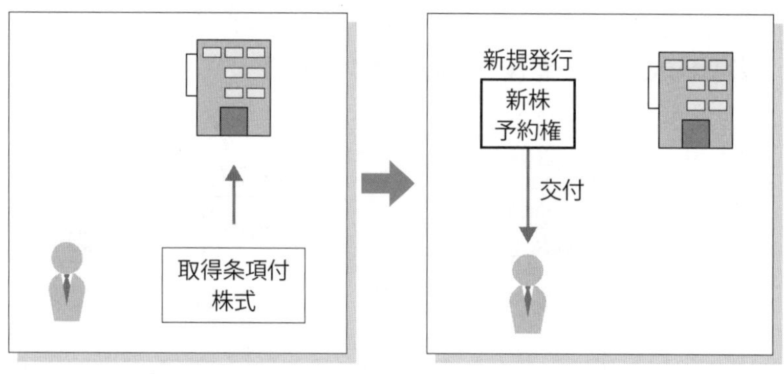


**覚えましょう**

取得条項付株式の取得と引換えにする新株予約権の発行の登記
→ 分配可能額が存在することを証する書面が必要

これは、持っている取得条項付株式が巻き上げられて、その対価として新株予約権を新規発行して渡す場面です。

この場面では資本金は増えません。発行しているものが株式ではないからです。

それどころか、**この事例では、会社から財産が流出してしまっています。**

自己株式自体に価値はありません。一方、新株予約権自体には価値があります。

つまり、**会社は価値がないものを取得して、新株予約権という価値があるものを渡している状態になっている**のです。

この**財産の流失は、剰余（あまり）の範囲でしか行えません。**「自己株式取得には財源規制がかかる」という会社法のルールがここに表れています。

この規制をクリアしているかは、登記の場面でも立証が要求されています。それが、「分配可能額が存在することを証する書面」というものです。

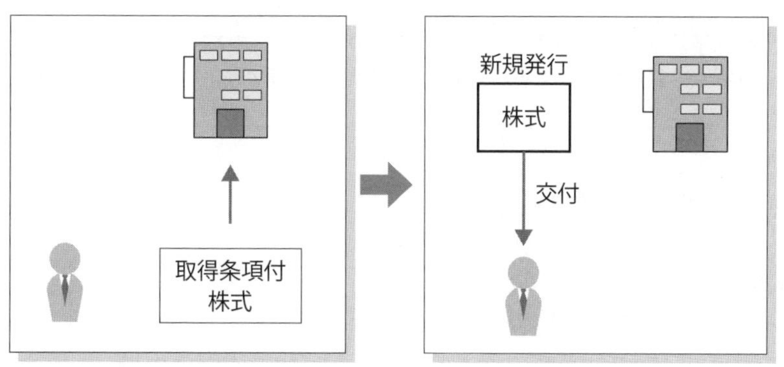


**覚えましょう**

取得条項付株式の取得と引換えにする株式の発行の登記
→　　分配可能額が存在することを証する書面は不要

これは、持っている取得条項付株式が巻き上げられて、その対価として別種類の株式を新規発行して渡す場面です。

この場面では資本金は増えません。確かに株式を発行してはいますが、自己株式という**会社にとって価値がないものが入ってきている**からです。

また、財産の流出にもなっていません。**出したものは自己株式という会社にとって価値がないもの**だからです。

問題を解いて確認しよう

| | | |
|---|---|---|
| 1 | 取得請求権付株式の取得と引換えに新たに新株予約権を発行したことによる変更の登記を申請する場合、当該変更の登記の申請書には、分配可能額が存在することを証する書面を添付しなければならない。〔31-29-ア改題〕 | ○ |
| 2 | 取得条項付新株予約権の取得と引換えにする新たな株式の発行による変更の登記の申請書には、資本金の額が会社法及び会社計算規則の規定に従って計上されたことを証する書面を添付することを要しない。〔オリジナル〕 | × |

×肢のヒトコト解説

2　新株予約権という財産的価値があるものが入ってきて、株式を発行するので資本金の額が増加します。そのため、添付が必要です。

## （4）新株予約権の消却・消滅

| 新株予約権 | 第１回新株予約権<br>新株予約権の数<br>100個<br>新株予約権の目的たる株式の種類及び数又はその算定方法<br>普通株式　5,000株<br>募集新株予約権の払込金額若しくはその算定方法又は払込を要しないとする旨<br>無償<br>新株予約権の行使に際して出資される財産の価額又はその算定方法<br>金100万円<br>新株予約権を行使することができる期間<br>令和７年３月31日まで |
|---|---|

会社が新株予約権を100個発行したのですが、発行後に会社が50個取得したようです。その50個を会社が消却することにしました。消却すると、登記事項が２つ変わります。

| | | |
|---|---|---|
| 1. | 事 | 新株予約権の消却 |
| 1. | 登 | 令和6年6月20日変更<br>第1回新株予約権の数　50個<br>前記新株予約権の目的たる株式の種類及び数又はその算定方法<br>普通株式　2,500株 |
| 1. | 税 | 金3万円（登録税別表1.24.(1)ツ） |

新株予約権の数が50個に減り、「新株予約権の目的たる株式の種類及び数」、つまり、潜在的に発行する数は、5,000株から2,500株に減ります。

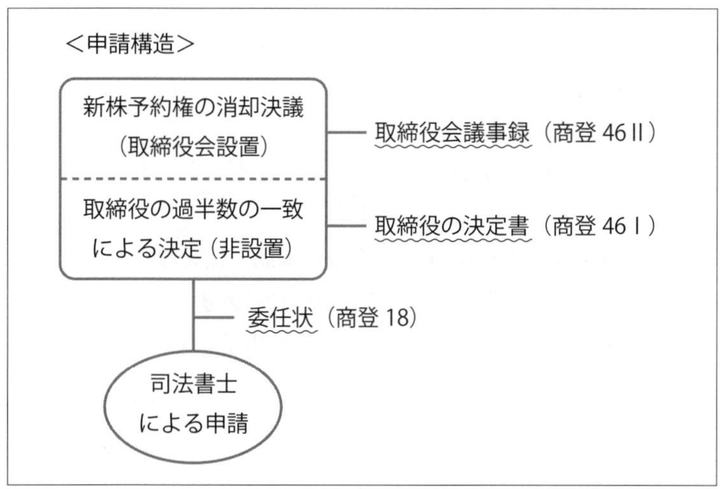


申請構造は株式の消却と同じです。

自己株式の消却と同じく、自己新株予約権の消却も、**会社が持っているものだけが対象なので、株主に不利益はありません**。そのため、取締役だけで消却することができます。

| 新株予約権 | 第１回新株予約権<br>　新株予約権の数<br>　　100個<br>　新株予約権の目的たる株式の種類及び数又はその算定方法<br>　　普通株式　5,000株<br>　募集新株予約権の払込金額若しくはその算定方法又は払込を要しないとする旨<br>　　無償<br>　新株予約権の行使に際して出資される財産の価額又はその算定方法<br>　　金100万円<br>　新株予約権を行使することができる期間<br>　　令和７年３月31日まで |
|---|---|

この新株予約権は、いつまで使えるでしょうか。

３月31日０時：使えます。

３月31日12時：使えます。

３月31日の23時59分：会社が営業しているかどうかわかりませんが、理論的には使えます。

**３月31日24時＝４月１日の０時になった瞬間、使えなくなります**。その使えなくなった瞬間、**新株予約権は消えることになります**。

この場合、新株予約権がなくなったことを登記申請します。

1. 事　新株予約権の行使期間満了
1. 登　令和７年４月１日第１回新株予約権の行使期間満了
1. 税　金３万円（登録税別表1.24.(1) ツ）

この登記のポイントは、日付です。登記簿上の**行使期間の最終日の翌日**を記載します。

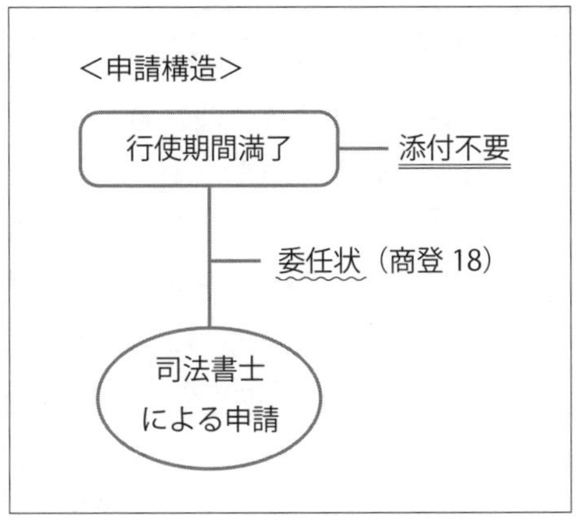


次のポイントは立証書面です。

行使期間が満了することによって消滅するのですが、立証が必要でしょうか。「行使期間が令和7年3月31日まで、今日はもうこれを過ぎています」これは、立証の必要がありません。**行使期間がいつまでかは登記簿を見れば分かるし、それが過ぎたかどうかはカレンダーで分かる**からです。

そのため、この登記申請では委任状以外の添付書類は不要なのです。

## 問題を解いて確認しよう

| | | |
|---|---|---|
| 1 | 新株予約権付社債の新株予約権の行使期間が満了した場合、新株予約権付社債の登記事項は、登記官の職権により抹消される。〔オリジナル〕 | × |
| 2 | 新株予約権を行使することができる期間が満了した場合において、新株予約権の消滅による変更の登記の申請書には、定款を添付することを要しない。〔オリジナル〕 | ○ |
| 3 | 新株予約権の行使期間の満了による変更の登記の申請書には、当該登記を代理人により申請する場合を除き、他の書面の添付を要しない。〔21-29-エ〕 | ○ |

## ×肢のヒトコト解説

1　会社から「新株予約権が消滅しています」と申請がなければ、登記所は気付けません。

## 2周目はここまで押さえよう

### ◆ 新株予約権の消滅 ◆

| | 新株予約権の行使期間が満了した場合 | 新株予約権が消滅した場合 | 新株予約権が放棄された場合 |
|---|---|---|---|
| 登記の事由 | 第１回新株予約権の行使期間満了 | 新株予約権の消滅 | 新株予約権の放棄 |
| 登録免許税 | 金３万円（登録税別表1、24、(1)ツ） | | |
| 添付書類 | 委任状のみ | 委任状のみ | 委任状のみ |

新株予約権者がその有する新株予約権を行使することができなくなったときは、当該新株予約権は、消滅する（会社287）という規定があります。

この規定に該当する場合としては、「新株予約権の行使期間満了」「新株予約権を持っている者が放棄した場合」だけでなく、次のような例があります。

例）新株予約権の行使の条件として「これを付与した役員が一旦退任した場合には、再度就任するか否かを問わず、一切新株予約権の行使を認めない。」旨を定めた場合において、当該役員が退任したとき（上記の図表の、「新株予約権が消滅した場合」にあたります。）

上記の３つは、消滅する根拠条文が会社法287条となっています。消滅する根拠条文が同じであるため、添付書類の規律は同じにするしかありません。

新株予約権の行使期間が満了した場合には添付書類が不要となっている以上、「新株予約権が消滅した場合」「新株予約権が放棄された場合」も添付書類は不要となるのです。

| | 問題 | 解答 |
|---|---|---|
| ☑ 1 | 新株予約権の行使の条件を定めた場合において、当該条件が成就しないことが確定し、当該新株予約権の全部を行使することができなくなったときの当該新株予約権の消滅による変更の登記の申請書には、当該新株予約権が消滅したことを証する書面を添付しなければならない。〔31-31-オ〕 | × |
| 2 | 新株予約権の登記に関し、新株予約権の放棄による変更の登記の申請書には、当該登記を代理人により申請する場合におけるその権限を証する書面を除き、他の書面を添付することを要しない。〔29-31-ウ〕 | ○ |

## （5）新株予約権の無償割当て

1．事　　新株予約権の無償割当て
1．登　　令和○年○月○日発行
　　　　　第1回新株予約権
　　　　　　新株予約権の数
　　　　　　　100個
　　　　　　新株予約権の目的たる株式の種類及び数又はその算定方法
　　　　　　　普通株式　5000株
　　　　　　募集新株予約権の払込金額若しくはその算定方法又は払込を要しないとする旨
　　　　　　　無償
　　　　　　新株予約権の行使に際して出資される財産の価額又はその算定方法
　　　　　　　100万円
　　　　　　新株予約権を行使することができる期間
　　　　　　　令和○年○月○日から令和○年○月○日まで
1．税　　金9万円（登録税別表1、24、(1)ヌ）

株式と同じように、新株予約権にも無償割当てという制度があります。決議要件など手続面はほぼ株式の場合と同じように考えてください。

この登記は、新株予約権を新たに発行したときに必要になります。無償割当ての際に自己新株予約権のみを交付した場合、登記事項には何も変更が起こらないため、変更の登記を申請することは不要になります。

**問題を解いて確認しよう**

| | | |
|---|---|---|
| 1 | 新株予約権の無償割当てをした場合においては、当該株式会社が自己新株予約権のみを交付したときであっても、新株予約権の無償割当てによる変更の登記の申請をしなければならない。〔令5-30-ウ（平24-29-オ）〕 | × |

**ヒトコト解説**

1　自己新株予約権のみを交付したときは、登記事項の変化がありません。

## これで到達！ 合格ゾーン

□ 新株予約権の登記に関し、新株予約権の無償割当てをする場合において、株主に割り当てる新株予約権の行使期間の末日が、株主及びその登録株式質権者に対する当該新株予約権の内容及び数の通知の日から２週間を経過する日前に到来するとしても、新株予約権の行使期間の延長による変更の登記を申請することは不要である。〔29-31-エ〕

**★令和８年５月１０日に「おめでとうございます。今回、新株予約権をただで手に入れることができました。」「ただ、５月２１日までに行使しないとこの権利は消えます。」という内容の場合、新株予約権をもらった株主が権利行使することができるように、行使期間は、当該通知の日から２週間を経過する日まで延長されたものとみなされます（会社279Ⅲ・278Ⅰ①・236Ⅰ④）。ただ、これは人ごとに通知される日が異なり、延長される日が異なることから、行使期間の延長登記をする必要はないとされています。**

~大切な元手の資本金は、めったなことでは減らせません~

# 第4章 会社の計算に関する登記



ここは主に資本金だけが上がる場面、資本金だけが下がる場面の登記を見ていきます。
出題の多くは資本金が下がる場面である、資本減少の登記です。
ここでは、今後頻繁に登場する「債権者保護手続」の立証書面が登場しますので、添付書類のパターンを積極的に暗記するよう心がけてください。

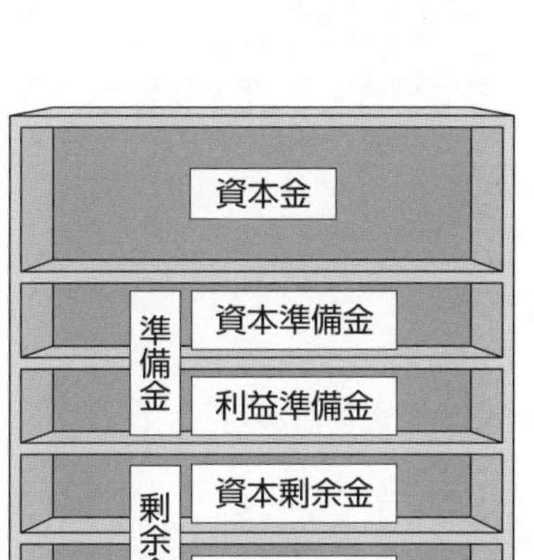


資本金、準備金、剰余金に関するお話です。まずこの部分の復習から始めましょう。

会社にはお金を入れる棚が３つあります。

資本金という棚は、会社が持つ努力目標値でした。ここは債権者が当てにしています。

次は準備金という棚ですが、ここは資本金に穴が開いた時の穴埋めで使う棚でした。そのため、資本金は債権者が当てにしているので、穴埋めで使う準備金も債権者が当てにすることになります。

上の２つの棚に入らなかったものは、１番下の剰余金という棚に入り、株主への配当に使われます。この剰余金の棚は、株主が当てにしているところです。

このように棚が３つあるのですが、ではこれら３つのうち、何が登記されていたでしょうか（これまで登記簿をいろいろ見てきましたが、どれが登記されていましたか？）。

**準備金とか剰余金は登記されず、資本金だけが登記される**のです。

## 第１節 資本金の額の減少

1. 事　資本金の額の減少
1. 登　令和６年６月20日変更
　　資本金の額　金8,000万円
1. 税　金３万円（登録税別表1.24.(1)ツ）

**覚えましょう**

資本金の額の減少がある場合の検討事項

1　決議権限

→　株主総会で決議をしているか（会社447Ⅰ）

※　募集株式の発行と同時で、資本金の額が結果として減少していない場合であれば、取締役又は取締役会で決議が可能（会社447Ⅲ）

2　決議形式

→　特別決議の要件を満たしているか

※　欠損填補のための資本減少を定時株主総会の決議で行う場合には、普通決議でも可能（会社309Ⅱ⑨）

資本減少をすると、会社の規模の縮小になります。そのため、**資本減少の決議は株主総会の特別決議が必要**になります。

ただ普通決議でできる場合、取締役で決議するということが可能な場合もありました。

これらの申請構造を見ていきましょう。

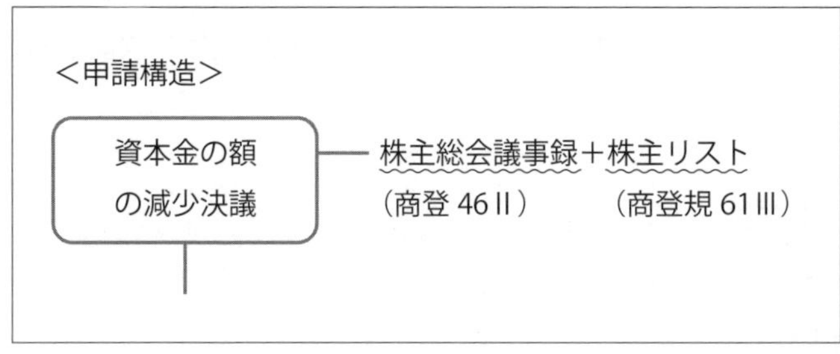


資本金の減少の決議は、特別決議で行いますので、特別決議がわかる議事録と株主リストを添付することになります。

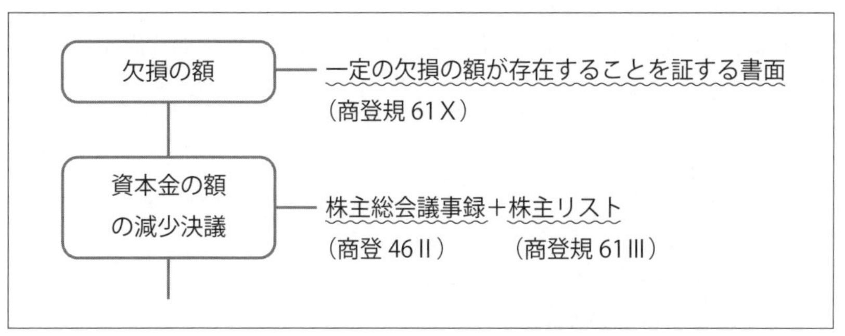


欠損があるから、その部分まで資本の目盛りを下げようとしています。この場合は、**普通決議で可能**です。

ただ**欠損があるかどうかは、登記官にはわからない**ので、**欠損の額を立証する**ことになります。

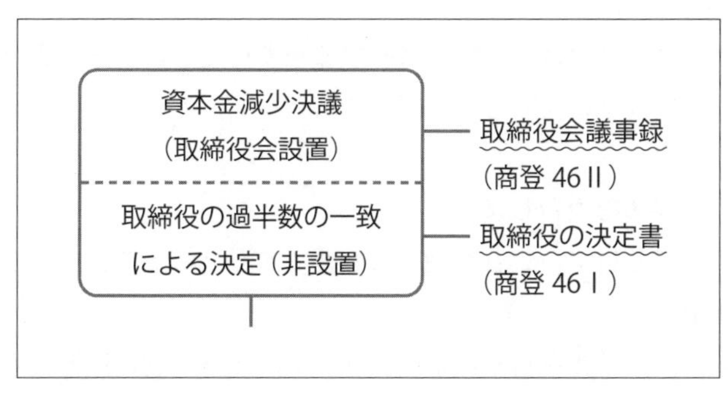

これは、募集株式発行と同時に行った結果、結局資本金が減らない（例えば、募集株式発行で１億円増やすと同時に、その分１億円減らした）場合です。

この場合、会社規模は変わっていないので、**取締役だけで決議することが可能**です。

**覚えましょう**

資本金の額の減少がある場合の検討事項

3　決議内容

→　資本金の額をマイナスにしていないか（会社447 II）

資本金を０円にすることはできますが、マイナスにはできません。

ちなみに、本試験では、資本金を一旦は０円にして全部仕切り直すという問題が出たことがあります。

**覚えましょう**

資本金の額の減少がある場合の検討事項

4　債権者保護手続

①官報公告をしているか

②個別催告　又は　二重公告になっているか

③1か月以上の異議申述期間を設けているか

④異議を述べた債権者に対応をしているか（もしくは不要か）

資本金は、会社債権者が当てにしているところなので、これを減らすには、債権者のOKが必要です。

この債権者保護手続とは「**文句があるなら来てくださいと伝える→文句が来る→対応する**」という手続をすることでした。

株主に伝える媒体を復習しましょう。

まずは、官報で公告することが絶対に必要です。その上で、１人１人に手紙を送るのが基本形です。

ただ、１人１人に手紙を送るのは面倒なので、**官報と別の媒体に公告をすれば、**

**各別の催告は省略できる**ということがありました。

ただ、この別媒体というのは、**会社の公告をする方法でやらないといけないため、会社の公告方法が官報であれば、催告の省略はできません。**

また、異議を述べた人には、どういう対応をする必要があったでしょうか。

それは、**弁済したり、担保を提供したり、信託をする必要があります**。ただ、**資本減少をしても、その人を害する恐れがないという場合は、別に対応する必要はありません**でした。

以上の手続を、添付書類の形でまとめると次の図のようになります。

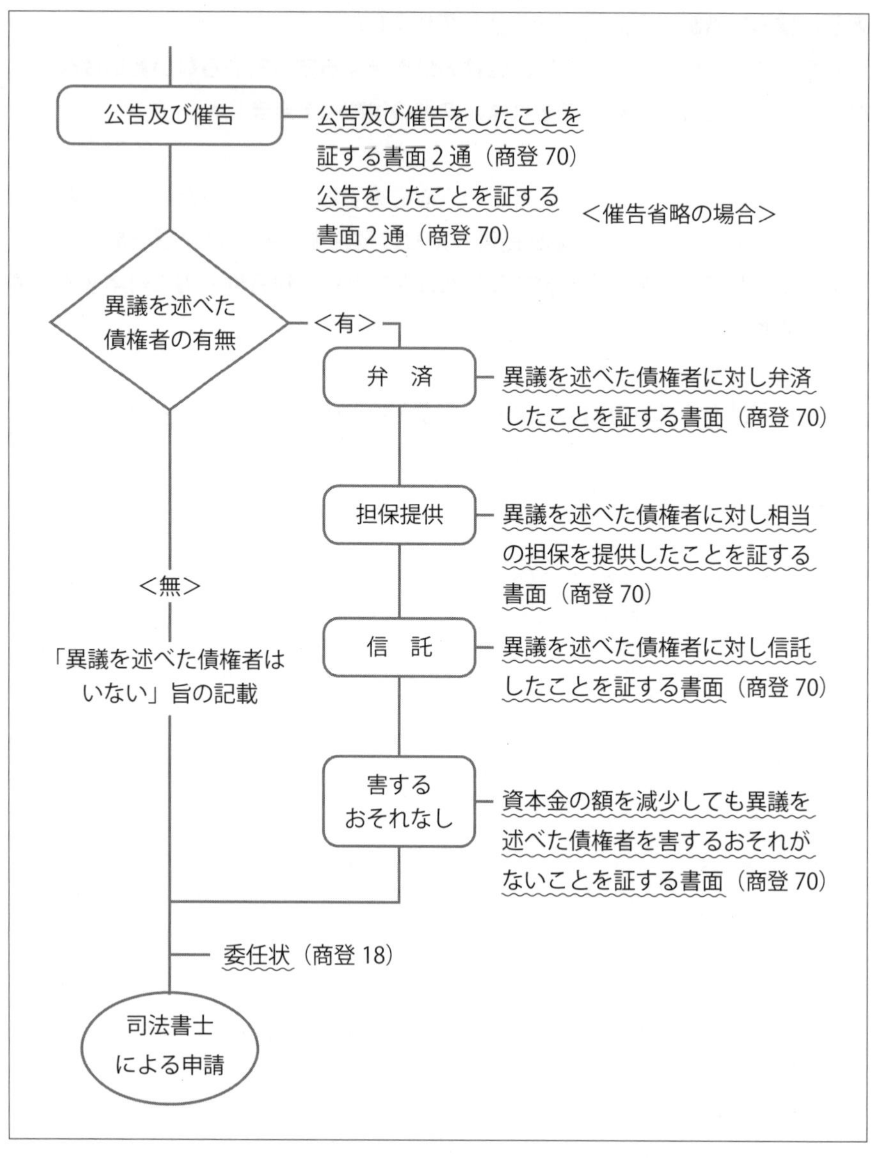


ここに載っている通りですが、２つ注意してほしい点があります。

異議を述べた債権者がいない場合を見てください。この**異議を述べた債権者がいない場合は、いないということを添付書類欄に書く**ことになります。具体的には次のようになります。

| | |
|---|---|
| 株主総会議事録 | 1通 |
| 公告をしたことを証する書面 | 1通 |
| 催告をしたことを証する書面 | 1通 |
| 　異議を述べた債権者はいない | |
| 委任状 | 1通 |

異議を述べた者がいないときは、「異議を述べた債権者がいないことを証する書面　1通」という記載ではなく、その旨を添付書類欄に直接書けばいいのです。

| | |
|---|---|
| 株主総会議事録 | 1通 |
| 公告をしたことを証する書面 | 2通 |
| 資本金の額を減少しても異議を述べた債権者を害するおそれがないことを証する書面 | 1通 |
| 委任状 | 1通 |

これは、二重公告をした場合の添付書類欄です。この場合は、公告をしたことを証する書面が2通となり、**催告をしたことを証する書面を添付する必要がなくなります**。

## 問題を解いて確認しよう

| | | |
|---|---|---|
| 1 | 会計監査人設置会社以外の株式会社の定時株主総会において、当該定時株主総会の日における欠損の額を超えない範囲で資本金の額を減少する旨の決議が普通決議によりされたとしても、その旨の記載がされた株主総会の議事録を添付して、資本金の額の減少による変更の登記の申請をすることができる。〔28-32-ア〕 | ○ |
| 2 | 取締役会設置会社が株式の発行と同時に資本金の額を減少する場合において、取締役会で資本金の額の減少が決議されたときは、当該資本金の額の減少による変更の登記の申請書には、取締役会議事録及び株主総会議事録を添付しなければならない。〔オリジナル〕 | × |
| 3 | 資本金の額の減少による変更の登記の申請書には、公告をしたことを証する書面として、必ず官報を添付しなければならない。〔オリジナル〕 | ○ |

×肢のヒトコト解説

**2** 取締役会の決議のみで資本減少決議になるので、別途、株主総会の決議は不要です。

## 第2節 資本金の額の増加

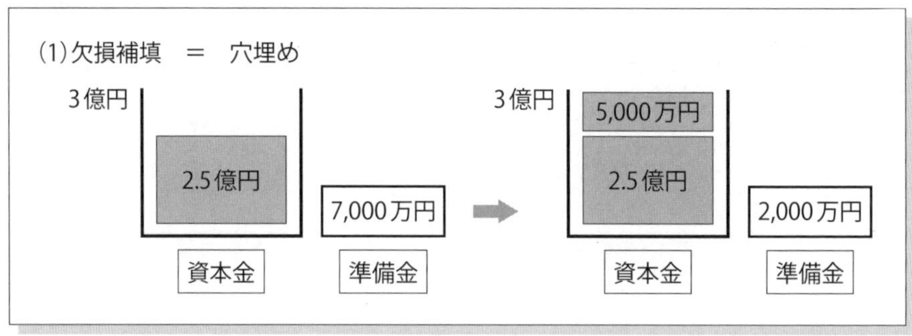


これが準備金の本来の使い道、欠損填補というものです。

資本金を3億円としているのですが、中身が足りていません。その足りていない部分に準備金を投入して、穴を埋める、これが本来の使い道です。この場合資本金は増えません。中身は充足されますが、資本金のメモリは変わりません。

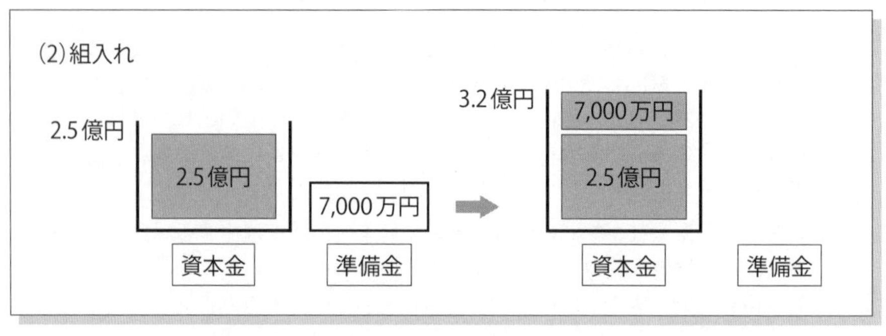


もう1つの使い道が組入れです。

準備金を資本金に乗せて、資本金のメモリを上げる行為のことです。この場合は、**資本金が増えるので、登記申請が必要**になります。今回は、この登記手続を見ていきます。

> 1. 事　準備金の資本組入れ
> 1. 登　令和6年6月20日変更
> 　　　資本金の額　金3億2,000万円
> 1. 課　増加した資本金の額
> 1. 税　増加した資本金の額×7／1000
> 　　　（計算額が3万円未満のときは金3万円）（登録税別表1.24.(1)ニ）

準備金が減少して、資本金が増えています。登記事項は資本金だけなので、資本金の変動のみ登記します。

そして、資本金が増えるケースなので、登録免許税は「ニ」の区分になります。

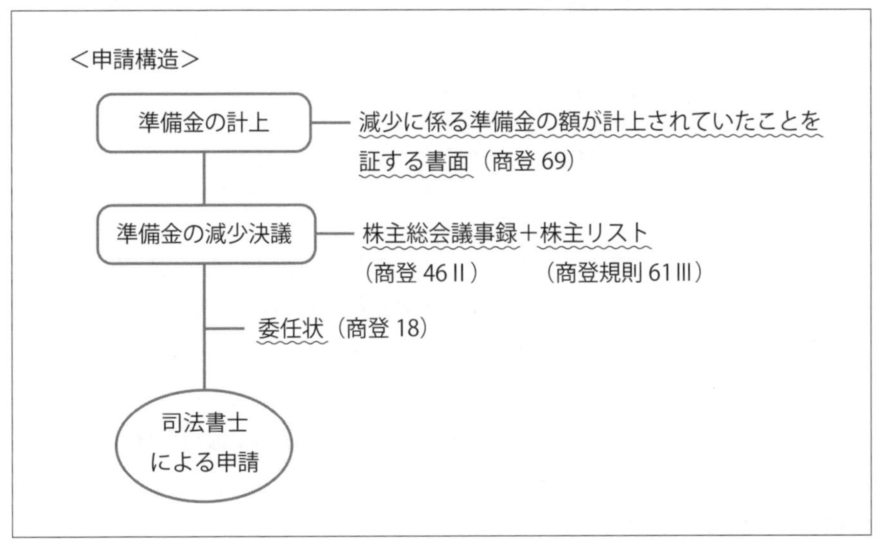


準備金は登記事項ではないので、**登記官はいくら準備金があるのか知りません。** そのため、準備金があることを登記官に立証することになります。それが「減少に係る準備金の額が計上されていたことを証する書面」という部分です。

あとは、準備金を使うことを決めた決議を立証することになります。

**準備金を使う決議は、株主総会普通決議になります。準備金は、会社規模を表すものではないので、資本減少のように特別決議までは要りません。**

最後に、債権者保護手続について説明します。

準備金というのは、債権者が当てにしていますので、この準備金を使う場合、債権者保護手続は原則必要です。むしろ不要な場合を意識してください。

準備金の額を減少する場合は、以下の場合を除き、債権者保護手続をする必要がある(会社449 Ⅰ)。
① 減少する準備金の額の全部を資本金として計上する場合(会社449 Ⅰ括弧書)
② 定時株主総会において決議をしており、かつ減少額が欠損の額を超えない場合(会社449 Ⅰ但書)

減らす部分を全部資本金に持っていくのであれば、債権者に不満はありません。だからこの場合は、債権者保護手続は不要です（上の図表の①にあたります)。

ポイントは**減らす分を全部持っていくという点**です。次の例はどうでしょうか。

| | | | | |
|---|---|---|---|---|
| 準備金 | 1,000 | → | 準備金 | 0 |
| | | | 剰余金 | ＋300 |
| | | | 資本金 | ＋700 |

減らす部分の全部を資本金に投入せず、一部を剰余金に投入しています。

剰余金に入ってしまうと、配当で使われて会社財産からでていってしまう危険性があります。この場合は債権者保護手続が必要です。

ただ、**債権者保護手続が必要な場面でも、その立証として添付書類は付けません**（資本金の減少手続は、債権者保護手続が必要ですし、立証も必要でした)。**準備金が登記事項でないため、その保護手続までは立証しなかった**ようです。

1. 事　剰余金の資本組入れ
1. 登　令和6年6月20日変更
　　　資本金の額　金2億2,000万円
1. 課　増加した資本金の額
1. 税　増加した資本金の額×7／1000
　　　(計算額が3万円未満のときは金3万円)（登録税別表1.24.(1)ニ)

剰余金を資本金に組み入れるということも可能です。この場合も、資本金の目盛りがあがるので登記申請が必要です。

申請書の表現は、先ほどの準備金の資本組入れとほとんど同じです。

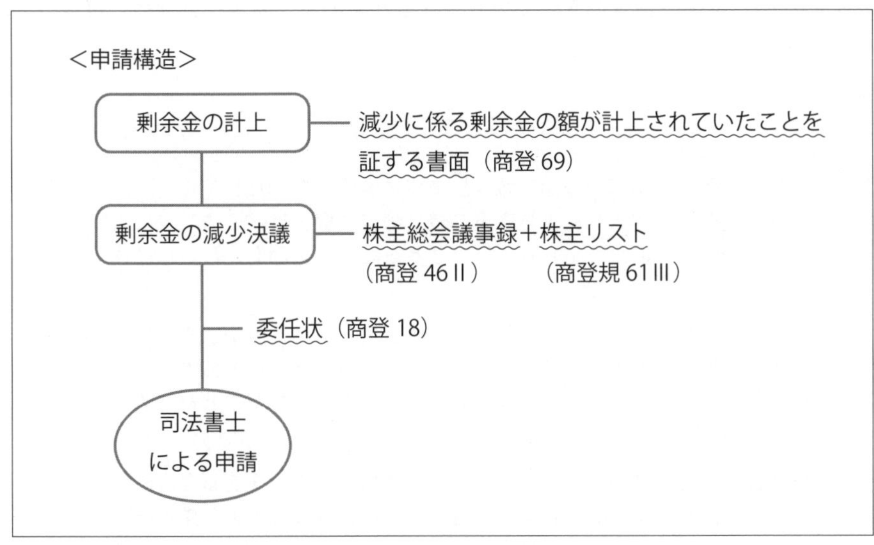


登記手続の申請構造も、そんなに変わりません。剰余金は登記事項ではないので、剰余金の存在を教えて、そして株主総会決議（これは普通決議になります）をすることになります。

本事例では、**債権者保護手続をする必要はありません**。**剰余金自体は、株主のもので、債権者は当てにしていない**ので、債権者保護手続を要求しなかったのです。

最後に、準備金の資本組入れ、剰余金の資本組入れの登記に共通することですが、**資本金の額が会社法及び会社計算規則の規定に従って計上したことを証する書面は不要**です。

組入れの場合、資本金が増える計算式は、以下の通りになります。

| 組み入れる準備金・剰余金 | ＋ | 今の資本金 |
| --- | --- | --- |

組み入れる準備金や剰余金は、添付書類でどれくらいなのか分かります。また、今の資本金は登記簿で分かります。

そのため、**前の計算式のすべての数字が分かるので、募集株式発行とは違って、別個に書類を作って出す必要がない**のです。

### 問題を解いて確認しよう

| | | |
|---|---|---|
| 1 | 株式会社が利益準備金の額を減少して資本金の額を増加した場合、当該準備金の資本組入れによる変更の登記の申請書には、その減少に係る利益準備金の額が計上されていたことを証する書面を添付しなければならない。〔オリジナル〕 | ○ |
| 2 | 株式会社が準備金の資本組入れをする場合において、減少する準備金の額の一部を資本金とするときであっても、当該準備金の資本組入れによる変更の登記の申請書には、債権者保護手続をしたことを証する書面を添付することを要しない。〔オリジナル〕 | ○ |
| 3 | 株式会社が資本金の額の減少と同時に募集株式の発行をする場合において、当該資本金の額の減少の効力が生ずる日後の資本金の額が当該日前の資本金の額を下回らないときであっても、当該資本金の額の減少による変更の登記の申請書には、債権者保護手続を行ったことを証する書面を添付しなければならない。〔31-32-オ〕 | ○ |

### 2周目はここまで押さえよう

| 論点 ＼ 論点 | 債権者保護手続の要否（実体上） | 債権者保護手続関係書面の添付の要否 |
|---|---|---|
| ①減少する準備金の額の「一部」を資本金とする場合 | 要 | 不要 |
| ②減少する準備金の額の「全部」を資本金とする場合 | 不要 | 不要 |
| ③定時株主総会の決議により準備金の額を減少し、かつ、その減少額が欠損の額を超えない場合において、減少額の一部を資本金とするとき | 不要 | 不要 |
| ④臨時株主総会の決議により準備金の額を減少し、かつ、その減少額が欠損の額を超えない場合において、減少額の一部を資本金とするとき | 要 | 不要 |

準備金の減少では、債権者保護手続を行う必要があるかという論点と、債権者保護手続を行った場合に、その手続を書面で立証するかという２つの論点があります。

準備金の減少において、債権者保護手続は原則必要、例外が「減少する準備金の額の全部を資本金とする場合」「定時株主総会の決議により準備金の額を減少し、かつ、その減少額が欠損の額を超えない場合」です。

そのため、「減少する準備金の額の一部を資本金とする場合」、「臨時総会で減少する場合」には債権者保護手続が必要になります。

ただ、債権者保護手続が必要になったとしても、立証することは一律不要です。登記事項でないものの減少を立証する意味がないためです。

☑ 会計監査人設置会社でない株式会社における資本金の額の変更の登記に関する次の記述について、債権者保護手続が必要か、その登記の申請書には債権者保護手続を行ったことを証する書面の添付を要するかを述べよ。

| | | |
|---|---|---|
| 1 | 定時株主総会の決議により準備金の額を減少し、かつ、その減少額が当該定時株主総会の日における欠損の額として法務省令で定める方法により算定される額を超えない場合において、その減少額の一部を資本金とするとき。〔27-31-イ〕 | 手続不要<br>添付不要 |
| 2 | 臨時株主総会の決議により準備金の額を減少し、その減少額の全部を資本金とするとき。〔27-31-エ〕 | 手続不要<br>添付不要 |
| 3 | 臨時株主総会の決議により準備金の額を減少し、かつ、その減少額が直近の定時株主総会の日における欠損の額として法務省令で定める方法により算定される額を超えない場合において、その減少額の一部を資本金とするとき。〔27-31-オ〕 | 手続必要<br>添付不要 |

# 第5章 機関に関する登記

令和7年本試験はここが狙われる!

役員の登記は基本的に就任の登記の局面と、辞めるときの局面に分かれます。
まずは就任、役員になる場面から学習しましょう。
(初めて学習される方は、「代表取締役の登記」「権利義務役員に関する登記」の部分の読込みには、特に時間をかけるようにしましょう)

## 第1節 就任の登記・機関設計に関する登記

### (1) 取締役会設置会社における取締役の就任の登記

取締役の登記は、取締役会設置会社か、取締役会を置かない会社かで大分違います。まずは取締役会設置会社の取締役の登記を見ていきます。

| 役員に関する事項 | 取締役　　甲　野　太　郎 | 令和6年6月25日就任 |
|---|---|---|
| | | 令和6年7月1日登記 |

取締役は、「役員に関する事項」という欄に載りますが、名前だけが登記され、住所は登記されません。

1. 事　取締役の変更
1. 登　令和6年6月25日取締役甲野太郎就任
1. 税　金3万円
　(登録税別表1.24.(1)カ
　資本金の額が1億円以下の場合には金1万円)

**「事由はざっくり書き**（取締役の変更）」「**登記すべき事項でしっかり書く**（取

締役○○就任)」という感じの申請書になっています。

次に登録免許税、ここは新しい区分「カ」となります。

この「カ」という区分ですが、基本的には３万円。ただ、資本金が１億円以下なら１万円としています。

安くしているのは、中小企業保護です。

役員の登記は頻繁に繰り返しされます。例えば原則的な任期であれば、２年に１回役員の登記が必要になります。**中小企業に、登記するたびに３万円を要求するのは酷だろう、という配慮から１万円でいいとしています。**

この「カ」という区分は役員に関する事項、この欄をいじる場合に必要となります。役員の登記でも「カ」ではないこともありますので、**どの欄に登記されるかは意識しておいてください。**

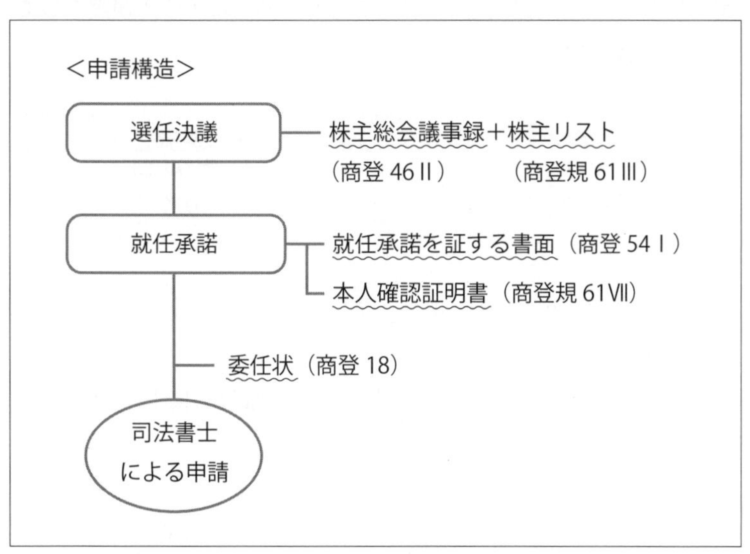


この手続モデルは、委任契約を表しています。

**選任決議だけで自動的になるものではありません。**「選ばれたから、自分やりますよ」という承諾があって、はじめて取締役になります。

就任登記では、この申込みと承諾の局面を、それぞれ立証します。

選任決議、これは基本的には株主総会の決議になりますので、株主総会の議事録を添付します。そして、それに対して承諾したことを、就任承諾書という紙を作ってもらって添付します。

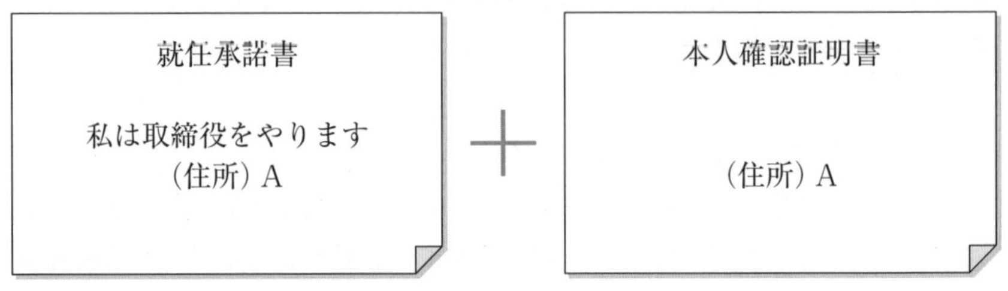


そして、この**承諾書には、身分証明書を付けることになっています**。この身分証明書のことを本人確認証明書といいます（例えば、運転免許証のコピーなどが、これに該当します）。

**登記簿に記載される人が架空人では困るため、本当にその人が実在していることを、「軽く」確認することにした**のです。

| なすべき登記 | 本人確認証明書 |
|---|---|
| 取締役　A　B　C　就任 | 3通（ABC） |
| 取締役　A　B　C　重任 | 0通 |

これは、左側の登記申請をする場合、誰について本人確認証明書が必要なのかを表した図です。

ＡＢＣ３人が、今回初めて就任する場合、本人確認証明書はＡＢＣの３人分が必要になります。

一方、これが「一度、就任している人がまた選任された場合」では話は変わります（これが図表の中の「重任」にあたります）。

初めに登記した時点で、本人確認情報を提出して、**実在している、架空人でないことは既にウラをとっています**。そこで、重任の場合は、添付しなくていいよとしています。

この本人確認証明書は、**初めて就任するときに付ける、２期目からは要らないというイメージでいい**でしょう。

取締役の選任がある場合の検討事項

1　決議権限
　→　株主総会で決議（普通決議）をしているか（会社466）
　→　取締役又は監査役の選解任に関する種類株式が発行されていないか

2　決議内容
　①欠格事由に該当していないか
　②員数規定に反していないか

3　就任承諾
　援用ができるか

4　その他の手続・注意事項
　社外取締役である旨の登記は不要か

まず決議権限ですが、株主総会の普通決議が基本です。ただ選解任権付種類株式を発行している会社は、種類株主総会で決議をします。

決議内容ですが、欠格事由のチェックが重要です。犯罪者が取締役に就任できる場合もあれば、犯罪によっては取締役に就任できない場合もありました。また、法人は取締役になれませんでした。

員数規定がないかのチェックも必要です。会社によっては「当社の取締役は5人とする」と決めている場合があります。そういった会社の場合、今の取締役の人数をチェックするようにしてください。

就任承諾という局面では、**就任承諾書を議事録で援用できないかというのをチェックしてください。**

就任承諾書

私は、令和○年○月○日開催の貴社株主総会において、貴社の取締役に選任されたので、その就任を承諾します。

令和○年○月○日

○県○市○町○丁目○番○号

法　務　太　郎　　印

| | |
|---|---|
| 株主総会議事録 | 1通 |
| 取締役の就任承諾を証する書面 | 1通 |

本来は就任承諾書というものを1枚書いてもらって、それを出すことになります。

ただ、**就任承諾書以外の紙でも、就任承諾をする意思が読み取れれば構いません**。次の別紙を見てください。

別紙2
（令和6年6月18日付定時株主総会議事概要）
第2号議案　取締役選任の件
法務太郎を取締役に選任することにつき、出席株主全員が賛成した。
なお、被選任者は、席上即時に就任を承諾した。

これは取締役を選任したときの議事録です。これを見ると、選ばれた方が、就任を承諾したことが書いてあります。

この**議事録だけあれば就任承諾は読み取れるので、別途、就任承諾書を作る必要はありません**。

この場合の添付書類の書き方は、次のようになります。

株主総会議事録　　　　　　　　　　　　　1通
取締役の就任承諾を証する書面
　株主総会議事録の記載を援用する

ここには通数を１通とは書かずに、記載を援用すると書きます。「株主総会議事録を見ればわかりますよ」といったニュアンスです。

記述問題では、議事録に「就任承諾しました」と書いているかどうかをチェックしましょう。

<table>
<tr><td rowspan="4">役員に関する事項</td><td rowspan="2">取締役（社外取締役）　　A</td><td>令和６年６月25日就任</td></tr>
<tr><td>令和６年７月１日登記</td></tr>
<tr><td rowspan="2">取締役　　B</td><td>令和６年６月25日就任</td></tr>
<tr><td>令和６年７月１日登記</td></tr>
</table>

社外取締役が就任したら、社外取締役と登記される場合があります。登記官が勝手に登記してはくれないので、こちらが申請書に書く必要があります。

申請書を見てください。

1. 事　　取締役の変更
1. 登　　令和６年６月25日次のとおり就任
　　　　取締役（社外取締役）　　A
　　　　取締役　　　　　　　　　B
1. 税　　金３万円（登録税別表1.24.(1)カ）

申請書には社外取締役である旨を記載しますが、**社外取締役の要件を満たしていることを立証する必要はない**とするのが先例です。要件があまりにも複雑なので、立証を要求しなかったと考えればいいでしょう。

ただ、社外取締役だったら、必ず登記するというわけではありません。

Point

**社外取締役であることを登記する局面**

a 特別取締役による議決の定めがあるとき

b 監査等委員会設置会社であるとき

c 指名委員会等設置会社であるとき

このabcどれかの局面でなければ、社外取締役と登記されません（**実体上、社外取締役であっても、abcのどれかを満たさなければ社外取締役とは登記されない**のです）。

このabcに共通することがあります。これは、社外取締役が要件となっている機関設計という点です。

例えば特別取締役による決議の定めがある会社には、社外取締役が１人以上必要です。委員会制度では、委員の過半数は社外取締役の必要があります。

このように**「社外が要件になっている」→「誰が社外なのかを公示する」ことにしています**。

問題を解いて確認しよう

| | | |
|---|---|---|
| 1 | 指名委員会等設置会社が社外取締役の就任による変更の登記の申請をする場合には、当該社外取締役が社外取締役であることを証する書面を添付しなければならない。〔26-32-ウ〕 | × |

ヒトコト解説

1 社外性の立証は不要です。

## （2）取締役会設置会社における代表取締役の就任の登記

１．事　代表取締役の変更
１．登　令和６年５月30日次の者就任
　　　　東京都千代田区神田三崎町一丁目１番１号
　　　　代表取締役　B
１．税　金３万円（登録税別表1.24.(1)カ）

申請書のポイントは、登記すべき事項に住所まで書くというところです。代表者と連絡が取りたいという観点で、記載が要求されています。

ちなみに、**代表者と連絡が取れればいい**ので、この**住所が日本にあることは要件ではありません**。

登録免許税は、「カ」となります（資本金が1億円以下なら1万円という記載は、長くなりますので、ここから先では省略します）。

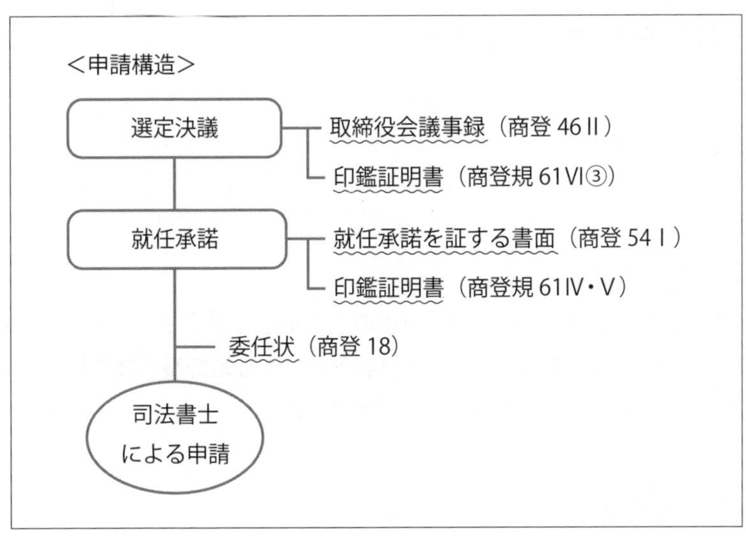


ここも委任契約の立証（選任の立証と就任承諾の立証）が必要です。

選んだ局面は取締役会議事録で立証し、また就任承諾は就任承諾書という紙で立証します（それに加えて、印鑑証明書が別個いるのですが、これは後にまとめて説明します）。

代表取締役の選定がある場合の検討事項

1　決議権限

→　取締役会で決議をしているか（会社362Ⅱ③・369Ⅰ）

2　決議内容

①取締役の資格を有しているか

②員数規定に反していないか

③予選の場合、要件を満たしているか

3　就任承諾

援用ができるか

2①取締役の資格を有しているか。

代表取締役というのは、取締役の資格の上に乗せる資格です。ただ、**この取締役の資格はどんなものでもよく、権利義務取締役や仮取締役や職務代行者の取締役の資格があれば、代表取締役として選定できます**。

覚えましょう

代表取締役の予選の要件

予選時の取締役と予選の効力発生時の取締役が同一であること

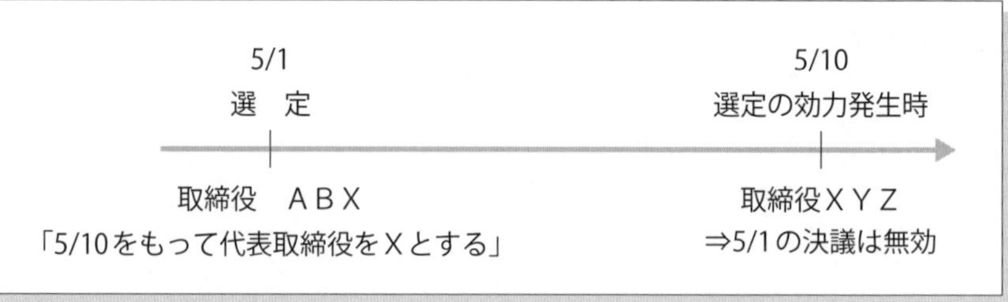


「先のことを今のうちに決めておく」、これが予選です。予選ができる場合は限定されていて、ここのひっかけは、本試験で何度も出題されています。

例えば5月1日に取締役ＡＢＸで、5月10日をもって代表取締役をＸとすると決めました。この5月10日時点で取締役がＡＢＸだったら問題ないのです。

5月10日までに役員が変わってＸＹＺになっていたら、この代表取締役の予選はアウトになります。

**代表取締役を誰にするかは、その時点の取締役の意思で決めるべき**なのです。上記のＸは今の取締役ＸＹＺの意思で決めた人ではありません。したがって、この予選は無効となり、ＸＹＺの意思で、改めて選ぶことになります。

**問題を解いて確認しよう**

| | | |
|---|---|---|
| 1 | 取締役会設置会社において、代表取締役の就任による変更の登記の申請は、代表取締役のうち少なくとも１名が日本に住所を有している場合でなければすることができない。〔63-33-5（25-32-ウ）〕 | × |

**ヒトコト解説**

1 日本に住所があることは要件ではありません。

**これで到達！**  **合格ゾーン**

☐ 取締役の定数が３名である取締役会設置会社において、代表取締役が死亡し、２名の取締役が開催した取締役会によって後任の代表取締役を選定した場合、当該代表取締役の就任による変更の登記を申請することができる（昭40.7.13民甲1747号）。〔令5-31-ア〕

**★取締役会の決議では定足数として、過半数の出席が要求されます。上記の事例のように定数以下の取締役しかいない会社の場合、「本来の定数」の過半数の出席が要求されます。上記の事例では、３名中２名の出席が必要になりますが、その２名が出席しているので定足数はクリアーできています。**

では、代表取締役の就任登記の一番の論点、印鑑証明書について説明していきます。

**印鑑証明書の攻略のコツ**
① どういった趣旨で印鑑証明書を要求しているかを押さえる
② 添付する場面を丸暗記する
③ 例外の場面を即答できるようにすること

ここは初めて学習する人が、とにかく苦手にする部分です。ただ上記の３点を押さえれば、処理することはそこまで大変ではありません。

特に、②③**のあたりを割り切れる方は、ここを得意にできます。**

取締役会議事録
第1号議案　代表取締役選定の件
下記のものを代表取締役として選定することにつき、取締役の全員一致をもって可決確定した。

東京都杉並区和泉三丁目3番3号
代表取締役　西田夏子

代表取締役　甲野一郎　　印
代表取締役　西田夏子　　印
出席取締役　乙野次郎　　印
出席監査役　北田冬子　　印

<結論>
取締役　甲野・西田・乙野と、監査役の北田は、上記の議事録に実印を押印する
→　それぞれの印鑑証明書を添付する（結果として印鑑証明書は４通添付する）。

代表取締役を選ぶ、これは危険性がある登記です。第三者が勝手に代表取締役を自分名義にして会社を乗っ取ろうとしているかもしれません（実際に多い会社事件です）。このような、**会社の不当な乗っ取りが怖い**ので、代表取締役の登記には、出席した取締役と監査役の実印＋印鑑証明書を要求しました。

不当な乗っ取りが怖いから、**取締役と監査役の実印プラス印鑑証明書を要求す**

**ることで、登記するためのハードルを上げた**のです。

ただ、大きな企業だと取締役と監査役は、10人、20人といるため、印鑑証明の提出を要求しにくい実情があります。

そこで緩和策を作りました。

取締役会議事録

第1号議案　代表取締役選定の件

下記のものを代表取締役として選定することにつき，取締役の全員一致をもって可決確定した。

東京都杉並区和泉三丁目3番3号

代表取締役　西田夏子

代表取締役　甲野一郎　　届出印

代表取締役　西田夏子　　印

出席取締役　乙野次郎　　印

出席監査役　北田冬子　　印

<結論>

今の代表取締役が届出印を押印している

→　印鑑証明書の添付は不要

代表取締役の登記に1番の利害を持っているのは、現在の代表取締役です。

その代表取締役が届出印を押していれば、これで代表取締役が出席している取締役会であることがわかります。**今の代表取締役が、この取締役会に関与していることがわかる**のです。

**1番利害を持っている人が関与しているのなら、これは不当な乗っ取りじゃないだろうと考え、全員の印鑑証明書は要らない**ことにしたのです。

ちなみに、届出印だという立証は要りません。届出印の印影は、登記所に出していますから、登記所はどれが届出印か分かっているからです。

◆商登規則61条5項、4項、6項の印鑑証明書（取締役会設置会社の場合）◆

| | 選任議事録についての印鑑証明書 | 就任承諾書についての印鑑証明書 |
|---|---|---|
| 誰の就任登記で必要となるか | 代表取締役・代表執行役 | 代表取締役・代表執行役 |
| 実印を押印する書面 | 取締役会の議事録 | 代表取締役又は代表執行役の就任承諾書 |
| 誰の実印を押印するか | 出席した取締役<br>出席した監査役 | 選定された代表取締役・代表執行役 |
| 添付が省略できる場合 | ①設立<br>②届出印が押印されている場合 | ①再任の場合<br>②新設合併<br>③組織変更による設立 |

図表の左側を見てください。

代表取締役、代表執行役の登記において、取締役会に出席した取締役及び監査役がその議事録に押印＋印鑑証明書を付けるのが原則です。

ただ、押印＋印鑑証明書を付けなくていい場合があります。

**1つが、設立の登記の場面**です。

乗っ取りを防ぐというのが、ここの趣旨です。**設立のタイミングで乗っとるような方はいない**でしょう（乗っ取りというのは、会社が大きくなってからやるものです）。設立のタイミングで乗っ取りの危険性はないだろうから、実印＋印鑑証明書は要らないとしています。

また、**設立後でも、代表取締役が届出印を押していれば、乗っ取りの危険性は少ないため印鑑証明書は要りません。**

印鑑証明書を付ける場面が、もう1つあります（図表の右側「就任承諾書の印鑑証明書」を説明していきます）。

> 就任承諾書
> 私は、令和６年６月25日開催の貴社取締役会において、貴社の代表取締役に選定されたので、その就任を承諾します。
> 令和６年６月25日
> 〇県〇市〇町〇丁目〇番〇号
> 法　務　太　郎　　　印

就任承諾書には本人の名前を書いて印を押すのですが、代表取締役の就任登記の場合、**実印（＋印鑑証明書）の必要があります**。

これは**本人確認、実在保証のため**です。

本当にこの人が存在しているのか、それを確認するために、実印と印鑑証明で強く本人確認を取るのです。

取締役になった時点では、運転免許証のコピーなどで軽い本人確認を取られますが、代表取締役になったら、さらに強く実印プラス印鑑証明書で、本人確認が取られると思ってください。

先ほどの図表に戻ってください（表の右側です）。そこの添付が省略できる場合を説明します。

①再任です。**１度印鑑証明書を出していれば、２度３度と出さなくていい**よという理屈です（これは、さきほどの本人確認証明書と同じです）。

②③新設合併や組織変更による設立では、**元の会社のトップが代表取締役になることが多い**ので、この場合も付けなくていいとしています。

> 取締役会議事録
> 代表取締役Bが辞めることに伴い、代表取締役としてAを選定する。
>
> 取締役　A　(実印)
> 同　B　(実印)
> 同　C　(実印)
> 監査役　甲　(実印)

> 就任承諾書
> 代表取締役に就任することを承諾します。
> 埼玉県・・・・・　A
> (実印)

取締役会の議事録には出席した取締役と監査役が実印を押して、印鑑証明書を付けます。つまり、実印と印鑑証明はＡＢＣ甲のものが必要となります。

Ａの就任承諾書には、Ａが実印を押しています。だから、Ａの印鑑証明書を付けることになります。ただ、左の議事録にＡの印鑑証明書を付けているので、右の承諾書用に、もう１枚印鑑証明書を付ける必要はありません。

そのため、本事例の**印鑑証明書はＡ１通、Ｂ１通、Ｃ１通、甲１通で４通**です。

ちなみに、この監査役甲の監査範囲が会計に限定されていた場合はどうなるでしょう。

**監査範囲が会計に限定されている監査役は、取締役会に出席する義務はないのですが、出席することは可能**です。

そして、規則61条は「出席した監査役の印鑑証明書が必要」と規定しているだけで、監査範囲で限定していません。

そのため、**監査役甲の監査範囲が会計に限定されていた場合でも、彼の印鑑証明書は必要**になります。

| なすべき登記 | 必要な印鑑証明書 | 本人確認証明書 |
|---|---|---|
| 取締役　Ａ　Ｂ　Ｃ　就任<br>代表取締役　Ａ　就任 | 選任議事録　→　ABC<br>就任承諾書　→　A | 0通 |

これは、本人確認証明書（運転免許証のコピー等）についての話です。

取締役ＡＢＣが就任する登記と代表取締役Ａが就任する登記を一緒にやることにしました。本来はＡＢＣの運転免許証のコピー等が必要です。

ただ、代表取締役の登記の際に、ＡＢＣが選任議事録に実印を押して印鑑証明書を付けることになりました。

この場合、**本人の実在性を強く証明できる印鑑証明書を添付していくので、それより弱い証明手段である運転免許証のコピー等を付ける必要はありません。**

そのため、本人確認証明書は付けなくていいのです。

| なすべき登記 | 必要な印鑑証明書 | 本人確認証明書 |
|---|---|---|
| 取締役　A　B　C　就任<br>代表取締役　　　A　就任 | 選任議事録　→　届出印<br>就任承諾書　→　A | 2通(BC) |

なすべき登記は、先ほどと同じですが、選任議事録に届出印が押してあったので、印鑑証明書は誰も付けていません。一方、代表取締役は就任承諾書に実印を押して、印鑑証明書を付けています。

本来ＡＢＣが取締役として就任するから、ＡＢＣの運転免許証のコピー等がいるはずなのですが、**Aは印鑑証明書を付けているので、Aの運転免許証のコピー等は不要**です。運転免許証のコピー等は、ＢＣの分だけで足ります。

印鑑証明書の問題
→　選任議事録の印鑑証明書の論点か
　　就任承諾書の印鑑証明書の論点かを見極めること

問題を見たときに「議事録に押印する」と書いてあれば選任議事録についての印鑑証明書を聞いていて、「就任承諾書に押印する」書いてあれば就任承諾書についての印鑑証明書を聞いています。

この点を確認してから、問題を検討するようにしてください。

| | | |
|---|---|---|
| 1 | 発起設立において、設立しようとする会社が取締役会設置会社である場合、当該設立の登記の申請書には、設立時取締役が就任を承諾したことを証する書面の印鑑につき市町村長の作成した証明書を添付しなければならない。〔オリジナル〕 | × |
| 2 | 取締役会設置会社（監査等委員会設置会社及び指名委員会等設置会社を除く。）において、取締役会の決議により代表取締役を選定した場合において、取締役会の議事録に変更前の代表取締役が登記所に提出している印鑑が押されていないときは、代表取締役の変更の登記の申請書には、取締役会の議事録に押された出席取締役及び監査役の印鑑につき市町村長の作成した印鑑証明書を添付しなければならない。〔19-32-ウ〕 | ○ |

| | | |
|---|---|---|
| 3 | 取締役会設置会社が取締役会決議によって代表取締役を選定した場合、当該取締役会議事録に取締役として出席した変更前の代表取締役が当該登記の申請時において登記所に提出している印鑑で押印していたとしても、当該代表取締役の就任による変更の登記の申請書には、当該取締役会に出席した取締役及び監査役が当該議事録に押印した印鑑につき、市町村長の作成した印鑑証明書を添付しなければならない。〔オリジナル〕 | × |
| 4 | 代表取締役を選定した取締役会の議事録に変更前の代表取締役が登記所に提出した印鑑が押印されていない場合には、当該取締役会に出席した監査役の監査の範囲が会計に関するものに限定されているときであっても、代表取締役の変更の登記の申請書には、当該監査役が当該取締役会の議事録に押印した印鑑につき市町村長の作成した証明書を添付しなければならない。〔28-30-エ〕 | ○ |

**×肢のヒトコト解説**

1　就任承諾書に押印する印鑑についての印鑑証明書ですが、これは代表取締役の就任登記で必要になります。

3　届出印を押印しているので、取締役会議事録に押印した印鑑についての印鑑証明書は不要です。

## これで到達！ 合格ゾーン

□ 代表取締役Aが登記されている取締役会設置会社において、更に代表取締役Bを選定した取締役会の議事録にAが登記所に提出している印鑑と同一の印鑑を押印した場合において、その後、Bが代表取締役に就任したことによる変更の登記の申請前にAが改印届を登記所に提出した場合には、当該登記の申請書には、当該議事録に押印した取締役及び監査役の印鑑につき市町村長の作成した証明書の添付が必要になる。〔令2-29-ア〕

**★申請時の届出印が押印されているかで印鑑証明書の省略を判断します。上記のように、書類作成時は届出印であっても、申請時に届出印でないものが押印されていた場合には、印鑑証明書の省略は認められません（平10.2.10民四270号）。**

### （3）取締役会を置かない株式会社における取締役の就任の登記

| 論点<br>機関設計 | 代表取締役となる者 | |
|---|---|---|
| 取締役会設置会社（会社362Ⅲ） | 取締役会の決議で選定したもの | |
| 取締役会を置かない会社（会社349Ⅰ・Ⅱ・Ⅲ） | 選定がある場合 | ①定款に代表取締役として氏名を記載された者 |
| | | ②株主総会の決議によって選定された者 |
| | | ③定款に「取締役の互選により代表取締役を定める旨を記載した上で」取締役の互選で選定された者 |
| | 代表取締役を選定してない場合 | 各取締役 |

誰が代表取締役になるかを復習しましょう。

取締役会設置会社では、取締役会で代表取締役を決める義務があります。

取締役会を置かない会社は、代表取締役を選ぶかどうかは自由です。選ばない場合は、取締役の全員が代表取締役という状態になります（これを各自代表取締役と呼びます）。そして、選ぶ場合には、選び方が３つありました。

これを踏まえて、取締役会を置かない会社の、取締役の登記を見ます。

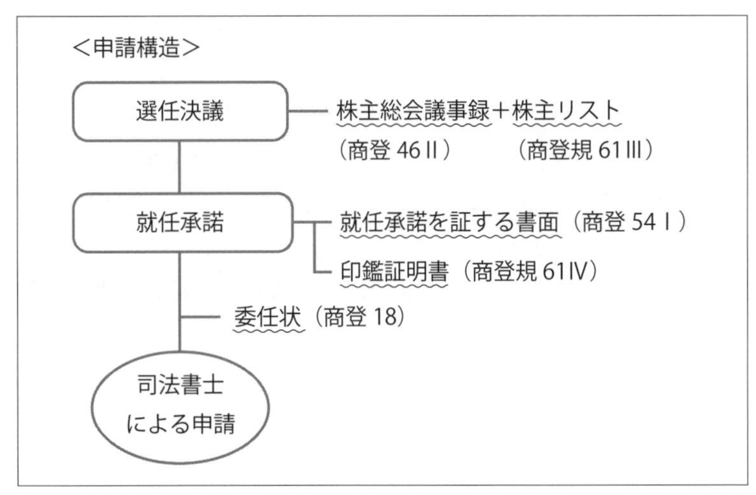

手続面での大きな違いは就任承諾書です。**就任承諾書のところに実印を押して、印鑑証明書を付ける必要があります**（取締役会設置会社では代表取締役に要求した手続です）。

この印鑑証明書の趣旨は実在保証です。**取締役会を置かない会社の取締役は、代表取締役になる可能性が高い**のです（もし、代表取締役を選ばなければ、取締役が全員代表取締役になるのです）。そのため、**取締役になった時点で、実在保証をとることにしています。**

## （4）取締役会を置かない株式会社における代表取締役の就任の登記

**覚えましょう**

<table>
<tr><th>論点<br>機関設計</th><th colspan="2">代表取締役となる者</th><th>就任承諾の要否</th></tr>
<tr><td>取締役会設置会社</td><td colspan="2">取締役会の決議で選定したもの</td><td>○</td></tr>
<tr><td rowspan="4">取締役会を置かない会社</td><td rowspan="3">選定がある場合</td><td>①定款に代表取締役として氏名を記載された者</td><td>×</td></tr>
<tr><td>②株主総会の決議によって選定された者</td><td>×</td></tr>
<tr><td>③定款に「取締役の互選により代表取締役を定める旨を記載した上で」取締役の互選で選定された者</td><td>○</td></tr>
<tr><td>代表取締役を選定してない場合</td><td>各取締役</td><td></td></tr>
</table>

ポイントの１つは、就任承諾がいるかどうかという点です。

表の中の○というのは、就任承諾がいるということ、裏を返せば、選定決議がされても、就任承諾しなければ代表取締役にならないということです。つまり、選ばれても、拒否ができます。

一方×というのは、これは就任承諾は要らないため、選ばれれば強制的に代表取締役になることを意味します。

**株主が選んだのか、取締役が選んだのかという視点で整理**しましょう。

**株主が選んでいる場合は、拒否ができませんが、取締役が選んでいる場合は、拒否ができるという理解です。**

代表取締役になることによって、追加の義務は課せられません。取締役になると色々な義務が生じますが、代表取締役になったからといって格段義務が増えるわけではないです。

そこで、会社にとって1番偉い株主から選ばれたのであれば、増える義務もないのだから拒否はできないとしているのです。

代表取締役の申請書は全部同じなので、ここからは、申請構造だけ見ていきます。

まずは「定款の定めに基づく取締役の互選により代表取締役を定めた場合」から見ましょう。

**定款の定めに基づく取締役の互選により代表取締役を定めた場合の代表取締役の就任（取締役会非設置会社）**

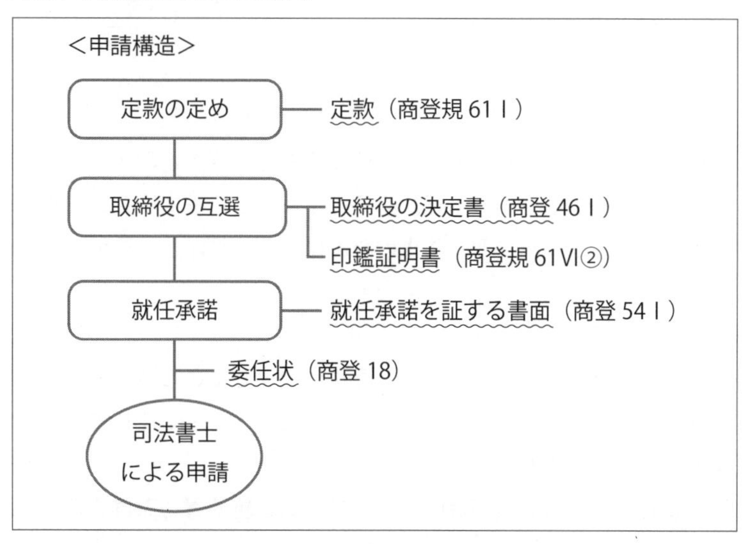

この選任方法は、定款に規定がなければできないので、定款規定の立証と、取締役で互選をしたことの立証が必要です。

そして、代表取締役を選定しているので、**選定書には実印を押して、印鑑証明書を添付する**ことになります。これは、乗っ取りを防ぐための印鑑証明書です。取締役の互選で選ぶため、取締役の印鑑証明書を添付します。

このパターンは就任承諾が必要になります（**取締役で選んでいる**からです）。

ただし、この**就任承諾書には実印と印鑑証明書は不要**です。

取締役になった時点で、就任承諾書に印鑑証明書を付けました。もう既に**1度実在保証は取っているので、代表取締役になった時点での立証は不要**となります。

**定款で代表取締役を定めた場合（取締役会非設置会社）**

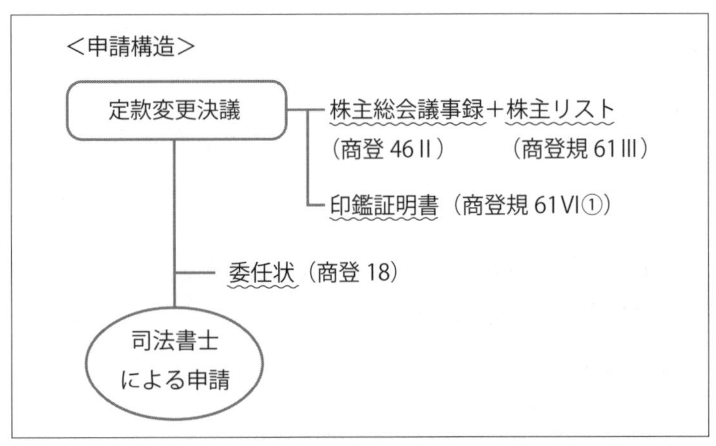


定款で代表取締役を決めた以上、これを変えるとしても定款変更が必要になります。そのため、株主総会の議事録が必要ですが、この株主総会で代表取締役を決めている以上、ここで乗っ取り防止のために実印の押印と印鑑証明書が必要になります。

では誰が実印を押印するのでしょう。会議に出席している者の実印と考えた場合、株主総会に出た株主全員に実印を押印してもらうことになります。ただ、**現実的に無理があります**よね。

そこで、**議長と出席取締役が実印を押印して印鑑証明書を添付する**ことにしています。議長というのが、株主の代わりです。ただこれだけだとさすがに心許ないということから、取締役についても印鑑証明書を要求したのでしょう。

ちなみに、この代表取締役は、株主によって選ばれているので、就任承諾は不要です。

**株主総会決議で代表取締役を定めた場合（取締役会非設置会社）**

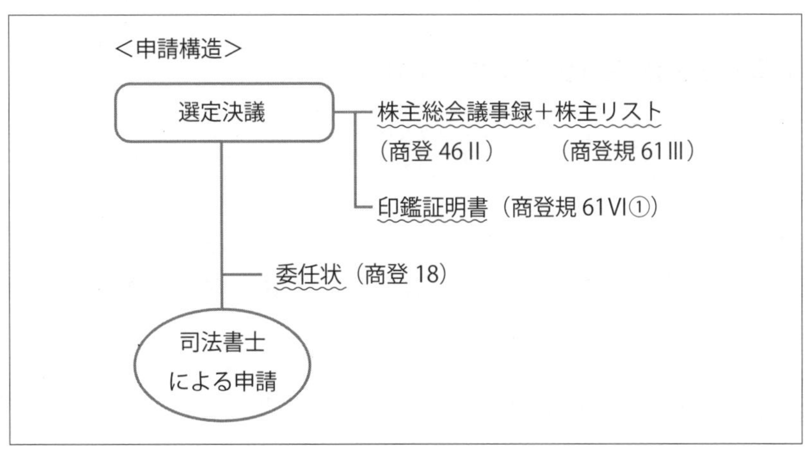


選定決議は株主総会の普通決議で行います。そして、株主総会で選んでいるので、この選定議事録について押印＋印鑑証明書が必要です。これは先ほどと同じく、**議長と出席取締役のものが必要**となります。

また、株主が代表取締役を選んでいるので、就任承諾は不要です。

**問題を解いて確認しよう**

| | | |
|---|---|---|
| 1 | 取締役会設置会社でない株式会社が株主総会の決議により当該会社の取締役の中から代表取締役を選定した場合において、代表取締役の就任による変更の登記を申請するときは、当該登記の申請書には、定款を添付しなければならない。〔20-33-オ（29-29-エ）〕 | × |
| 2 | 取締役会設置会社以外の会社において、定款の定めに基づく取締役の互選によって代表取締役を定めた場合には、当該代表取締役の就任による変更の登記の申請書には、当該代表取締役の就任承諾書に押印された印鑑につき市町村長が作成した印鑑証明書を添付しなければならない。〔18-31-ア〕 | × |

ヒトコト解説

1　株主総会で代表取締役を選ぶ場合には、定款の規定は不要です（取締役の互選で選ぶときには定款の規定が必要です）。

2　取締役の就任承諾の時点で実印の押印等をしているので、代表取締役の就任承諾では、もはや不要です。

## （5）取締役会設置会社の定めの設定の登記

| 取締役会設置会社に関する事項 | 取締役会設置会社<br>令和6年6月25日設定　　令和6年7月1日登記 |
|---|---|

取締役会を置いた場合は、上記のように登記されます。登記のポイントは、役員に関する事項という欄とは別の欄、**取締役会設置会社に関する事項という欄に載る**ことです。

### 取締役会設置会社の定めの設定

1. 事　　取締役会設置会社の定めの設定
1. 登　　○年○月○日設定
　　　　取締役会設置会社
1. 税　　金3万円（登録税別表1.24.(1)ワ）

申請書のポイントは、**「設定」と書くこと**、そして登録免許税の区分が「カ」ではなく、**「ワ」になっている**ことです。役員に関する事項に書かれるなら、これは「カ」ですが、今回は役員に関する事項に書かれないため区分が「カ」ではないのです。

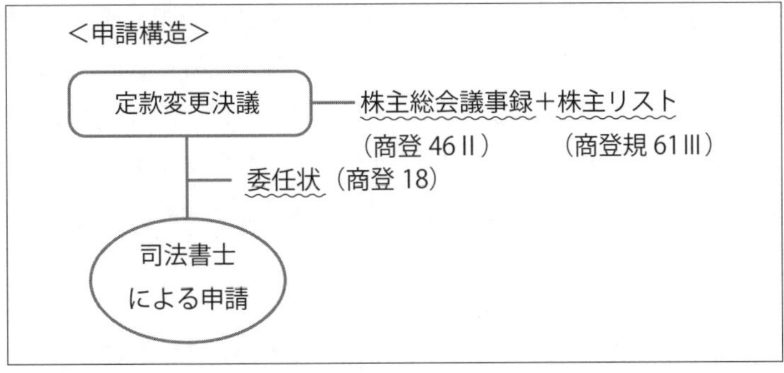


株主総会と取締役以外を置くには定款規定が必要です。そのため定款変更決議を行うので、それを立証します。

**覚えましょう**

取締役会設置会社の定めの設定がある場合の検討事項

1　決議権限
→　株主総会で特別決議をしているか（会社466・309 II）

2　決議内容
「取締役会を置く」と確定的に定めているか
→　「置くことができる」はNG

3　機関設計の適法性チェック
①監査役を置いているか、監査等委員会設置会社又は指名委員会等設置会社か、非公開会社かつ会計参与設置会社か（会社327 II）
②取締役は3名以上いるか

4　代表取締役の選定
代表取締役の選定方式が変わるため、新たな選定方式に基づき、代表取締役を選定しなければならない

定款規定に「取締役会を置くことが『できる』」は許されません。この表現だと、実際には**取締役会を置いてもいいし、置かなくてもいいことになり、あいまいになってしまう**からです。

そして、取締役会を置いた場合は、機関設計の適法性のチェックが要ります。「取締役会を置く→権限が集中する→監査役設置が義務」であるため、監査役を置く必要がありますが、監視が厳しい委員会を置けば、監査役は要りません。

また、「非公開会社の場合→株主が監視できる→監査役は要らない→ただ、帳簿だけはちゃんと見てほしい→会計参与設置が義務」と会計参与を置くことによって、監査役設置の義務が外れる場合もあります。

また、取締役会設置会社になれば、会議体の運営のために取締役が３人以上必要になるので、人数も確認する必要があります。

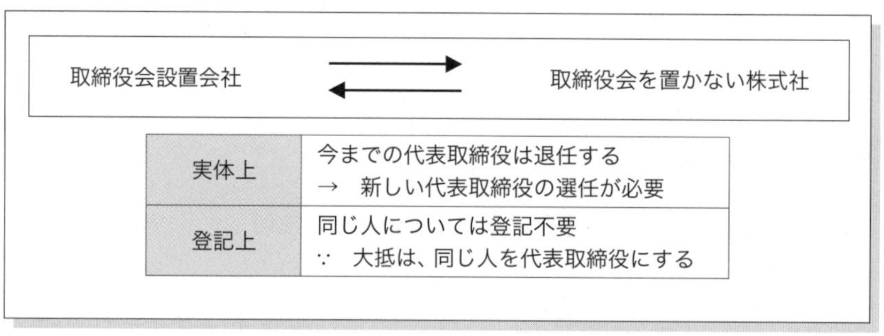


| 実体上 | 今までの代表取締役は退任する<br>→　新しい代表取締役の選任が必要 |
|---|---|
| 登記上 | 同じ人については登記不要<br>∵　大抵は、同じ人を代表取締役にする |

取締役会設置会社から取締役会を置かない会社、また置かない会社が取締役会設置会社になった場合、どちらについても、**代表取締役は辞めます**。そして、**新しい代表取締役を選ぶ必要があります**。

例えば、非設置会社から設置会社になった場合を考えましょう。

取締役会設置会社は取締役会で代表取締役を決める必要があります。**今いる代表取締役は取締役会で選んだ人ではないため、選び直す必要がある**のです。

実体上の処理は上記のとおりですが、登記上の処理が特殊です。

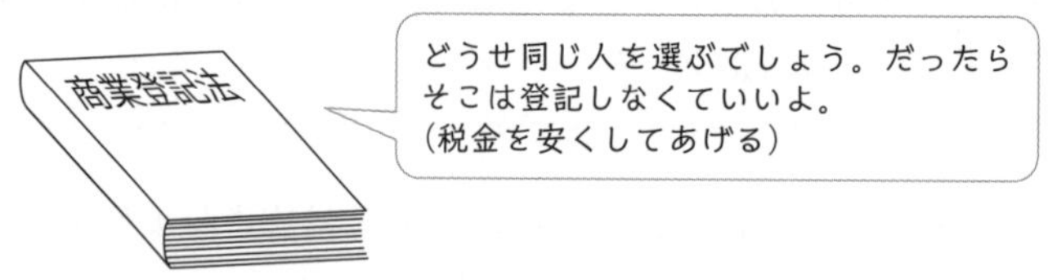


上記のような配慮をはたらかせています。そのため、以前の代表取締役がＡで、

今回同じ人を選んでいる場合は、代表取締役は全く登記をしません（重任登記もしません）。**登記をしないことから、登録免許税「カ」を払う必要がなくなる**のです。

## (6) 取締役会設置会社の定めの廃止の登記

1. 事　取締役会設置会社の定めの廃止
1. 登　○年○月○日取締役会設置会社の定め廃止
1. 税　金3万円（登録税別表1.24.(1)ワ）

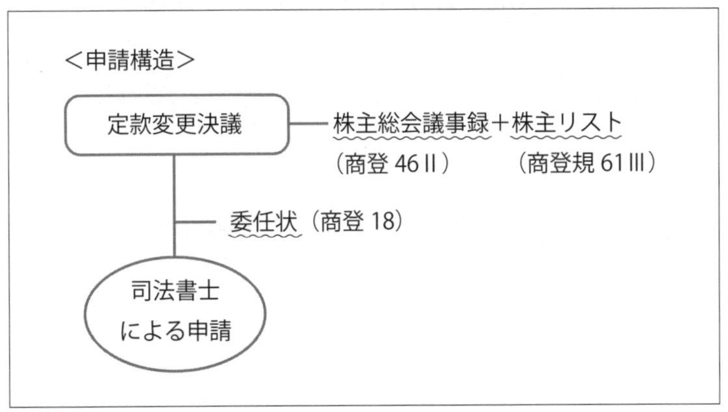


**覚えましょう**

取締役会設置会社の定めの廃止がある場合の検討事項

1　決議権限
　→　株主総会で特別決議をしているか（会社466）

2　機関設計の適法性チェック
　→　本当に取締役会を廃止していいのか
　＝　公開会社、監査等委員会設置会社、指名委員会等設置会社、監査役会設置会社でないか

3　代表取締役の選定
　代表取締役の選定方式が変わるため、新たな選定方式に基づき、代表取締役を選定しなければならない

廃止をすることは定款変更にあたるので、株主総会の特別決議が必要です。

ただ、**取締役会設置が義務となっている会社は、取締役会を廃止することができません**。

例えば、公開会社では「公開会社→株主がコロコロ変わる→取締役を監視してほしい→取締役会設置が義務」となるので、取締役会設置をやめることはできません。

また、監査等委員会設置会社・指名委員会等設置会社は取締役会の中に委員会を作りますので、取締役会設置が義務になっています。

また、監査役会設置会社は「監査役会設置会社→見張りが３人→見張られる者も３人はいる→取締役会設置が義務」になりますので、取締役会設置をやめることができません。

このような取締役会を置く義務がある会社は、取締役会設置会社をやめられません。

また、代表取締役の選定方法が変わるので、代表取締役を選ぶ必要が生じます。

次の事例を見てください。

（会社の状態）
取締役　　　甲野太郎、乙野次郎、丙野三郎
代表取締役　甲野太郎
取締役会設置会社
（事実）
令和６年６月25日取締役会設置会社の定めを廃止し、定款に取締役の互選により代表取締役を定める旨の規定をおき、互選により代表取締役を甲野太郎と定めた

1. 事 取締役会設置会社の定め廃止
1. 登 令和６年６月 25 日取締役会設置会社の定め廃止
1. 税 金３万円（ 登録税別表 1.24.(1)ワ）

代表取締役については同じ人を選んでいますから登記する必要はありません。

だから事由は、取締役会の廃止だけになり、代表取締役の登記は全くいじらないので、登録免許税は「ワ」の３万円だけになります。

（会社の状態）
取締役　　　甲野太郎、乙野次郎、丙野三郎
代表取締役　甲野太郎
取締役会設置会社
（事実）
令和６年６月25日取締役会設置会社の定めを廃止（代表取締役を定めていない）

1. 事　　取締役会設置会社の定め廃止
　　　　代表取締役の変更
1. 登　　令和６年６月25日次の者代表権付与
　　　　東京都文京区小日向一丁目１番３号
　　　　　代表取締役　乙野　次郎
　　　　東京都渋谷区代官山町８番地
　　　　　代表取締役　丙野　三郎
　　　　同日取締役会設置会社の定め廃止
1. 税　　金６万円（登録税別表1.24.(1)ワ・カ）

取締役会を廃止したのに、代表取締役を決めませんでした。**非設置で代表取締役を決めていないということは、各自代表取締役、みんなが代表取締役になります**。

では、誰を登記すべきでしょう。

３人とも登記すべきと思うところですが、**甲野太郎はもう登記が入っているため、いじる必要がありません**。だから、**乙野と丙野だけ就任登記をすればいい**ことになります。

申請書の登記すべき事項の表現を見てください。

**代表権付与**となっています。イメージは、「天から代表権が降ってくる」です。この原因の場合、通常の就任登記と違う点が３点あります。

| | 「就任」(「重任」) | 「代表権付与」 |
|---|---|---|
| 代表取締役としての就任承諾 | 各自代表・定款又は株主総会で選任<br>→　不要<br>定款の定めに基づく取締役の互選取締役会決議<br>→　必要 | 不要 |
| 選定議事録の印鑑証明書 | 原則として必要(商登規61 Ⅵ) | 不要 |
| 就任承諾書の印鑑証明書 | 取締役会設置会社では、原則として必要(商登記61 Ⅴ・Ⅳ) | 不要 |

代表権付与という代表権が勝手に降りてくる場合には、就任承諾をする必要もないし、印鑑証明書も不要です。**勝手に降ってくるので、役員側は何にもやらなくていい**のです。

### 問題を解いて確認しよう

1 取締役会設置会社が取締役会を置く旨の定款の定めを廃止した場合における代表権付与を登記原因とする代表取締役の変更の登記の申請書には、代表権を付与された代表取締役についての就任承諾書及び当該就任承諾書に押された印鑑につき市町村長の作成した証明書を添付しなければならない。〔オリジナル〕　×

2 取締役会設置会社の定めの廃止に伴い、取締役が各自会社を代表することとなる場合、代表権付与を原因とする代表取締役の変更の登記の申請書には、新たに代表取締役となる者の就任を承諾したことを証する書面を添付しなければならない。〔オリジナル〕　×

### ヒトコト解説

1,2 代表権付与を原因とする登記では、就任承諾書・就任承諾書に添付する印鑑証明書は不要です。

## (7) 監査役設置会社である旨の登記、監査役の就任の登記及び監査役の監査の範囲を会計に関するものに限定する旨の定款の定めの登記

| 役員に関する事項 | 監査役　　　西野八郎 | 令和6年6月25日就任 |
|---|---|---|
| | | 令和6年7月 1 日登記 |
| | 監査役の監査の範囲を会計に関するものに限定する旨の定款の定めがある | 令和6年6月25日設定 |
| | | 令和6年7月 1 日登記 |

| 監査役設置会社に関する事項 | 監査役設置会社<br>令和6年6月25日設定　　令和6年7月1日登記 |
|---|---|

監査役設置会社という旨が役員に関する事項とは別の欄に登記され、監査役の名前、そして、監査範囲が限定されていることまで登記されています。

ここで意識してほしいのが、監査役設置会社の会社法上の定義です。会社法では、監査役がいて、業務監査と会計監査の両方を持っていたら、監査役設置会社と呼んでいました。

ただ登記簿上は、誤解を招かないよう、**監査役を置いていれば、監査役設置会社と呼んでいます。会社法上の監査役設置会社の定義と、登記簿上の定義が違うので注意が必要**です。

1. 事　監査役の変更
　　監査役の監査の範囲を会計に関するものに限定する旨の定款の定めの設定
　　監査役設置会社の定めの設定
1. 登　令和6年6月25日監査役西野八郎就任
　　同日設定
　　監査役の監査の範囲を会計に関するものに限定する旨の定款の定めがある
　　同日設定
　　監査役設置会社
1. 税　金6万円(登録税別表1.24.(1)カ・ツ)

監査役を置く、監査役が就任している、そして監査範囲が会計に限定されている、これら3つのことを登記しています。

そして、登録免許税が少々複雑です。登記の事由ごとに登録免許税をカウントしていきましょう。

監査役の変更、これは役員に関する事項に載るから「カ」

監査役設置会社の定めの設定、これは別欄に書かれているので「ツ」

監査役の監査内容が会計に限定という定款の定めの設定、これは役員に関する事項になるから「カ」になります。

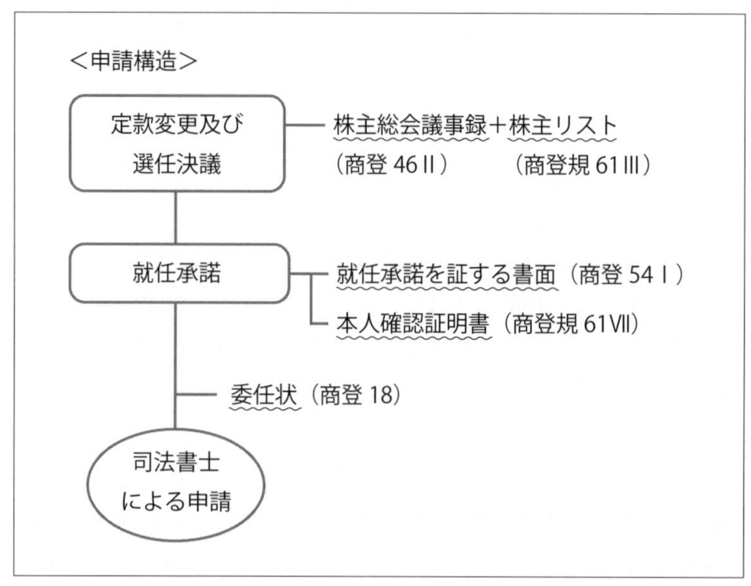


監査役を置くという定款変更をして、その上で、監査役を誰か選びます。

その選ばれた人が就任承諾しますが、この就任承諾書には、本人確認証明をあわせて添付することが必要です。運転免許証のコピー等で、実在保証を取る必要があります。

監査役設置会社の定めの設定がある場合の検討事項

1　決議権限

→　株主総会で特別決議をしているか（会社466、309 II）

2　決議内容

①「監査役を置く」と確定的に定めているか

②監査等委員会設置会社及び指名委員会等設置会社ではないか

3　機関設計の適法性チェック

→　同時に適法な者を監査役として選任しているかをチェック

チェックすることは上記のとおりです。委員会を設置していると監査役が置けないので、注意してください。

監査役の選任がある場合の検討事項

1　決議権限

→　株主総会で決議をしているか（会社466）

→　取締役又は監査役の選解任に関する種類株式が発行されていないか

2　決議内容

①欠格事由に該当していないか

②兼任禁止に反していないか

③員数規定に反していないか

3　就任承諾

①就任承諾はいつ効力が生じているか

②援用ができるか

4　その他の手続・注意事項

→　社外監査役の登記にならないか

※　監査役会設置会社であるときに登記事項になる

決議内容でチェックすることは、ほぼ取締役と同じですが、兼任禁止という点に注意が必要です。

**監査役は、その会社の取締役を兼ねることができません。**自分で自分を見張ることはできないから、監査役は自分の会社の取締役を兼ねることができないのです。

また、**子会社の取締役と兼ねることもできません。**監査役には、子会社調査権というのがあるので、子会社の役員と兼ねることも認めていません。

そして**社外監査役が登記できる場面は、監査役会を置いた場合**だけです。その状態でなければ、社外監査役がいたとしても、社外監査役と書かないようにしてください。

## （8）監査役設置会社の定めの廃止及び監査役の退任

1．事　監査役設置会社の定めの廃止
　　　　監査役の変更
　　　　監査役の監査の範囲を会計に関するものに限定する旨の定款の定めの廃止
1．登　○年○月○日監査役○○退任
　　　　同日監査役設置会社の定め廃止
　　　　同日監査役の監査の範囲を会計に関するものに限定する旨の定款の定めの廃止
1．税　金６万円（登録税別表1.24.(1)カ・ツ）

登記の事由を見てください。監査役の変更、監査範囲の会計限定が廃止される、そこまで書く必要があります。

監査役制度をやめるのであれば、監査役は辞めるし、会計限定もなくなるのは当たり前のように思えるのですが、これらの**申請が必要**なのです。

登記官からしてみれば、**機関設計というのは複雑なので、こちらの責任ではやらない、申請人の責任でどこを変えるか申請してほしい**ということです。

その結果、登記の事由に３つ書かれるため、その事由の各課税区分ごとに登録免許税が課せられます。

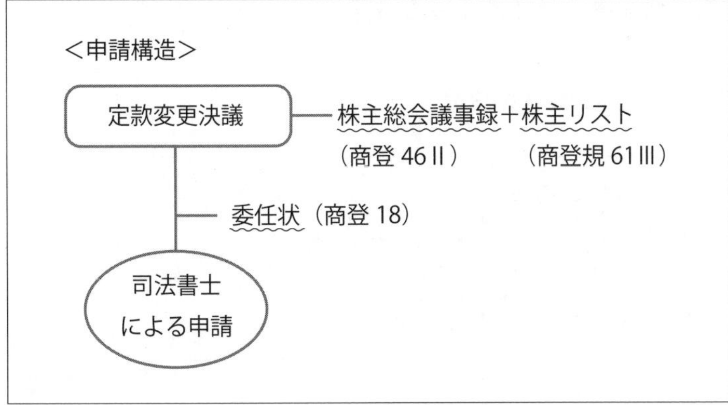

**覚えましょう**

監査役設置会社の定めの廃止がある場合の検討事項

1　決議権限

→　株主総会で特別決議をしているか（会社466・309Ⅱ）

2　機関設計の適法性チェック

→　取締役会設置会社では原則として監査役を置かなければならないが、監査役を廃止してよいのかチェック（会社327Ⅱ）

→　会計監査人設置会社でないかチェック

取締役会設置会社、会計監査人設置会社でないかを見てください。

「取締役会設置→権限が集中する→監視してほしい→監査役設置が義務」ですから、監査役設置会社をやめることができません。

また、「会計監査人設置会社→外部の人は内部の事情が分からない→内部の監査役とのタッグを組む→監査役設置が義務」なので、監査役設置会社をやめることはできません。

## (9) 監査役会設置会社である旨の登記

### 監査役会設置会社の定めの設定

1. 事　監査役の変更
　　　監査役会設置会社の定めの設定
1. 登　監査役Ｌ及びＭは社外監査役である
　　　令和６年５月20日設定
　　　　監査役会設置会社
1. 税　金６万円（登録税別表1.24.(1)ワ・カ）

「監査役Ｌ及びＭは社外監査役である」この表現は覚えてください。

これは、「ＬとＭの登記に、（社外監査役）というのを入れ込んでください」というニュアンスです。監査役会設置会社になることによって、初めて社外監査役である旨が登記できるので、それを伝えるのがこの一行です。

そして、登録免許税の区分ですが、監査役の変更として、社外監査役である旨を書く部分は「カ」、監査役会設置会社は「ワ」となります。

**覚えましょう**

| 機関設計 | 登録免許税 |
|---|---|
| 取締役会・監査役会・監査等委員会・指名委員会等 | 金３万円（ワ） |
| その他 | 金３万円（ツ） |

○○設置会社という旨は、「ワ」・「ツ」のどっちかになります。これは会議体かどうかで分けています。**会議体だった場合は「ワ」、それ以外だったら「ツ」と分けています。**

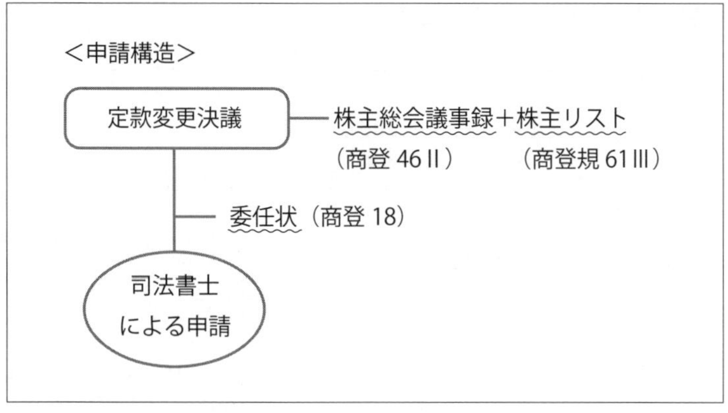

監査役会設置会社の定めの設定がある場合の検討事項

1　決議権限

→　株主総会で特別決議をしているか（会社466）

2　決議内容

「監査役会を置く」と確定的に定めているか

→　「置くことができる」はNG

3　機関設計の適法性チェック

①監査役が3人以上いるか、社外監査役が半数以上いるか（会社335Ⅲ）

②監査役設置会社であるか

③取締役会を設置しているか（会社327Ⅰ②）

会議体だから3人の監査役が必要です。そして、また、監査役会設置会社では、社外監査役を半数以上置く義務がありますので、監査役が3人いたとしたら、2人は社外監査役がいることをチェックしてください。

そして、監査役会を置けば、取締役会設置が義務になるので、取締役会設置会社かどうかの確認も必要です。

### 監査役会設置会社である旨の定め廃止

1. 事　監査役の変更
　　　監査役会設置会社の定めの廃止
1. 登　○年○月○日監査役会設置会社の定め廃止
　　　同日監査役（社外監査役）○○につき監査役会設置会社の定め廃止により変更
　　　　監査役　○○
1. 税　金６万円（登録税別表1.24.(1)ワ・カ）

「同日監査役会設置会社の定め廃止により監査役（社外監査役）○○につき変更」、ここは、「登記簿から（社外監査役）という旨を取ってくれ」という部分です。**監査役会を廃止すれば、社外監査役はもう登記できない**ので、前記の表現が必要になります。

監査役会を外すだけでなく、監査役についても登記されるため、登録免許税も２つの区分で取られます。

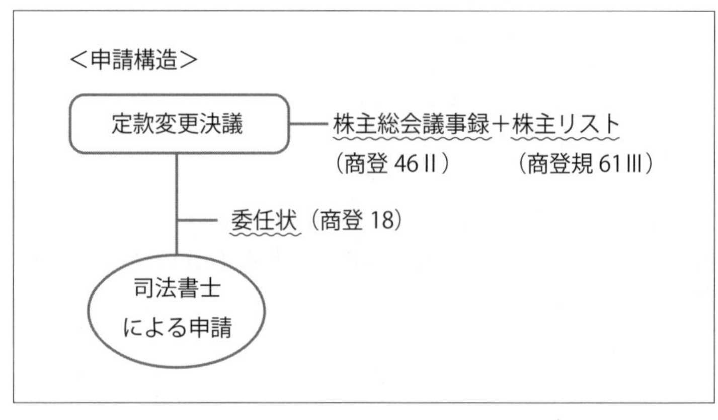

監査役会設置会社の定めの廃止がある場合の検討事項

1　決議権限

→　株主総会で特別決議をしているか（会社466・309 II）

2　機関設計の適法性チェック

→　公開会社かつ大会社である会社（監査等委員会設置会社及び指名委員会等設置会社を除く。）は監査役会を置かなければならないので、監査役会を置く旨の定款規定を廃止することはできない（会社328 I）

公開会社かつ大会社（一般的な上場企業です）が選べる機関設計は、取締役会＋監査役会＋会計監査人か、取締役会＋委員会＋会計監査人のみです。そのため、委員会設置会社にならない場合は、監査役会は外せません。

### (10)　会計監査人設置会社である旨の登記

#### 会計監査人設置会社の旨の設定の登記

1. 事　　会計監査人の変更
　　　　会計監査人設置会社の定めの設定
1. 登　　令和6年6月20日会計監査人X就任
　　　　同日設定
　　　　　会計監査人設置会社
1. 税　　金6万円（登録税別表1.24.(1)カ・ツ）

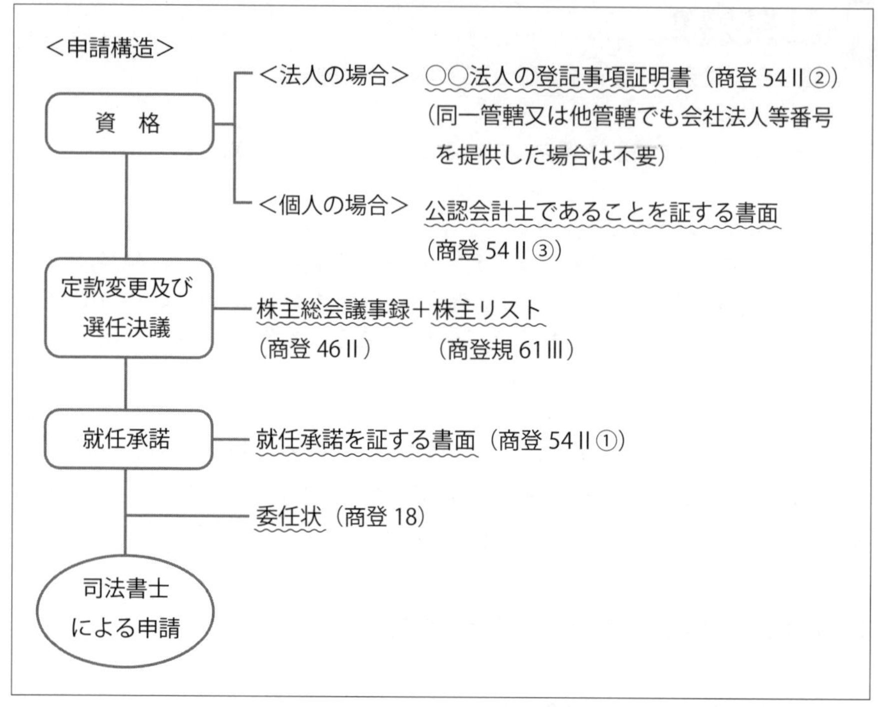


会計監査人は、公認会計士又は監査法人の必要があります。そのため、**選任された者がその資格を持っていることの立証が必要**です。

監査法人の場合は、その法人の登記簿で立証できます。ただ、登記簿が要らない場合があります。

まずは、申請会社と監査法人の登記所の管轄が同じ場合です。申請会社と管轄が同じであれば、**登記所が自分のところにある監査法人の登記簿を見ればわかるので、添付する必要はありません。**

もう1つが、会社法人等番号を書いた場合です。会社法人等番号があれば、登記所は監査法人の登記簿が見られるため、会社法人等番号を書けば、登記事項証明書の添付は要りません。

（ちなみに、会計監査人になったのが個人の公認会計士の場合は、会計士協会から、身分証を出してもらいます。）

そして、法人であれ個人であれ、登記事項証明書や身分証によって実在性は確認できるため、本人確認証明は不要です。

会計監査人設置会社の定めの設定がある場合の検討事項

1　決議権限
→　株主総会で特別決議をしているか（会社466・309 II）

2　決議内容
「会計監査人を置く」と確定的に定めているか
→　「置くことができる」はNG

4　機関設計の適法性チェック
①同時に適法な者を会計監査人として選任しているか（公認会計士・監査法人）
②監査等委員会設置会社・指名委員会等設置会社でない場合は監査役を置かなければならないので、監査等委員会or指名委員会等or監査役を設置しているかをチェック（会社327 III）

会計監査人を置いた場合は、内部の人間とでタッグを組ませるべきなので、監査役を置く義務があります。だから、監査役をおいているか、委員会設置会社かどうかを確認してください。

### 会計監査人設置会社の定め廃止の登記

| | |
|---|---|
| 1. 事 | 会計監査人の変更<br>会計監査人設置会社の定めの廃止 |
| 1. 登 | ○年○月○日会計監査人○○退任<br>同日会計監査人設置会社の定め廃止 |
| 1. 税 | 金6万円（登録税別表1.24.(1)カ・ツ） |

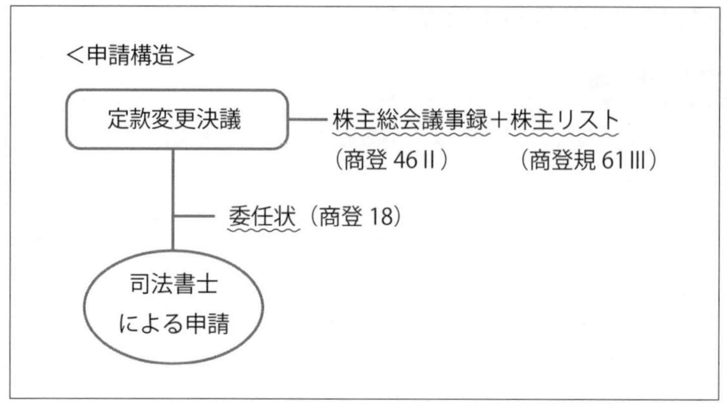


申請書・申請構造は何となく予想がつくと思います。ここまで学習していれば、上記の部分は覚えなくても、現場で書けるでしょう。

会計監査人設置会社の定めの廃止がある場合の検討事項

1　決議権限

→　株主総会で特別決議をしているか（会社466・309Ⅱ）

2　機関設計の適法性チェック

→　監査等委員会設置会社及び指名委員会等設置会社は会計監査人を置かなければならないので、会計監査人を置く旨の定款規定を廃止することはできない（会社327Ⅴ）

→　大会社は会計監査人を置かなければならないので、会計監査人を置く旨の定款規定を廃止することはできない（会社328Ⅰ・Ⅱ）

「委員会設置→少人数で物事を決める→使い込みは怖い→経理のチェックはしっかりやりたい→会計監査人設置の義務」ですから、委員会設置会社の場合、会計監査人を廃止することができません。

また、「大会社→会計規模が大きい→プロのチェックを入れる→会計監査人設置が義務」ですから、この場合も、会計監査人を廃止することができません。

## (11) 会計参与設置会社である旨の登記及び会計参与の就任の登記

| 役員に関する事項 | 会計参与　税理士法人桜会<br>(書類等備置場所) 名古屋市中区三丸四丁目3番1号 | 令和6年6月25日就任<br>令和6年7月1日登記 |
|---|---|---|

| 会計参与設置会社に関する事項 | 会計参与設置会社<br>令和6年6月25日設定　令和6年7月1日登記 |
|---|---|

何か今までと違う点がないでしょうか。

**書類等備置場所というものが、登記事項になっています。**

会計参与の大きな仕事は、取締役とタッグを組んで計算書類を作ることですが、他にも会社が計算書類を紛失したときに備えて、会計参与の事務所にも、帳簿を置いて、閲覧に来た人に見せることも仕事の1つです。

そのため、**どこに行けば計算書類を閲覧できるのかを公示している**のが「書類等備置場所」という部分です。

### 会計参与設置会社の旨の設定の登記

1．事　会計参与の変更
　　　会計参与設置会社の定め設定
1．登　○年○月○日次の者就任
　　　　会計参与　○○
　　　　書類等備置場所　東京都○○○
　　　　同日設定
　　　　会計参与設置会社
1．税　金3万円（登録税別表1.24.(1)カ）
　　　金3万円（登録税別表1.24.(1)ツ）

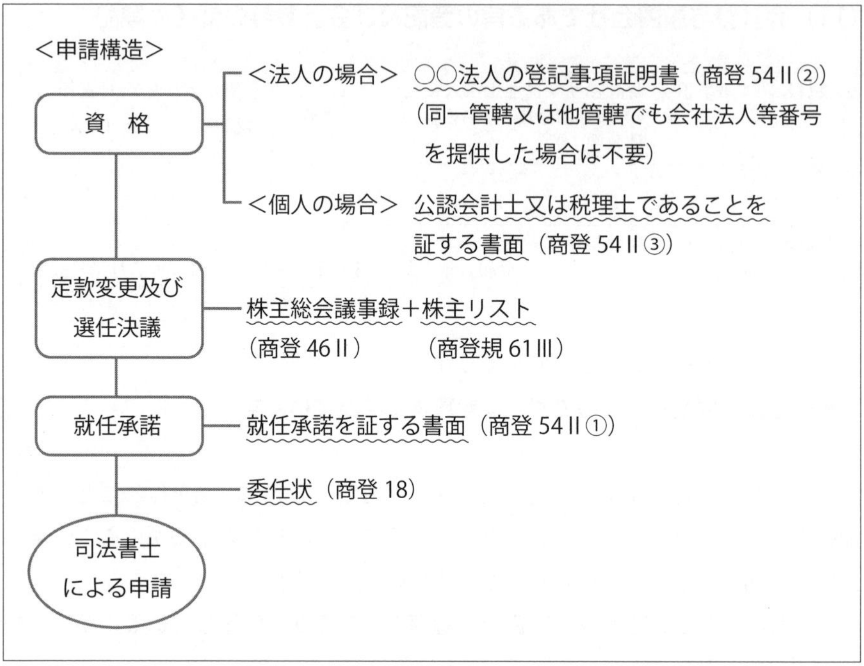

<申請構造>

- 資　格
  - <法人の場合> ○○法人の登記事項証明書（商登54Ⅱ②）（同一管轄又は他管轄でも会社法人等番号を提供した場合は不要）
  - <個人の場合> 公認会計士又は税理士であることを証する書面（商登54Ⅱ③）
- 定款変更及び選任決議 ―― 株主総会議事録＋株主リスト（商登46Ⅱ）（商登規61Ⅲ）
- 就任承諾 ―― 就任承諾を証する書面（商登54Ⅱ①）
- 委任状（商登18）
- 司法書士による申請

会計監査人の設置の場合とほぼ同じです。会計参与は、税理士でもなれるという点が違うところです。

## （12）特別取締役による議決の定め

「役員が多くいる→物事が決められない→特別取締役を選んで、決定を委任する」、これが特別取締役という制度でした。

### 特別取締役による議決の定めの設定登記

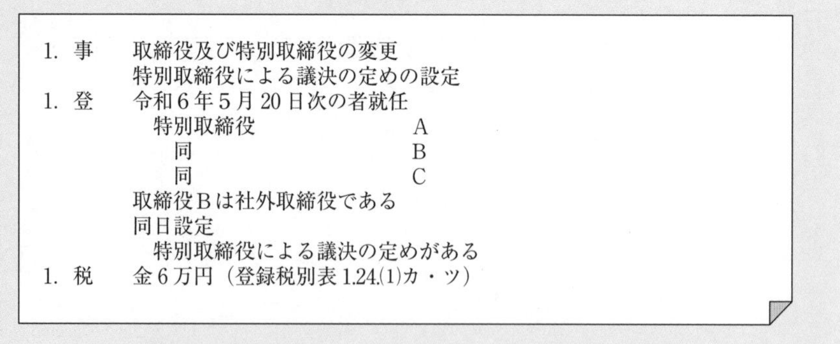

1. 事　取締役及び特別取締役の変更
　　　特別取締役による議決の定めの設定
1. 登　令和6年5月20日次の者就任
　　　　特別取締役　A
　　　　　同　B
　　　　　同　C
　　　取締役Bは社外取締役である
　　　同日設定
　　　　特別取締役による議決の定めがある
1. 税　金6万円（登録税別表1.24.(1)カ・ツ）

「取締役Bは社外取締役である」という部分、これは前から登記簿上にいるBは社外取締役であり、このタイミングで社外取締役であることを登記する場合の表現です。

登録免許税は、取締役・特別取締役の変更が「カ」で、

特別取締役による議決の定めが「ツ」です（会議体ではないので「ツ」になります）。

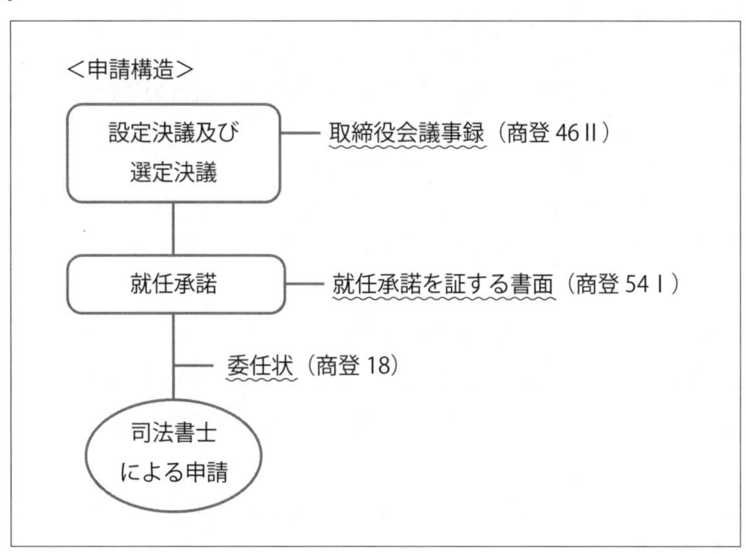


定めを設定して、取締役の中から特別取締役を選んで、就任承諾という流れですが、どこが設定しているかを見てください。

**取締役会**です。

取締役会の内部に、小規模な取締役会を作る制度なので、取締役会でこれを採用できます。**定款を変えずに採用できるので、株主総会議事録は不要**です。

特別取締役による議決の定めの設定がある場合の検討事項

1　決議権限

→　取締役会で決議をしているか（会社373Ⅰ）

2　機関設計の適法性チェック

①取締役会設置の有無（会社373Ⅰ）
②指名委員会等設置会社でないか（会社373Ⅰ）
③監査等委員会設置会社の場合には、重要な業務執行の決定を取締役に委任できる場合でないか（会社373Ⅰ）
④取締役が６人以上いるか（会社373Ⅰ①）
⑤社外取締役が１人以上いるか（会社373Ⅰ②）
⑥取締役の中から特別取締役を３人以上選定しているか（会社373Ⅰ）

機関設計でチェックすることが多くあります。

権限が委譲できる指名委員会等と、この特別取締役制度は兼用ができません。また、監査等委員会で権限が委譲できる場合も併用ができません。

また人数が多いから認めている制度なので、取締役が６人という数になっているかの確認が必要です。

そして、権限を委譲するには、見張りを付けるということが条件のため、社外取締役が１人以上必要になります（ただ、この**社外取締役を特別取締役に選任する必要はありません**）。

1. 事　取締役及び特別取締役の変更
　　特別取締役による議決の定めの廃止
1. 登　令和６年５月20日次の者退任
　　　特別取締役　A
　　　　同　B
　　　　同　C
　　同日特別取締役による議決の定め廃止により
　　取締役（社外取締役）Bにつき変更
　　　取締役　B
　　同日特別取締役による議決の定め廃止
1. 税　金６万円（登録税別表1.24.(1)カ・ツ）

「同日特別取締役による議決の定め廃止により取締役（社外取締役）Bにつき変更」という表現に注意してください。

（社外取締役）を外してください、ということを表しています。

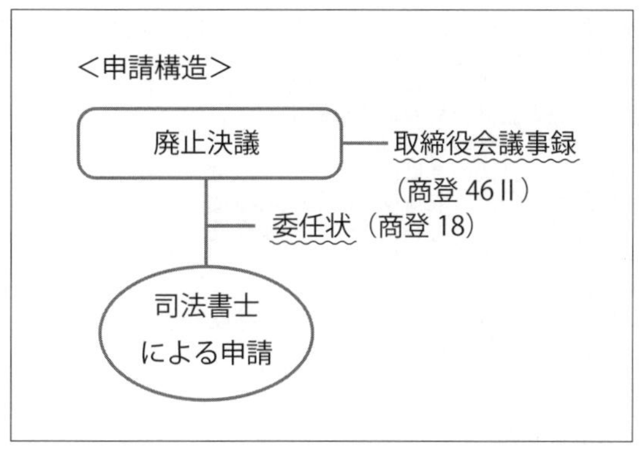


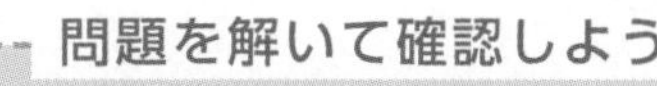


| | | |
|---|---|---|
| 1 | 特別取締役の就任による変更の登記の申請書には、特別取締役を選定した株主総会の議事録及び当該特別取締役が就任を承諾したことを証する書面を添付しなければならない。〔19-33-ウ〕 | × |

**ヒトコト解説**

1　特別取締役を選定するのは取締役会なので、株主総会議事録ではなく、取締役会議事録を添付します。

## (13) 指名委員会等設置会社である旨及び委員、執行役、代表執行役の就任の登記

1. 事　取締役、代表取締役、監査役、執行役、代表執行役、委員並びに会計監査人の変更
　　指名委員会等設置会社の定めの設定
　　会計監査人設置会社の定めの設定
　　監査役設置会社の定めの廃止
1. 登　○年○月○日次の者退任
　　取締役　○○　取締役　○○　取締役　○○
　　監査役　○○　監査役　○○　監査役　○○
　同日代表取締役○○退任
　同日次の者就任
　　取締役　○○　取締役　○○　取締役　○○
　　取締役（社外取締役）○○
　　取締役（社外取締役）○○
　　取締役（社外取締役）○○
　　会計監査人　○○
　　指名委員　○○、○○、○○
　　監査委員　○○、○○、○○
　　報酬委員　○○、○○、○○
　　執行役　　○○、○○、○○
　　東京都○○○
　　代表執行役　○○
　同日監査役設置会社の定め廃止
　同日設定
　　指名委員会等設置会社
　同日設定
　　会計監査人設置会社
1. 税　金９万円（登録税別表1.24.(1)ワ・カ・ツ）

登記すべき事項を部分部分、抜き取って解説していきます。

○年○月○日次の者退任
　取締役　○○　取締役　○○　取締役　○○
　監査役　○○　監査役　○○　監査役　○○
同日代表取締役○○退任

**指名委員会等を置くことによって、取締役は全員、任期満了により退任**します。

指名委員会等設置会社になると、取締役の任期は１年となり、毎年改選されることになります。そのため、このタイミングで一旦退任させ、仕切り直すことに

しています（代表取締役も取締役の資格を失うから辞めることになります）。

また、**監査役は置くことができなくなるので、監査役も退任**します。

同日次の者就任
　取締役　○○　取締役　○○　取締役　○○
　取締役（社外取締役）○○
　取締役（社外取締役）○○
　取締役（社外取締役）○○
　会計監査人　○○

退任しているので、新しく取締役を選ぶ必要があります。

また、**指名委員会等設置会社になれば、社外取締役が登記事項となる**ので、社外取締役であることも登記することになります。

そして、**指名委員会等では、会計監査人の設置が義務になっています**ので、会計監査人の就任登記も必要です。

同日次の者就任
指名委員　○○、○○、○○
監査委員　○○、○○、○○
報酬委員　○○、○○、○○
執行役　　○○、○○、○○
東京都○○○
代表執行役　○○

各委員会の委員の名前を登記します。各委員会は、最低３人以上の委員が必要です。

執行役、代表執行役を登記します（各１人以上）。

**「トップとは連絡を取りたい」というところから代表執行役は、住所まで登記します。**

同日監査役設置会社の定め廃止
同日設定
　指名委員会等設置会社
同日設定
　会計監査人設置会社

監査役は置けないため監査役の定めは廃止され、指名委員会等を置いた、会計監査人を置いたということを登記しています。

最後に、登記の事由ごとに、登録免許税を確認しましょう。

役員の変更の部分は「カ」、指名委員会設置会社の部分は「ワ」、会計監査人設置会社のところは「ツ」監査役設置会社の定めの廃止も「ツ」です。

前出の申請書ですが、これは指名委員会等設置会社になる場合の申請書の１つの例です。

例えば、もともと会計監査人がいるという会社であれば、もう１回、会計監査人設置と書く必要はありません。

次の申請構造もあくまでも一例です。実際の事例によっては、不要になる部分、追加して記載することが必要になる場合もあります。

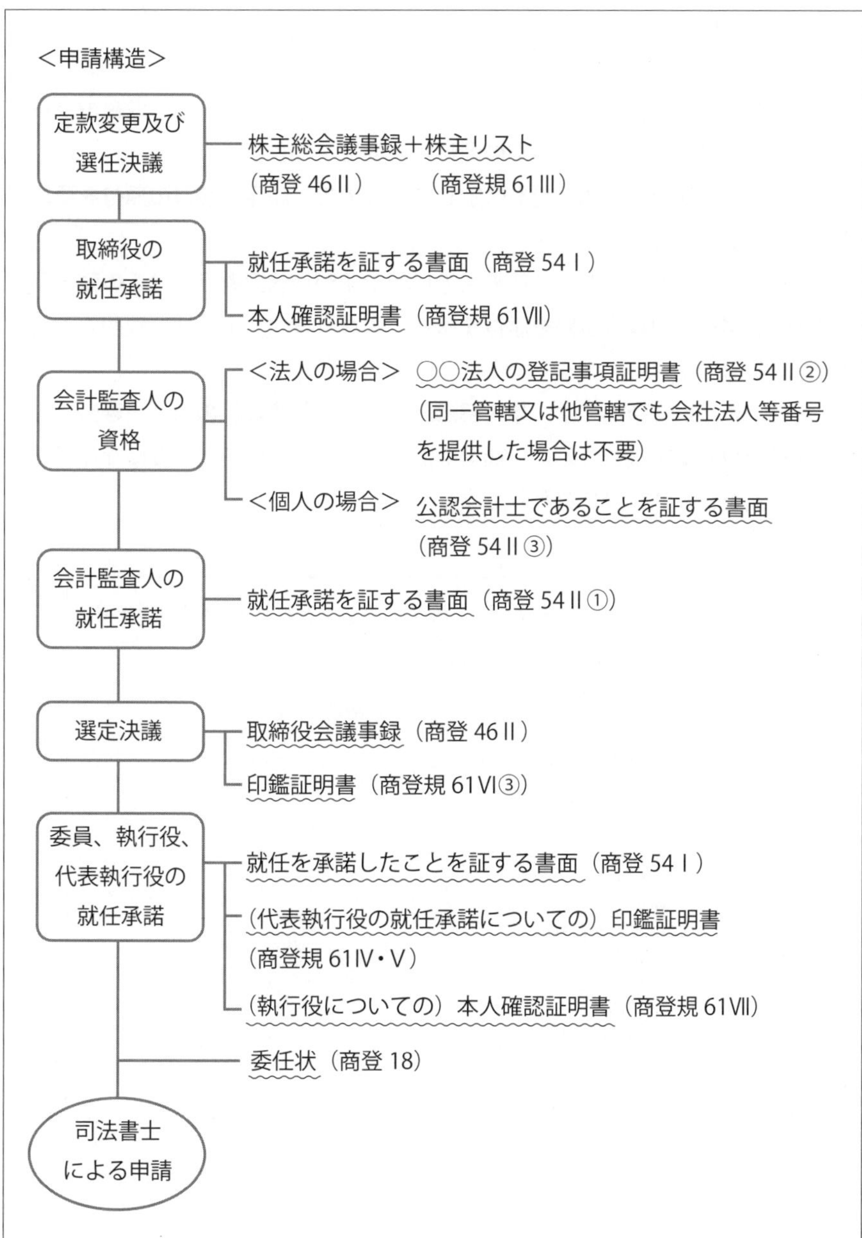


まず冒頭で、定款変更決議となっています。

委員会を置くことによって、大規模な機関設計の変更になるので、特別取締役の制度導入と違って、定款変更手続が必要です。

また、取締役会が執行役と代表執行役を選任・選定します。**この取締役会議事録には実印を押印して印鑑証明書の添付が必要**になります。

ここで、**トップの代表執行役を選定しているので、印鑑証明書の添付を要求してハードルをあげている**のです。

そのあと、選ばれた方々の就任承諾の局面ですが、**代表執行役はこの就任承諾書に実印を押して印鑑証明書を添付する**ことになります。実在性を確認するための印鑑証明書です。

そして、**執行役については、本人確認証明書（運転免許証のコピー等）で軽く実在保証を取ります**（ちなみに、商業登記で本人確認証明書が必要になる役員は、取締役、監査役、執行役で終わりです）。

1. 事　取締役、代表取締役、委員、執行役、代表執行役並びに監査役の変更
指名委員会等設置会社の定めの廃止
監査役設置会社の定めの設定

1. 登　○年○月○日次の者退任
取締役　○○　取締役　○○　取締役　○○
取締役（社外取締役）　○○
取締役（社外取締役）　○○
取締役（社外取締役）　○○
指名委員　○○、○○、○○
監査委員　○○、○○、○○
報酬委員　○○、○○、○○
執行役　○○、○○、○○
代表執行役　○○
同日次の者就任
取締役　○○　取締役　○○　取締役　○○
監査役　○○
東京都○○○○
代表取締役　○○
同日指名委員会等設置会社の定め廃止
同日設定
監査役設置会社

1. 税　金９万円（登録税別表1.24.(1)ツ・ワ・カ）

指名委員会等設置会社の定めを廃止する場合の申請書です。

**取締役は全員任期満了で退任**します。

指名委員会等設置会社になると、取締役の仕事は監督だけになります。それが

指名委員会等設置会社をやめると取締役の仕事は、監督と業務決定の２つになり、取締役にとって、新たな権限と義務の付与になります。そこで今いる人は一旦辞めてもらって、選び直すことになるのです。

また、**委員、執行役、代表執行役も、この制度がなくなるため、退任**します。

他に、取締役等を選んだこと、指名委員会等を廃止したことを登記し、この事例では、監査役を置いたようなので、その旨も登記しています。

ただこれもあくまでも一例にすぎません。実際の問題によってはこの通りにならないこともありますので、この申請書を覚えるということはやめてください。

この後に申請構造を載せていますが、これも一例ですので、実際には問題に合わせて臨機応変に対応してください。

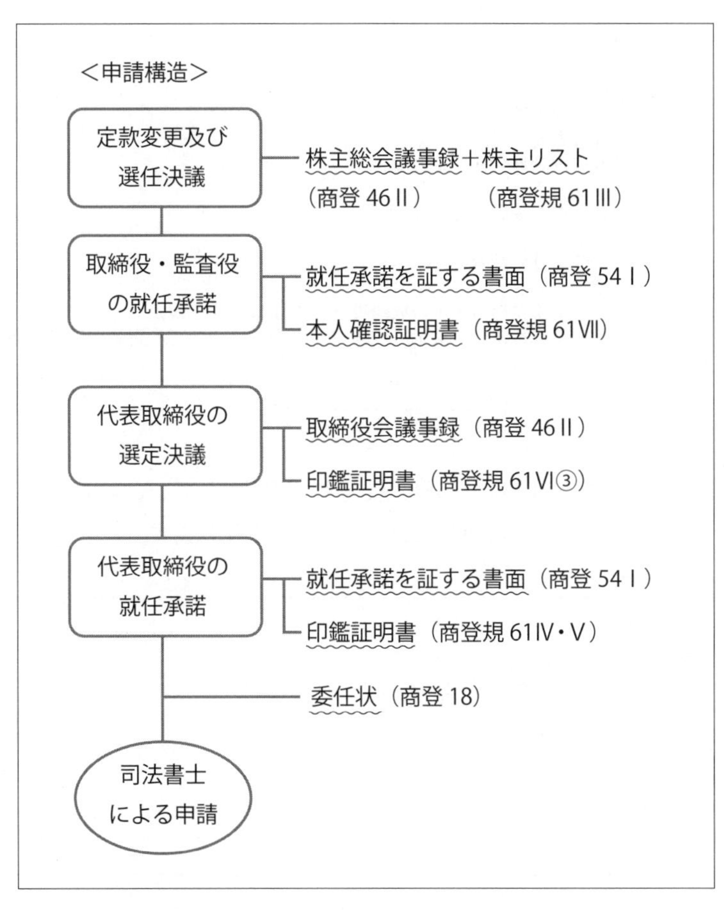

## (14) 監査等委員会設置会社である旨の登記

1. 事　監査等委員である取締役、取締役、代表取締役、監査役並びに
　　　会計監査人の変更
　　　会計監査人設置会社の定めの設定
　　　監査役設置会社の定めの廃止
　　　監査等委員会設置会社の定めの設定
　　　重要な業務執行の決定の取締役への委任についての定め設定
1. 登　○年○月○日次の者退任
　　　　取締役　○○
　　　　取締役　○○
　　　　取締役　○○
　　　　監査役　○○
　　　同日代表取締役○○退任
　　　同日次の者就任
　　　　監査等委員である取締役　○○
　　　　監査等委員である取締役（社外取締役）　○○
　　　　監査等委員である取締役（社外取締役）　○○
　　　　取締役　○○
　　　　取締役　○○
　　　　東京都○○○
　　　　　代表取締役　○○
　　　　会計監査人　○○
　　　同日監査役設置会社の定め廃止
　　　同日設定
　　　　会計監査人設置会社
　　　同日設定
　　　　監査等委員会設置会社
　　　同日設定
　　　　重要な業務執行の決定の取締役への委任に関する規定
　　　　　重要な業務執行の決定の取締役への委任についての定款の定めがある
1. 税　金９万円（登録税別表1.24.(1)ワ・カ・ツ）

ここも登記すべき事項を部分部分、抜き取って解説していきます。

まず、上記のとおり、今の役員はいったん全員退任します。

同日次の者就任
　監査等委員である取締役　○○
　監査等委員である取締役（社外取締役）　○○
　監査等委員である取締役（社外取締役）　○○
　取締役　○○
　取締役　○○
　東京都○○○
　　代表取締役　○○
　会計監査人　○○

就任のところで気を付けてほしいのは、監査等委員である取締役という肩書きです。先ほどの指名員会等設置会社のように取締役の資格の上に、上乗せするのではなく、監査等委員会設置会社では、役職を兼務しているという扱いであるため、**監査等委員である取締役と表現して一行で書きます**（だから、**監査等委員だけを辞めることはできません**）。

そして、取締役の何人かには（社外取締役）の肩書きが付いています。監査等委員会設置会社になると、社外取締役が登記事項になるため、社外性を持っている者に（社外取締役）を付けます（これは**監査等委員である取締役、それ以外の取締役を問わずに付けます**）。

また、代表取締役が就任していることに気付いたでしょうか。監査等委員会設置会社の制度では、トップの資格は代表取締役のままです。

同日設定
　重要な業務執行の決定の取締役への委任に関する規定
　重要な業務執行の決定の取締役への委任についての定款の定めがある

監査等委員会設置会社では、取締役に権限を委任することができたのでしょうか。

**原則的には権限の委譲はできません**。指名委員会等設置会社と違って、報酬決定権、人事権をトップから奪ってないためです。

ただ委任できるケースが、２つあります。

**１つは、取締役の過半数が社外取締役という場合**です。監査等委員会の中に社外取締役が過半数いるのは当たり前として、トータルの取締役人数の過半数が社外取締役であれば、権限の委譲ができます。この申請書の事例で社外取締役が３人以上だったら、権限の委譲ができます。

そして、社外取締役をそんなに置けないという会社のために、**定款規定で「取締役に権限を委任できる」旨を設ければ、権限の委譲を認めました。定款で権限の委譲をしている場合、それ自体が登記事項になります**。

最後に監査等委員会を廃止する場合の申請書を、次に掲載しておきます。今までと、ほぼ同じ内容を繰り返しているため、説明は省略します。

1. 事　　監査等委員である取締役，取締役，代表取締役並びに監査役の変更
　　　　監査等委員会設置会社の定めの廃止
　　　　監査役設置会社の定めの設定
　　　　重要な業務執行の決定の取締役への委任についての定め廃止
1. 登　　○年○月○日次の者退任
　　　　　監査等委員である取締役　○○
　　　　　監査等委員である取締役（社外取締役）　○○
　　　　　監査等委員である取締役（社外取締役）　○○
　　　　　取締役　○○
　　　　　取締役　○○
　　　　同日代表取締役○○退任
　　　　同日次の者就任
　　　　　取締役　○○
　　　　　取締役　○○
　　　　　取締役　○○
　　　　　監査役　○○
　　　　　東京都○○○○
　　　　　　代表取締役　○○
　　　　同日監査等委員会設置会社の定め廃止
　　　　同日重要な業務執行の決定の取締役への委任についての定め廃止
　　　　同日設定
　　　　　監査役設置会社
1. 税　　金９万円（登録税別表1.24.(1)ワ・カ・ツ）

## 問題を解いて確認しよう

| | | |
|---|---|---|
| 1 | 株式会社が監査等委員会設置会社の定めを設定する旨の定款の変更をした場合、代表執行役の就任による変更の登記を申請しなければならない。〔オリジナル〕 | × |
| 2 | 株式会社が監査等委員会設置会社であるときは、監査等委員である取締役及びそれ以外の取締役の氏名を登記しなければならない。〔オリジナル〕 | ○ |
| 3 | 監査等委員会設置会社の取締役の過半数が社外取締役である場合において、取締役会の決議によって重要な業務執行の決定の一部を取締役に委任することができる旨を定款で定めたときであっても、その旨を登記することを要しない。〔オリジナル〕 | × |

| | | |
|---|---|---|
| 4 | 設立しようとする会社が監査等委員会設置会社である会社の場合において、監査等委員ではない設立時取締役が社外取締役であるときは、設立の登記の申請書には、登記すべき事項として当該設立時取締役が社外取締役である旨を記載しなければならない。〔令3-28-ア〕 | ○ |

**×肢のヒトコト解説**

1 監査等委員会設置会社には、代表執行役は存在しません。

3 取締役に委任することができる旨は登記事項です。

## 第2節 退任の登記

### （1）退任登記の検討

1. 事　取締役の変更
1. 登　○年○月○日取締役○○辞任
1. 税　金３万円（登録税別表1.24.(1)カ）

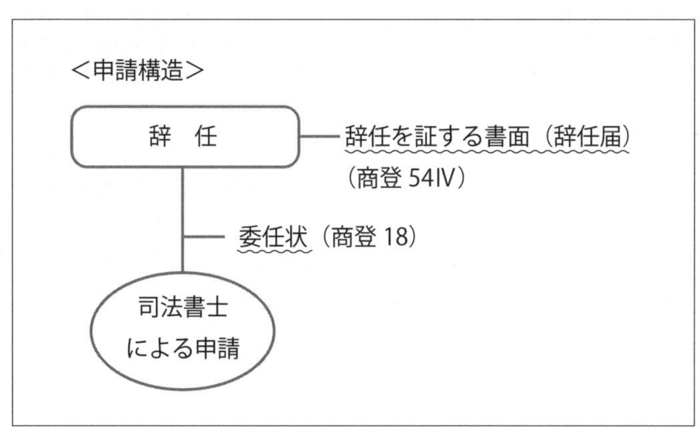


これから、役員等が辞める場面の登記を見ていきます。

前記の申請書は、辞任によって退任する場合の申請書です。登記すべき事項には辞任と書かれます。

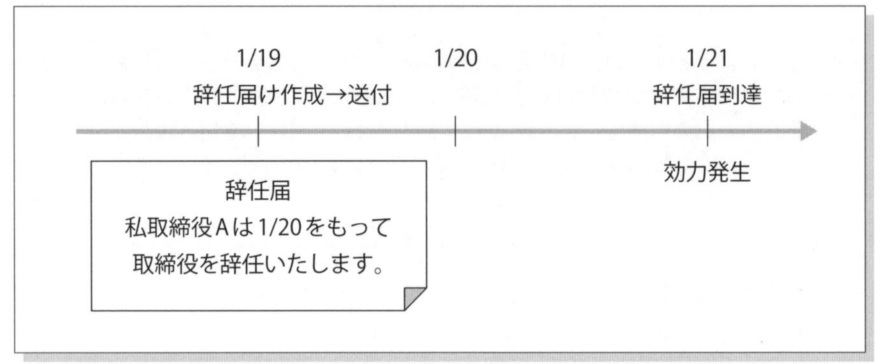


「会社に行きたくないから」辞任届を、郵送しているようです。
郵送した場合、いつ辞任になるのでしょう。

**手紙の意思表示は、届いた時に効力が発生します**（民法で学んでいる到達主義という考え方です)。今回も同じで、辞任届が到達した21日に効力発生になります。辞任届に書いた日付である20日ではありません。

**株主総会議事録**

第１号議案　取締役改選の件
　取締役である田中一郎が、議事の場で辞意を株主に対して表明したため、取締役改選の必要性があり……

↓
辞任届として援用できる。

**株主総会議事録**

第１号議案　取締役改選の件
　議長が、先日取締役である田中一郎から辞意を伝えられたことを株主に説明し、取締役改選の必要性があり……

↓
辞任届として援用は不可

左の議事録のように、株主総会に本人が出席して「自分は辞任します」と述べていたことが分かる議事録があれば、別途辞任届をつける必要はありません。株主総会議事録を辞任届として使うことができます。

ただ、右の議事録のように、本人が総会で述べていない（伝聞）の場合には、信用性が乏しいため、援用は認められません。

| | | |
|---|---|---|
| 1 | 株主総会において取締役が口頭で辞任を申し出たことがその総会の議事録上明らかな場合において、取締役の変更の登記の申請書にその議事録を添付したときは、辞任届を添付することを要しない。〔58-38-3（18-31-イ）〕 | ○ |
| 2 | 株主総会の席上で、議長から取締役が辞任をした旨の報告があった場合において、その旨が株主総会議事録から明らかであるときは、当該取締役の辞任による変更の登記の申請書には、辞任を証する書面として当該株主総会議事録を添付することができる。〔オリジナル〕 | × |

**×肢のヒトコト解説**

2　報告形式の場合には、株主総会議事録を援用することはできません。

## これで到達！ 合格ゾーン

☐ 取締役が辞任によって退任したにもかかわらず会社がその旨の登記をしないときは、辞任した取締役は、会社を被告として辞任の登記をすべき旨の訴えを提起し、その勝訴判決が確定した場合には、当該取締役は、その判決に基づいて辞任による退任の登記を申請することができる（昭30.6.15民甲1249号）。〔9-35-イ（14-31-2）〕

**★取締役が辞任届を出しても、会社が申請してくれない場合は、訴訟して、会社の意思を擬制します（不動産登記の判決登記と同じように考えてください）。**

1. 事　取締役及び代表取締役の変更
1. 登　○年○月○日取締役○○辞任
　　　同日代表取締役○○退任
1. 税　金３万円（登録税別表1.24.(1)カ）

これは代表取締役が、取締役を辞任した場合の申請書です。

代表取締役の資格は、取締役の資格の上に乗っています。だから、**取締役資格が吹き飛べば、上に乗っている代表取締役の資格も吹っ飛ぶことになります。**

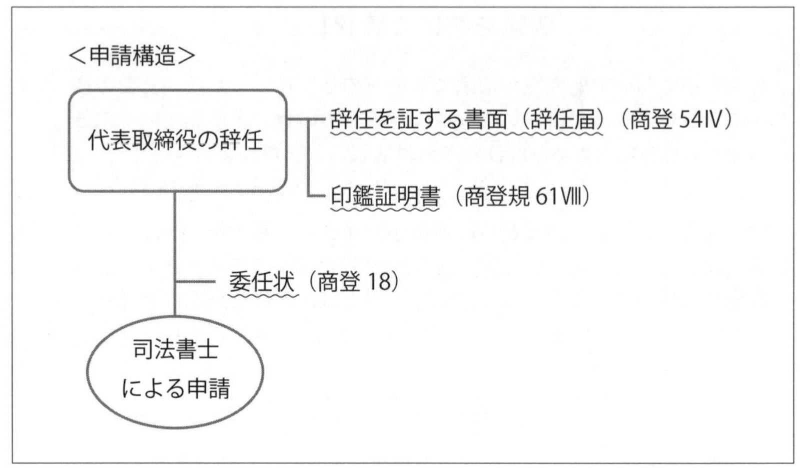


これは代表取締役が辞任する場合の申請構造です。

この場合は、辞任届だけでは足りず、辞任届に実印を押して印鑑証明書の添付が必要になります。

**代表取締役を嫌っている勢力が、代表取締役の辞任届を勝手に作らない**ように、辞任届には代表取締役の実印の押印を要求したのです。**Aしか持っていない実印を押させることによって、「Aが辞任届を作っている」ことを立証させている**のです。

ただ、実印以外でも、Aしか持っていない印があります。それは**届出印**です。

辞任届に実印を押印するのではなく、届出印を押していた場合でも、Aさんが書いていることがわかります。

まとめると、**Aが辞任届を書いていることを立証するために、「辞任届に実印を押して印鑑証明を付ける」か、「辞任届に届出印を押す」ことが要求されます。**

ただ、これらの規制はすべての代表取締役で要求されるわけではありません。次の表を見てください。

### ◆代表取締役・代表執行役又は取締役・執行役の辞任による変更の登記◆

| | 登記所に印鑑を提出した者がある場合 | 全ての代表者が登記所に印鑑を提出していない会社 |
|---|---|---|
| 場面 | 印鑑を提出している者が辞任する場合 | 会社の代表者が辞任する場合 |
| 要求される規制 | 届出印の押印<br>又は実印＋個人の印鑑証明が必要 | 実印＋個人の印鑑証明が必要 |

代表取締役が複数人いる場合でも、**印鑑届をしている代表取締役の辞任の登記でのみ要求**されます。

これは、届出印（会社印とも呼びます）を持っている代表取締役が、事実上のトップなので、**事実上のトップの辞任のみ規制をかける趣旨**です。

印鑑届をしている会社では、事実上のトップかどうかは印鑑届をしているかどうかで判断できますが、**印鑑届をしていない会社もあります**。その場合は、**代表取締役が複数いる場合は、どの代表取締役が辞任するときでも規制がかかります**。

代表取締役若しくは代表執行役又は取締役若しくは執行役（以下「代表取締役等」という。）であって、印鑑を提出している者の辞任による変更の登記の申請書には、当該代表取締役等が辞任したことを証する書面に押印した印鑑と当該代表取締役等に係る登記所届出印とが同一であるときを除き、当該印鑑につき市町村長作成の証明書を添付しなければならないとされていました。

**登記所に印鑑を提出した者がある場合にあっては、改正省令の施行後においても、その取扱いに変更はありませんが、全ての代表者が登記所に印鑑を提出していない会社の代表者が辞任する場合には、当該会社の代表者が辞任したことを証する書面に押印した印鑑につき市町村長の作成した証明書を添付しなければならないこととされました（商登規61 Ⅷ）。**

## 問題を解いて確認しよう

3　登記所に印鑑を提出している成年被後見人及び被保佐人のいずれにも該当しない代表取締役が辞任した場合の変更の登記の申請書には、当該代表取締役が辞任を証する書面に押した印鑑について、当該印鑑と当該代表取締役が登記所に提出している印鑑とが同一であるときを除き、市町村長の作成した印鑑証明書を添付しなければならない。〔27-29-ア〕　○

1. 事　取締役の変更
1. 登　○年○月○日取締役○○解任
1. 税　金３万円（登録税別表1.24.(1)カ）

1. 事　取締役及び代表取締役の変更
1. 登　○年○月○日取締役○○解任
　　　同日代表取締役○○退任
1. 税　金３万円（登録税別表1.24.(1)カ）

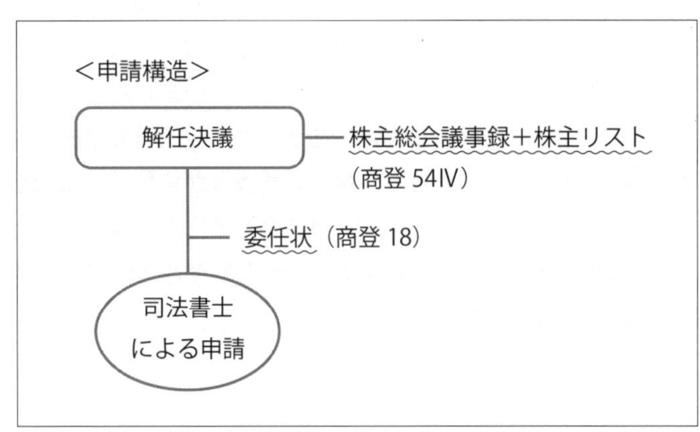


今度は取締役の解任です。登記すべき事項のところには「解任」と書かれます。そして、取締役の解任を立証することが要求されます。

取締役の解任は、株主総会で行いますので、添付書類は、株主総会議事録プラス株主リストとなります。

株主総会で解任しますが、そのときの決議要件は何でしょうか。

原則は普通決議です。ただ、**監査等委員会の監査等委員である取締役の解任や、累積投票で選ばれた取締役は、特別決議です**。他にも**監査役の解任は特別決議でした**。

これで到達！　合格ゾーン

□ 取締役選任権付株式を発行した会社の取締役を解任する場合には、解任に係る種類株主総会議事録のほか、選任に係る種類株主総会議事録も添付しなければならない（平14.12.27 民商3239 号）。〔26-34- イ〕

**★A種類総会で選任した取締役は、A種類総会で解任します。この場合、解任時のA種類総会議事録だけでなく、選任時のA種類総会議事録を添付します。これは、今回の取締役が「A種類総会で選任した」ことを立証するためです。**

1. 事　会計監査人の変更
1. 登　○年○月○日会計監査人○○解任
1. 税　金 3 万円（登録税別表 1.24.(1)カ）

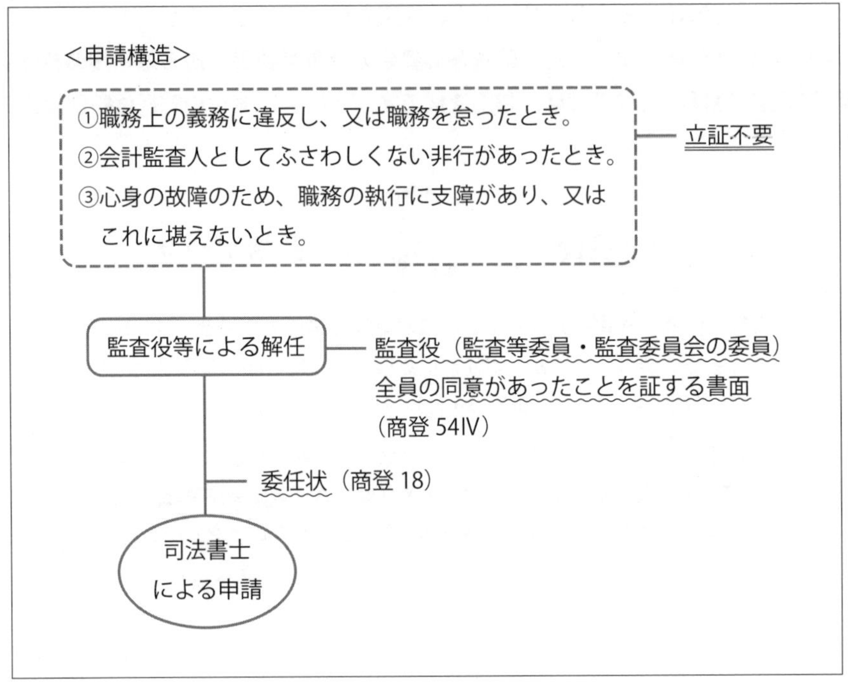

<申請構造>
①職務上の義務に違反し、又は職務を怠ったとき。
②会計監査人としてふさわしくない非行があったとき。
③心身の故障のため、職務の執行に支障があり、又はこれに堪えないとき。
立証不要
監査役等による解任
監査役（監査等委員・監査委員会の委員）全員の同意があったことを証する書面（商登54Ⅳ）
委任状（商登18）
司法書士による申請

会計監査人は、監査役で解任できる場合があります。

これは今の会計監査人が「だめだめな状態」の場合、タッグを組む、監査役が解任するという制度です。

ただ解任するには、**監査役全員の同意が必要**です。

### 取締役会設置会社における代表取締役の解職

1. 事　代表取締役の変更
1. 登　○年○月○日代表取締役○○解任
1. 税　金3万円（登録税別表1.24.⑴カ）

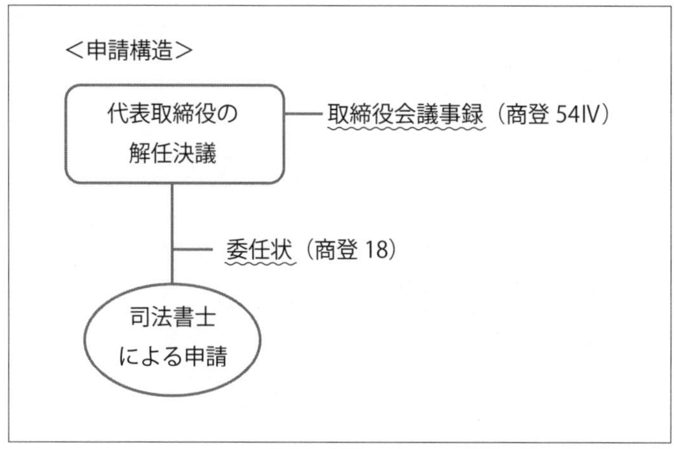


決議をしている会議体に注目してください。取締役会設置会社では、取締役会が代表取締役を選定するので**首を切るのも取締役会**になります（選ぶところが首を切るが基本形です）。

1. 事　取締役の変更
1. 登　令和6年5月20日取締役B資格喪失
1. 税　金3万円（登録税別表1.24.(1)カ）

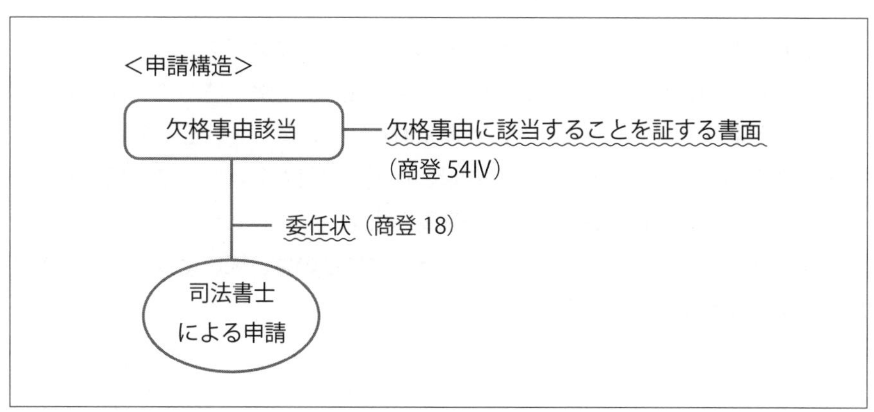


欠格事由に該当したという場合の申請書です。表現としては、「資格喪失」と書きます。**プライバシーの観点から具体的な内容は書きません**。

1. 事　取締役の変更
1. 登　○年○月○日取締役○○死亡
1. 税　金3万円（登録税別表1.24.(1)カ）

1. 事　取締役及び代表取締役の変更
1. 登　○年○月○日代表取締役である取締役○○死亡
1. 税　金3万円（登録税別表1.24.(1)カ）

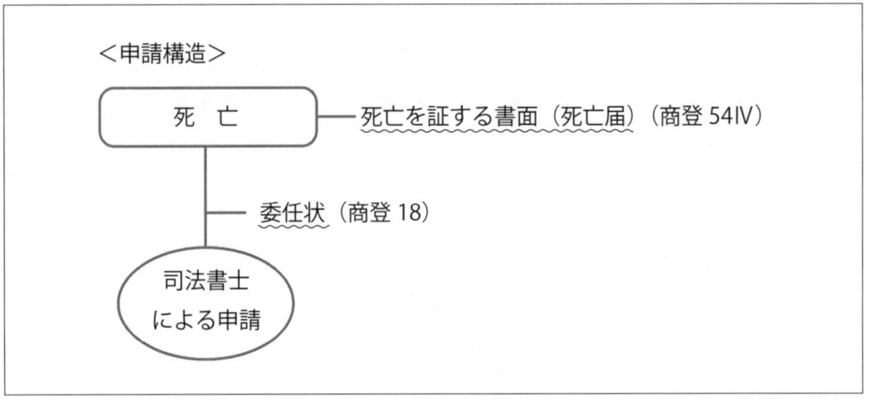


代表取締役を兼任している取締役が死んだ場合の申請書です。

この場合、「退任」とは記載しません。取締役資格が吹っ飛んで、代表取締役資格が吹き飛ぶのではありません。死んだ時点で、取締役・代表取締役の資格を一挙に失うことから、申請書も「取締役と代表取締役と分けず」、「退任」とも書かずに、**1行で2つとも失ったことを表現**します。

気を付けてほしいのは、このように**1行で書けるのは、死亡だけ**です。**他の事由で辞めた場合に、1行で書けば減点**になります。

## （2）任期満了による退任

取締役の任期は、選任後２年以内（監査等委員会設置会社にあっては監査等委員である取締役を除く取締役及び指名委員会等設置会社の取締役にあっては、１年以内）に終了する事業年度のうち最終のものに関する定時株主総会の終結の時までである。

取締役が退任するのは、定時株主総会の終結のときです。定時株主総会で説明をしてほしい、だから定時株主総会が終わるまで任期を認めていました。

では、具体的にいつの定時株主総会の終結時に退任するかを見ましょう。

法務商事株式会社の定款（抜粋）

第10条　当社の事業年度は、毎年4月1日から翌年3月31日までとする。

第11条　当社の定時総会は、事業年度の末日の翌日から3か月以内に開催するものとする。

第12条　取締役の任期は、選任後2年内の最終の決算期に関する定時総会の終結の時までとする。

①　取締役Ａ　令和３年６月20日選任
②　令和５年の決算期に関する定時総会は、令和５年６月25日に開催された。

この会社は、３月31日が事業年度末日（決算期）となっていて、ここで１年の帳簿を閉めます。このあと、１年間の経理の計算、事業内容の報告書を作成し、３か月以内に定時株主総会を開き、そこで今期の成績発表・報告をします。

この流れの中で、Aはいつ退任するのでしょう。

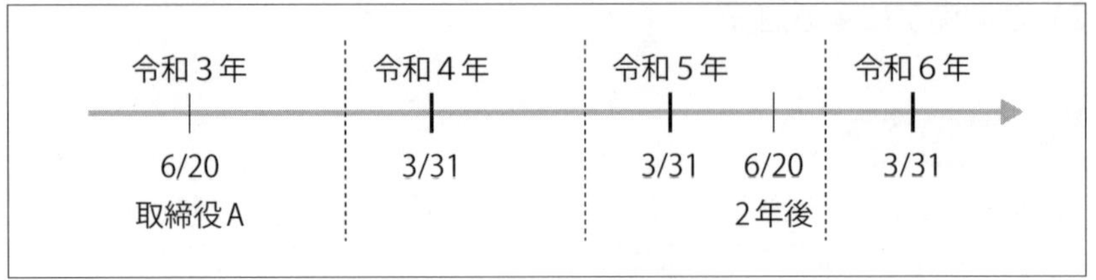


令和３年６月20日にAが選任されて取締役になっています。そこから２年後は、令和５年の６月20日です。ここまでAが見ていた最後の決算期はいつでしょう。

これは、令和５年の３月31日になります。

Aはこの決算に関する報告までは責任を取ります。だから令和５年３月31日のあとに開かれる定時株主総会まで取締役の仕事をして、その終結時に退任します。

①　取締役Ａ　令和４年２月１日選任
②　令和５年の決算期に関する定時総会は、令和５年６月25日に開催され、
　　令和６年の決算期に関する定時総会は、令和６年６月27日に開催された。

令和４年２月１日にAが選任されて取締役になっています。そこから２年後は、令和６年２月１日です。ここまでAさんが見ていた最後の決算期はいつでしょう。

これは、令和５年の３月31日になります。

Aはこの決算に関する報告までは責任を取ります。だから令和５年３月31日のあとに開かれる定時株主総会まで取締役の仕事をして、その終結時に退任します。

①　取締役Ａ　令和３年６月20日選任
②　令和５年の決算期に関する定時総会は、開催されず、
　　令和６年の決算期に関する定時総会は、令和６年６月27日に開催された。

本来、このAが退任するのは、令和５年の定時株主総会ですが、それが開かれていません。定時株主総会が開催されないため、取締役は退任しないという結論はおかしいでしょう。

そこでこの場合は、**開くべき期間の末日で退任**することにしました。

本来、3月31日から3か月以内に開くべきでした。だから辞めるのは、3月31日の3か月後、6月の末日で辞めることになります。

1. 事　取締役の変更
1. 登　令和5年6月30日取締役A退任
1. 税　金3万円（登録税別表1.24.(1)カ）

申請書は、退任と書きます。任期満了という字は特に入れる必要はありません。

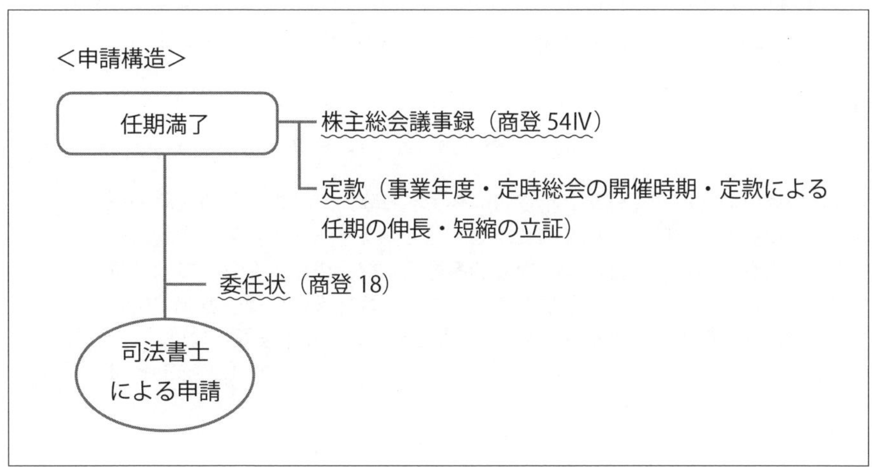


任期の満了を立証するため、株主総会議事録が必要です。

株主総会の終結の時に任期満了するのですから、**いつ定時株主総会を開いたかを伝える**のです。

そして定款が必要になる場面があります。

定款で「事業年度がいつまでか」、「開催時期はいつまでか」を決めている場合、非公開だったら任期を10年以内で伸ばせるので「定款で任期を延ばしている」こと、もしくは「定款で任期を短くしている」ことを定めている場合です。

ただ、このような定めがあっても定款を添付しなくていい場合があります。次の議事録を見てください。

> 第３号議案　取締役の選任の件
> 議案である取締役の選任の件について議長は、**本定時株主総会の終結と同時に任期が満了する取締役がいる**ため、下記の者を取締役として選任したい旨を述べ、その可否を議場に諮ったところ、出席株主全員が賛成し、これを承認可決した。なお、被選任者はいずれも席上即時に就任を承諾した。
> 取締役　　安部一郎　佐藤花子　中村八郎

ポイントは「**本定時株主総会の終結と同時に任期満了する**」という文言です。

**この文言があれば、信用します。**

議事録に辞めますよと書いてあれば、議事録の記載を信用して、定款の添付を省略できます（ほとんどの議事録には、この記載が入っています）。

### 問題を解いて確認しよう

| | | |
|---|---|---|
| 1 | 取締役の任期が選任後２年以内に終了する事業年度のうちの最終のものに関する定時株主総会の終結をもって満了する旨の定めが定款にある場合において、定時株主総会議事録に本総会の終了をもって取締役の任期が満了する旨の記載があるときは、取締役の変更の登記の申請書には、退任を証する書面として定款を添付することを要しない。〔2-32-エ（20-33-イ）〕 | ○ |

ここからは任期計算に影響を与える事由を見ていきます。補欠規定、任期変更、事業年度変更です。

この情報を見落として任期計算をすると、相当な失点を受けてしまいます。記述問題では早い段階で確認しておくようにしましょう。

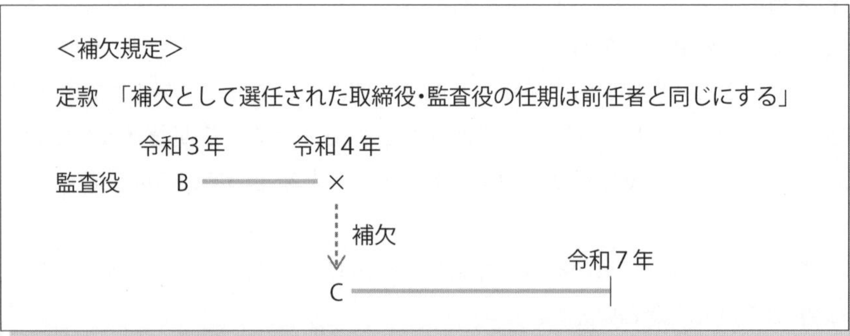

監査役に選任されたBが、任期の途中で辞めました。その後釜としてCを選任しています。このときの選び方として「Bの補欠として選ぶ」とし、かつ、定款規定があると、Cの任期は変わります。

Cの任期は**Bの残りの期間までになります**。上記のBが令和4年まで監査役をやったあとに、Cが選任されたのであれば、残り3年しか任期がありません。

これは、「監査役の改選を、令和3年・令和7年・令和11年に行いたい」会社が定める定款規定です（このルールがないと、令和4年から4年の任期になるので、**改選時期が予定と変わってしまいます**）。

ただ、監査役の任期は法定任期なので、それを上記のように**短くするには、定款に補欠規定が必要なことに注意**してください。

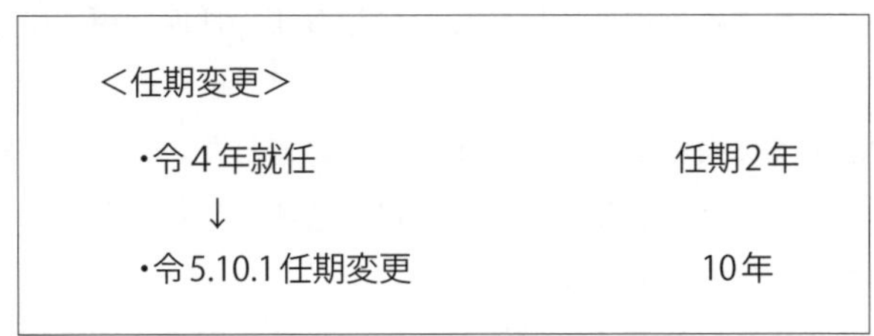

<任期変更>
・令4年就任
任期2年
↓
・令5.10.1任期変更
10年


例えば、非公開であれば役員の任期は10年まで延ばせます。

ある役員の任期中に、取締役の任期を延ばすとした場合、これから選ばれる取締役だけでなく、現在の取締役の任期も変わり、**初めから変更後の任期だったとして処理する**ことになります。

具体的に言うと、「2年の任期の状態で選ばれた→途中で10年の任期になった→初めから10年の任期で期間計算をする」ことになるのです。

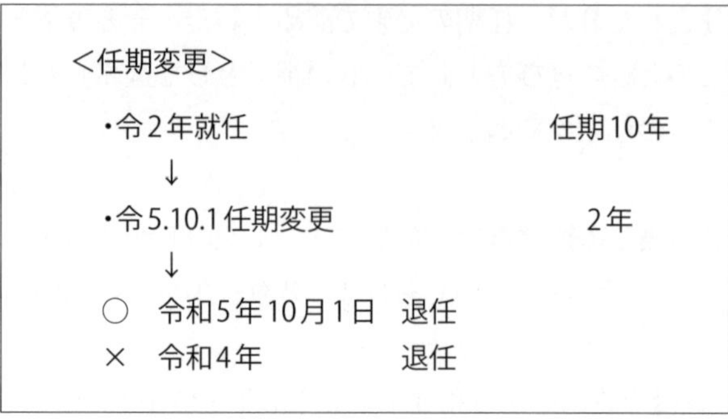

<任期変更>
・令2年就任　任期10年
↓
・令5.10.1任期変更　2年
↓
○　令和5年10月1日　退任
×　令和4年　退任


令和２年の就任時は、任期が10年でした。ただ令和５年の時点で、任期を２年と短くされたようです。初めから２年の任期だったと処理する場合、令和４年に辞めることになりそうです。

ただ、結論は令和４年で退任ではなく、令和５年の任期変更時に退任したことになります。

この取締役は実際に令和５年まで仕事をしていました。にもかかわらず、令和４年には辞めていたことにすると、その役員が令和４年から令和５年にやっていた仕事は、全部無効になってしまいます。

そこで、**定款変更をした時点で退任として、そこまでの仕事を無効にしないようにしている**のです。

役員の退任
→　遡及して退任することはない

このように考えて、処理するようにしましょう。

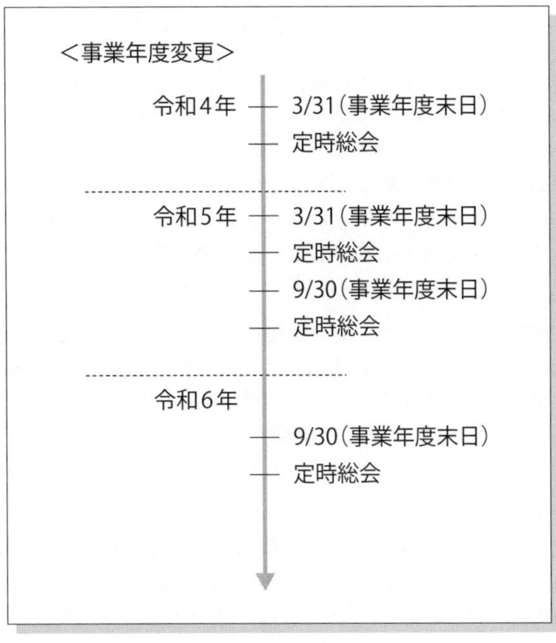


事業年度を途中で変えることもできます。上の図は、3月末決算の会社が、令和5年の定時株主総会で9月末決算に変えた場合の時系列です。

この事例では、事業年度を変えた後、まもなくして9月末に決算期が来るため、そこから一定期間内に定時株主総会を開くことになります（1年間に2回、定時総会が開かれています）。

では、令和4年6月20日に選任された人は、いつ任期満了するのでしょう。

もし事業年度変更がなければ、令和6年の3月31日に係る定時株主総会まで任期がありました。ただ事業年度変更により最後の決算期は、令和5年9月30日に変わるため、令和5年9月30日に係る定時株主総会で任期満了することになります。

問題を解いて確認しよう

1 会社法上の公開会社である監査役設置会社において、取締役の任期を選任後１年以内に終了する事業年度のうち最終のものに関する定時株主総会の終結の時までとする定款の定めについて、取締役の任期を選任後２年以内に終了する事業年度のうち最終のものに関する定時株主総会の終結の時までとする定款の変更をした場合には、当該定款の変更の効力が生じた時に現に在任している取締役の任期は、当該定款の変更の後の定款で定めた任期となる。〔令2-29-オ〕 ○

2 定款の変更をして取締役の任期を短縮したことにより、在任中の取締役の任期が定款変更時に既に満了していることとなる場合、当該取締役の選任から起算して短縮後の任期が満了する日を退任の日として、取締役の退任による変更の登記を申請しなければならない。〔オリジナル〕 ×

3 取締役の任期を短縮する定款の変更をし、変更後の任期によれば既に取締役の任期が満了することとなる場合、当該取締役が権利義務取締役にならないときは、当該定款の変更の効力発生日を退任日とする当該取締役の退任による変更の登記を申請しなければならない。〔オリジナル〕 ○

×肢のヒトコト解説

2 定款変更の決議をした日に任期満了退任をします。

## （3）重任

1. 事　取締役、代表取締役及び監査役の変更
1. 登　令和６年６月25日次の者重任
　　取締役　甲野太郎
　　東京都新宿区新宿三丁目６番１号
　　　代表取締役　甲野太郎
　　監査役　乙野次郎
　金３万円（登録税別表1.24.(1)カ）
　（資本金の額が１億円以下の会社は、金１万円）

退任した人が、またその役職に選任され、就任した場合を再任といいます。その再任という概念の中に重任という概念があり、登記簿には重任と載ります。

どういう場合を重任とするかは、２つの考え方があります。

**Point**
同一時点説：退任と就任が時間的間隔なく起こる場合を、重任と捉える
同一日付説：退任と就任が同一の日に起こる場合を、重任と捉える

基本的には、**辞めたのと就任が全く同時なら重任と考えます**（同一時点説です）。

次の時系列を見てください。

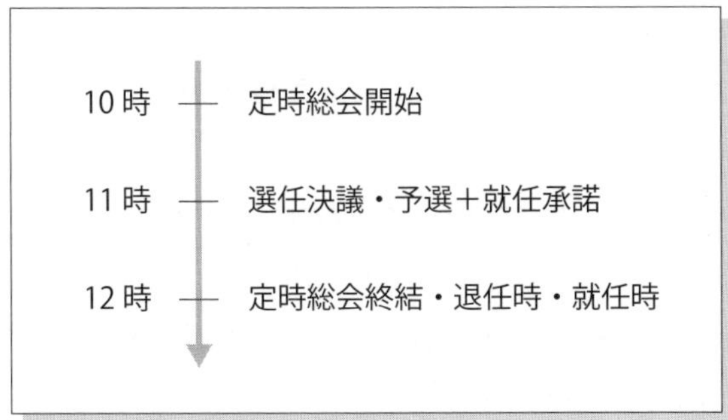


10時に開かれる定時株主総会が、12時で終わった瞬間に、取締役Ａの任期が満了する予定でした。

このＡが有能だから、もう１期取締役をやってもらおうと会社側が考え、11時に選任決議をしたところ、Ａは就任承諾をしました。

ここで、12時に定時株主総会が終わると、Ａはいったん退任し、なおかつ、就任します。**退任した時点と就任した時点が同一になる**ので、この場合は「取締役Ａ重任」と登記します。

基本的には、就任と退任同一時点で生じると重任になります。

例えばこの事例で、令和６年１月30日の11時に選任された方が、就任承諾を次の日にしていたらどうなるでしょう。

この場合は、「令和６年１月30日Ａ退任　令和６年１月31日Ａ就任」と別々の登記になります。

前記のように、同一時点であれば重任と処理しますが、**取締役会設置会社の代表取締役は例外**です。

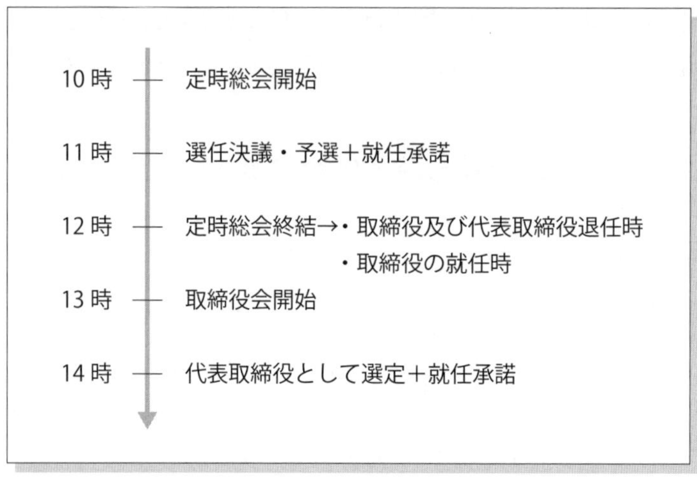


10時に定時総会が始まり、11時にAが予選で取締役に選ばれ、就任承諾し、12時に定時株主総会が終わっています。

定時株主総会終結の時点で取締役を辞め、その時点で前提の資格がなくなるので代表取締役も退任します。そして、Aは新たな取締役として就任したあと、取締役会が開かれて、14時ごろ代表取締役にAが選ばれて就任承諾しました。

重任になるかどうかを検討しましょう。

取締役については、退任と就任が同時に起きるから重任になります。

代表取締役は辞めた時点と、就任した時点がズレています。ただ、これはしょうがありません。**取締役を選ぶ会議体と代表取締役を選ぶ会議体が違う以上、どうしてもずれてしまう**のです。

そこで、**代表取締役に関しては、同一時点というのにこだわらず、日付が同じなら重任としてよい**としたのです（日付が同じなら重任となります）。

| 状況 | 先ほどの事例で、取締役としては重任されたが、代表取締役としては選定されなかった場合 |
|---|---|
| なすべき登記 | 年月日　取締役Ａ重任<br>同日代表取締役Ａ退任 |

もし、ここでAが取締役会で代表取締役として選ばれなかった場合は、取締役は重任ですが、代表取締役は、退任となります。

「重任＝やめないで続ける」と考えてしまうと、代表取締役の退任という結論が出せません。**重任というのは、法律上は「退任＋就任」ということを意識してください。取締役をいったんやめることになるので、代表取締役の資格もなくなるのです。**

Point

会計監査人が退任する定時総会で別段の決議がされなかったときは、会計監査人はその定時総会で再任されたものとみなされるため（会社338）、この場合も重任の登記をすべきことになる。

会計監査人の任期は１年ですが、ただ、毎年改選すると会社にとって負担だろうということから、何も決めなければ、会社法では、もう１回再任したと扱うと規定しています。

1. 事　会計監査人の変更
1. 登　○年○月○日会計監査人○○重任
1. 税　金３万円（登録税別表1.24.(1)カ）
　　（資本金の額が１億円以下の会社は，金１万円）

会計監査人の再任みなしになる場合、商業登記では重任登記を申請します（登記は自動的に更新されません）。

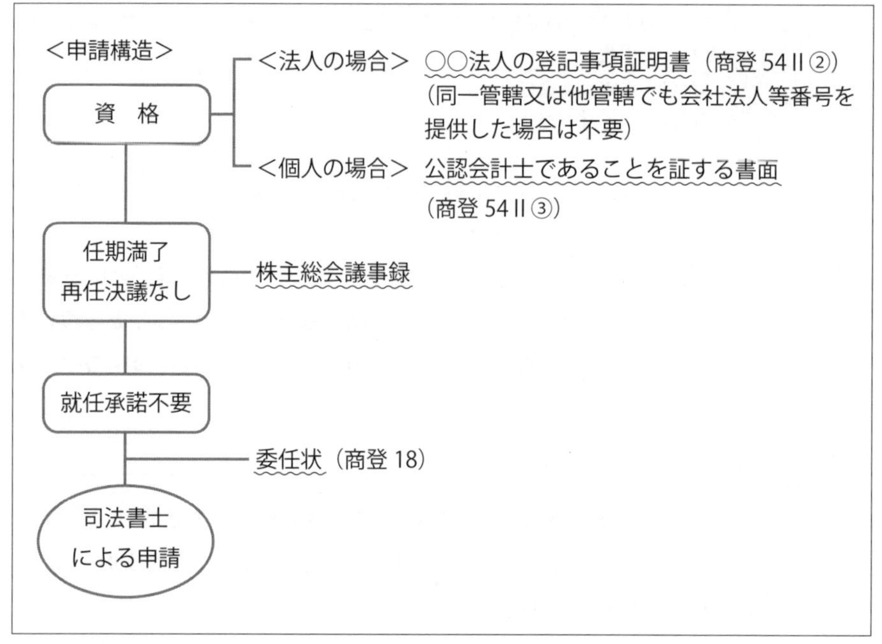


**資格の立証が再度必要になるのがポイント**です。

「重任ということは、既に１回選んでいる→１回目で資格は立証している→だから、もう資格の立証は要らないんじゃないか」と思うところですが、**現在も会計士である保証はありません。**

かつて会計士だったけど、不祥事か何かして、今は会計士ではないこともありえるため、現時点でも公認会計士なのかを確認するために資格をもう１度立証させているのです。

そして、任期満了する定時株主総会で、別段の決議をしていないことを立証するために株主総会の議事録も添付します。

ちなみに、ここでは**株主リストを添付する必要はありません。**

株主リストは何らかの決議をしたときのメンバーは「○○と○○と○○です」と立証する書面です。

その**決議をしたときのメンバーを立証するのが株主リストなのですが、今回は何も決議をしなかったことを株主総会議事録で立証することになるので、メンバーの立証をする必要がありません。**

もう１つポイントがあります。**就任承諾が要らない点**です。別段の決議がなければ、**自動的に再任したと扱いますので、就任承諾という意思も不要**なのです。

**問題を解いて確認しよう**

| | | |
|---|---|---|
| 1 | 公認会計士である会計監査人の重任による変更の登記の申請書には、当該会計監査人が選任後１年以内に終了する事業年度のうち最終のものに関する定時株主総会において別段の決議がされなかったことにより当該株主総会において再任されたものとみなされた場合であっても、公認会計士であることを証する書面を添付しなければならない。〔25-33-ア〕 | ○ |
| 2 | 会計監査人の任期が満了する定時株主総会において別段の決議がされなかった場合、会計監査人の重任による変更の登記の申請書には、会計監査人が就任を承諾したことを証する書面を添付することを要しない。〔オリジナル〕 | ○ |

## （4）権利義務役員に関する登記

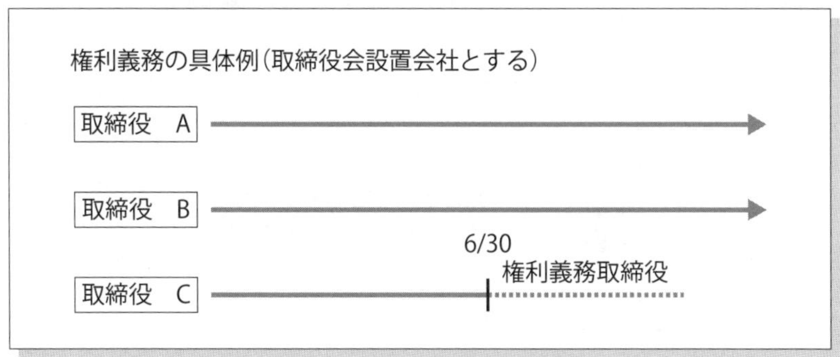


取締役ＡＢＣのうち、Ｃが６月30日に任期満了しました。

取締役会設置会社で、ここでＣが抜けるとメンバーがＡとＢ２人になり、欠員が生じます。

この場合、Ｃには仕事を続けてもらいます。

任期満了（又は辞任）をしても、欠員が生じた場合には、その者を縛り付けて仕事を続けてもらいます。

この制度を権利義務と呼びます。

前記の図は「**6/30から委任契約はなくなっている。ただ、法律がしばり付けて仕事をしている**」状態を示しています。

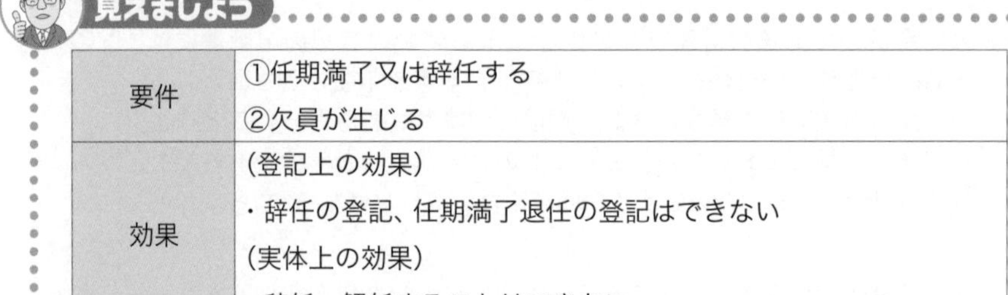

**覚えましょう**

| 要件 | ①任期満了又は辞任する<br>②欠員が生じる |
|---|---|
| 効果 | （登記上の効果）<br>・辞任の登記、任期満了退任の登記はできない<br>（実体上の効果）<br>・辞任・解任することはできない |

欠員が生じた理由が、辞任と任期満了で辞めた場合だけ、権利義務となります。例えば、Cを**解任をして欠員が生じても、このCは権利義務者にはなりません。**

「解任されている＝悪さをしていた」ということが大半です。その**悪さをしていた役員Cに続けてもらうというのは、会社にとって不都合**です。

またCが死亡した＋欠員が生じたときに

死んでいるところ悪いけど、
仕事続けてくれるかな。

といっても、無理ですよね。

こういったわけで、権利義務者になって続けてもらうのは、**辞めた理由が、任期満了と辞任の2つの場合だけ**となります。

次に、登記上の効果を見てください。

**6/30に任期満了又は辞任によって委任契約がなくなっていることを意識**してください。実体上、委任契約は切れているのですが、登記ができない、つまり**役員欄から消せない**としているのです。

登記簿に残し続けることによって、縛り付けていることを公示しています。

そして、**実体上の効果として、辞任又は解任ができません。法が縛り付けているため、権利義務者は「俺やめるよ」といって逃げたり、その者を会社がクビにすることができません。**



## 問題を解いて確認しよう

| | | |
|---|---|---|
| 1 | 取締役会設置会社において、定款に代表取締役の定数を2名とする定めがあり、取締役4名、代表取締役2名が登記されている会社において、その代表取締役のうち1名が取締役を辞任した場合には、その者について、取締役及び代表取締役の退任による変更の登記の申請をすることはできない。〔15-32-ア〕 | × |
| 2 | 株式会社において、在任中の取締役に欠格事由が生じた場合であっても、そのために取締役の員数が法定数を欠くこととなるときは、後任者が選任されるまでは、取締役の退任による変更登記の申請をすることができない。〔11-29-ウ（4-38-イ、25-32-5）〕 | × |
| 3 | 取締役の権利義務を有する者が辞任の意思表示をした場合、辞任による変更の登記を申請することができる。〔オリジナル〕 | × |
| 4 | 取締役としてA、B及びCが登記されている取締役会設置会社において、A、B及びCの任期がすべて満了しているときは、後任者が選任されなければ任期満了による退任の登記は申請することができないが、Cが任期満了後に解任されたときは、Cの退任の登記は申請することができる。〔14-34-オ（18-31-オ）〕 | × |

## ヒトコト解説

1 この会社は取締役会設置会社なので、３人いれば足ります。本肢では、取締役については欠員が生じていないので、権利義務となりません。

2 欠格事由の方を縛り付けることは、会社にとって不都合です。

3 縛り付けられているため、辞任をすることはできません。

4 権利義務中の者を解任することはできません。

### ◆ 権利義務を承継する者 ◆

| | |
|---|---|
| 権利義務を承継する者 | ① 役員<br>② 代表取締役（注）<br>③ 指名委員会等設置会社における各委員会委員（注）<br>④ 執行役、代表執行役（注）<br>⑤ 清算人、代表清算人 |
| 権利義務を承継しない者 | 会計監査人 |

（注）代表取締役・委員・代表執行役の権利義務者該当要件

① 退任事由が任期満了又は辞任であること

② その退任により法定または定款に定めた員数に欠員が生じること

③ 前提となる取締役・執行役資格があること

権利義務という扱いを受けるのは、取締役だけでなく、ほとんどの会社法上の地位について認められます。

**ほぼ唯一の例外といえるのが、会計監査人**です。会計監査人が任期満了したり、辞任して欠員がおきたとしても、株主総会決議でなく、**監査役が迅速に後任を選べるため、任期満了したものを縛り付ける必要がない**ためです。

代表取締役についても、権利義務は認められますが、要件が若干異なります。
それは、**前提としての取締役の資格が必要**という点です。

いくら、欠員が起きても取締役の資格がないものは、代表取締役の権利義務にはなりません。このあと掲載されている過去問〔会社法26-30-オ〕で確認してください。

## 問題を解いて確認しよう

| | | |
|---|---|---|
| 1 | 会計参与を１人置く旨の定款の定めがある株式会社の会計参与が辞任をした場合においては、新たに選任された会計参与（一時会計参与の職務を行うべき者も含む。）が就任していないときであっても、当該辞任による変更の登記は受理される。〔21-30-ア〕 | × |
| 2 | 唯一の会計監査人が辞任した場合にする会計監査人の辞任による変更の登記は、新たに選任された会計監査人（一時会計監査人の職務を行うべき者も含む。）の就任による変更の登記と同時に申請しなければならない。〔25-33-イ〕 | × |
| 3 | ３人以上の取締役を置く旨の定款の定めのある取締役会設置会社において、取締役として代表取締役Ａ並びに代表取締役でない取締役Ｂ、Ｃ及びＤの４人が在任している場合において、Ａが取締役を辞任したときは、Ａは、新たに選定された代表取締役が就任するまで、なお代表取締役としての権利義務を有する。〔会社法26-30-オ〕 | × |

## ヒトコト解説

1　会計参与にも権利義務の適用があるため、権利義務中の会計参与の辞任による変更の登記は受け付けられません。

2　会計監査人には権利義務の適用がないため、辞任して欠員が生じたとしても、すぐに辞任の登記をすることができます（後任の就任を待つ必要はありません）。

3　Ａは、代表取締役の前提資格である取締役の資格を失っているため、代表取締役の権利義務になりません。

**Point**

**権利義務解消事由**

①　員数を満たした後任者の就任

②　死亡

③　欠格事由

権利義務が解消される場面が３つあります。

**①員数を満たした後任者の就任**

員数を満たした後任者が来て、**欠員がゼロになれば、もう辞めた人を縛り付ける必要はありません。**
ポイントは員数を満たしたという点です。欠員がゼロになるまでは縛り付けは続きます。

**②死亡・欠格事由**

死んだとか、欠格事由に該当したとか、これらの者を縛り付けることはできません。**この状態で仕事をすることが期待できない**からです。

では次に、権利義務が解消されたときの申請書を見てみましょう。

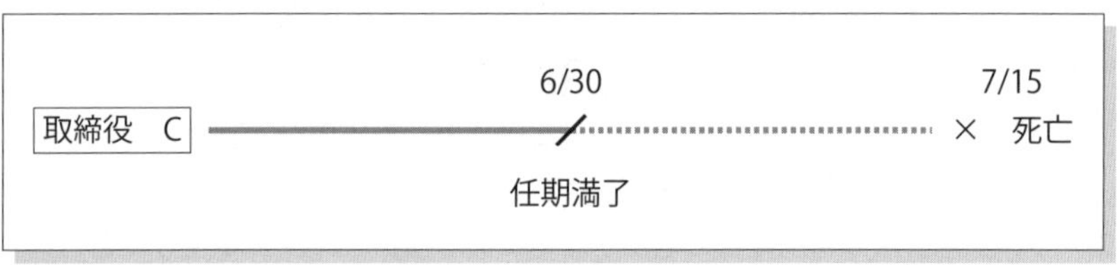


取締役Cが6月30日に任期満了して、委任契約がなくなりました。ただ、後任者がいないので縛り付けられています。
　縛り付けが辛かったのでしょうか、7月15日に死んだようです。そのときの申請書は次のとおりです。

登記申請書
事　取締役の変更
登　令和6年6月30日取締役C退任

登記すべき事項は、7月15日死亡ではありません。

申請書には、
× **仕事をいつまでやっていたか**
○ **委任契約がいつ・なぜ終了したか**を記載する。

この事例では、委任契約は6月30日に任期満了を理由に切れているので、6月30日退任と書きます。

(比較事例)
Cが4月15日に死亡した場合
登記すべき事項
令和6年4月15日取締役C死亡

この場合、委任契約は4月15日に死亡が原因でなくなっています。そのため、「4月15日死亡」と記載します。

委任契約が切れた日・原因を書くということを、意識しておいてください。

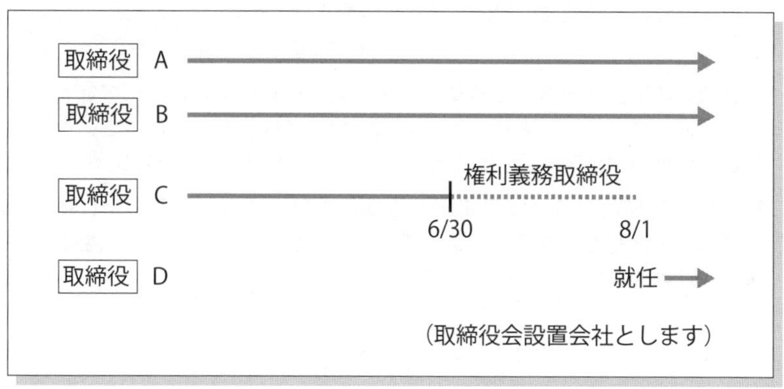


Cさんが6月30日までの委任契約で、そこで任期満了したはずなのに後任者がいないため、権利義務者になっています。その後、8月1日に後任者が就任しています。

そして、取締役の人数がABDの3人となり、ここで員数を満たすので、8月1日にCの権利義務は外れます。

では、申請書に書く日付はいつでしょうか。

登記申請書
事　取締役の変更
登　令和６年６月30日取締役Ｃ退任
　　令和６年８月１日取締役Ｄ就任

委任契約がなくなった日付と原因を書けばいいので、６月30日退任になります。

８月１日退任ではありません。

いつまで仕事をしていたかではなく、**いつ委任契約がなくなったのかを書くようにしてください**。

## 問題を解いて確認しよう

| | | |
|---|---|---|
| 1 | 株式会社の取締役の全員が任期満了により退任した場合において、その後任として選任された取締役の員数が法律又は定款の定める員数に欠けるときは、退任及び就任の登記を申請することはできない。〔6-28-1（4-38-エ、17-32-4）〕 | × |
| 2 | 株式会社の取締役の全員が取締役の権利義務を有する者となっている場合において、そのうちの１名が死亡したときは、その者につき死亡による変更の登記を申請することができる。〔6-28-2（3-32-5）〕 | × |
| 3 | 取締役の辞任により法律に定めた取締役の員数を欠くに至った後に、当該取締役が死亡した場合には、取締役の死亡による退任の登記を申請しなければならない。〔17-32-3〕 | × |

## ヒトコト解説

1　権利義務が解消されていないため、退任登記はできません。ただ、就任登記は問題ありません。

2,3　死亡で委任契約が消滅していないので、「死亡」を原因とする登記はできません。

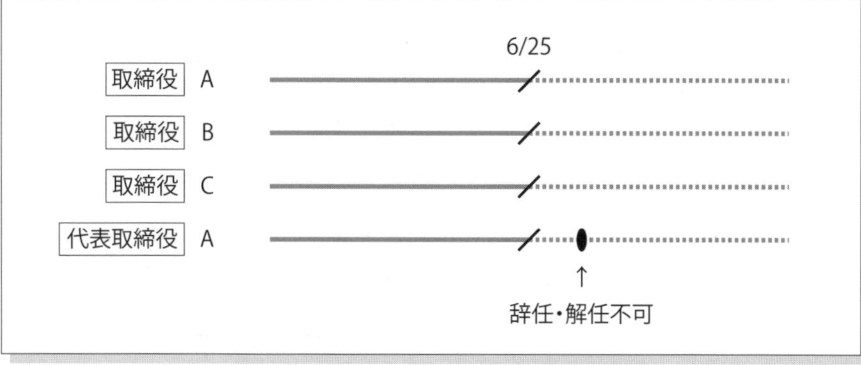


取締役Aは、6月25日に任期満了し、委任契約が切れています（後任者がいないので登記ができません）。

そして、取締役の委任契約がなくなっているので、その上に乗っている代表取締役の資格も失います（ただ、欠員が生じるので**代表取締役についても権利義務者となります**）。

**6月25日までは委任契約がありますが、それ以降は、法が縛り付けているので、6月25日以降には辞任・解任ができません。**

7/1 Aが死亡した
→ 令和6年6月25日取締役A退任
同日代表取締役A退任

この事例で7月1日に、Aが死亡した場合は権利義務が解消されます。では、申請書にどのように書くのでしょうか。

委任契約が切れた日と原因を書くのですから、上記のとおり、申請書の表現は6月25日取締役A退任、同日代表取締役A退任となります（死亡で委任契約が切れたわけではないので、申請書に「死亡」とは書けません）。

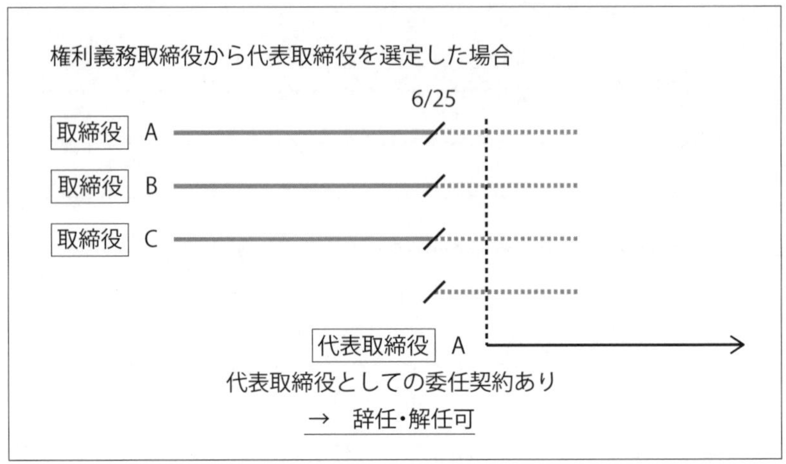


取締役ＡＢＣがいて、全員が６月25日に任期満了し権利義務の状態となりました。この会社が、代表取締役を選ぼうとしたのですが、今いるＡＢＣはみんな権利義務の状態です。

ただ、権利義務の状態だとしても、Ａを代表取締役に選ぶことができます。そして、Ａは権利義務取締役ですが、ここで代表取締役として選ばれて就任承諾をすれば、**代表取締役として委任契約を結んだことになります**（だから、**Ａは代表取締役として辞任する、会社側が代表取締役を解任することが可能**です）。

| |
|---|
| 7/1　Aが死亡した<br>→　　令和６年６月25日取締役Ａ退任<br>　　　令和６年７月１日代表取締役Ａ死亡 |

７月１日にＡが死亡した場合の登記手続を見ましょう（取締役、代表取締役の委任契約が切れた日付と原因を考えましょう）。

Ａの取締役の委任契約は６月25日に任期満了で切れていて、代表取締役は、死亡によって、委任契約が切れています。

そのため、上記のような登記を申請することになります。

7/1　取締役の後任者DEF就任
7/2　代表取締役の後任者D就任
→　令和6年6月25日取締役A退任
　令和6年7月1日代表取締役A退任

7月1日に取締役の後任者が就任して、7月2日にDが代表取締役に選定されました。この場合、代表取締役Aは7月1日をもって、取締役の資格を喪失します。

取締役の後任者が7月1日に就任し、欠員がいなくなるので、ABCの権利義務は外れます。それにより、**土台となる取締役の権利義務資格がなくなるので、もう上に代表取締役の資格を乗せることができなくなります**。

そのため、7月1日に代表取締役の前提資格を失い、退任することになります。

「取締役の後任者が来る→取締役の権利義務が外れる→前提となる土台がなくなる→よって代表取締役を辞める」という論法です。

## 問題を解いて確認しよう

| | | |
|---|---|---|
| 1 | 取締役会設置会社において、取締役の権利義務を有する者を代表取締役に選定したとする代表取締役の就任による変更の登記の申請はすることができない。〔63-33-3（25-32-4）〕 | × |
| 2 | 代表取締役に選定されている権利義務取締役が、後任の取締役が選任されたことによって権利義務取締役でなくなり、代表取締役の資格を喪失した場合には、当該代表取締役について、後任の取締役が就任した日を退任の日として代表取締役の退任による変更の登記を申請しなければならない。〔オリジナル〕 | ○ |
| 3 | 任期の満了による退任後もなお取締役としての権利義務を有する者を代表取締役に選定し、その後、当該代表取締役が死亡した場合には、「死亡」を原因とする取締役及び代表取締役の退任の登記を申請しなければならない。〔26-34-ア〕 | × |

×肢のヒトコト解説

1　権利義務取締役を代表取締役に選定することは可能です。

3　取締役は任期満了で委任契約が切れているため「退任」登記を申請し、代表取締役は死亡で委任契約が切れるため「死亡」登記を申請します。

| | 仮役員 | 仮会計監査人 |
|---|---|---|
| 要件 | 役員に欠員が生じたこと | 会計監査人が欠けること |
| 選任 | 利害関係人の申立てにより裁判所が選任する | 監査役 |
| 就任登記 | 裁判所の嘱託 | 申請 |
| 退任登記 | 欠員補充の登記申請時に登記官が職権で抹消 | 欠員補充の登記申請時に登記官が職権で抹消 |

役員に欠員が生じた場合には、裁判所に仮役員の選任の申立てができます。この場合、就任登記は裁判所の嘱託で行います。

商業登記では、**裁判所が実体行為を行うと、登記まで裁判所がやってくれる**という傾向があります（不登法では、判決をもらった場合でも当事者の申請が必要でした）。

一方、この枠組みにあてはまらないのは会計監査人です。**会計監査人が欠けた場合には、決算監査に間に合うように、監査役により迅速に選任できるように**しているのです（ちなみに、会計監査人が欠ける前には選べません）。

そして、**就任登記は申請で行います**。裁判所が選んだわけではないので、嘱託で登記されることはありません。

最後に、仮役員が就任した後に、後任者の就任登記をすると
**登記官「後任が来た、ということは仮役員はやめるな」**
と判断してくれ、**退任登記は職権で行ってくれます**（退任登記を申請する必要はありません）。
この退任登記は職権で行うという仕組みは、仮会計監査人も同じです。

| | | |
|---|---|---|
| 1 | 株式会社における唯一の会計監査人が資格喪失により退任する前に、監査役会の決議によって一時会計監査人の職務を行うべき者を選任した場合には、当該監査役会の議事録を添付して、一時会計監査人の職務を行うべき者の就任による変更の登記の申請をすることができる。〔29-32-エ〕 | × |
| 2 | 取締役としてA、B及びCが登記されている取締役会設置会社において、取締役Cが仮取締役として登記されている場合、新たにDが取締役に就任したときにおける取締役Dの就任の登記と仮取締役Cの退任の登記は、同時に申請しなければならない。〔14-34-イ〕 | × |
| 3 | 株式会社における一時監査役の職務を行うべき者の選任による変更の登記は、裁判所書記官の嘱託により行われる。〔29-32-ア〕 | ○ |
| 4 | 株式会社における一時会計監査人の職務を行うべき者に関する登記がされている場合において、会計監査人の就任による変更の登記がされたときは、登記官の職権により、一時会計監査人の職務を行うべき者に関する登記を抹消する記号が記録される。〔29-32-ウ〕 | ○ |

**×肢のヒトコト解説**

1　欠員が生じる前に、選任することはできません。

2　退任登記を申請する必要はありません。

## 第3節　変更の登記

### （1）取締役等の住所・氏名等の変更の登記

就任登記、退任登記ではなく、内容が変わるという登記です。

まずは、住所や氏名が変わった場合の登記を見ましょう。

1. 事　取締役の氏変更
1. 登　○年○月○日取締役○○の氏変更
　　　氏名　○○
1. 税　金3万円（登録税別表1.24.(1)カ）

取締役の氏が変わった場合も登記申請が要ります。

申請書のポイントとしては「●●の氏変更」とだけ書いて、その理由（結婚・離婚）などは書かないという点があります。**プライバシーの観点から書かない**のです。

また役員欄を書き換えることになるので、登録免許税の区分は（カ）になります。

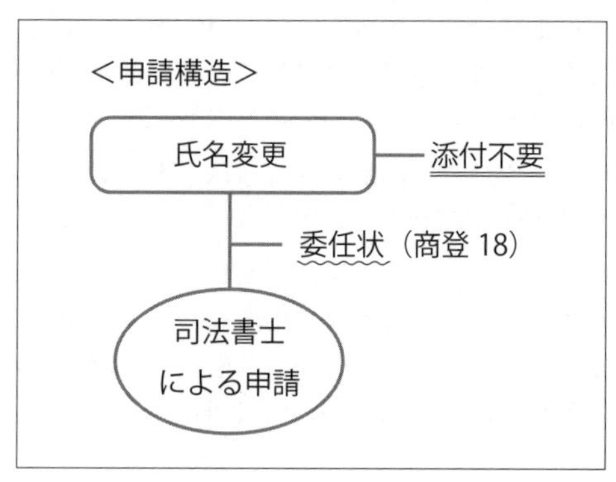


名前が変わったということは立証しません。「昔から立証を要求していない。だから今も要求していない」それぐらいにして覚えてください。

ただ、名前が変わったということを立証する場合があります。最近できた制度です。

| | | |
|---|---|---|
| 1. | 事 | 取締役の氏変更 |
| 1. | 登 | ○年○月○日取締役甲野花子の氏変更<br>氏名　乙野花子（甲野花子） |
| 1. | 税 | 金3万円（登録税別表1.24.(1)カ） |

最近になって、旧姓を並べて書くことができるようになりました。

この場合、今の名前を書いて、更に括弧して旧姓を書きます。

上記は、登記申請と同時に旧氏併記を申し出ていますが、登記申請とは全く別個に旧氏併記の申出だけすることも認められています（令4.8.25民商411号）。

| 役員に関する事項 | 取締役　　　甲野○○ | |
|---|---|---|
| | 取締役　　　甲野○○（乙原○○） | 氏の記録に関する申出<br>令和６年１０月３日登記 |

こちらは、取締役甲野○○について、その旧氏「乙原」につき商業登記規則第81条の２第１項の単独申出があった場合の記録例となっています。

1. 事　　会計参与の名称変更
1. 登　　令和６年５月20日会計参与Ｊ税理士法人の名称変更
　　　　名称　Ｋ税理士法人
1. 税　　金３万円（登録税別表1.24.(1)カ）

役員等が法人だった場合です（会計参与・会計監査人は、法人もなることができます）。**法人の名称が変わった場合は、原則その法人の登記事項証明書を付けなさいとしています。**

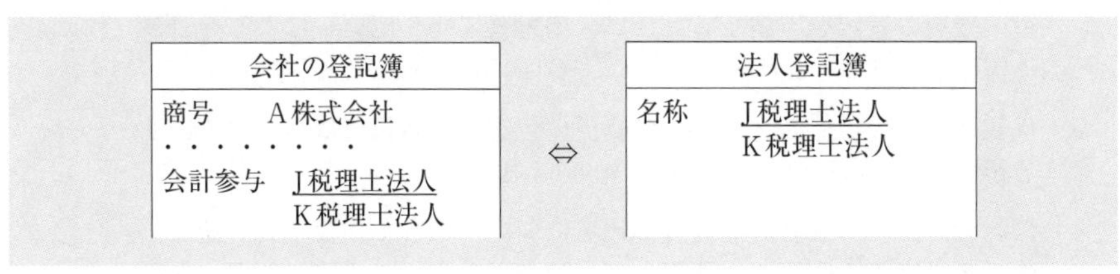

法人の場合、**法人登記簿に載っている名称が、会社の登記簿の名称と一致しないと、法人登記簿を見た人が混乱します**。そこで、法人の登記事項証明書で、正しい名称を確認して登記をするようにしているのです（自然人の場合は、他人が戸籍謄本を見ることがないので、法人のような配慮は不要です）。

### ◆（代表）取締役の氏名（住所）変更の登記◆

| 登記<br>論点 | 住所移転による代表取締役の住所変更登記 | 住居表示実施による代表取締役の住所変更 |
|---|---|---|
| 登記の事由 | 代表取締役の住所変更 | 代表取締役の住所変更 |
| 登記すべき事項 | 令和○年○月○日代表取締役□□の住所移転<br><br>住所　△△ | 令和○年○月○日住居表示実施により代表取締役□□の住所変更<br><br>住所　○県○市○町○丁目○番○号 |
| 添付書面 | 不要 | 不要 |
| 登録免許税 | 金３万円（登録税別表1、24、(1)カ） | 登録免許税法第５条第４号（により非課税） |

代表取締役など住所が登記されている者は、住所変更も登記事項となります。この住所変更の登記も、氏名変更と同様に変更することの立証は不要です。

住居表示の変更により代表取締役の住所に変更が生じた場合でも、変更の登記を申請する必要はあります（ただし、税金はかかりません）。一方、行政区画の変更があったときは、その変更による登記があったものとみなされるので登記は不要です（このあたりの理屈は不登法とほぼ同じです）。

**問題を解いて確認しよう**

| | | |
|---|---|---|
| 1 | 株式会社の取締役が養子縁組により氏を変更した場合において、取締役の変更の登記を申請するときは、申請書に氏を変更したことを証する書面を添付することを要しない。〔61-40-3（19-33-ア）〕 | ○ |
| 2 | 代表取締役の氏、名又は住所の変更の登記の申請書には、これを証する書面を添付しなければならない。〔17-32-1〕 | × |
| 3 | 公認会計士である会計監査人の氏名に変更があった場合、会計監査人の氏名の変更の登記の申請書には、代理人によって申請する場合を除き、他の書面を添付することを要しない。〔オリジナル〕 | ○ |

| | | |
|---|---|---|
| 4 | 住居表示の変更により代表取締役の住所に変更があった場合には、代表取締役の住所の変更による登記があったものとみなされることはなく、代表取締役の住所の変更の登記を申請しなければならない。〔19-33-イ（25-32-ア)〕 | ○ |

×肢のヒトコト解説

2 自然人の場合、氏名・住所の変更の立証は不要です。

## （2）役員等の責任の免除又は責任の限定に関する登記

役員の任務懈怠によって損害が出れば、役員は個人賠償責任を負います。ただ、役員の個人賠償責任が余りにも多額になった場合、払うのが現実的に無理になります。そこで、報酬の６年分とか、報酬の４年分というように減額することができます。

その減額する方法が全部で３つあります。

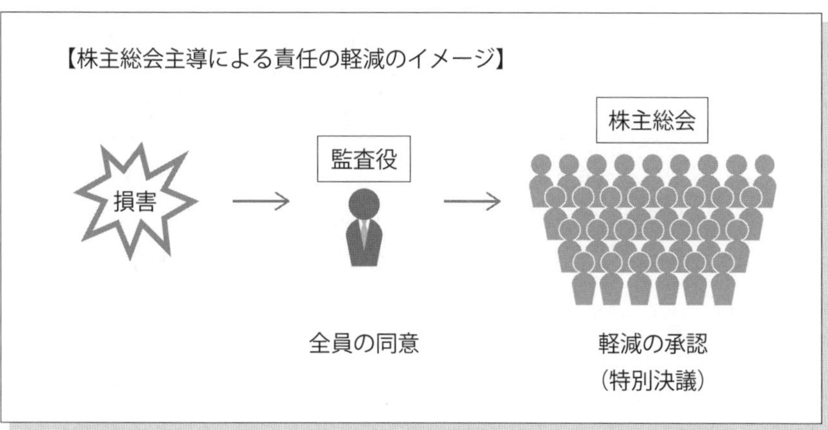


これは損害が起きたあとに、株主総会の決議で軽くしてもらう制度です。ただ、株主がこれをOKするとは限りません。そこで、取締役の方で軽くする制度もあります。

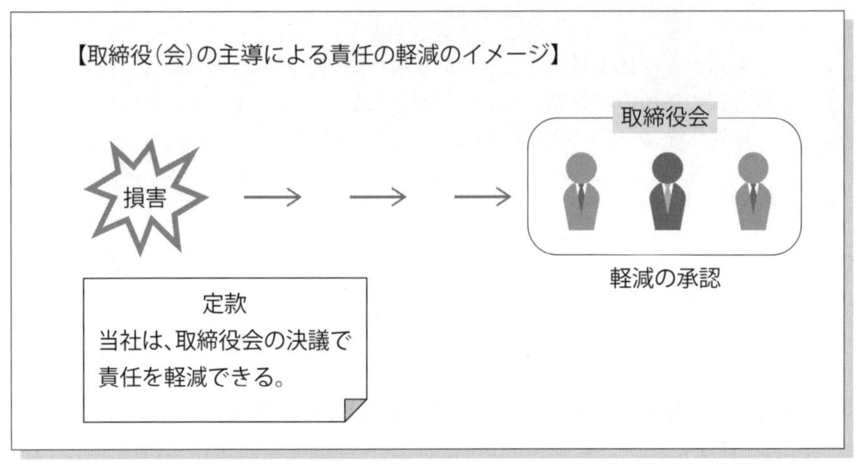


損害が起きたあとに、取締役会のOKで軽くするという制度です。ただ、これはどんな会社でもできるわけではなく、定款規定が必要です。そして、その**定款規定があるということが登記事項になっています**。

| 取締役等の会社に対する責任の免除に関する規定 | 当会社は、会社法第426条第1項の規定により、取締役会の決議をもって、取締役、監査役又は会計監査人の負う同法第423条の責任を法令の限度において免除することができる。<br>○年○月○日設定　○年○月○日登記 |
|---|---|

「当会社は、取締役会で軽くできる」というのが登記事項です。

「○○は賠償額を○○円にする」と**具体的に誰を軽くしたかを登記するのではない**のです。

そして欄の名前を見てください。**役員に関する事項とは別の欄になっているこ**とに気付いたでしょうか。そのため、登録免許税が（カ）ではないのです。

1. 事　取締役等の会社に対する責任の免除に関する規定の設定
1. 登　○年○月○日設定
　　　取締役等の会社に対する責任の免除に関する規定
　　　当会社は、会社法第 426 条第 1 項の規定により、取締役会の決議をもって、取締役、監査役又は会計監査人の負う同法第 423 条の責任を法令の限度において免除することができる。
1. 税　金 3 万円（登録税別表 1.24.(1)ツ）

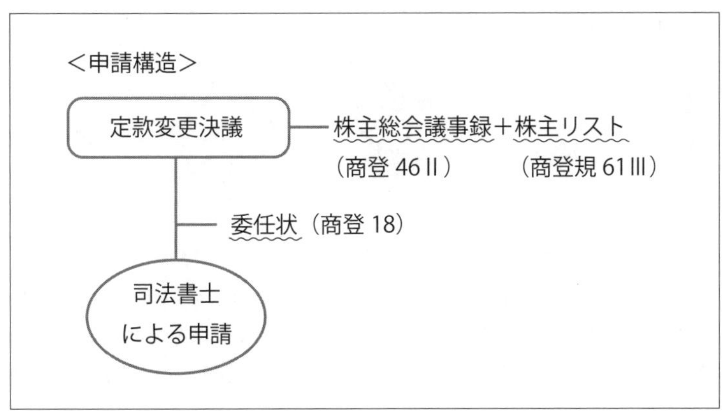


やることは定款変更決議だけなので、定款変更の立証だけで足ります。

申請書は、そのうち覚えられたらいいなという感じで毎回眺めてください。ただ、登録免許税の区分が（ツ）になっていることには意識しておきましょう。

**覚えましょう**

取締役又は取締役会決議により役員等の責任の一部を免除することができる旨の規定の設定がある場合の検討事項

1　決議権限

→　株主総会で特別決議をしているか（会社466・309 Ⅱ）

2　その他

この定款規定を設けることはできるのは、取締役が２人以上ある監査役設置会社、監査等委員会設置会社及び指名委員会等設置会社だけであるこの制度自体は、取締役会がなくてもできますが、取締役は２人以上を要求し、なおかつ、監視をする人たちが必要です。

そのため、監査役設置会社、監査等委員会設置会社、指名委員会等設置会社の必要があります。ただ、ここでいう**監査役設置会社というのは、会社法上の監査役設置会社なので、業務監査権までないとダメ**です。会計監査権に限定している場合は、この定めを置けません。

【責任限定契約のイメージ】

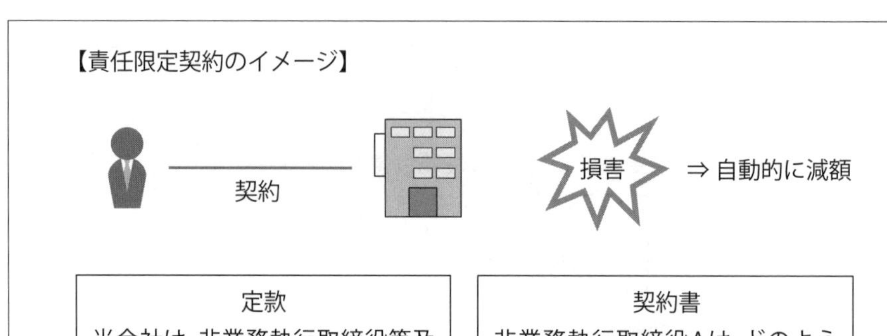


定款
当会社は、非業務執行取締役等及び監査役との間に、賠償責任を限定する契約を締結することができる。

契約書
非業務執行取締役Aは、どのような損害を起こしても、損害賠償の上限は、報酬の2年分までとする。

会社と役員との間で事前に「損害が起きた場合は自動的に、報酬の２年分に減額する」ことを契約しておくことができます。この契約をしておけば、損害が起きても、**決議なしで自動的に減額されます**。

この契約をするには、定款規定が必要です。

そして、この**定款規定があることが、登記事項になっています**。

1. 事　非業務執行取締役等の会社に対する責任の制限に関する規定の設定
1. 登　○年○月○日設定
非業務執行取締役等の会社に対する責任の制限に関する規定
当会社は、会社法第 427 条の規定により、取締役（業務執行取締役等であるものを除く。）及び監査役との間に、同法第 423 条の行為による賠償責任を限定する契約を締結することができる。ただし、当該契約に基づく賠償責任の限度額は、金○円以上であらかじめ定めた金額又は法令が規定する額のいずれか高い額とする。
1. 税　金３万円（登録税別表 1.24.(1)ツ）

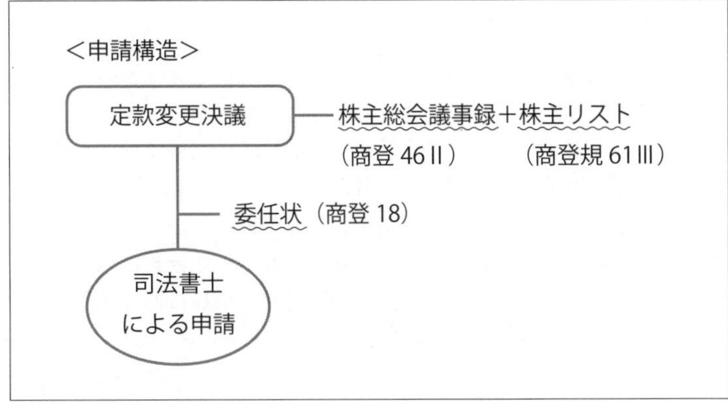

責任限定契約ができる旨の規定の設定がある場合の検討事項

1　決議権限
　→　株主総会決議で決議しているか

※　機関設計に制限はない
※　非業務執行取締役等がいなくても、設定は可能

定款変更決議だけで可能な手続です。

ちなみに、この制度は機関設計の縛りがありません。**監査役設置会社・委員会設置会社ということを要求していない**のです。

また、その会社に**非業務執行取締役等がいなくても、非業務執行取締役等がいても誰も契約していない場合でも、登記することができます**。将来、**非業務執行取締役等と責任限定契約を締結することを予定して**、あらかじめ定款に責任限定契約ができる旨を設けた場合でも、その登記を申請することを認めているのです。

## 問題を解いて確認しよう

| | | |
|---|---|---|
| 1 | 会社法第426条第1項の規定による取締役の会社に対する責任の免除に関する規定の定めは登記事項ではないが、会社法第427条第1項の規定による非業務執行取締役の会社に対する責任の制限に関する規定の定めは登記事項である。〔オリジナル〕 | × |
| 2 | 監査役設置会社において、定款を変更して社外取締役の会社に対する賠償責任を取締役会決議により免除することができる旨を定めたことによる変更の登記の申請書には、定款の変更を決議した株主総会議事録を添付しなければならない。〔16-30-オ〕 | ○ |
| 3 | 株式会社が、定款に非業務執行取締役等の責任制限の定めを設けた場合、当該定款の定めは、登記すべき事項である。〔オリジナル〕 | ○ |
| 4 | 会計監査人が負う責任の限度に関する契約の締結についての定款の定めを設けた場合には、会計監査人と当該契約を締結していないときであっても、会計監査人の責任の制限に関する定めの設定による変更の登記の申請をしなければならない。〔25-33-オ〕 | ○ |

### ×肢のヒトコト解説

1　両方とも登記事項です。

## (3) 社外取締役が社外取締役の要件に該当しなくなった場合

| | | |
|---|---|---|
| 役員に関する事項 | 取締役　　　　　　A | 令和5年6月20日重任 |
| | 取締役　　　　　　B | 令和5年6月20日重任 |
| | 取締役　　　　　　C | 令和5年6月20日重任 |
| | 取締役（社外取締役）　D | 令和5年6月20日重任 |
| | 取締役（社外取締役）　E | 令和5年6月20日重任 |
| | 取締役　　　　　　F | 令和5年6月20日重任 |
| | 特別取締役　　　　A | 令和5年6月20日重任 |
| | 特別取締役　　　　B | 令和5年6月20日重任 |
| | 特別取締役　　　　E | 令和5年6月20日重任 |
| | 世田谷区池尻一丁目1番1号<br>代表取締役　　　A | 令和5年6月20日重任 |
| | 監査役　　　　　　L | 令和3年6月20日重任 |

上記の会社において、次の事実がありました。

・令和６年５月20日、取締役Ｄは、申請会社の子会社である乙野商事株式会社の取締役会において、乙野商事株式会社の支配人に選任され、就任した。

社外取締役は業務執行をしないからこそ、業務執行をしている人を監督できます。そのため、**社外取締役が業務執行する立場に立つことによって、社外取締役の地位を失います**（普通の取締役になるのです）。

この時の申請書は、以下のとおりです。

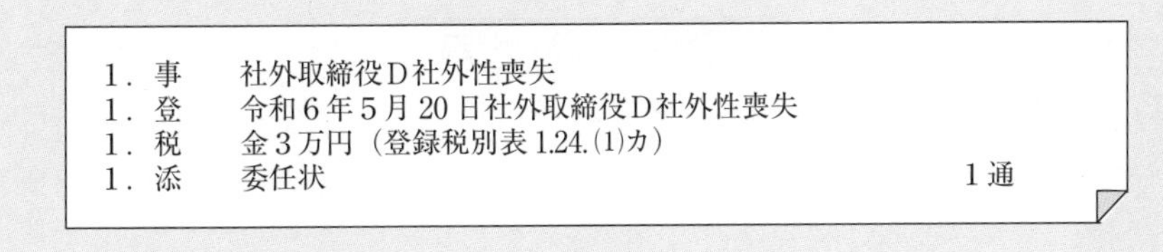
1．事　　社外取締役Ｄ社外性喪失
1．登　　令和６年５月20日社外取締役Ｄ社外性喪失
1．税　　金３万円（登録税別表1.24.(1)カ）
1．添　　委任状　　　　　　　　　　　　　　　　1通

社外性を失う場合には、数多くの場面があります。そのため、その場面をイチイチ記載するのではなく、**「社外性喪失」という統一的な表現にしています。**

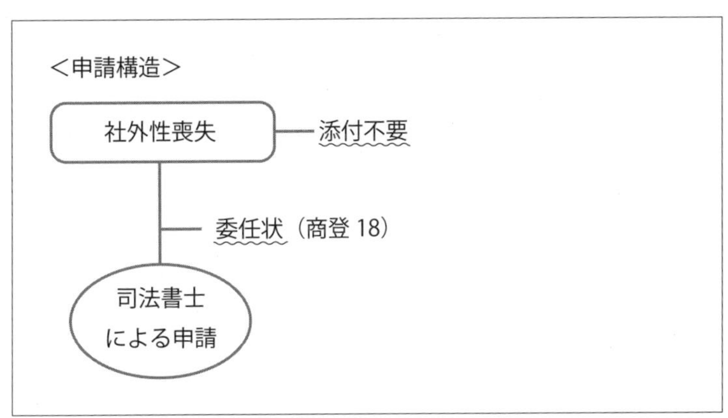


社外取締役として、登記する時点で、「この者には社外取締役の要件が満たされている」ことを立証していません。

**就任時に立証していないことに変化があっても、それを立証する必要はない**でしょう。そのため、この登記では**委任状以外の添付書面が不要となっています。**

## 問題を解いて確認しよう

| | | |
|---|---|---|
| 1 | 社外取締役が株式会社の子会社の支配人となった場合において、社外取締役である旨を抹消する登記を申請するときは、当該登記の申請書に記載する登記すべき事項は、社外取締役何某社外性喪失の旨及び変更年月日である。〔オリジナル〕 | ○ |
| 2 | 社外取締役が当該取締役会設置会社の業務執行取締役に選定された場合に行う社外取締役である旨の登記の抹消の登記の申請書には、当該社外取締役が業務執行取締役に選定されたことを証する取締役会議事録を添付しなければならない。〔オリジナル〕 | × |

## ×肢のヒトコト解説

2　社外性を失ったことの立証は不要です。

～現物出資には厳しい手続が要求されます～

# 第6章 株式会社の設立

令和7年本試験はここが狙われる!

設立の部分は、会社法だけでなく、商登法でも毎年択一で出題される論点です。
できれば、本書を読む前にいったん会社法の復習をするようにしてください。

## 第1節 総則

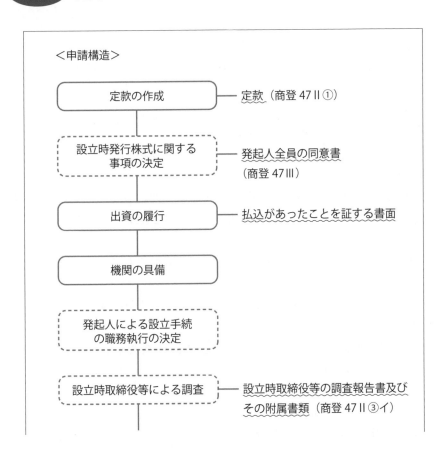

<申請構造>

| 手続 | 添付書面 |
| --- | --- |
| 定款の作成 | 定款（商登47Ⅱ①） |
| 設立時発行株式に関する事項の決定 | 発起人全員の同意書（商登47Ⅲ） |
| 出資の履行 | 払込があったことを証する書面 |
| 機関の具備 | |
| 発起人による設立手続の職務執行の決定 | |
| 設立時取締役等による調査 | 設立時取締役等の調査報告書及びその附属書類（商登47Ⅱ③イ） |

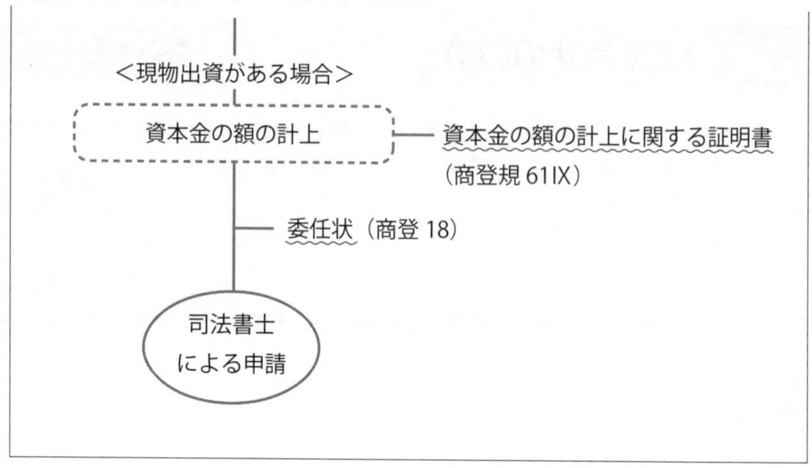


まずは、手続モデルをざっくり確認しましょう。

会社を立ち上げるときは、まず**ルールを作ることからスタートします**。それが冒頭の定款作成です。

そのあと、お金を集めることになります。

具体的には、①お金を集める条件を決めて　②その条件で払ってもらうという手続になります。

①にあたるのが「設立時発行株式に関する事項の決定」となり、ここは発起人が株を買う条件を決める部分です（発起人は必ず株を買わなければいけませんので、まずは発起人が買う条件を決めるのです）。

そして②にあたるのが、「出資の履行」という部分になります。

ここでお金が集まり、そのあとは、役員を決めます（添付書類は、別のページで説明します）。

ここまでを簡単にまとめれば、「**ルールを作る→金を集める→役員を決める**」ということになります。

その後に行うのが、取締役などの設立調査です。

発起人が作ったものを取締役に渡して経営するのですが、経営を始める前に取締役が「発起人はちゃんと作ったのか」を調査するのです。

最後に、資本金を計算規則にしたがって計上します。

以上が、発起設立の大体の概略です。

これらのことを行うのが、発起人になりますが、この発起人に関する論点を掲載していきます。

| 論点 | 結論 |
| --- | --- |
| 法人が発起人になることができるか | 添付書面によって会社が他の会社の発起人となることが、明らかに発起人である会社の目的の範囲外のものと認められない限り、当該設立の登記の申請は受理される。 |
| 上記の場合、発起人である会社の定款を添付すべきか | 不要 |

もともと、**発起人は誰でもなれる、縛りがないとされています。**自然人でも法人でも、どこに住所がある方でも発起人になれます。

例えば、A株式会社がゼロから子会社を作る場合、A株式会社という法人が発起人となって手続を進行することが通常です。

ここで手続を取って、申請があった場合には**「添付書類を見て、A株式会社が発起人になれないということが分からなければ通します」という対応になっています。**

（要件を満たしているのかということを積極的に審査するのではなく、「アウトが見つからない限り通します」という審査です。）

また、「A株式会社が発起人になれない」かどうかを審査するために、A株式会社の定款を添付する必要があるかというと、添付する必要はありません。

商業登記では、申請会社と別会社の添付書類が必要な場合には、条文規定が必要と言われています。B株式会社の申請において、A会社の添付書類がいる場合は、条文がなければできないということです。

そして、**設立では発起人の会社の定款の添付を要するという規定がないため、**

**定款を添付することはできない**のです。

問題を解いて確認しよう

| | | |
|---|---|---|
| 1 | 株式会社の定款に記載し、又は記録する本店の所在地は日本国内にあることを要するが、当該定款に記載し、又は記録する発起人の住所は日本国内にあることを要しない。〔会社法29-27-オ〕 | ○ |
| 2 | 会社が発起人となって株式会社を設立する場合には、当該発起人である会社の定款を添付することを要する。〔18-30-ア改題（24-28-イ）〕 | × |
| 3 | 法人が発起人である場合には、申請書の添付書面によって、申請に係る会社設立の発起行為が明らかに当該法人の目的の範囲外のものと認められない限り、設立の登記の申請は受理される。〔28-29-イ〕 | ○ |

×肢のヒトコト解説

2　他の会社の定款をつける必要はありません。

## 第2節　定款の作成（発起設立・募集設立共通）

**覚えましょう**

絶対的記載事項
1号　目　的
2号　商　号
3号　本店の所在地
4号　設立に際して出資される財産の価額又はその最低額
5号　発起人の氏名又は名称及び住所

絶対的記載事項、これは1つでも書き洩らすと定款が無効になってしまうという記載事項です。

**登記事項のすべてが絶対的記載事項になっているわけではありません。**

例えば、公告方法、取締役・代表取締役、資本金などです（ちなみに、公告方法は定款に記載がなかった場合には、官報と扱われます）。

また、**発行可能株式総数が入っていません**。発行可能株式総数自体は、設立段階までに決めればよく、公証人の認証段階では、発行可能株式総数は決めなくてもよいとなっています。

では、その発行可能株式総数はどのように定めるのでしょうか。次の図表を見てください。

**◆ 設立時における発行可能株式総数の決定 ◆**

| | 発起設立 | 募集設立 |
|---|---|---|
| 原則 | 発起人全員の同意 | 発起人全員の同意 |
| 設立時募集株式の払込期日以後 | ― | 創立総会の決議 |

発行可能株式総数は定款で決める内容なので、定款を作った発起人全員で決議すべきものですが、一般投資家が関与してきたら、その人たちの意思を無視できません。

そのため、募集設立の場合**「設立時募集株式の払込期日以後」は、発起人で決議することができず**、創立総会で決議することになります。

**◆ 公証人の認証を受けた定款を変更することができる場合 ◆**

| | 定款を変更することができる場合 | 変更につき、公証人の認証 |
|---|---|---|
| 発起設立 | ① 変態設立事項についての裁判所の変更決定があった場合<br>② 発行可能株式総数の定めを設け、又は変更する場合のみに限定されている | 不要 |
| 募集設立 | 上記①②の場合のほか、創立総会の決議により定款の変更が可能 | 不要 |

定款を作成したら、公証人の認証を取る手続をとります。これにより、公証役場にはもともとのオリジナルの定款の証拠が残ります（ちなみに、認証手続は、**本店の所在地を管轄する法務局の所属公証人にやってもらう必要**があります）。

これは、その後、**発起人によって勝手に変えられないようにする**ための仕組みです。

ただ、先ほど見たような発行可能株式総数の変更は認められますし、また、裁判所が絡んだ場合も認められます。

そして、募集設立では、創立総会という出資者全員が集まる場で変更することなら、変更することが認められます。

そして、これらの変更をした場合は、**公証役場でまた認証を受ける必要はありません**（認証手数料は取られないということです）。

変更内容は、裁判所関係の書類、創立総会決議で十分わかるためです。

上記以外の方法で変更はできないと会社法では規定されていますが、実際にはそれ以外の手法で、定款を変えることが行われています。下記を見てください。

| 定款の変更　＋　発起人が署名又は記名押印　＋　公証人の認証　→　○<br>例外）絶対的記載又は記録事項の一部を欠缺していた定款 |
|---|

**公証人の認証という手続（＋手数料）を我慢すれば、変更することは可能**です。認証を受けることによって、しっかりとしたウラが取れるようになるため、認められると考えましょう。

ただ、もともと無効だった定款の場合は注意です。例えば、「設立に際して出資される財産の価額又はその最低額」を欠いていたにも関わらず、公証人の認証を受け、その後に発起人の全員同意＋再認証を受けてその部分を追完しても、その定款では登記は通りません。

**もともと、無効だった定款に変更を加えても、無効であることは変わらない**のです。

## 問題を解いて確認しよう

| | | |
|---|---|---|
| 1 | 資本金の額の記載又は記録がない定款も、定款として効力を有する。〔61-35-2（会社法19-28-イ）〕 | ○ |
| 2 | 発起設立の場合における設立時取締役の氏名は、定款に記載し、又は記録することを要しない。〔会社法24-27-イ〕 | ○ |
| 3 | 発起設立において、公証人の認証を受けた当該株式会社の定款に定められた発行可能株式総数を変更した場合、当該設立の登記の申請書には、この変更について発起人全員の同意があったことを証する書面を添付しなければならない。〔21-28-4〕 | ○ |
| 4 | 募集設立の場合において、発行可能株式総数を定款に定めなかったときは、これを定める発起人全員の同意を証する書面を添付しなければならない。〔19-29-エ〕 | × |
| 5 | 創立総会において目的の変更をした場合には、その変更につき公証人の認証を受けた定款を添付しない限り、設立の登記の申請は、受理されない。〔58-31-1（18-30-オ）〕 | × |
| 6 | 設立に際して出資される財産の価額又はその最低額の記載を欠いたまま認証された定款について、その後発起人の全員の同意によりこれを追完し、当該同意があったことを証する書面に公証人の認証を受けたときは、変更後の定款に基づき設立の登記の申請をすることができる。〔28-29-ウ〕 | × |
| 7 | 発起設立である場合において、公証人の認証を受けた定款に記載された商号を発起人の全員の同意により変更し、当該変更を明らかにした書面に発起人全員が記名押印した上で公証人の認証を受けたときは、変更後の定款に基づき設立の登記の申請をすることができる。〔28-29-エ〕 | ○ |
| 8 | 株式会社の設立の登記に関して、設立の登記の申請書に、設立しようとする会社の本店の所在地を管轄する法務局又は地方法務局に所属しない公証人が認証した定款を添付して、設立の登記の申請をすることができない。〔29-28-エ〕 | ○ |

### ×肢のヒトコト解説

4 一定の時期からは、創立総会で決議する必要があります。

5 創立総会決議で変更した場合は、公証人の認証は不要です。

6 もともとが無効な定款のため、変更ができません。

## これで到達！ 合格ゾーン

□設立時募集株式の引受人は、払込期日又は払込期間内に設立時募集株式の払込金額の全額の払込みをしないときは、当該払込みをすることにより設立時募集株式の株主となる権利を失う（会社63Ⅲ）。そして、この場合であっても、出資された財産の価額が定款記載の設立に際して出資される財産の最低額を下回らないときは、再度引受人の募集をすることなく、設立の登記を申請することができる。〔31-28-ア〕

**★定款で「出資される財産の最低額」を決めた場合には、予定された出資が全部行われなくても、定款で定めた金額の出資があれば設立することが可能です。**

**覚えましょう**

変態設立事項

1　現物出資（会社28①）
2　財産引受（会社28②）
3　発起人が受ける報酬その他発起人が受ける特別利益（会社28③）
4　設立費用（会社28④）

変態設立事項、危険な約束と呼ばれるものです。下手に認めると、会社を立ち上げた当時から赤字になる危険があるので規制をかけている部分です。どういう規制をかけたかというと、

①やりたかったら、**定款に書いて、証拠に残しなさい。**

②やりたかったら、**検査役のチェックを受けなさい。**

ということでした。

具体的な手続モデルで確認していきましょう。

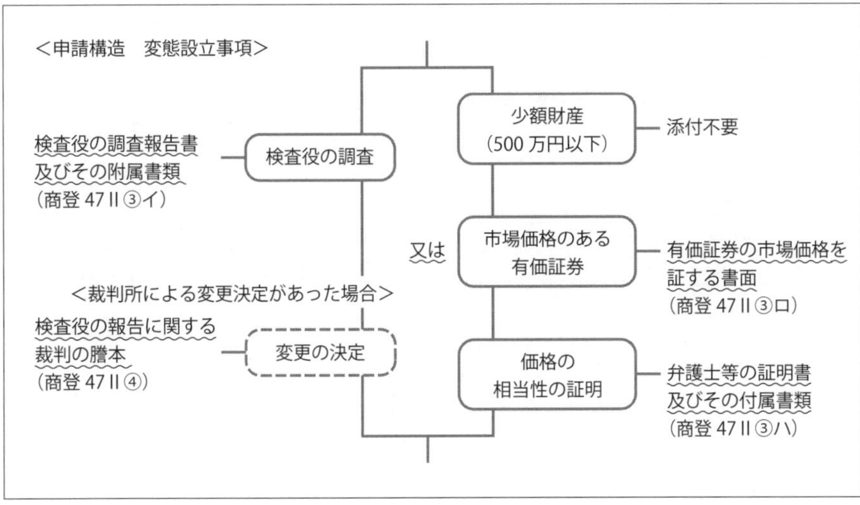


上の図を見てわかるのですが、募集株式発行の現物出資の場合とほとんど変わりません。

ただ、検査役の調査を省略できる場面が異なります。募集株式発行は５つの場面で省略できますが、設立はそこから少数株式や、会社に対する金銭債権が抜けています。

まだ**会社はできあがっていませんから、発行済株式の総数の概念がないので少数株式というのはあり得ず**、また**会社に対する金銭債権というのも存在しない**からです。

### 問題を解いて確認しよう

| | | |
|---|---|---|
| **1** | 発起人が900万円の不動産を現物出資する際に、当該現物出資財産の価額が相当であることについて、弁護士等の証明を受けていない場合において、当該現物出資をする発起人に割り当てる設立時発行株式の総数が設立時発行株式の総数の10分の１を超えないときは、設立の登記の申請書には、検査役の調査報告を記載した書面及びその附属書類を添付することを要しない。〔オリジナル〕 | × |
| **2** | 現物出資の目的たる財産について定款に記載された価額の総額が資本金の額の５分の１を超えない場合には、検査役の調査報告を記載した書面及びその附属書類を添付することは要しない。〔18-30-エ〕 | × |

| | | |
|---|---|---|
| **3** | 現物出資の目的である財産について定款に記載された価額の総額が、設立に際して出資される財産の総額の10分の1を超えない場合又は500万円を超えない場合には、検査役の調査報告書及びその附属書類を添付する必要はない。〔19-29-ア〕 | × |
| **4** | 現物出資財産について定款に記載された価額の総額が500万円を超えない場合において、当該現物出資財産の全てが不動産であるときは、設立の登記の申請書に、不動産鑑定士の鑑定評価書を添付しなければならない。〔26-29-イ〕 | × |

### ヒトコト解説

**1** 設立時は少数株式に該当するルールはありません。

**2** 「資本金の5分の1を超えないときは、検査役の調査を省略できる」というルールはありません。

**3** 「設立に際して出資される財産の総額の10分の1を超えない場合、検査役の調査を省略できる」というルールはありません。

**4** 少額財産にあたっていれば、添付書類をつけずに検査役の調査を省略できます。

## これで到達！ 合格ゾーン

☐ 設立の登記の申請書に添付すべき有価証券の市場価格を証する書面は、定款の認証の日における当該有価証券を取引する最終市場価格等を証するものでなければならない（平18.3.31民商782号第2部第1.2⑶ウイ）。〔26-29-エ〕

**★有価証券を現物出資し、検査役の調査を省略する場合には、「出資の日」のその有価証券の終値を立証するのではなく、定款を認証した日（実質、現物出資の価額を決めた日になります）の有価証券の終値を立証する必要があります。**

## 第3節 設立時発行株式に関する事項の決定

発起人全員の同意を要するもの

1　発起人が割当てを受ける設立時発行株式の数（会社32Ⅰ①）

2　1と引換えに払い込む金銭の額（会社32Ⅰ②）

3　成立後の株式会社の資本金及び資本準備金の額に関する事項（会社32Ⅰ③）

発起人が株式を買う条件を決める場面です。

決める内容は上記の1～3で、「**数**と**額**と**資本金**」の3つで、この3つは発起人の全員の同意で決める必要があります（もしくは、事前に定款で定めることも可能です）。

そのため、定款に規定がなければ、発起人全員の同意書を付けて立証することになります。

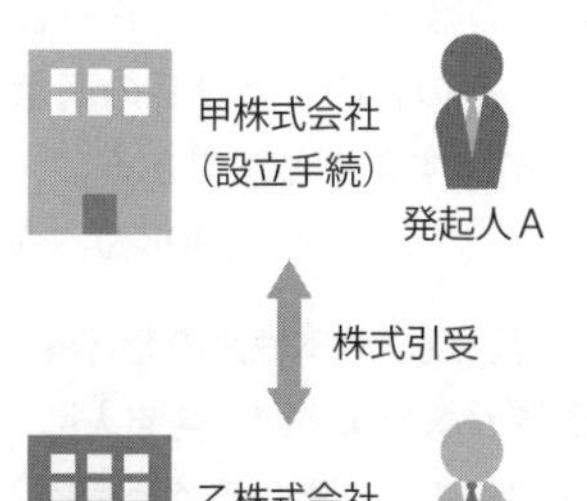


設立時発行株式の引受けが会社法 356 条の利益相反取引に該当する場合であっても、株式会社の設立の登記の申請書には、当該他の株式会社において利益相反取引の承認を受けたことを証する書面を添付することを要しない（昭 61.9.10 民四 6912 号）。

甲株式会社の株式を、乙株式会社が買うことになりました。ただ、甲株式会社の設立手続をとっている発起人Aは、乙株式会社の代表取締役Aだったのです。

これは、利益相反と扱われるため、乙株式会社において承認決議を取る必要があります。

ただ、承認決議の議事録の添付を要するという条文がないため（おそらく、設立時にこういうことがおきることを想定しなかったのでしょう)、承認決議の議事録を添付する必要はありません。

## 問題を解いて確認しよう

| | | |
|---|---|---|
| 1 | 募集設立において、当該設立の登記の申請書には、資本金及び資本準備金の額に関する事項を定めた発起人の全員の同意があったことを証する書面を添付しなければならない。〔オリジナル〕 | ○ |
| 2 | 発起人がその割当てを受ける設立時発行株式の数及び当該設立時発行株式と引換えに払い込む金銭の額を定めた場合、設立の登記の申請書には、発起人全員の同意があったことを証する書面を添付しなければならない。〔オリジナル〕 | ○ |

## これで到達! 合格ゾーン

□ 株式会社の設立が発起設立であり、発起人がA及びBのみである場合において、A及びBの同意により、各発起人が割当てを受ける設立時発行株式の数を10株ずつとしつつ、これと引換えにAが払い込む金銭の額を100万円、Bが払い込む金銭の額を50万円とそれぞれ定めたときは、その旨のA及びBの同意があったことを証する書面を添付して設立の登記を申請することができる。〔30-29-ア〕

**★設立時募集株式における払込金額などの募集の条件、及び募集株式の発行等における募集事項は、募集ごとに均等に定める義務がありますが、発起人については、このような規制はなく、払込金額が発起人ごとに異なることも認められています(発起設立は内輪だけで行っていて、かつ、全員の同意で行っているため、こういった不平等も認められるのです)。**

## 第4節 出資の履行（発起設立）

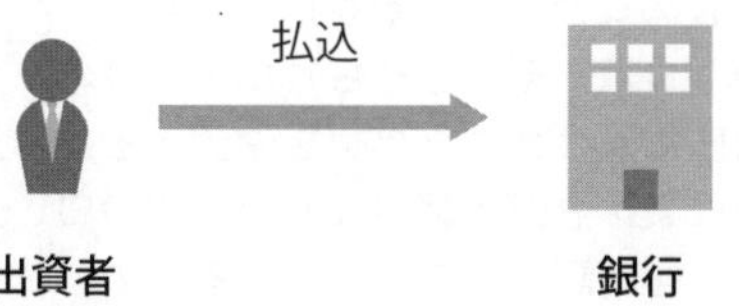


通帳
4/1　Aから振込　+10万円

**Point**

会社法第34条第1項の規定による払込みがあったことを証する書面（商登47Ⅱ⑤）
→　入金の事実が明らかになればよい

株式会社の出資は、会社に直接持っていくのではなく、銀行等の金融機関に振り込む形で行います。

株式会社では、出資者がいくら払ったかで、得られる権利が異なるため、しっかり証拠を残すことが必要です。そのため、金融機関への振り込みが要求されているのです。

そして、設立登記の申請では、その払込みがあったことを立証することになります（これは預金通帳のコピーなどで立証します）。現在の残高を立証するのではなく、入金があったという立証が必要です。

ちなみに、**入金の立証ができればいいので、入ってきたものをすぐ使うことは何の問題もありません**。

残高証明書
この口座には、現在300万円の残高があります

払込みがあったことを証する書面の適格性はない

**残高証明書は、払込みがあったことを証する書面にはなりません**。

上記の書面では、「今の残高は分かりますが、それが払込みだったのか、もと

もと持っていたお金なのか」の区別がつかないからです。

## 問題を解いて確認しよう

| | | |
|---|---|---|
| 1 | 株式会社の設立の登記の申請書に当該株式会社に対する払込みを証する書面として添付すべき預金通帳の写しは、その記載された入出金の履歴から払込金額に相当する額が口座に入金された事実を確認することができるだけでは足りず、払込期日又は登記申請日においてその口座に払込金額相当額の残高があることを確認することができるものでなければならない。〔20-34-エ〕 | × |
| 2 | 発起設立の場合、当該設立の登記の申請書には、当該株式会社に対する払込みがあったことを証する書面として、一定の日に払込みを受けた口座にある金額が存在することを証明する残高証明書を添付しなければならない。〔オリジナル〕 | × |

## ヒトコト解説

1 払込みがあったことが要件です。残高があることは、要件ではありません。

2 払込みがあったことが分からなければ、添付書類にできません。

## 2周目はここまで押さえよう

### ◆預金口座の名義◆

| | |
|---|---|
| 原則 | 1　発起人<br>2　設立時取締役（発起人からの委任が必要） |
| 特例 | 発起人及び設立時取締役の「全員」が日本国内に住所を有していない場合の特例<br>3　上記1、2以外の第三者（発起人からの委任が必要） |

払込みは銀行に振り込む形で行いますが、では誰の名義の口座に振り込むのでしょう。

設立手続は発起人が行いますから、発起人の口座に振り込むべきです。ただ、発起人からの委任があれば、設立後の経営者である取締役の口座に直接入れることもできます。

一方、発起人・取締役以外の口座ではNGなのが原則です（無関係者の口座ではダメということです）。

ただし、発起人及び設立時取締役の「全員」が日本国内に住所を有していない場合は別です。その状況では、発起人等が日本の銀行口座を作るのが大変であるため、発起人・取締役以外の名義人の口座でも認めています。

| 証明書 | | 通帳のコピー |
|---|---|---|
| 1,000万円、振り込みがありました。<br>設立時代表取締役 X | ＋<br>合てつ | 4/1　Aから振込　100万円<br>4/3　Bから振込　900万円 |

払込みがあったことを証する書面として、一般的に利用されているのが「合てつ書面」と呼ばれるものです。

これは、通帳のコピーと証明書をとじ合わせたものを指します。募集設立と異なり、必ずしも金融機関から証明書を作ってもらう必要はないのです。

ちなみに、証明書を作るのは代表取締役（又は代表執行役）に限定されています。

| | 問題 | 解答 |
|---|---|---|
| 1 | 発起設立において、発起人から設立時代表取締役に対して出資の払込みを受領する権限を授与する旨の委任状があるときであっても、当該設立の登記の申請書に、発起人ではない設立時代表取締役の名義である預金通帳の写しを、払込みがあったことを証する書面の一部として添付することはできない。〔オリジナル〕 | × |
| 2 | 当該設立が発起設立であり、発起人がA株式会社及びB株式会社のみである場合において、A株式会社及びB株式会社が両社の代表取締役を兼務するC名義の預金口座に出資に係る金銭を払い込んだときは、Cが設立する会社の設立時取締役でないとしても、各発起人がCに対して払込金の受領権限を委任したことを証する書面を添付して設立の登記を申請することができる。〔30-29-イ〕 | × |

| | |
|---|---|
| **3** 株式会社の設立の登記に関して、当該設立が発起設立であり、設立しようとする会社が監査役設置会社である場合において、出資として金銭の払込みがされたときは、設立の登記の申請書に、設立時監査役の作成に係る金銭の払込みがあったことを証する書面を添付して、設立の登記の申請をすることができる。〔29-28-ウ〕 | × |

## これで到達！ 合格ゾーン

□ 払込取扱機関の適格性

- 内国銀行の日本国内本支店（例：東京銀行の大阪支店） → ○
- 内国銀行の海外支店（例：東京銀行のニューヨーク支店） → ○
- 外国銀行の日本国内支店（例：ニューヨーク銀行の東京支店） → ○
- 外国銀行の海外本支店（例：ニューヨーク銀行のボストン支店） → ×

**★払込みは金融機関に対して行う必要がありますが、日本と全く関係ない金融機関は認められていません。日本の銀行はもちろんOKですが、外国の銀行でも日本に支店があれば認められています。**

## 第5節　設立時役員等の選任及び解任（発起設立）

ここから、取締役、会計参与、会計監査人、監査役を選ぶ場合の手続を見ていきます。

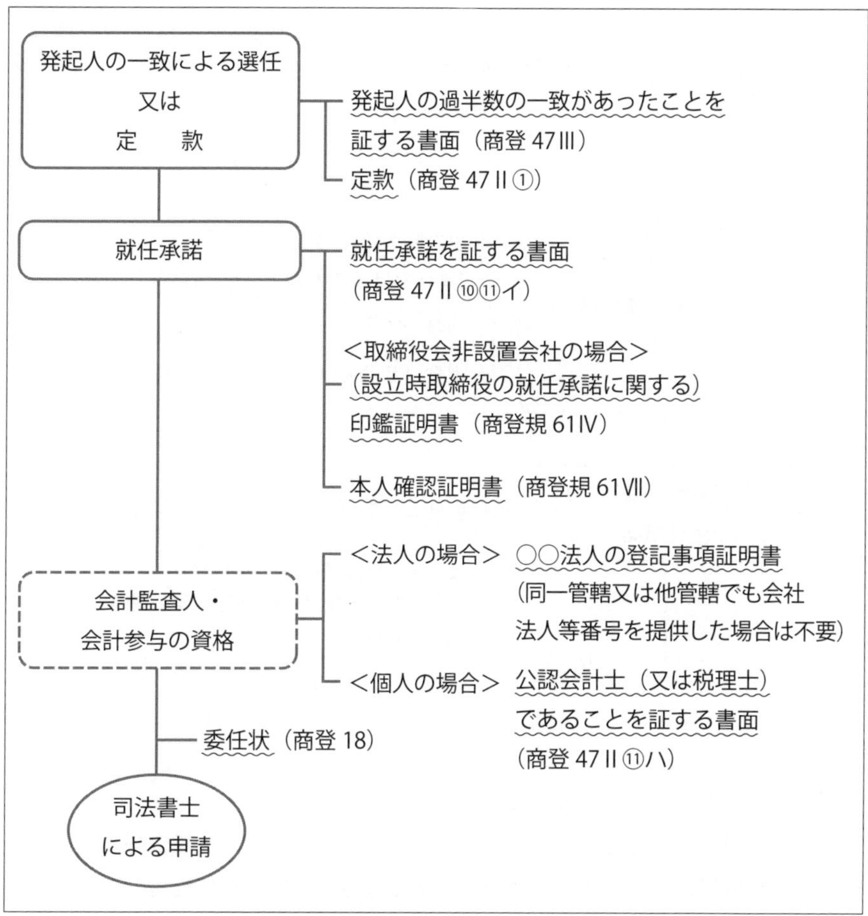


役員等は、発起人によって選ぶのが基本です。ただ、**多数決の方法は、頭数の過半数ではなく、議決権の過半数**です（買った株式数によって変わってきます）。

また、**定款に「設立時取締役は、田中太郎とする」と書いておく方法も認められています**。定款は発起人の全員で作るので、**定款に書いてある＝発起人の全員で決めていることになるので、過半数なんて余裕でクリアする**からです。

そして就任承諾のブロック、取締役の登記では注意点が２つあります。

①取締役会を置かない会社の場合、取締役になった時点で、実在保証が取られますので、就任承諾書には実印を押して、印鑑証明書を付ける必要があります。

②それ以外の場合は、本人確認証明書（運転免許証のコピー等）が必要です。

そして、会計監査人や会計参与については、それぞれ資格の立証が必要です（ここは設立後と同じです）。

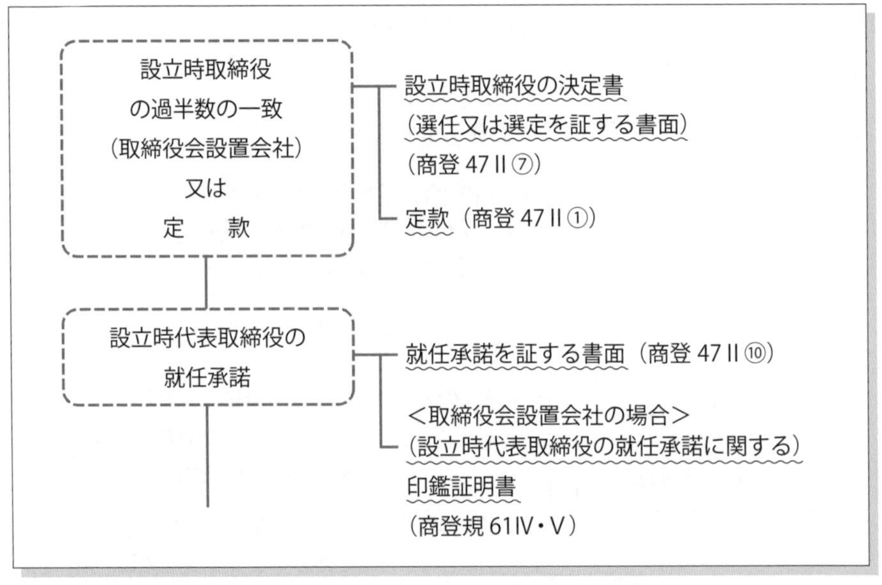


代表取締役を選ぶという場面です。

取締役会設置会社でも、設立時は取締役の互選で決めます。**設立段階では取締役会という制度がないので、取締役会議事録を付けないように注意**してください。

次のブロック、就任承諾の立証ですが、取締役会設置会社では、代表取締役が、そこに実印を押して印鑑証明書を付ける必要が出てきます。

ちなみに、**選任議事録については、印鑑証明書の添付は不要**です。

「選任議事録に実印を押して、印鑑証明書を付ける」というルールは不当な乗っ取りを防ぐためのルールでした。会社の立上げの段階で乗っとるということはないので、選任議事録の印鑑証明書の添付は設立のときは不要にしているのです。

| （状況） | 定款 「代表取締役は取締役の互選で定める」 |
|---|---|
| （論点） | 「設立時代表取締役を設立時取締役の互選で決めることができるか」 |
| （結論） | × |

「設立後の代表取締役は取締役の互選で定める」と定めていた会社が、この定款規定があるから設立時の設立時代表取締役も設立時取締役で選定できるのかという論点です。

結論はできないものとされています。

取締役の互選で定めると規定しているのであって、**設立時取締役で定めると規定していないため**です（取締役と設立時取締役は別の役員と考えています）。

**問題を解いて確認しよう**

| | | |
|---|---|---|
| 1 | 発起人が設立時取締役及び設立時監査役を選任した場合には、発起人の全員が同意した旨が記載された選任書を添付しなければならない。〔6-33-4（18-30-ウ、24-28-オ）〕 | × |
| 2 | 取締役会設置会社でない株式会社を設立する場合において、定款の定めに基づき設立時取締役の互選により設立時代表取締役を選定したときは、設立の登記の申請書には、設立時取締役による互選を証する書面に押された設立時取締役の印鑑につき市町村長が作成した印鑑証明書を添付しなければならない。〔19-32-ア〕 | × |
| 3 | 取締役会設置会社（指名委員会等設置会社を除く。）を設立する場合には、設立の登記の申請書には、設立時代表取締役の就任承諾書に押された印鑑につき市町村長の作成した印鑑証明書を添付する必要はない。〔19-32-イ〕 | × |
| 4 | 取締役会設置会社でない当該株式会社の定款に取締役の互選により代表取締役１名を選定する旨の定めはあるものの、設立時代表取締役の選定に関する定めがない場合、当該設立の登記の申請書には、設立時代表取締役の選定について設立時取締役の過半数をもって決定したことを証する書面を添付しなければならない。〔21-28-5（令3-28-イ）〕 | × |

ヒトコト解説

1 設立時取締役は、定款で決めておくか、発起人の議決権の過半数で決めることができます。

2 設立時には、選任議事録についての印鑑証明書は不要です。

3 取締役会を置かない会社では、取締役の就任承諾書に実印を押印して、印鑑証明書を添付します。

4 設立時取締役で定めるとされていないため、設立時取締役では設立時代表取締役を選定できません。

## これで到達！ 合格ゾーン

□ 定款において発起人を取締役にする旨を定めている場合（被選任者が定款に署名又は記名押印している）には、就任承諾書は別途添付する必要はない。

□ 定款において取締役として発起人以外の者を定めている場合には、就任承諾書は別途添付する必要がある（商事法務1245-23）。

**★定款は発起人が作成し、押印しています。定款に「取締役はAとする」としていて、そのAが定款が押印をしていれば、就任承諾の意思と読むことができます（〔平31-28-2〕で出題されています）。一方、発起人以外の人を定めてもその人は押印しませんので、結論が変わります。**

□ 定款は、公証人の認証を受けなければ、その効力を生じない（会社30Ⅰ）。この点、発起設立において、定款の認証前に株式の引受け及び役員の選任を行った場合、その後に定款の認証を受けたときは、当該設立の登記を申請することができる（昭31.5.19 民四103 号）。〔28-29- オ〕

□ 定款認証日前であっても、払込金額が記載された定款の作成日より後の日付をもって払い込まれた事実が判明するときには、当該合てつ書面を出資履行書面とすることができる（昭31.5.19 民四103 号）。〔25-29- イ〕

**★「定款を作成→認証→出資→役員の選任」というのが原則的な流れですが、認証を取る前に他の手続を取ることも問題ありません。つまり、「定款を作成→出資→役員の選任→認証」という手続でも構いません。**

# 第6節 設立時取締役等による調査（発起設立）

**取締役（及び監査役）の調査事項**

1　少額財産の特例又は有価証券の特例により検査役の調査を要しない場合
　→当該現物出資財産等の定款価額が相当であること
2　弁護士等の証明により検査役の調査を要しない場合
　→当該現物出資財産等の定款価額が相当であることについての弁護士等の証明が相当であること
3　出資の履行が完了していること
4　その他、株式会社の設立の手続が法令又は定款に違反していないこと

設立時取締役には、全部で４つ調査することがあります。

①②現物出資などがあったにも関わらず、検査役が調査しない場合には、その現物出資財産を調査します。

③出資がされていることの調査です。

④法令・定款違反がないことの調査です。

設立調査は省略することができません。①②は現物出資がなければする必要はありませんが、③④はどんな設立でも調査事項になるからです。

ただ会社法上、調査は必ずやる必要がありますが、**商業登記で、それを立証するかどうかは別問題**なのです。

**◆株式会社の通常の設立登記申請における「調査報告書」の添付◆**

| | 定款に変態設立事項の記載「なし」 | 定款に変態設立事項の記載「あり」 | |
|---|---|---|---|
| | | 検査役が「選任されなかった」 | 検査役が「選任された」 |
| 「調査報告書」の添付 | 要しない | 設立時取締役（及び設立時監査役）の調査報告書及びその附属書類 | 検査役の調査報告書及びその附属書類 |

変態設立事項の記載がない場合には、調査はするのですが、立証は要りません。

変態設立事項の記載がない場合に調べる内容は、前記の③と④です。出資が終わっていること、法令定款違反がないことです。

出資が終わっていること自体は、払込みがあったことを証する書面、預金通帳のコピーでわかります。また、法令定款違反がないってことも、取締役等が調べたけどルール違反はありませんでしたと書くだけです。

結局、「出資が終わっています、預金通帳を見てください」「法令定款違反はないと思います」**そんなことを書いた紙を別個に添付する実益はありません。**

立証内容が、③④だけ
→　調査報告書を添付しなくていい

この視点で押さえていきましょう。

例えば定款に変態設立事項の記載がある、なおかつ、検査役が選ばれたという場合、**①②は取締役等が調査することはなくて、③④だけが調査対象**になります。そのため、先ほどと同じことになるので、取締役（監査役）の調査報告書は付けなくてよいのです（検査役の調査報告書は添付しますが、取締役の調査報告書は省略できます）。

また、定款に変態設立事項があるにもかかわらず、検査役が選ばれなかった場合はどうでしょう。検査役が入らなかったということは、①②のどっちかを調査しているので、**取締役（監査役）の調査報告書を添付することになります。**

（ちなみに、取締役・監査役の調査は誰か１人がやればいい、というものではなく、設立時取締役・設立時監査役の全員で行う必要があります。）

## 問題を解いて確認しよう

| | | |
|---|---|---|
| 1 | 現物出資の目的たる財産が市場価格のある有価証券である場合において、定款に定めた価額が当該有価証券の市場価格として法務省令で定める方法により算定されるものを超えないときは、株式会社の設立登記の申請書に、設立時取締役及び設立時監査役の調査報告を記載した書面を添付することを要しない。〔6-33-2（23-29-ウ）〕 | × |
| 2 | 現物出資財産について定款に記載された価額の総額が500万円を超えない場合には、設立の登記の申請書に、設立時取締役（設立する株式会社が監査役設置会社である場合にあっては、設立時取締役及び設立時監査役）の調査報告を記載した書面を添付することを要しない。〔26-29-ア〕 | × |
| 3 | 株式会社を設立する場合に本店の所在地においてする設立の登記の申請書の添付書面に関し、定款にいわゆる変態設立事項の記載又は記録がないときは、申請書には、設立時取締役の調査報告を記載した書面及びその附属書類を添付することを要しない。〔24-28-エ〕 | ○ |
| 4 | 発起設立においても、募集設立においても、検査役の報告に関する裁判があったときは、その謄本を添付しなければならない。〔9-28-エ（13-31-ウ、26-29-ウ）〕 | ○ |
| 5 | 募集設立の方法により設立しようとする株式会社が監査役設置会社である場合において、設立の登記の申請書に設立時取締役及び設立時監査役による調査報告を記載した書面の添付を要するときは、創立総会に出席した設立時取締役及び設立時監査役のみが作成したものを添付すればよい。〔28-29-ア〕 | × |

### ×肢のヒトコト解説

**1,2** 検査役を省略しているため、価格の相当性を取締役が調査します。この場合は立証が必要です。

**5** 設立時取締役・設立時監査役の全員で行う必要があります。

## 第7節 発起人による設立手続の決定

> 定款
> 第1条（商号）
> 　当社は、日本商事株式会社と称する。
> 第2条（目的）
> 第3条（本店の所在地）
> 　当会社は、本店を東京都千代田区に置く。

定款には、本店を書きます。ただ、公証役場に持っていく段階では、最小行政区画だけを決めていればよく、細かくは決めなくても構いません。

ただ、設立登記では具体的な場所を登記しますので、登記申請までには具体的場所を決める必要があります。

これは、**発起人が決める**ことになっています。

基本的に設立のお仕事は発起人がやります。取締役は、経営の意思決定、経営の監督をすることがお仕事なので、設立手続中は仕事が基本なく、３つだけ条文が仕事を用意しています。

設立時取締役のお仕事
① 設立調査
② 登記申請（正確には代表取締役の仕事です）
③ 代表取締役の選定、委員・執行役の選任、代表執行役の選定

それら**３つ以外の、細かいお仕事はすべて発起人がやります**。その１つの例が、この本店の所在場所の決定です。

① 本店・支店の所在場所の決定
② 支配人の選任
③ 株主名簿管理人

これらのことは、すべて発起人の過半数で決めていきます。特に、②③は設立後だったら取締役の方で決める内容ですが、設立段階では発起人が決めることに注意しましょう。

**問題を解いて確認しよう**

| | | |
|---|---|---|
| 1 | 発起設立の登記の申請書には、定款に株式会社の本店の具体的な所在場所を定めなかった場合、具体的な本店所在場所を定める発起人全員の同意があったことを証する書面を添付しなければならない。〔オリジナル〕 | × |
| 2 | 発起設立において、株式会社の定款に株主名簿管理人を置く旨の定めはあるものの、株主名簿管理人の決定については定款に別段の定めがない場合、当該設立の登記の申請書には、株主名簿管理人の決定を設立時取締役の過半数をもってしたことを証する書面及び株主名簿管理人との契約を証する書面を添付しなければならない。〔21-28-1〕 | × |

**ヒトコト解説**

1 過半数の同意でできることです。

2 株主名簿管理人の決定は、設立時取締役の過半数で行うのでなく、発起人の過半数で行います。

これで到達！ 合格ゾーン

- [ ] 定款に本店所在地として最小行政区画までしか記載されていない場合は、具体的な所在場所は発起人が決定することになるため、発起人の過半数の一致を証する書面を添付しなければならない（47Ⅲ）。ただし、創立総会で所在場所まで決議したときは、その旨の記載のある創立総会議事録を添付すれば、設立の登記の申請をすることができる（昭40.5.24 民甲1062 号）。〔29-28- オ〕

**★本店所在場所は発起人が決めることですが、そこまで重要事項でないため、募集設立における株主が集まる創立総会で決めているのであれば、その決議内容で登記することを認めています。**

## 第8節 資本金の計上

資本金の額が会社法及び会社計算規則の規定に従って計上されたことを証する書面（商登規61Ⅸ）

この書面は、資本金の計算式のうち、登記官にはわからない数字を教えるものでした。

| 計算式の基本 | （現金　＋　現物）　×　新株割合　－　自己株式処分差損 |
|---|---|
| 設立の場合 | （現金　＋　現物） |

基本的な計算式は上記のとおりですが、設立時の計算は、簡略化されているのが分かります。

これは、自己株式がないためです。**自己株式がないから、株式の発行割合は必ず100％になり、自己株式処分差損という概念もありません。**

そのため、資本金の計算式はお金と現物の値段を足す、それだけになります。

この現金出資というのは、払込みがあったことを証する書面でわかるので、別途書面を作って教える必要はありません。

問題は現物出資です。現物出資した物の実際の値段というのは、登記官にはわからないので、その物の値段を、登記官に立証する必要があります。裏を返せば、**現物がなければ、立証しなくていい**ということです。



### ◆「資本金の額が会社法及び計算規則の規定に従って計上したことを証する書面」の添付の要否◆

| | 設立 | 募集株式発行 |
|---|---|---|
| 現金のみ | × | ○ |
| 現物のみ | ○ | ○ |
| 現金と現物 | ○ | ○ |

計上を証する書面がいる場合を○、いらない場合を×にしてまとめています。

**設立で出資が現金だけだったら、払込みがあったことを証する書面だけでわかります**ので、**別個に立証する必要はない**のです。

一方、現物出資があれば、その物の値段を登記官は知りたいから、それを教えるために、添付が必要になります。

### 問題を解いて確認しよう

| | | |
|---|---|---|
| 1 | 出資に係る財産が金銭のみであった場合における資本金の額が会社法及び計算規則の規定に従って計上されたことを証する書面は、発起設立、募集設立を問わず添付を要する。〔オリジナル〕 | × |
| 2 | 発起設立において、出資に係る財産が金銭のみである場合、株式会社の設立の登記の申請書には、資本金の額が会社法及び会社計算規則の規定に従って計上されたことを証する書面を添付することを要しない。〔オリジナル〕 | ○ |

### ×肢のヒトコト解説

1 出資内容が金銭だけであれば、添付は不要です。

## 第9節 発起設立の申請書

1. 事　○年○月○日発起設立の手続終了
1. 登　(登記事項となるものすべて)
　　　登記記録に関する事項　設立
1. 課　金○円
1. 税　資本金の額 ×7 ／ 1000（登録税別表 1.24.(1)イ）
　　　（計算額が 15 万円未満のときは金 15 万円）

登記の事由に日付が入っています。今まで年月日は登記すべき事項に書いていたのですが、なぜ今回の登記では、登記の事由に日付を書くのでしょうか。

登記が効力要件
↓
「登記すべき事項」に日付が書けない
↓
しかし、登記期間の起算日は知りたい
↓
「登記の事由」に日付を入れる

登記すべき事項に、年月日設立とは書けません。

もし年月日を書くとしたら、その日付は効力が生じる登記の日ですが、登記をする日は登記官が決めますので、申請人にはわかりません。

こういった理由で、**年月日を登記すべき事項に書けません。**

ただ、**登記官としても、登記期間の起算点、いつから２週間なのかは知りたい**ところです。だから、**日付を登記の事由に書いてもらう**ことにしました。

そして、その日付は、下記に**記載されている「手続が終わった日」を書きます。**

株式会社の設立の登記は、その本店の所在地において、次に掲げる日のいずれか遅い日から２週間以内にしなければならない(会社911Ⅰ)。
① 設立時取締役等による調査が終了した日（設立しようとする株式会社が指名委員会等設置会社である場合にあっては、設立時代表執行役が調査終了の通知を受けた日）
② 発起人が定めた日

設立調査の終了の日又は、発起人が「この日で終わりにしよう」と決めた日です。そこから２週間以内に登記する必要があります。

今までは効力が生じてから２週間以内に登記するという仕組みでした。
設立は登記したら効力が生じます。
これを合わせると
「効力が生じてから（設立登記してから）、２週間内に設立登記しなさい」という**矛盾する結論が生じます**。
このように**登記が効力要件の場合は、手続が終了してから２週間以内に登記しなさい**としているのです。

**これで到達！**  **合格ゾーン**

☐ 発起設立による登記申請は、下記の①及び②の日のうち、いずれか最も遅い日から２週間以内に申請することを要する（会社911Ⅰ)。
① 設立時取締役等による調査が終了した日（指名委員会等設置会社を除く）
② 発起人が定めた日

**★「設立時取締役等による調査」が発起設立の最後の手続になるので、そこから２週間内に登記申請をすることになります。ただ、その日では都合が悪い等があれば、「今日、この日に手続を終了させます」という定めを設けることも可能です。**

申請書に戻ります。
登記すべき事項ですが、ここは登記事項のすべてを書いていきます。設立によって**新たに登記簿を作るので、こちらが登記事項を全部書いて提出する**ことになります。

## これで到達！  合格ゾーン

□ 会社成立の年月日は、登記すべき事項とはならない。

**★登記事項には、「会社成立の年月日」がありますが、これは登記年月日によって判明するので、登記すべき事項に記載する必要はありません。**

□ 取締役等の就任年月日は登記すべき事項とはならない。

**★就任年月日は任期の計算のために記載しますが、設立当初の役員の任期は、会社成立の日から進行するため（その日付は登記事項です）、別途、就任年月日を記載する必要はありません。**

□ 通常の設立の登記においては、新株予約権に関する事項が登記されることはない（「ハンドブック」p126）。

**★創立総会には新株予約権の募集事項の決定権限が与えられていなく、また、取締役会は株式会社の成立前には存在しないので、株式会社がその設立時において新株予約権の適法な発行決議等の法定の手続を経ることが不可能なのです。**

そして、最後に１行、「登記記録に関する事項　設立」という言葉を入れてください。ここは、なぜこの登記簿を作ったかを書く欄のことで、ここに「設立でこの登記簿を作った」ということを表現してください。

最後に登録免許税、これは資本金の1000分の７を取ります。

ここだけ見ると、（ニ）と同じように見えるのですが、最低税額が15万円と高額になっています。思い出してほしいのが新株予約権の欄です。あの大きな欄を作るのに９万円かかりました。だったら、登記簿をゼロから起こすのであれば、もっと課税されてもしょうがありません。

ただ、**15万円払うので、いろんな登記の料金が込み込みになります。**

ex. 設立に際しての株主名簿管理人を選任
→　登録免許税は設立に吸収される（別途課税されない）

例えば、設立の段階で株主名簿管理人を決めたとします。株主名簿管理人とい

うのは、設立の必須機関ではありません。その必須機関でないものを決めたとしても、別途税金は取られません。

**設立では、多く税金を払っているので、細かい登記は別途税金が取られない、**と考えればいいでしょう。

**ただ1つだけ例外があって、それが支配人です。**

設立と同時に本店の支配人選任
→別途課税される
ex. 資本金2,000万円の(株)設立と同時に本店に支配人を選任
　資本金2,000万円 × 7／1000 ＝ 14万円
　　　　　　　　　　　　　　　　↓
　　　　　　　　　　　　　　15万円 ＋ 3万円
　　　　　　　　　　　　＝ 18万円

支配人の登記だけは別物扱いをして、別途課税されます。この結論は、無理やり覚えたほうが早いでしょう。

**問題を解いて確認しよう**

**1**　設立しようとする株式会社の資本金の額が1,000万円である場合、本店の所在地における設立の登記の登録免許税の額は、7万円となる。〔オリジナル〕　×

**ヒトコト解説**

**1**　15万円になります。

# 第10節 募集による設立（募集設立）

1. 事　○年○月○日募集設立の手続終了
1. 登　（登記事項となるものすべて）
　　　登記記録に関する事項　設立
1. 課　金○円
1. 税　資本金の額 ×7 ／ 1000
　　　（計算額が 15 万円未満のときは金 15 万円）（登録税別表 1.24.(1)イ）

募集設立は、発起設立と違う点だけ覚えていきましょう。

申請書の表現、登記の事由が「募集設立の手続終了」となっていて、募集設立は創立総会で終わるのが通常なので、ここの年月日には、創立総会終結日を記載しましょう（他の日付になることもあるのですが、パターンが多すぎるので覚えきれません）。

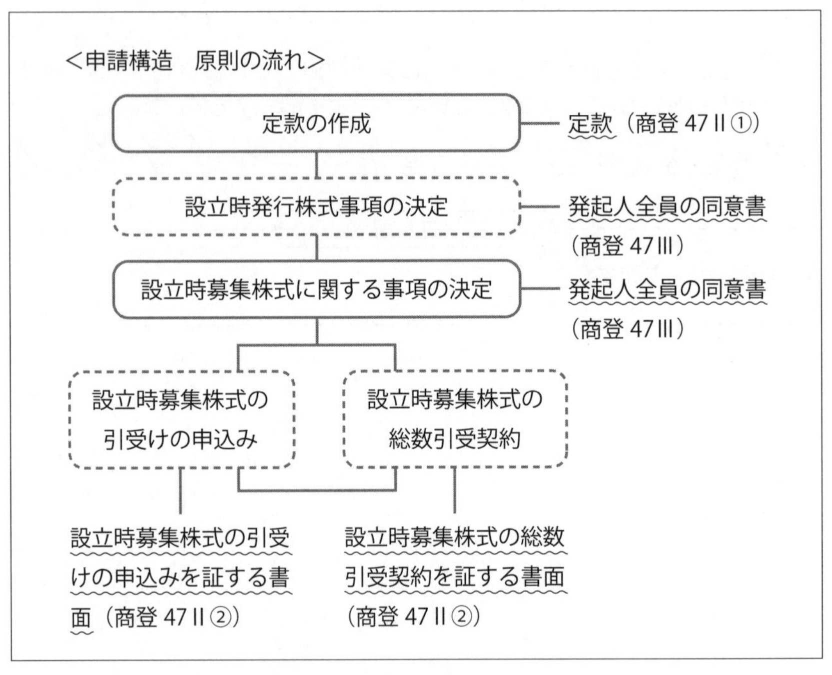

定款を作り、ルールを決めて、設立時発行株式（発起人が買う条件を決めること）を決定します。

ここまでは発起設立と同じなのですが、このあと「設立時募集株式に関する事項の決定」、**一般投資家用の発行条件を決める必要があります**。決め方は発起人に対する発行条件と同じで、**発起人の全員の同意**です。

そのあとに申込み（総数引受契約になることもあります）をするのですが、この後に、割当てがないのに気付いたでしょうか。

厳密には割当てという行為をするのですが、その**割当行為に決議をとって行う必要がありません**。

募集株式の発行の場合、割当てを決議でやった場合だけ、その割当決議を立証しました。設立の場合は決議でやることがないので、立証は全く要らないことになります。

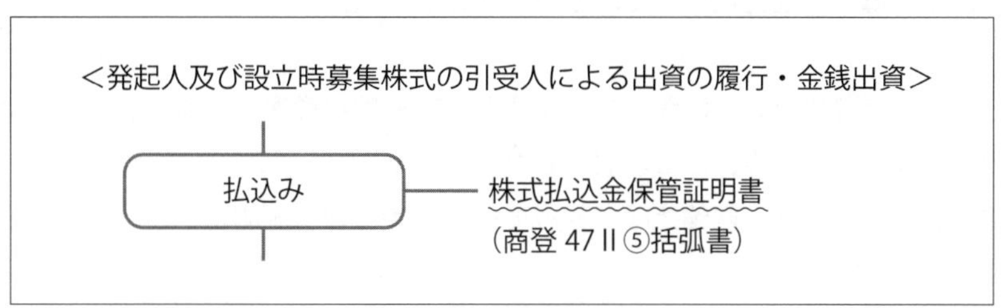


払込み、添付書類がいつもと違います。

今までは、払込みがあったことを証する書面ですが、設立募集株式発行では、「株式払込金保管証明書」が必要です。

例えば1,000万円の保管証明書となれば、「当銀行が1,000万円を保管しています」という証明書を銀行からもらうことになります。

裏を返せば、この**証明書が出るまで、1,000万円が使えない**ことを意味します。

ちなみに、添付書面が「払込みがあったことを証する書面」の場合、払込みがあったことを立証すればいいので、実際にお金が入ってきていれば、すぐ使っていいのです。

このように、払込みがあったことを証する書面か、保管証明書かで、払込みがあったお金をすぐ使えるかどうかが変わってきます。

では、払込みがあったことを証する書面、保管証明書はどういうときに要求されるのでしょうか。

| 募集設立 | 発起設立 | 募集株式の発行 |
|---|---|---|
| 払込金保管証明書 | 払込みがあったことを証する書面 | |

昔は、すべての局面で、株式払込金保管証明書を要求していました。

ただ、この保管証明書はもらえるまで、かなり時間が要するため、手続がなかなか進まないという批判を受けていました。そこで、**会社法になってから、保管証明書は、募集設立時だけで要求する**ことにしました。

では、なぜ募集設立だけかと言いますと、①**一般投資家がいる**という点、②**会社がまだない**という点、そこに着目したようです。

発起設立の場合は、内輪だけでやっているため、保管証明書という厳しいものは要求しませんでした。

また、募集株式発行においても一般投資家がでてくるのですが、手続に失敗したとしても、「出資金を返せ」というように会社に責任追及ができます。

募集設立の場合、この設立手続が失敗したら、会社に対して責任追及もできません。そこで、保管証明書が出るまで、出資金は使ってはいけないよと強く縛りを付けたのです。

以上が現金出資の場合の手続です。

## 問題を解いて確認しよう

| | | |
|---|---|---|
| 1 | 募集設立による設立の登記の申請書には、設立時募集株式の割当てを受ける者を決定したことを証する書面として、発起人の過半数の一致があったことを証する書面を添付しなければならない。なお、総数引受契約については考慮しないものとする。〔オリジナル〕 | × |
| 2 | 募集設立において、設立時募集株式の引受人が設立時募集株式の払込金額の全額の払込みを行った場合、設立の登記の申請書には、払込取扱機関が作成した払込金保管証明書を添付しなければならない。〔オリジナル〕 | ○ |

## ×肢のヒトコト解説

1　設立時は、割当てを決議で行う必要はありません。

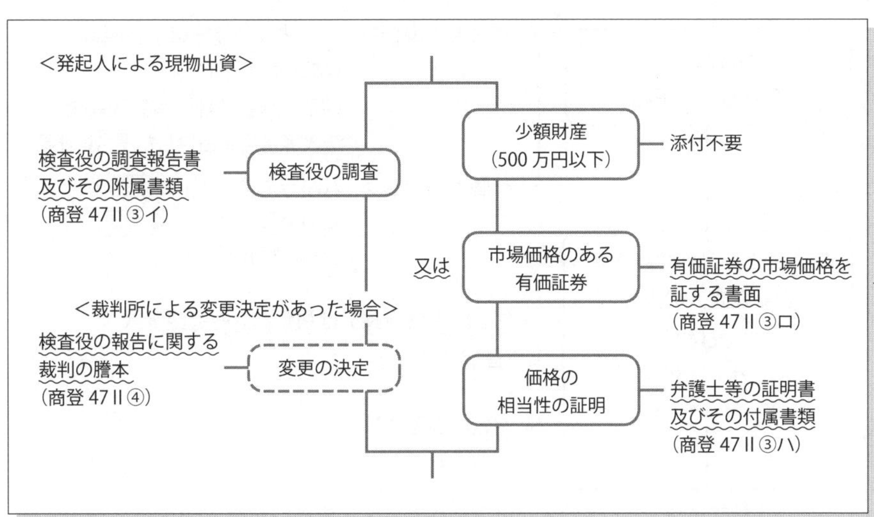


次は現物出資の局面です。ここは、発起設立と同様で、給付自体は立証をせず、値段について立証を要求しています。

＜申請構造　原則の流れ＞
創立総会の決議
創立総会議事録（商登 47 II ⑨）
種類創立総会の決議
種類創立総会議事録（商登 47 II ⑨）

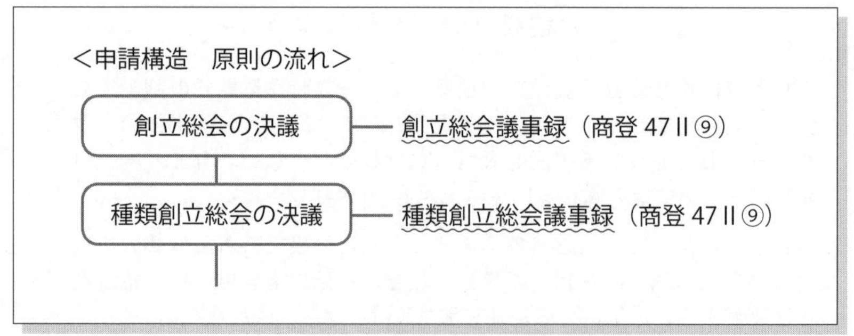

出資金を払ったら、出資者みんなで集まって立ち上げる総会を開きます（場合によっては、種類株主総会まで開くこともあります）。

その総会では「設立手続の報告、役員を決める」などを行います。

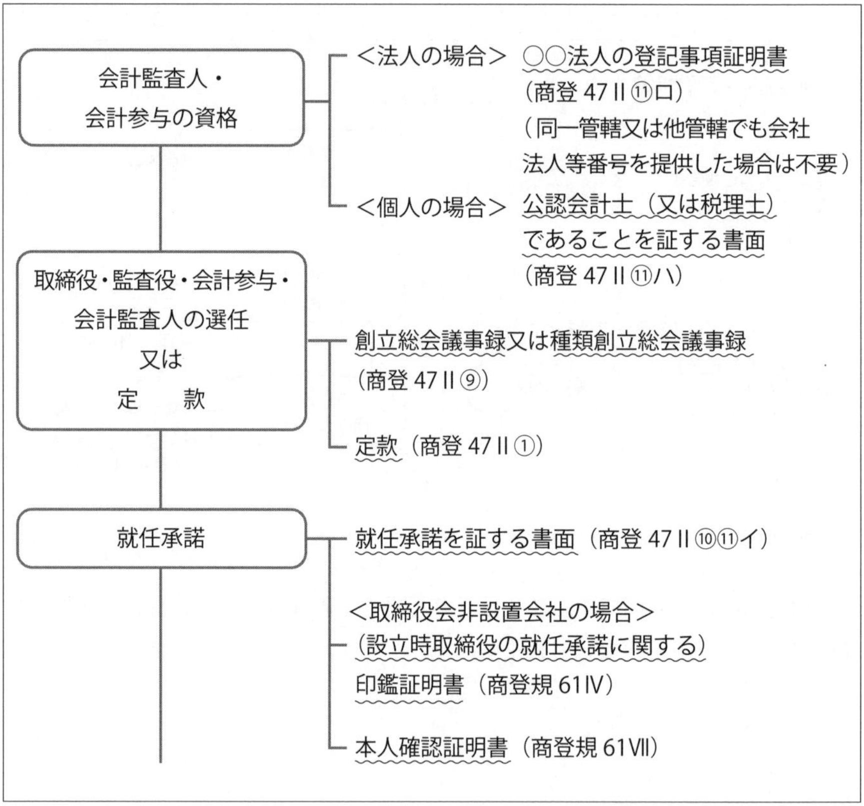

会計監査人・
会計参与の資格
＜法人の場合＞
○○法人の登記事項証明書
（商登 47 II ⑪ロ）
（同一管轄又は他管轄でも会社
法人等番号を提供した場合は不要）
＜個人の場合＞
公認会計士（又は税理士）
であることを証する書面
（商登 47 II ⑪ハ）
取締役・監査役・会計参与・
会計監査人の選任
又は
定　款
創立総会議事録又は種類創立総会議事録
（商登 47 II ⑨）
定款（商登 47 II ①）
就任承諾
就任承諾を証する書面（商登 47 II ⑩⑪イ）
＜取締役会非設置会社の場合＞
（設立時取締役の就任承諾に関する）
印鑑証明書（商登規 61 IV）
本人確認証明書（商登規 61 VII）

役員を決めるブロックの流れですが、基本的には選んで就任承諾となります。会計参与・会計監査人に関しては、いつもの通り資格の立証が必要です。

就任承諾のところですが、これは取締役に関しては、取締役会設置会社か、取締役会を置かない会社かによって何を付けるかが違ってきます。

取締役会設置会社であれば、本人確認証明書、取締役会を置かない会社であれば、印鑑証明書を添付する（だから、本人確認証明書は不要）ことになります。

問題を解いて確認しよう

| | | |
|---|---|---|
| 1 | 募集設立による設立の登記の申請書には、設立時取締役の選任に関する書面として、発起人の議決権の過半数の一致があったことを証する書面を添付しなければならない。〔オリジナル〕 | × |

ヒトコト解説

1 創立総会で決議するので、創立総会議事録を添付します。

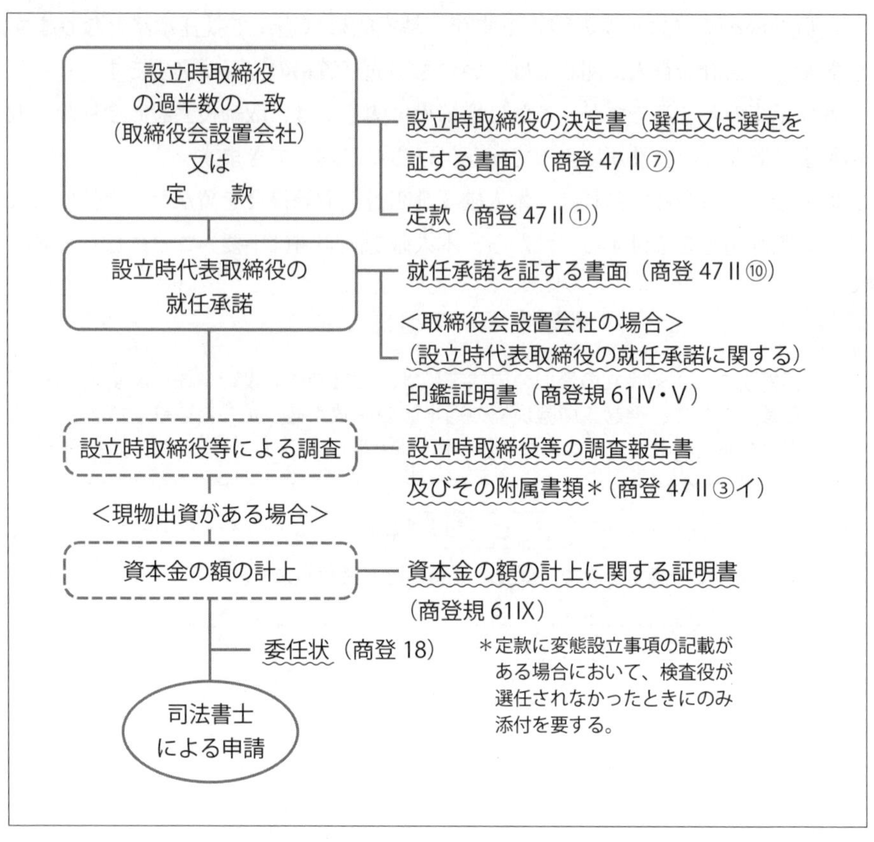


この部分は、発起設立と同じなので、説明は省略します。
以上で、設立手続は終了です。

これで到達！  合格ゾーン

□ 以下の要件を満たしたものは、登記完了の直前までの工程の処理を進めた上で、認証された定款が送信されたことを確認し次第、申請を受け付けた時点から起算して、原則として24時間以内に登記を完了するものとする。

① 定款認証の嘱託及び設立登記の申請がオンラインで同時にされていること
② 株式会社の場合、設立時取締役、設立時会計参与、設立時監査役及び設立時会計監査人が５人以内であること
　合同会社の場合、業務執行社員が５人以内であること
③ 添付書面情報が全て電磁的記録（PDFファイル）により作成され、申請書情報と併せて送信されていること（完全オンライン申請）
④ 登録免許税が収入印紙ではなく電子納付により行われていること
⑤ 補正がないこと

**★起業の促進をしたいという政府の方針のもと、簡易な設立手続（上記②を参照）であれば、24時間以内に処理するように運営されています。ただ、その処理がしやすくなるような状況を要求し（上記①③④）、補正がないことも要求されています（上記⑤参照）。**

～難しくて複雑ですが、なんとか得点源にしましょう～

# 第7章 企業再編

令和７年本試験は
ここが狙われる！

ここの企業再編は択一での出題はもちろんのこと、記述式試験で頻繁に出題されます。
実体も難しく、手続も複雑なところですが、手を抜かずに頑張って取り組みましょう（こちらを読む前に、会社法のテキストを読んで復習することをお勧めします）。

## 第1節 合併の登記

### （1）吸収合併

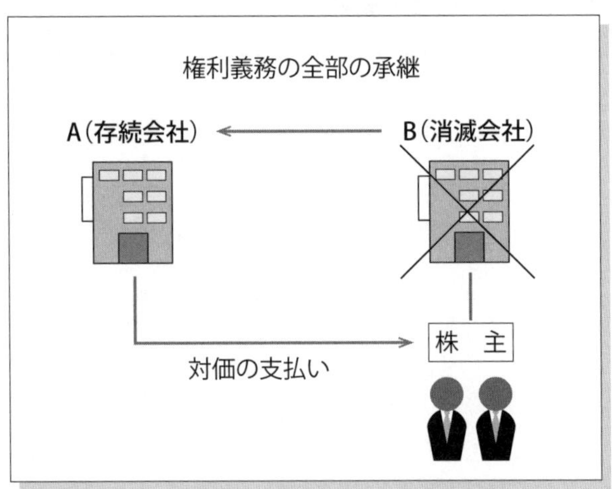


A会社がB会社をのみ込む、こういう合併をすることを決めました。

この場合、A会社がB会社の権利義務を全部のみ込み、その結果、B会社は消滅します。そして、権利義務をのみ込んだお礼（対価といいます）を払います。

**吸収合併のポイント**
消滅会社は、効力発生によって当然に消滅する
→　消滅会社の株式・新株予約権は当然に消滅する

**消滅会社は、必ず消滅する**ため、消滅会社の株式、新株予約権は絶対に消えるのです。だから、**消滅会社では、株券提供公告、新株予約権証券提供公告が必要になる**わけです。

**吸収合併のポイント**
・対価は、消滅会社の株主に渡される

存続会社は、消滅会社から権利義務をもらっています。だったら、そのお礼は会社にすべきです。ただ、**会社にお礼をしようとしても、会社がなくなり、会社には渡せない**ため、会社の所有者である株主に渡すのです。

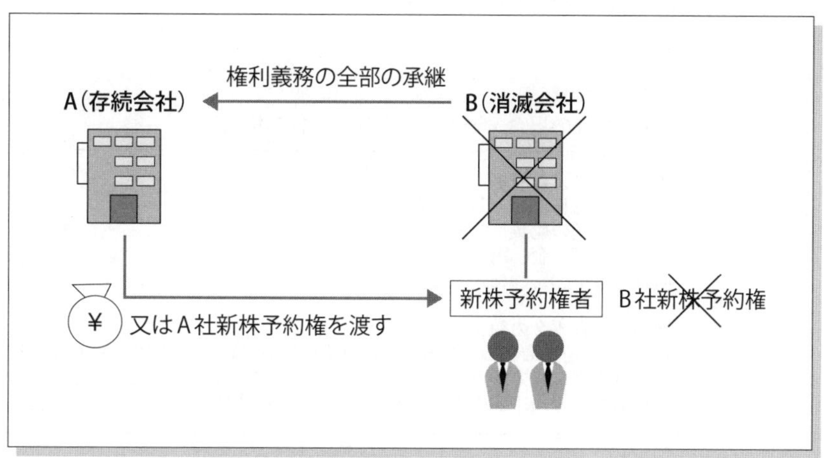


これは、消滅会社の新株予約権の取り扱いです。
A会社とB会社が合併をすると、B会社がなくなるからB会社の新株予約権も

消えます。

そのため、A会社がB会社の新株予約権者に対価を払います（対価というか「合併で消してごめんね」というお詫びがしっくりくるかも知れません）。

B会社の新株予約権者に対して何が渡せるかというと、合併の場合、お金か、新株予約権に限定されています。

お金を渡すというのは**「金を払うから出ていけ」みたいな感覚**です。

新株予約権を渡すというのは**「B会社の新株予約権がなくなる代わりに、うち（A会社）の新株予約権をあげるよ」っていう感覚**です。これによって、B会社の新株予約権者は、B会社に対する新株予約権者からA会社に対する新株予約権者へとチェンジします。これを**新株予約権の承継**といいます。

B会社では新株予約権の消滅、A会社ではB会社の新株予約権者に対し、新株予約権を発行しているので、なすべき登記は**「B会社では新株予約権の消滅の登記」「A会社では新株予約権の発行の登記」**となります。

では、申請書がどうなるかを見ていきましょう。

吸収合併は**会社が２つありますので、申請書が２枚必要**です。のみ込むA会社用の申請書と、のまれるB会社用の申請書が別々に必要になります。

まず、A会社の申請書を見てみましょう。

吸収合併による変更の登記
（存続会社が株式会社の場合・消滅会社も株式会社の場合）

1. 事　吸収合併による変更
1. 登　○年○月○日次のとおり変更
　　発行済株式の総数　○株
　　資本金の額　金○円
　　同日大阪市○○○株式会社Ｂを合併
1. 課　金○円
1. 税　増加した資本金の額 ×1.5 ／ 1000
　　（ただし，消滅会社の合併直前における資本金の額として登録免許税法施行規則に規定する金額を超過する部分については1000分の7，計算額が３万円未満のときは金３万円）（登録税別表1.24.(1)へ）

登記すべき事項に、発行済株式の総数と資本金が書かれています。これは、株主に渡す対価が株式の場合です。この場合は、**株式を発行するから、発行済株式**

**の総数が増え、そして、株式を発行して、財産が入ってくるので資本金が増えます**（B会社からの権利義務が承継されて、財産が入ってくるので、資本金が増えます）。

そしてもう1つ「同日大阪市○○○株式会社Bを合併」と書いて、**どこの会社の権利義務をのみ込んだかを公示します**。

1. 事　吸収合併による解散
1. 登　平成○年○月○日東京都○○○株式会社Aに合併し解散
1. 税　金3万円（登録税別表1.24.(1)レ）
申請人　株式会社B
存続会社　株式会社A
代表取締役　○○

これは、のみ込まれるB会社の申請書です。

この申請をすることによって、**この会社の登記簿は閉鎖されます**（会社がなくなるので、登記簿は取り潰しになるのです）。

ただ、閉鎖しても、一定期間は見ることができます。**閉鎖というのは、登記簿のデータをDelete（削除）するというイメージ**がいいでしょう。Delete（削除）をするとゴミ箱に入りますが、一定時間は見ることができますよね。登記簿の閉鎖はそんなイメージを持ってください。

実際、閉鎖された登記簿を見たい場合はあります。

B会社の債権者がB会社へ行ったら、B会社がなくなっている。
登記所に行って登記簿を取ろうと思ったら、登記簿はないと言われ、閉鎖の登記簿がないかと確認したら、閉鎖している登記簿があることが分かった。それを見ると、「年月日A会社に合併し解散」と書いてある。

皆さんがこの債権者だったら、どうしますか？

A会社がB会社の権利義務を全部吸収したのですから、A会社に債務の履行を求めることになりますよね。

このように閉鎖しても、登記簿を見ることの実益があるのです。

この登記すべき事項「年月日東京都○○○株式会社Aに合併し解散」、ここは、権利義務の承継があったことを公示していて、「**消滅会社の債権者が、今後どこに請求できるかを知ることができる**」ことが分かるのです。

では、この申請書を使って申請をするのは、誰でしょうか。

B会社の申請なので、B会社の代表取締役が申請すべきです。ただ、この登記は、合併の効力が生じてから行うため、B会社はすでに消滅しています。**B会社が消滅しているので、B会社の代表取締役もいません。**

そこで手続をとるのは、A会社の代表取締役にしました。**B会社が消滅しているから、A会社の代表取締役が代わりに手続を行う**、という仕組みにしています。

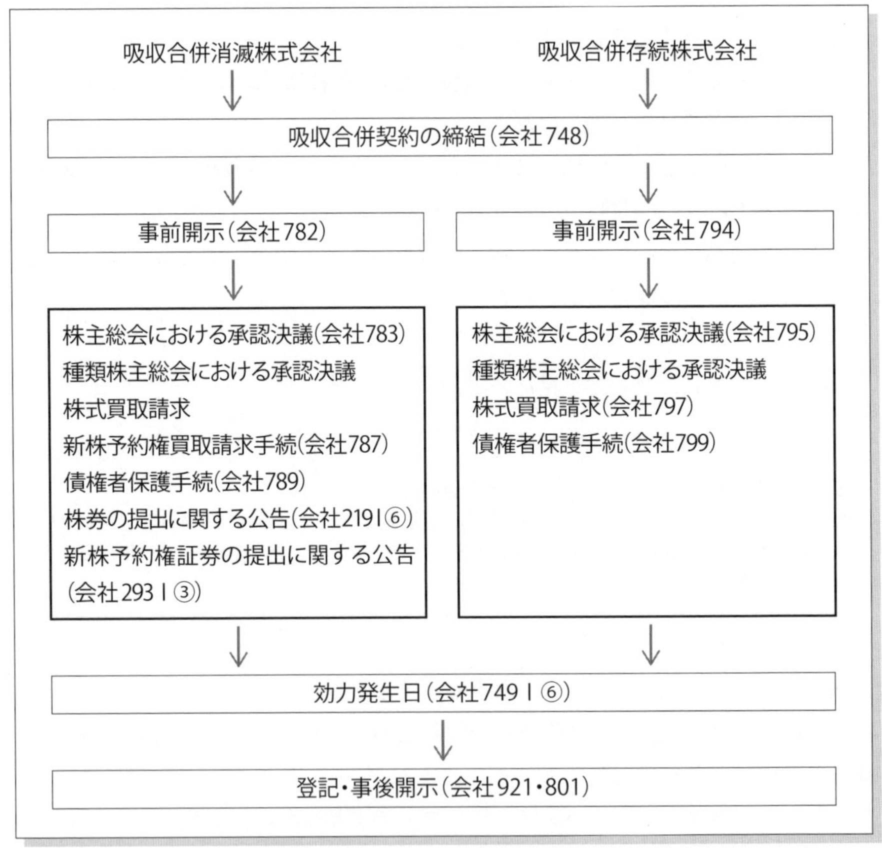

合併手続の流れが載っています。商業登記では、この手続すべてを立証することを要求していません。

立証しないところが幾つかあるので、そこに「×」を付けておいてください。

「存続会社・消滅会社の株式買取請求、事前開示」

「消滅会社の新株予約権買取請求」「存続会社の事後開示」

**買取請求と開示は立証しない**、と押さえておいてください。

合併手続の流れを見ながら、添付書面を押さえていきましょう。

まずは、存続会社の手続を見ていきます。

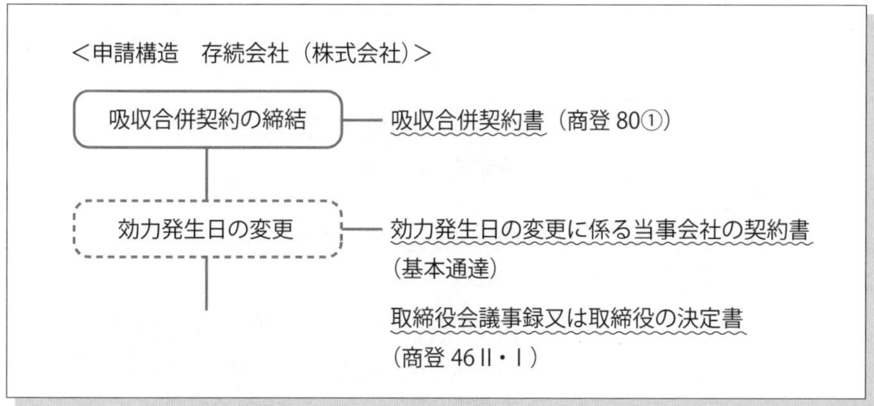


冒頭で行うのが合併契約の締結です。合併は一方的に行うものではなく、お互いの合意によって行います。

この合併契約で効力発生日を決め、この効力発生日までに手続が終わらないと、合併は無効になります。

そこで、終わりそうになければ、効力発生日の変更をするのです。

この変更は**急いで行う必要があるので、変更決定の機関は、取締役だけでOK**です（株主総会は関与しません）。

ただ、一方的に変えることはできず、**効力発生日を変えたければ、消滅会社と変更契約を別個に交わす必要があります。**

## これで到達！　合格ゾーン

☐ 効力発生日の変更があっても、以下の添付書面の添付は不要である。

① 「消滅株式会社等において」取締役の過半数の一致があったことを証する書面又は取締役会の議事録

② 公告をしたことを証する書面

★消滅会社でも効力発生日を変更する決議を行いますが、その決議の立証は不要です（添付を要求する条文がないためです）。
また、消滅会社等では公告方法を変更したことを「公告」しますが、公告しか行っていないため、立証は不要になります。

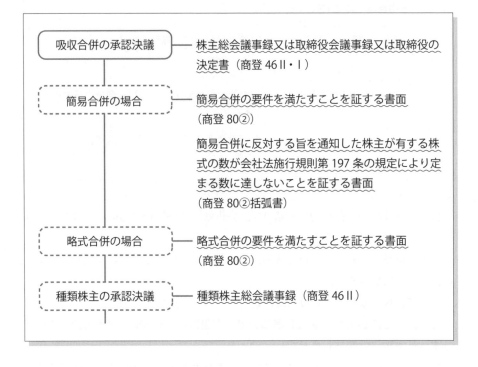

| | |
|---|---|
| 吸収合併の承認決議 | 株主総会議事録又は取締役会議事録又は取締役の決定書（商登46Ⅱ・Ⅰ） |
| 簡易合併の場合 | 簡易合併の要件を満たすことを証する書面（商登80②）<br>簡易合併に反対する旨を通知した株主が有する株式の数が会社法施行規則第197条の規定により定まる数に達しないことを証する書面（商登80②括弧書） |
| 略式合併の場合 | 略式合併の要件を満たすことを証する書面（商登80②） |
| 種類株主の承認決議 | 種類株主総会議事録（商登46Ⅱ） |

次は、合併契約を承認する場面を見ていきます。

この**承認決議、基本は株主総会で行います**。ただ、**簡易手続、略式手続の要件を満たしていれば、取締役だけで決めることも可能**です。

簡易手続、略式手続に該当する場合、株主総会決議は省略できます。ただ**簡易手続、略式手続の要件を満たしていることの立証は必要**です。

簡易手続とは、あげる対価が純資産の5分の1と少ない場合に、株主総会の決議をとらない手続です。そのため、**あげる対価が少ない、純資産の5分の1以下であることの立証が必要**です。

そして、簡易合併手続をとる場合、株主たちに事前に伝えます。

この度、簡易手続で合併をします。ある会社をのみ込みますが、不満がある人は異議を述べてください。

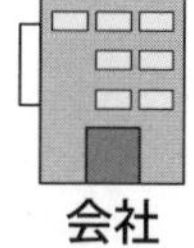

会社

と伝えるのです。**株主総会決議はとりませんが、異議を言う機会は与えています**。

株主

確かに対価は少ないけど、あの会社を合併すべきじゃない。

と異議を述べることができます。そして、この異議がある程度たまった場合は、簡易手続はとれずに、株主総会決議による手続が必要になります。

そこで、簡易手続をするには、**異議を述べた人が一定数に達していないことを立証する**ことまで要求しているのです。

一方、略式合併の場合も承認決議は取締役で可能です。

ただし、略式手続の要件をクリアしていることの立証が必要です。

略式手続とは、「企業再編の相手方に議決権の10分の9を握られている→承認決議をしても可決に決まっている→決議をしなくていい」という場合です。そのため、**株主名簿を添付して、相手方の会社が自社の議決権の10分の9を握っているということを立証する**ことになります。

これらの承認決議をとったあとに、加えて種類株主総会の承認決議をとる場合があります。

それは、**合併の対価が譲渡制限株式の場合**です。**譲渡制限種類株式を発行すれば、この譲渡制限種類株主の持ち株比率が崩れる**ので、その譲渡制限種類株式の種類株主の承認を要件にしたのです。

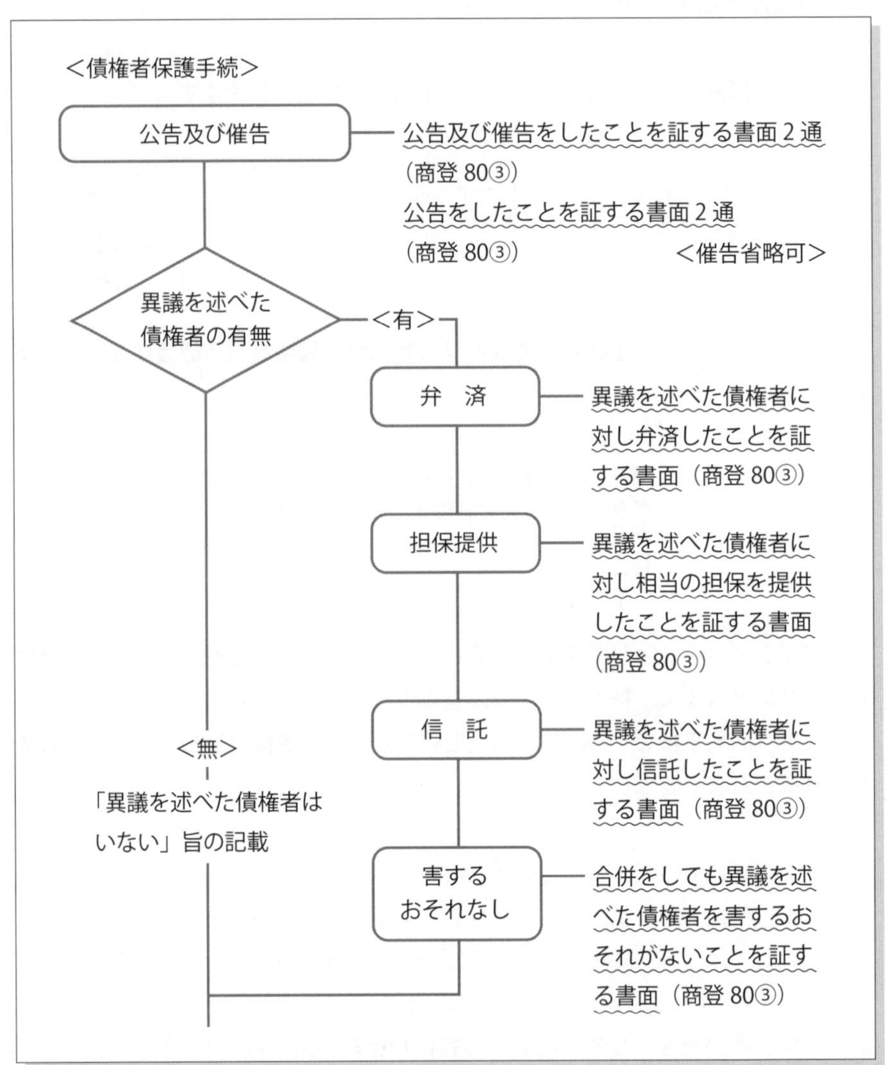


このブロックは債権者保護の手続です。ここの流れは、資本金の減少手続の部分と同じなので省略します。

## これで到達！ 合格ゾーン

□ 株式会社が存続会社で、合名会社又は合資会社が消滅会社の場合、消滅会社において、各別の催告をしたことを証する書面を省略することはできない。

**★上記の合併をすることによって、無限責任社員がいなくなります。これは重大事なので、各別の催告をして「無限責任社員がいなくなる」旨を1人1人に伝えることにしているのです。**

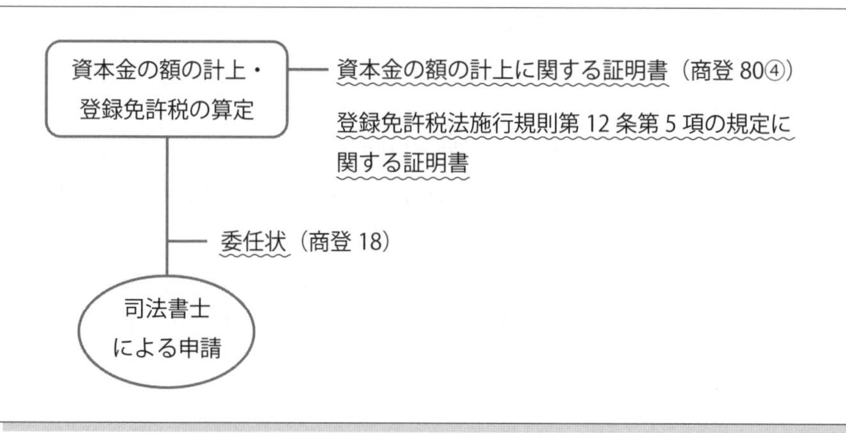


資本金が増える場合なので、**「資本金がどういう計算式で計上されているのか」の立証が要ります。**

## これで到達！ 合格ゾーン

□ 吸収合併により吸収合併存続株式会社の資本金の額が増加しない場合には、資本金の額が会社法の規定に従って計上されたことを証する書面を添付することを要しない。

**★例えば、完全親会社が存続株式会社となって完全子会社を合併する場合には、合併対価の割当てはなく（会社749Ⅰ③括弧書）、存続株式会社の資本金の額を増加させることはできません。この場合は、上記の添付書類の添付をすることを要しません。**

それとは別に、**登録免許税の算定基準を説明する必要があります**（これは初めて出てくる内容です）。

まずは、合併の場合の登録免許税から説明しましょう。

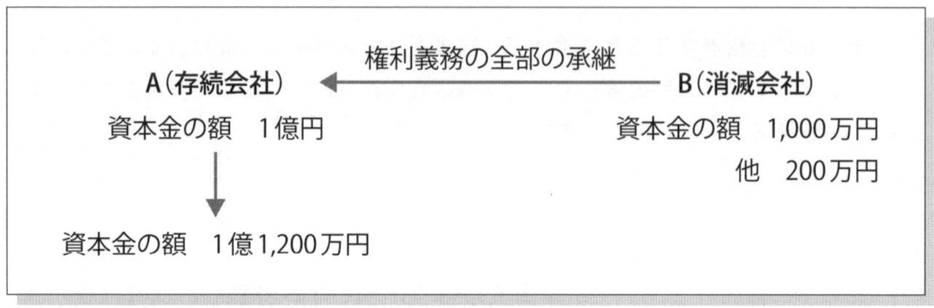


ある存続会社の資本金が1億円、消滅会社の資本金が1,000万円で他に200万円ある状態です（資本金というのは最低保有額ですので、それ以上持っている場合も勿論あります）。

合併により存続会社が消滅会社をのみ込んだ場合、1,200万円まで資本金を増やせます。では、1,200万円まで資本金を増やした場合、登録免許税はどうなるのでしょうか。

合併の登録免許税（下記の2つの合計になる）
1,000万円　×　1.5／1000
200万円　×　7／1000

増加した資本金でも、**1,000万円分と200万円分で、税率が分かれています。**

**消滅会社の資本金だった1,000万円の部分は、消滅会社が一旦は登記所に1000分の7の登録免許税を払っています**。そのため、もう1回1000分の7を取らず、1000分の1.5の税率でいいとなっています。

一方、1,000万円より増えた部分、**200万円の部分については、まだ1000分の7の登録免許税を払っていません**ので、これは原則通り、1000分の7の登録免許税を取ります。

このように、元々の資本金の部分は1000分の1.5で、それを超える部分は

1000分の7を取ります。

ただ、これはざっくり言っただけであって、厳密には1,000万円に1000分の1.5、200万円に1000分の7ではなく、もっと細かい計算式を元に算出されます（ただ、その細かい計算式は覚えなくていいです）。

受験的に覚えるのは、**「どこまでが1000分の1.5で、どこからが1000分の7なのか」を立証する必要がある**ということです。

それが、登録免許税法施行規則第12条第5項の証明書と呼ばれるものです。

**問題を解いて確認しよう**

1　株式会社が他の株式会社を吸収合併した場合において、吸収合併存続株式会社の資本金の額が増加しなかったときは、吸収合併による変更の登記の申請書には、資本金の額が会社法第445条第5項の規定に従って計上されたことを証する書面を添付することを要しない。〔オリジナル〕　○

2　取締役会設置会社以外の株式会社が、吸収合併存続株式会社として簡易合併の手続により吸収合併を行う場合、吸収合併による変更の登記の申請書には、簡易合併の要件を満たすことを証する書面及び取締役の過半数の一致があったことを証する書面を添付しなければならない。〔オリジナル〕　○

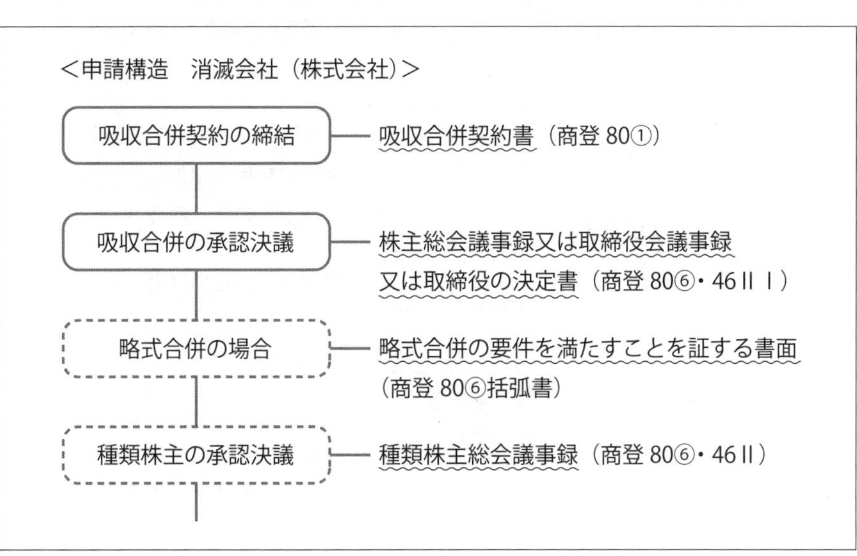

次は消滅会社の手続を見ていきます。

冒頭で合併契約を締結し、承認決議をとるところまでは同じです。

この承認決議ですが、決議要件がいろいろあり得ます。株主総会の決議で行う、総株主の同意で行う、または取締役で行う場合があります。

**取締役で行うのは、略式手続の場合**です。この場合、略式手続の要件を満たしていることの立証も必要です。

ちなみに、**消滅会社側では、簡易手続というのはあり得ません**。消滅会社が渡すのは権利義務の全部であり、影響が大きいので、簡易手続は取れません。

次に、種類株主総会決議が必要になる場合があります。例えば、**対価が譲渡制限株式で、その対価をもらう種類株主の種類株主総会の決議がいる場合**です。

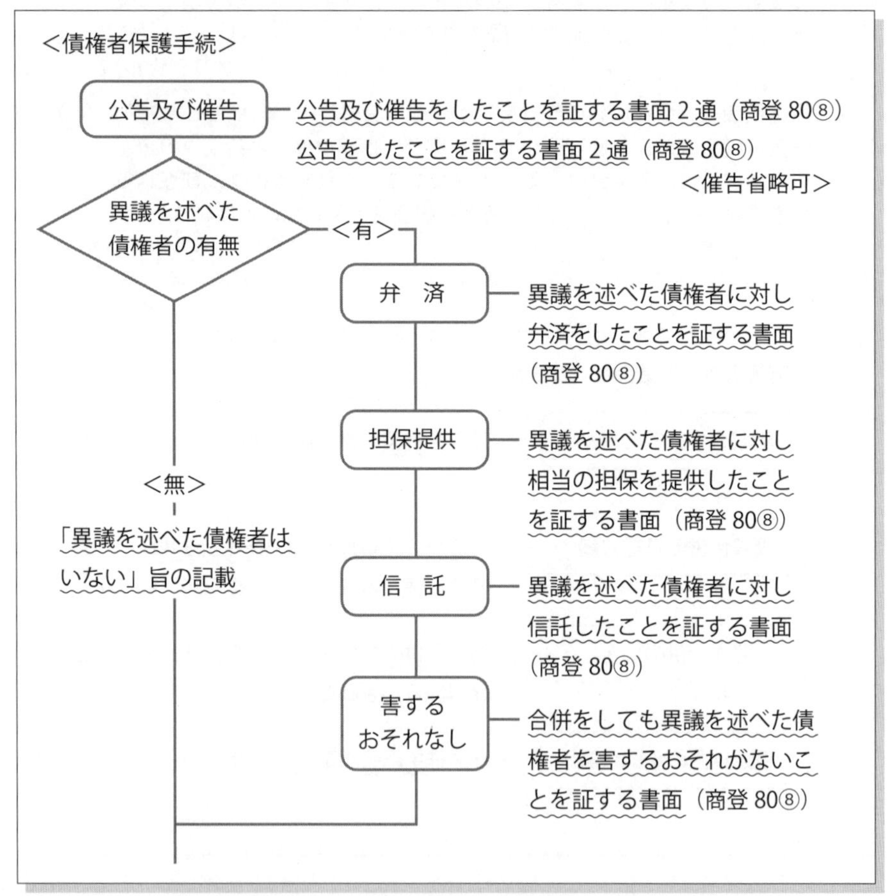

この債権者保護手続のブロックは、資本金の減少と同じですので、そこを復習してください。

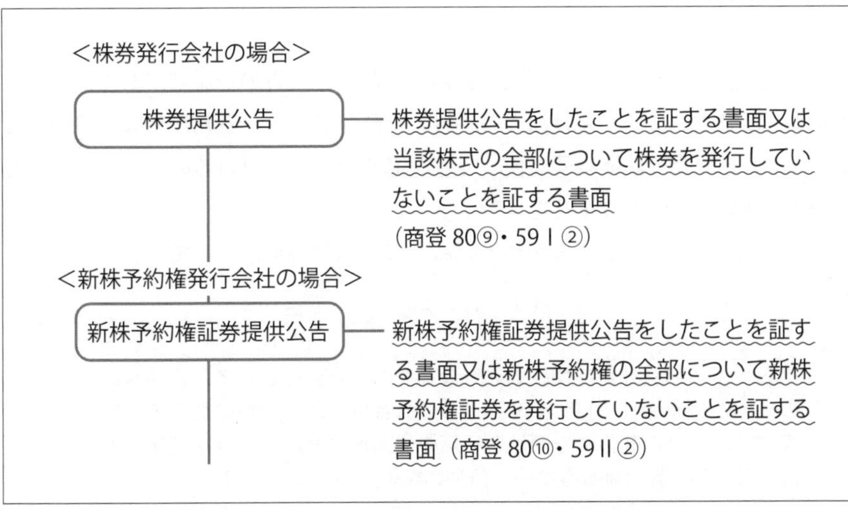


株券、新株予約権証券の回収の手続です。「株式がなくなるから、株券の回収が要る」「新株予約権がなくなるから、証券の回収が要る」ため、これらの回収の公告が必要です（添付書面は、今までのものと同じです）。

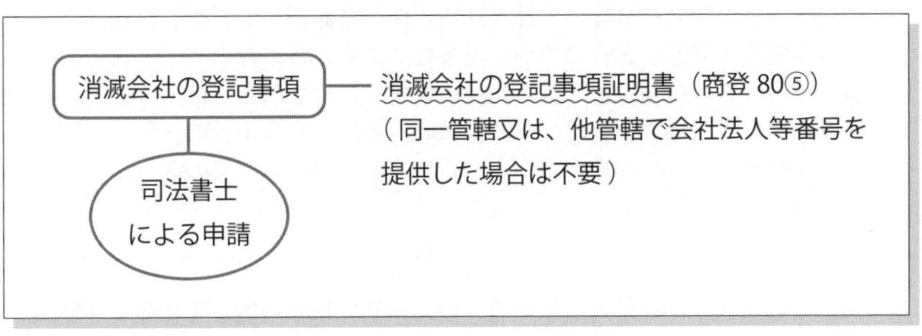


**消滅会社の登記事項の立証が必要な場合があります。**

存続会社の登記記録

存続会社を管轄する登記所の登記官

合併の登記審査は存続会社側の登記所が行います。**存続会社の登記所は、消滅会社の登記を見ながら、登記申請の審査をしたいので、消滅会社の登記簿を付ける必要があります。**

ただ、存続会社と消滅会社が同じ管轄だったら、双方の登記簿がありますので添付は不要です。また、会社法人等番号の記載があれば、管轄が異なっていても登記所は、その会社法人番号を使って登記簿をデータで見れるので、登記事項証明書を付ける必要はありません。

ここまでが、会社法で要求されている手続と添付書類となります。

### 問題を解いて確認しよう

| | 問題 | 解答 |
|---|---|---|
| 1 | 吸収合併消滅会社が種類株式発行会社である場合において、合併対価の一部が持分会社の持分であるときは、合併による変更の登記の申請書には、持分の割当てを受ける種類の種類株主全員の同意を証する書面を添付しなければならない。〔19-34-イ〕 | ○ |
| 2 | 吸収合併消滅株式会社が吸収合併存続株式会社の特別支配会社である場合において、吸収合併存続株式会社の吸収合併契約の承認に係る株主総会の決議を省略したときは、吸収合併による変更の登記の申請は、略式合併の要件を満たすことを証する書面として、当該吸収合併存続株式会社の株主名簿を添付することができる。〔オリジナル〕 | ○ |
| 3 | 会社法上の公開会社でないＡ社が、種類株式を発行していない会社法上の公開会社であるＢ社の特別支配会社である場合において、吸収合併に際してＢ社の株主に対してＡ社の株式を交付するときは、Ａ社の吸収合併による変更の登記の申請書には、合併契約の承認の決議をしたＢ社の株主総会の議事録を添付しなければならない。〔30-33-オ〕 | ○ |

### ヒトコト解説

3　要求される決議が特殊決議になるため、略式の組織再編ができない状態です（会社法の要件を見直してください）。そのため、株主総会決議は省略できません。

## これで到達！　合格ゾーン

□ 吸収合併消滅株式会社が債権者保護手続に係る公告を、官報のほか、会社の公告方法の定款の定めに従い、時事に関する事項を掲載する日刊新聞紙に掲載する方法又は電子公告によりする場合には、不法行為によって生じた吸収合併消滅株式会社の債務の債権者がいるときであっても、当該債権者に対して各別の催告をすることを要しない。〔令3-31-ウ〕

**★会社分割の場合、「不法行為債権者の債務」を承継会社に押し付けて、分割会社が生き残ることを防ぐために、二重公告による催告の省略を認めません。一方、合併ではこういった懸念がないため（消滅会社は合併により消滅するので、押し付けて生き残るということはあり得ません）、二重公告による催告の省略を認めています。**

### Point

**同時申請**

本店の所在地における合併による解散の登記の申請と吸収合併による変更の登記の申請とは、同時にしなければならない（商登82Ⅲ）。

では登記申請をどういった手続で行うかを見ていきます。

まずは、同時申請という手続です。

存続会社の方は変更登記、消滅会社の方は解散登記をしますが、これは**バラバラにやってはいけません**。

もし、「存続会社の方では合併でのみ込んだという登記がされているのに、消滅会社の登記簿がまだ残っている」という事態や、逆に、「消滅会社の方で合併してなくなったと言っているのに、存続会社の登記簿にはそれが反映されていない」という事態を認めると、**登記簿を見た人が混乱**します。

そのような登記簿を作らないために、存続会社の申請書と消滅会社の申請書は同時に出しなさいというルールにしています。

**経由申請**

本店の所在地における合併による解散の登記の申請は、当該登記所の管轄区域内に吸収合併存続会社の本店がないときは、その本店の所在地を管轄する登記所を経由してしなければならない（商登82Ⅱ）。

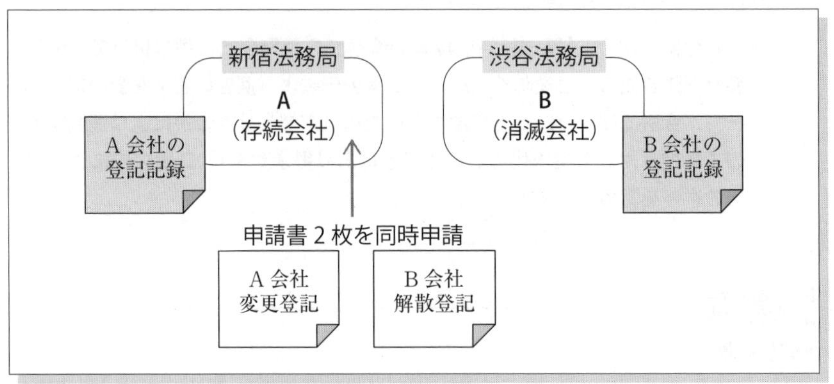


A会社が存続会社、B会社が消滅会社の吸収合併が行われました。この場合、A会社、B会社共に登記申請が必要になります。

A会社の登記簿には、発行済株式総数や資本金、Bをのみ込んだことを登記し、B会社の登記簿は、閉鎖（取り潰し）にする必要があります。

先ほど説明しましたが、この申請は同時に出すことになっています。ただ、**管轄が違っていれば、それぞれの管轄に、同時に出すなんて無理**です。

そこで、結局、**2枚の申請書を一気にどちらかの登記所に提出する**ことになります。

**提出先は、存続会社の登記所**になっています。存続会社の登記所に出して、そこで審査をしてもらいます。

具体的には、下記のような順番になります。

①存続会社の法務局に、2枚の申請書を提出する
→②存続会社の登記所が審査する
→③消滅会社の申請書だけ、消滅会社の登記所に送る
→④消滅会社の登記所では、何の審査もせずに、消滅会社の登記簿を閉鎖する

このように、一気に2枚の申請書を提出して、うち1枚（消滅会社）の申請書は存続会社の登記所（新宿）を経由し、消滅会社の登記所（渋谷）に飛ばされます。

こういう**申請手続の流れを経由申請と呼びます**。「新宿経由渋谷行き」こんな感覚です。

そして、**消滅会社の登記所では何にも審査をしない**ということがポイントです。**存続会社の登記所（新宿）で審査をしているので、それを信用して消滅会社の登記所（渋谷）では、全く審査をしない**ことにしたのです。

Point

消滅会社の解散登記には、委任状を含め一切の添付書面の添付を要しない（商登82Ⅳ）

添付書類としてどういうものが必要なのかを説明しましたが、存続会社（A会社）の申請書、消滅会社（B会社）の申請書のどっちに付けるのでしょうか。

存続会社（A会社）の添付書類は存続会社の申請書に付けて、消滅会社（B会社）の添付書類は消滅会社の申請書に付ける、そのように考えたくなるところです。

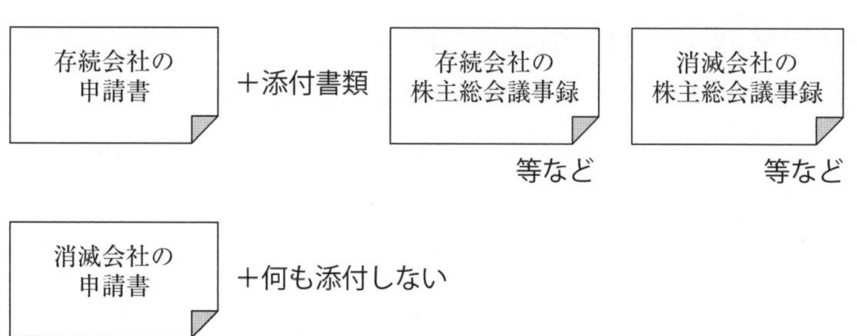

結論は、**すべての添付書類は存続会社（A会社）の申請書に付けます**（A会社の手続の添付書類だけでなく、B会社の手続の添付書類も付けます）。

仮に消滅会社（B会社）の申請書に添付書類を添付しても、その申請書の最終的な行き先である消滅会社の登記所（渋谷）は何にも審査をしません。**審査をしないのなら添付書類を添付する必要はない**でしょう。

**添付書類は、登記の審査をする登記所に全部残しておきたい**というところから、消滅会社の申請書には何にも添付書類を付けない、委任状すら要らないとしたのです。

**問題を解いて確認しよう**

| | | |
|---|---|---|
| 1 | 吸収合併存続会社の合併に関する登記は吸収合併存続会社の代表者が、吸収合併消滅会社の合併に関する登記は吸収合併消滅会社の代表者が、それぞれ申請しなければならない。〔17-34-ア〕 | × |
| 2 | 吸収合併存続株式会社の本店の所在地を管轄する登記所と吸収合併消滅株式会社の本店の所在地を管轄する登記所とが異なる場合において、吸収合併による解散の登記を代理人により申請するときは、吸収合併による解散の登記の申請書には、当該代理人の権限を証する書面を添付しなければならない。〔オリジナル〕 | × |
| 3 | 吸収合併存続会社と吸収合併消滅会社の本店の所在地が別の登記所の管轄区域内にある場合、吸収合併存続会社の合併による変更の登記及び吸収合併消滅会社の解散の登記の申請は、吸収合併消滅会社の本店の所在地を管轄する登記所を経由してしなければならない。〔オリジナル〕 | × |

**ヒトコト解説**

1　すべて存続会社の代表取締役が申請します。

2　消滅会社の申請書には、何も添付しません。

3　存続会社の本店を管轄する登記所を経由して申請します。

## （2）新設合併

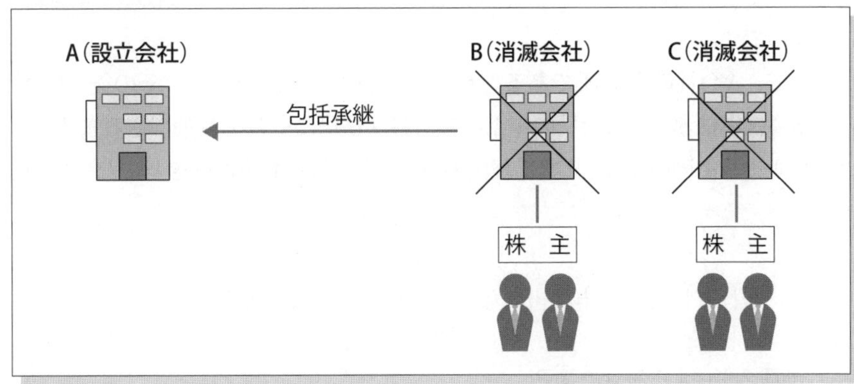


B会社とC会社が合併をしようと考えていますが、どっちがどっちをのみ込むかで揉めています。

だったら、Aという会社を設立して、そこに２社とものまれることにしました。A会社を設立して、B会社とC会社の権利義務すべてをA会社に渡し、B会社とC会社は消滅します。これが新設合併という手続です。

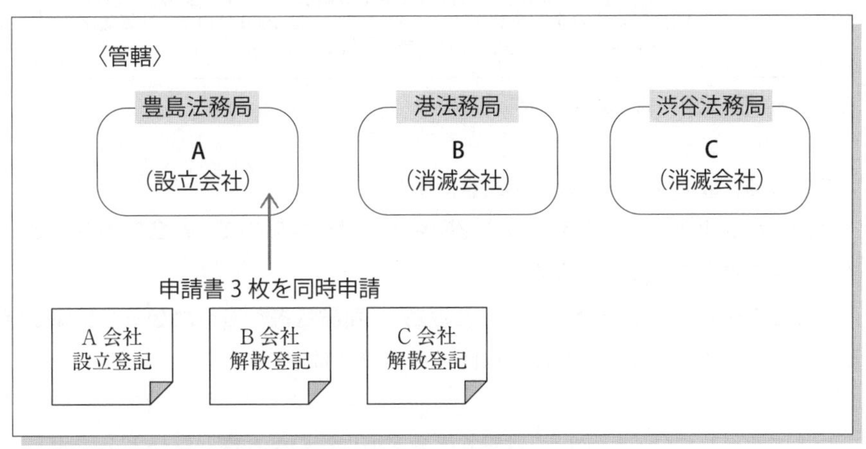


では、ABCについて、どんな登記がいるかを考えましょう。

今回の合併は３社となるため、申請書が３枚必要です。

**B会社とC会社は会社がなくなるので　解散登記をする**ことになります。一方で**A会社については設立登記を申請**し、A会社用の登記簿を作るのです。

登記の申請は3か所にする必要がありますが、管轄登記所が違えば、同時に出すことはできません。そこで、その**3枚はすべて、設立するA会社の管轄登記所に出す**のです。

そして、A会社の登記所である豊島法務局がチェックをして、その後、B会社の申請書は港法務局、C会社の申請書は渋谷法務局にそれぞれ飛ばされます。

いわゆる経由同時申請、「豊島経由港行き」「豊島経由渋谷行き」になっています。

では、それぞれどんな申請書になるかを見ていきましょう。

新設合併による設立の登記

| | | |
|---|---|---|
| 1. | 事 | 令和○年○月○日新設合併の手続終了 |
| 1. | 登 | 商号　株式会社○○<br>本店　東京都○○○<br>(中略)　　　　　　　　… (＊)<br>登記記録に関する事項<br>　港区○○○株式会社Bと渋谷区○○○株式会社Cの合併により設立 |
| 1. | 課 | 金○円 |
| 1. | 税 | 資本金の額 ×1.5／1000<br>(消滅会社の合併直前における資本金の額として登録免許税法施行規則に規定する金額を超過する部分については1000分の7、計算額が3万円未満のときは金3万円) (登録税別表1.24.(1)ホ) |

(＊) 株式会社の登記事項を全部記載する。

こちらは、設立するA会社の申請書です。

登記すべき事項には、**A会社の登記簿をゼロから作るので、A会社の登記事項すべてを載せる**ことになります。

そして**末尾には、登記簿を起こした理由、「新設合併があったから登記簿を作った」**ことを書きます(登記記録に関する事項の部分です)。

ここで注目してほしいのは、**登記すべき事項に、日付を書かない**ことです。

**新設合併は登記が効力要件であるため、登記される日付がわからない**ので、登記すべき事項には、日付が書けないのです。

そのため、登記の事由に日付を書きます。登記の事由に手続終了日を書いて、2週間以内に申請していることを登記官にアピールするのです。

通常の設立と同じく「**登記が効力要件　→　登記すべき事項に日付が書けない**

→　**登記の事由に日付を記載する**」となっています。

登録免許税については、吸収合併とほぼ同じです。

1. 事　新設合併による解散
1. 登　大阪市○○○株式会社Ｃと合併し名古屋市○○○株式会社Ａを設立し解散
1. 税　金３万円（登録税別表1.24.(1)レ）
1. 添　一切不要（商登82Ⅳ）
申請人　株式会社Ｂ
新設会社　株式会社Ａ
代表取締役　○○

これはB会社の申請書で、合併による解散登記になっています。

登記すべき事項には、**C会社と合体してA会社を設立して解散した旨**を書いていきます。そして、**登記の事由と登記すべき事項のどちらにも日付を書きません**。

この申請書は、先ほど見たA会社の申請書と一緒に出します。そのA会社の申請書には日付を書きますので、そこで期間計算はできるので問題ありません。

申請人のところを見てください。本来は、B会社の代表者が申請すべきですが、B会社はなくなってしまうので、**A会社の代表取締役が行う**ことになります（ここは吸収合併と同じです）。

それでは添付書類を見ていきましょう。

添付書類は、登記審査をする豊島法務局にすべて残すべきなので、豊島法務局に提出する**設立登記申請書にすべてを添付します**。そして、解散登記の申請書には何も添付しません。

① 新設合併契約書

② 新設合併消滅会社の手続に関する次に掲げる書面

→ 吸収合併の消滅会社の添付書面と同じ

③ 新設合併設立株式会社に関する次に掲げる書面

a 定款
b 株主名簿管理人を置いたときは、その者との契約を証する書面
c 設立時取締役が設立時代表取締役を選定したときは、これに関する書面
d 新設合併設立株式会社が指名委員会等設置会社であるときは、設立時執行役の選任並びに設立時委員及び設立時代表執行役の選定に関する書面
e 設立時取締役、設立時監査役及び設立時代表取締役（監査等委員会設置会社である場合にあっては設立時監査等委員である設立時取締役及びそれ以外の設立時取締役並びに設立時代表取締役、指名委員会等設置会社にあっては、設立時取締役、設立時委員、設立時執行役及び設立時代表執行役）が就任を承諾したことを証する書面
f 設立時取締役、設立時監査役、設立時執行役の本人確認証明書
g 設立時会計参与又は設立時会計監査人を選任したときは、次に掲げる書面
  i 就任を承諾したことを証する書面
  ii これらの者が法人であるときは、当該法人の登記事項証明書
  iii これらの者が法人でないときは、会社法333条1項又は337条1項に規定する資格者であることを証する書面
h 特別取締役による議決の定めがあるときは、特別取締役の選定及びその選定された者が就任を承諾したことを証する書面
i 資本金の額が会社法第445条第5項の規定に従って計上されたことを証する書面
j 登録免許税法施行規則第12条第3項の規定に関する証明書

①②は、吸収合併の場合と同じです。

そして③は、設立会社の手続で必要な書類が掲げられています。ざっくり言うと、**定款と機関の部分を立証している**と思ってください。aが定款で、c～hまでが機関の立証です。

選定議事録

甲を代表取締役とする。

取締役　実印？？
取締役　実印？？

A社の代表取締役を選んだときの書面ですが、この**書面には、実印を押して印鑑証明書を添付する必要はありません**。

選任議事録の印鑑証明書を要求した趣旨は、会社の乗っ取りを防ぐためでした。

今回は設立です。**設立段階から乗っとるということはないので、選定議事録に関して印鑑証明書は不要**となります。

就任承諾書
自分、代表取締役やります
代表取締役　甲　実印？

次に甲の就任承諾書の部分ですが、ここに**選ばれた代表取締役が実印を押して印鑑証明書を添付する必要はありません**。

就任承諾書に実印＋印鑑証明書を要求した趣旨は、本人が実在するかどうかの確認のためでした（そのため、再任の場面では印鑑証明書は不要でしたよね）。

合併で会社を設立した場合、この新会社の代表取締役は誰がなるでしょう。

これは、大抵、**消滅会社の代表取締役がなります**。

そのため、**既に１度本人の実在確認を取っているので、もう１度印鑑証明書を付けさせる必要がない**のです。

添付書類のｉとｊは、吸収合併でも付けた書面です。資本金を登記する場合には、その計算式の立証がいるし、登録免許税では、どこまでが1000分の1.5でどこからが1000分の７なのかという立証が必要です。

## 問題を解いて確認しよう

| | | |
|---|---|---|
| 1 | 新設合併により設立する取締役会設置会社の設立の登記の申請書には、設立時代表取締役が就任を承諾したことを証する書面の印鑑につき市町村長の作成した証明書を添付しなければならない。〔オリジナル〕 | × |
| 2 | 新設合併設立株式会社が会計監査人設置会社である場合において、会計監査人が監査法人であるときは、新設合併による設立の登記の申請書には、当該登記を申請する登記所の管轄区域内に当該法人の主たる事務所がある場合を除き、当該会計監査人が就任を承諾したことを証する書面及び当該法人の登記事項証明書を添付しなければならない。〔オリジナル〕 | ○ |

## ×肢のヒトコト解説

1 消滅会社の代表取締役が、設立会社の代表取締役になることが多いため、実在保証のための印鑑証明書は不要です。

## これで到達！ 合格ゾーン

☐ 設立会社の本店や支店の具体的な所在場所の決定、支配人の選任、株主名簿管理人の決定等については、合併契約にその定めがない場合には、新設合併による設立登記の申請書には、登記実務上、各当事会社における取締役会の議事録又は取締役の過半数の一致があったことを証する書面を添付するものとして取り扱われている。

**★通常の設立の場合には、発起人の権限に属すべき事項を、新設合併では、取締役が行います。新設合併では発起人がいないため、それは取締役が代わりに行っていると考えるといいでしょう。**

# 第2節 会社分割の登記

## （1）吸収分割

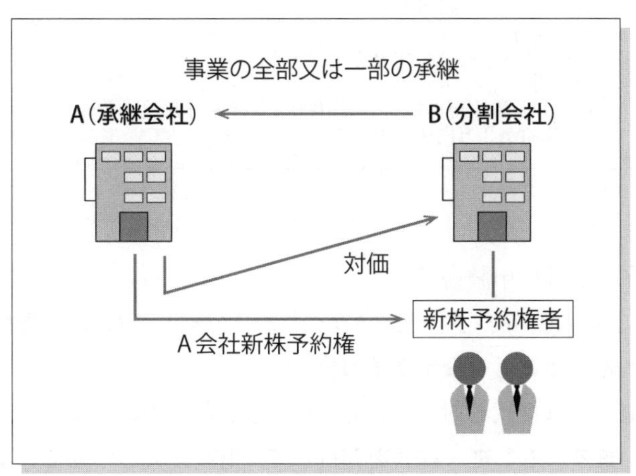


B会社の販売業をA会社に渡す会社分割契約をしました。

それにより、B会社が持っている販売業に関する権利義務をA会社に移します。

A会社は、これに対して対価を払います。例えば株式を発行して、それをB会社に渡すことができます。

また、B会社に新株予約権者がいた場合、この新株予約権者を放置するか、A会社が自社の新株予約権を渡して、B会社の新株予約権を消滅させるかの２択になります。今回、A会社は自社の新株予約権を発行し、それをB会社の新株予約権者に渡して、B会社が新株予約権を消したとしましょう。

以上のことがあった場合、A会社及びB会社の登記簿にはどんな変化が生じるのでしょうか。

吸収分割による変更の登記（A承継会社）

| | | |
|---|---|---|
| 1. | 事 | 吸収分割による変更 |
| 1. | 登 | ○年○月○日大阪市○○○株式会社Bから分割<br>同日次のとおり変更<br>発行済株式の総数　○株<br>資本金の額　金○円<br>同日発行<br>（※　新株予約権の内容を記載する） |
| 1. | 課 | 金○円 |
| 1. | 税 | 増加した資本金の額 ×7 ／ 1000（登録税別表1.24.(1)チ）<br>（計算額が3万円未満のときは金3万円） |

これは、承継会社の申請書です。

「○年○月○日大阪市○○○株式会社△△から分割」これは、**「権利義務を引き継ぎました」ということを公示する部分**です。

また、承継会社は株式を対価として発行しました。それによって、**発行済株式数が増えています**。そして、株式を発行して、財産が入ってきているので、**資本金が増える**ので、それらのことを記載します。

また、**新株予約権を発行して渡している場合には、発行した新株予約権の内容を記載**します。

最後に登録免許税ですが、税率は1000分の7のみになります。合併のように、1000分の1.5・1000分の7という2つの税率をかけるようになっていません（理屈は難しいので、ここは丸のみしましょう）。

吸収分割による変更の登記（B分割会社）

| | | | |
|---|---|---|---|
| 1. | 事 | 吸収分割による変更 | |
| 1. | 登 | 令和○年○月○日東京都○○○株式会社Aに分割<br>同日吸収分割契約新株予約権消滅 | |
| 1. | 税 | 金3万円（登録税別表1.24.(1)ツ） | |
| 1. | 添 | 登記所作成の吸収分割会社の代表者の印鑑証明書 | 1通 |
| | | 委任状 | 1通 |

次に分割会社の申請書を見ましょう。

分割会社では、登記すべき事項として、「令和○年○月○日東京都○○○株式会社○○に分割」と記載し、**どこに対して権利義務を承継したかを公示**します。ただ、**渡した事業内容までは書きません**。

そして、**新株予約権がなくなった**ことも書きます。

分割会社の新株予約権は、分割契約で消すと決めると、そこで決められた予約権は消滅します。消すと決められた新株予約権のことを、吸収分割契約新株予約権と言い、それが消えたことを登記簿に載せるのです。

そして気を付けるべきなのは、財産は渡しているのに、**分割会社では資本減少が起きない**ということです。会社分割をしただけでは、資本金という財産保有の目標は下がらないのです（**資本金を減少させる場合には、吸収分割とは別個に、資本減少手続をとる必要があります**）。

では、この吸収分割、どういう手続が必要で、どういう添付書類が必要になるかを見ましょう。

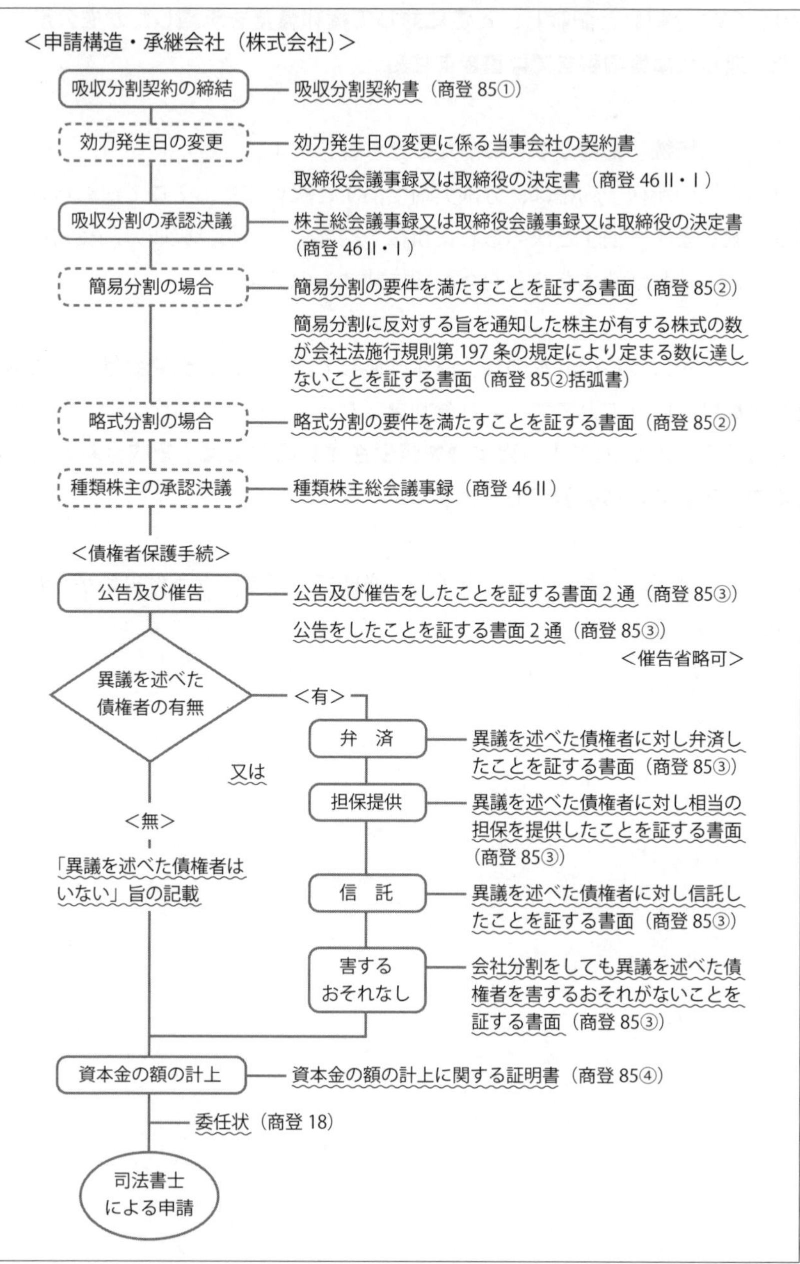

<申請構造・承継会社（株式会社）>
吸収分割契約の締結
吸収分割契約書（商登 85①）
効力発生日の変更
効力発生日の変更に係る当事会社の契約書
取締役会議事録又は取締役の決定書（商登 46Ⅱ・Ⅰ）
吸収分割の承認決議
株主総会議事録又は取締役会議事録又は取締役の決定書（商登 46Ⅱ・Ⅰ）
簡易分割の場合
簡易分割の要件を満たすことを証する書面（商登 85②）
簡易分割に反対する旨を通知した株主が有する株式の数が会社法施行規則第 197 条の規定により定まる数に達しないことを証する書面（商登 85②括弧書）
略式分割の場合
略式分割の要件を満たすことを証する書面（商登 85②）
種類株主の承認決議
種類株主総会議事録（商登 46Ⅱ）
<債権者保護手続>
公告及び催告
公告及び催告をしたことを証する書面 2 通（商登 85③）
公告をしたことを証する書面 2 通（商登 85③）
<催告省略可>
異議を述べた債権者の有無
<有>
弁　済
異議を述べた債権者に対し弁済したことを証する書面（商登 85③）
又は
担保提供
異議を述べた債権者に対し相当の担保を提供したことを証する書面（商登 85③）
<無>
「異議を述べた債権者はいない」旨の記載
信　託
異議を述べた債権者に対し信託したことを証する書面（商登 85③）
害するおそれなし
会社分割をしても異議を述べた債権者を害するおそれがないことを証する書面（商登 85③）
資本金の額の計上
資本金の額の計上に関する証明書（商登 85④）
委任状（商登 18）
司法書士による申請

まずは承継会社の手続です。

ここは、合併の存続会社の手続とほぼ一緒になっています。

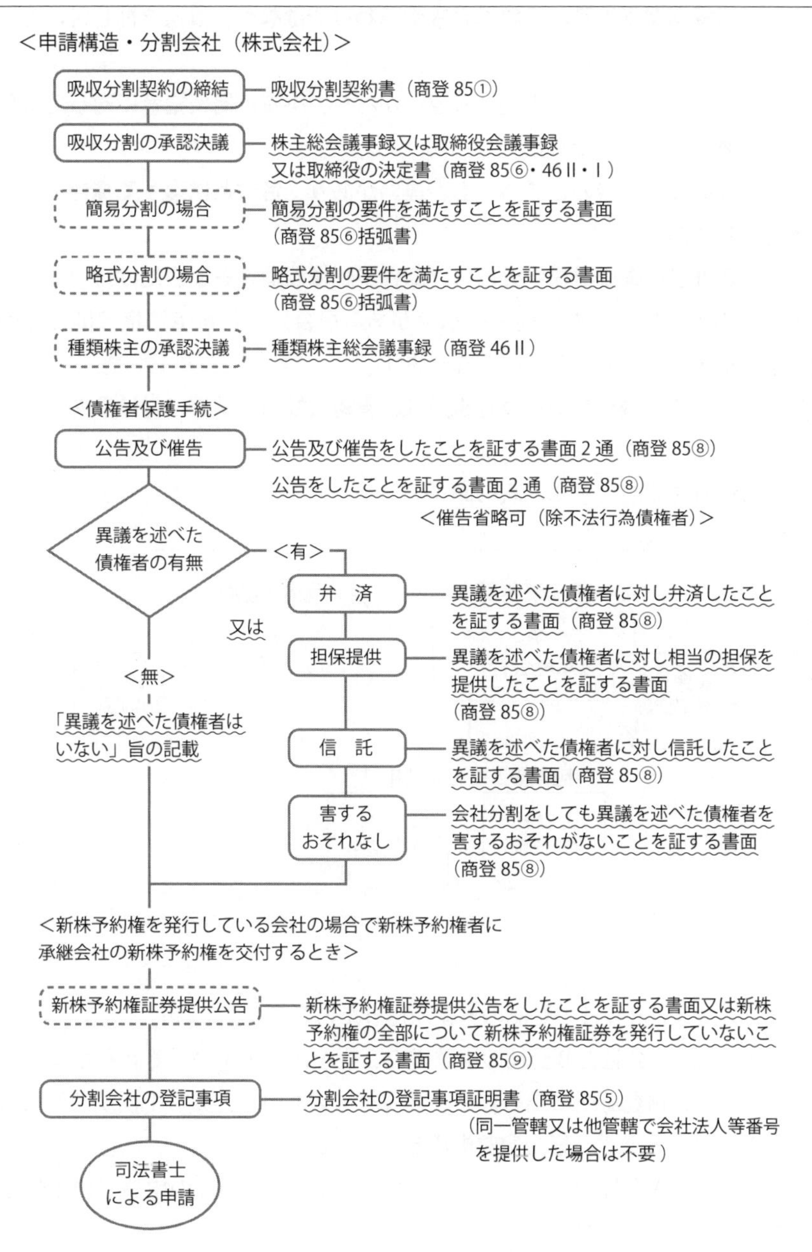
<申請構造・分割会社（株式会社）>
吸収分割契約の締結
吸収分割契約書（商登 85①）
吸収分割の承認決議
株主総会議事録又は取締役会議事録
又は取締役の決定書（商登 85⑥・46 II・I）
簡易分割の場合
簡易分割の要件を満たすことを証する書面
（商登 85⑥括弧書）
略式分割の場合
略式分割の要件を満たすことを証する書面
（商登 85⑥括弧書）
種類株主の承認決議
種類株主総会議事録（商登 46 II）
<債権者保護手続>
公告及び催告
公告及び催告をしたことを証する書面 2 通（商登 85⑧）
公告をしたことを証する書面 2 通（商登 85⑧）
<催告省略可（除不法行為債権者）>
異議を述べた
債権者の有無
<有>
弁 済
異議を述べた債権者に対し弁済したことを証する書面（商登 85⑧）
又は
担保提供
異議を述べた債権者に対し相当の担保を提供したことを証する書面
（商登 85⑧）
<無>
「異議を述べた債権者はいない」旨の記載
信 託
異議を述べた債権者に対し信託したことを証する書面（商登 85⑧）
害する
おそれなし
会社分割をしても異議を述べた債権者を害するおそれがないことを証する書面
（商登 85⑧）
<新株予約権を発行している会社の場合で新株予約権者に
承継会社の新株予約権を交付するとき>
新株予約権証券提供公告
新株予約権証券提供公告をしたことを証する書面又は新株予約権の全部について新株予約権証券を発行していないことを証する書面（商登 85⑨）
分割会社の登記事項
分割会社の登記事項証明書（商登 85⑤）
（同一管轄又は他管轄で会社法人等番号
を提供した場合は不要）
司法書士
による申請

次は分割会社の手続です。おおよそ合併の消滅会社と同じ手続になりますが、合併の**消滅会社と違う点としては、簡易手続があるという点**です。

また、**債権者保護手続、これは必ずやるわけではなく**、債務を押し付ける場合や、人的分割の場合に行います。

そして、その債権者保護手続にも違いがあり、**不法行為債権者に対しては個別催告が省略できません**でした。

また、株券提供公告のところにも、違いがあり、**合併とは違って株券提供公告は絶対しません**。

また、**新株予約権証券提供公告は、新株予約権が消える場合だけ**行います。今回の事例のように、新株予約権の承継がある場合は、新株予約権は消えるので、新株予約権証券提供公告が必要となります。

そして、ここに**載っている添付書類は、承継会社の申請書に付けます**。

手続の流れを説明します。次の図を見てください。

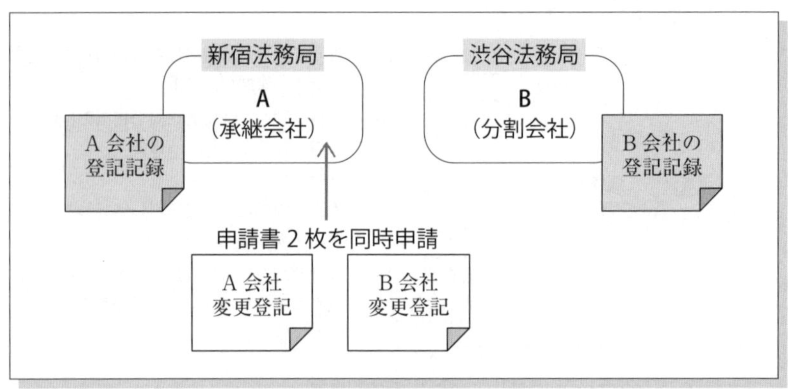


例えばA会社とB会社の登記の管轄が違ったとします。

このときに、A会社とB会社の申請書の２枚を作りますが、それを承継会社であるA会社の管轄登記所に出します。２枚を一気に出し、うち１枚が渋谷法務局の方に飛んでいきます。**経由同時申請ということ**です。

添付書類は、A会社のもの、B会社のもの、すべてA会社の申請書に添付します（合併の場合と同じです）。

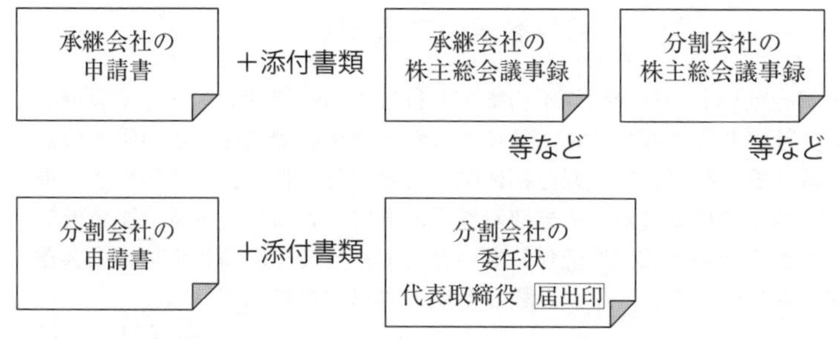


このB会社の申請書ですが、誰が申請するのでしょうか。

これは、**B会社の代表取締役**です。**合併の場合と違って、B会社は残りますので、B会社の代表取締役が申請**します。もし司法書士に頼む場合は、委任状を作り、その委任状にはB会社の代表取締役が届出印を押します。

**Point**

**分割会社の申請書に添付する添付書類**

・委任状

**消滅会社の申請書に添付する添付書類**

なし

結果的には、B会社の申請書には委任状を付けます。

合併の場合は、消滅するB会社の申請書には何も付けませんでした。**合併の場合は、消滅会社であるB会社が消えてなくなる**ため、代表取締役は押印をしません。

**会社分割や、次にやる株式交換ではB会社側は残ります**。だから委任状を作るのです。

以上で吸収分割の手続はおしまいです。

## 問題を解いて確認しよう

| | | |
|---|---|---|
| 1 | 吸収分割株式会社が新株予約権を発行している場合の吸収分割承継株式会社がする吸収分割による変更の登記の申請書には、当該吸収分割承継株式会社が当該吸収分割に際して吸収分割株式会社の新株予約権の新株予約権者に対して当該新株予約権に代わる当該吸収分割承継株式会社の新株予約権を交付しないときであっても、新株予約権証券提供公告をしたことを証する書面を添付しなければならない。〔21-31-1〕 | × |
| 2 | 吸収分割株式会社が現に株券を発行している株券発行会社である場合でも、吸収分割承継株式会社がする吸収分割による変更の登記の申請書には、吸収分割株式会社において株券の提供に関する公告をしたことを証する書面を添付することは要しない。〔オリジナル〕 | ○ |
| 3 | Ａ社を吸収分割承継会社としＢ社を吸収分割会社とする株式会社の吸収分割による変更の登記に関して、Ａ社に承継させる債務の全てにつきＢ社が併存的債務引受をする旨の条項が吸収分割契約書にある場合には、Ａ社の吸収分割による変更の登記の申請書に、Ａ社及びＢ社において債権者保護手続をしたことを証する書面を添付しなければならない。〔26-35-エ〕 | × |

## ×肢のヒトコト解説

1 「新株予約権を交付しない」ため、分割会社の新株予約権は消滅しないことになります。そのため、証券の回収手続は不要になります。

3 併存的債務引受のため、Ｂ会社の債権者は依然としてＢ会社に請求できます。そのため、分割会社では債権者保護手続は不要です（会社法の復習をしましょう）。

## 2周目はここまで押さえよう

Ａ（承継会社）　　　　　　　　Ｂ（分割会社）

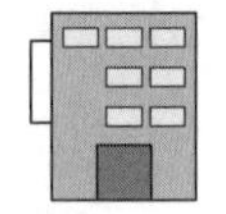

販売業

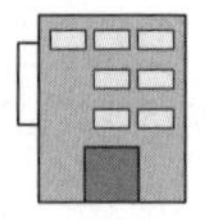

資本金の減少？

Ｂ会社が、自社の販売業に関する財産を会社分割によって、Ａ会社に承継させました。Ｂ会社から、財産は減少しますが、Ｂ会社の資本金は減少しません。

資本金は、資本減少手続を踏まない限り、減少しないためです。

そのため、B会社では「会社分割手続と資本減少手続」の２つを行うことがあります。

その場合、登記手続はどのようになるのでしょうか。

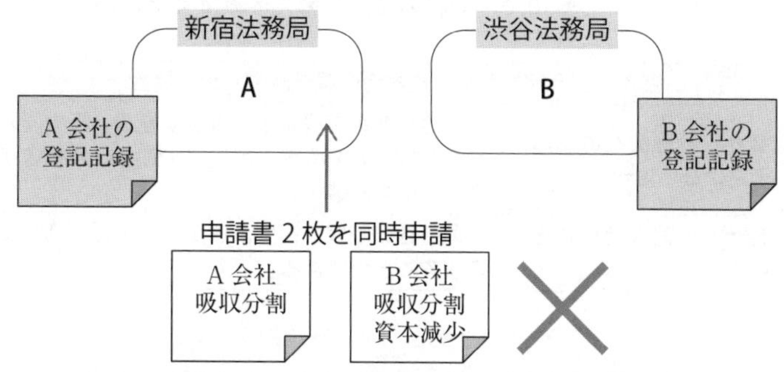


上記のように、吸収分割の申請が記載されている承継会社の申請書と、吸収分割と資本減少が記載されている申請書をまとめて、承継会社の管轄に申請して、分割会社の申請書を分割会社の管轄に送付しようとしていますが、これはできません。

吸収分割は経由同時申請の規定がありますが（送付するという条文がありますが）、

資本減少には、経由同時申請の規定がないためです。

この場合、先に分割会社で資本減少の登記を行ってから吸収分割だけの申請を行うか、吸収分割の登記手続を先に行って、後日分割会社で資本減少の登記手続を取ることになります。

ちなみに、下記のような状態だったらどうでしょうか。

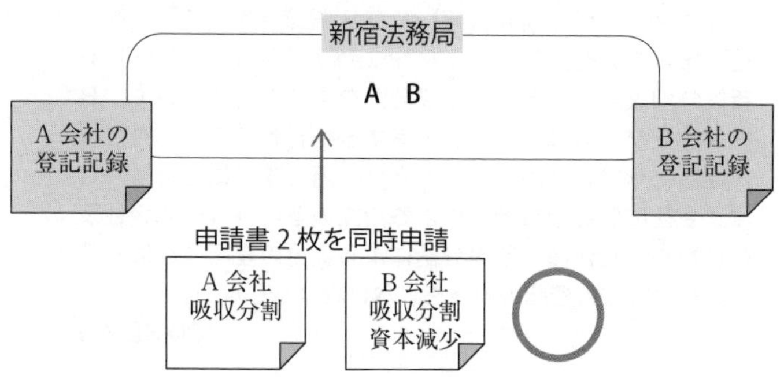

承継会社、分割会社の管轄が同じだった場合には、経由申請（送付する）という問題が起きません。

そのため、一括申請で申請することが可能になります。

以上をまとめると、次のようになります。この考え方は、下記に掲載する〔20-32-ウ〕でも同じなので、同様の視点で考えてみてください。

| 吸収分割会社において資本金の額を減少させた場合 | |
|---|---|
| 承継会社と分割会社の本店が同一管轄にない場合 | 資本金の額の減少による変更登記は、経由同時申請の規定がないため、別途、分割会社の本店所在地において申請する。 |
| 承継会社と分割会社の本店が同一管轄 | 分割会社の吸収分割による変更登記と一括して申請することができる。 |

☑ 1 吸収分割と同時に吸収分割会社が資本金の額を減少する場合、吸収分割会社がする吸収分割による変更の登記と資本金の額の減少による変更の登記は、吸収分割会社の本店の所在地を管轄する登記所の管轄区域内に吸収分割承継会社の本店がない場合を除き、同時に申請することができる。〔オリジナル〕 ○

2 A社を吸収分割承継会社としB社を吸収分割会社とする株式会社の吸収分割による変更の登記に関して、A社の本店の所在地である甲県を管轄する登記所とB社の本店の所在地である乙県を管轄する登記所とが異なる場合において、吸収分割の効力発生と同時にB社において資本金の額の減少の効力が生じたときは、B社の吸収分割による変更の登記と資本金の額の減少による変更の登記とは、一の申請書で申請することはできない。〔26-35-ウ〕 ○

3 A株式会社（甲法務局管轄）及びB株式会社（乙法務局管轄）を新設分割会社とし、C株式会社（丙法務局管轄）を新設分割設立会社として新設分割をする場合において、B株式会社がその事業に関して有する権利義務の全部をC株式会社に承継して解散するときは、丙法務局において、C株式会社に係る新設分割による設立の登記、A株式会社及びB株式会社に係る新設分割による変更の登記並びにB株式会社の解散の登記の申請をしなければならない。〔20-32-ウ〕 ×

## 2周目はここまで押さえよう

### ◆吸収型再編における効力発生日の変更と添付書類◆

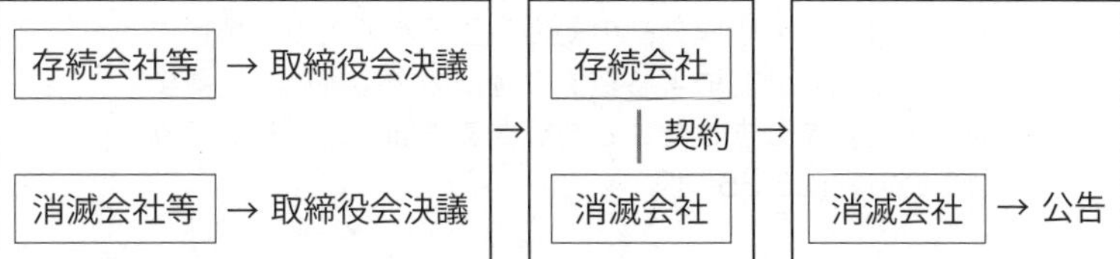


吸収型再編では、企業再編の契約時点で効力発生日を定めます。

そして、その日までに終わりそうもなければ効力発生日の変更手続をとることになります。

具体的には、両当事会社の会社内部で決議を行い（急いでいるので、取締役の決議で構いません）、その後、両方の会社で「効力発生日を●●日にする」という契約を別途交わし、最後に、影響が大きい消滅会社が公告手続を取るという流れです。

ただ、登記手続は上記の手続のすべては立証させません。

「消滅会社等の取締役会議事録、消滅会社の公告をしたことを証する書面」は添付書類で要求されていません。

理屈は色々ありますが、消滅会社等の手続については立証を要求していないと割り切って覚えましょう。

| | |
|---|---|
| ☑ 1　吸収分割をする場合において、吸収分割承継株式会社の株主総会で承認を受けた吸収分割契約で定めた効力発生日を変更したときは、当該吸収分割承継株式会社がする吸収分割による変更の登記の申請書には、効力発生日の変更を証する吸収分割承継株式会社の取締役の過半数の一致があったことを証する書面又は取締役会の議事録を添付しなければならない。〔21-31-3〕 | ○ |

| | |
|---|---|
| **2** Ａ社を吸収分割承継会社としＢ社を吸収分割会社とする株式会社の吸収分割による変更の登記に関して、Ｂ社がＡ社との合意によって吸収分割の効力発生日を変更した場合には、Ａ社の吸収分割による変更の登記の申請書に、変更後の効力発生日を公告したことを証する書面を添付しなければならない。〔26-35-オ〕 | × |

## （2）新設分割

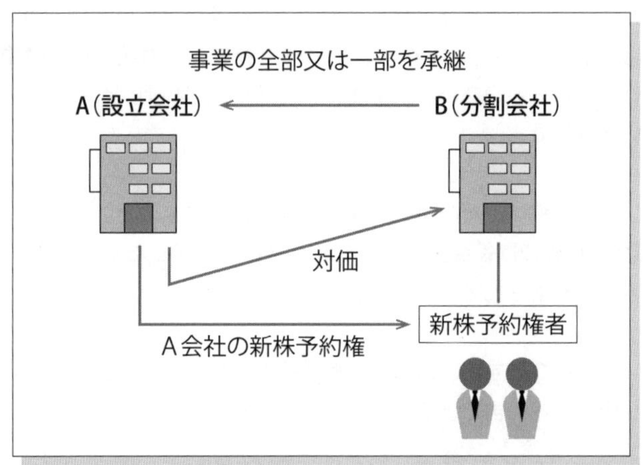


Ｂ会社がＡ会社を立ち上げて、そこにＢ会社の事業を承継させています。このように新しく会社を立ち上げて、事業を承継させる手続が新設分割です。

この新設分割によって、どういう登記事項の変化があるのかを見ましょう。

新設分割による設立の登記（設立会社）

1. 事　令和○年○月○日新設分割の手続終了
1. 登　商号　株式会社○○
　　　本店　東京都○○○
　　　（中略）　　　…（＊）
　　　登記記録に関する事項
　　　　大阪市○○○株式会社Bから分割により設立
1. 課　金○円
1. 税　資本金の額 ×7／1000（登録税別表 1.24.(1)ト）
　　　（計算額が3万円未満のときは金3万円）

（＊）株式会社の登記事項を全部記載する。

A会社、設立会社の申請書です。

登記の事由に着目してください。これは**新設合併と同じく、登記が効力要件**のため、**登記の事由に年月日を書く**ことになります。

登記すべき事項は、設立の登記事項すべてを書いていきます。

そして末尾の2行〈登記記録に関する事項〉を見てください。ここは、**会社分割により、権利義務を承継したことを公示する部分**です。

新設分割による変更の登記（分割会社）

1. 事　新設分割による変更
1. 登　東京都○○○株式会社Aに分割
　　　新設分割計画新株予約権消滅
1. 税　金3万円（登録税別表 1.24.(1)ツ）
1. 添　委任状　　　　1通

これは分割会社側の申請書です。ほぼ吸収分割と同じです。

ただし、登記が効力要件であるため、年月日はどこにも書きません。

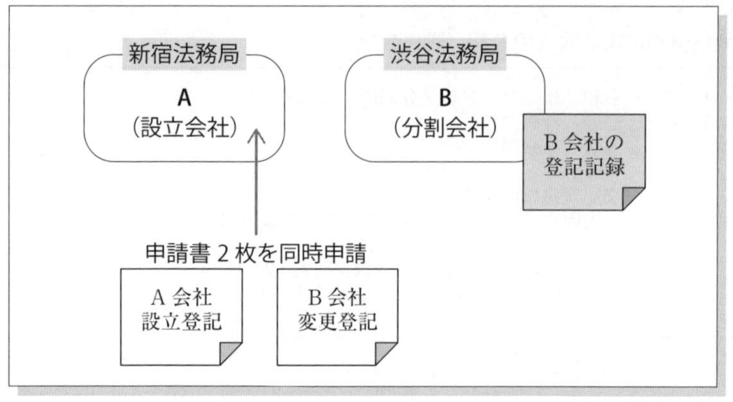


Aが設立会社で、Bが分割会社と思ってください。

申請書は２枚作ります。A会社の設立登記とB会社の変更登記の申請書２枚を、設立会社の管轄登記所（新宿）に提出して、うち１枚は分割会社の管轄登記所（渋谷）へ飛んでいきます。

**経由同時申請という点は同じ**です。

また、添付書類のほとんどは、会社設立の申請書に付けます。**分割会社の方には基本添付しないのですが、委任状だけ添付**します。

分割後もB会社は残るので、B会社の代表取締役が委任状を書きます。

ではA会社にどんな添付書類を付けるか見ましょう。

① 新設分割計画書
② 新設分割会社の手続に関する次に掲げる書面
③ 新設分割設立株式会社に関する書面

a 定款
b 株主名簿管理人を置いたときは、その者との契約を証する書面
c 設立時取締役が設立時代表取締役を選定したときは、これに関する書面
d 新設分割設立株式会社が指名委員会等設置会社であるときは、設立時執行役の選任並びに設立時委員及び設立時代表執行役の選定に関する書面
e 設立時取締役、設立時監査役及び設立時代表取締役（監査等委員会設置会社である場合にあっては設立時監査等委員である設立時取締役及びそれ以外の設立時取締役並びに設立時代表取締役、指名委員会等会設置会社にあっては、設立時取締役、設立時委員、設立時執行役及び設立時代表執行役）が就任を承諾したことを証する書面
f 設立時取締役、設立時監査役、設立時執行役の本人確認証明書
g 設立時会計参与又は設立時会計監査人を選任したときは、次に掲げる書面
　i 就任を承諾したことを証する書面
　ii これらの者が法人であるときは、当該法人の登記事項証明書
　iii これらの者が法人でないときは、会社法333条1項又は337条1項に規定する資格者であることを証する書面
h 特別取締役による議決の定めがあるときは、特別取締役の選定及びその選定された者が就任を承諾したことを証する書面
i 資本金の額が会社法第445条第5項の規定に従って計上されたことを証する書面
j 代表者の就任承諾を証する書面に関する印鑑証明書（商登規61ⅣⅤ）

①②に関しては、吸収分割とほぼ同じです。

そして③会社を設立するので設立登記の添付書類が必要となります。これは新設合併の場合とほぼ同じですが、１つだけ違う点があります。

それが「j　印鑑証明書」です。**今回、商業登記規則61条４項５項の就任承諾の印鑑証明書が必要**になります。

合併の場合については、例外に当たるので、61条４項５項の印鑑証明書は不要でしたが、今回の新設分割には必要です。

**Ｂ会社は残りますので、Ｂ会社の代表取締役はそのままＢ会社の代表取締役を続け、Ａ会社の代表取締役に就任することはないだろうということから、合併と取扱いを変えている**のです。

## 問題を解いて確認しよう

| | | |
|---|---|---|
| 1 | 新設分割株式会社がする新設分割による変更の登記の申請書には、分割をした旨並びに新設分割により設立する会社の商号及び本店を記載しなければならない。〔オリジナル〕 | ○ |
| 2 | 株式会社Ａ社が新設分割により株式会社Ｂ社を設立するときは、Ｂ社の代表取締役となるべき者は、Ｂ社の新設分割による設立の登記の申請及びＡ社の新設分割による変更の登記を申請することができる。〔14-31-4〕 | × |
| 3 | 新設分割株式会社がその本店の所在地において新設分割による変更の登記の申請をする場合において、当該本店の所在地を管轄する登記所の管轄区域内に新設分割設立株式会社の本店がないときは、当該変更の登記の申請書には、代理人の権限を証する書面を除き、他の書面の添付を要しない。〔21-31-2〕 | ○ |
| 4 | 新設分割設立株式会社が取締役会設置会社（指名委員会等設置会社を除く。）である場合における新設分割による設立の登記の申請書には、当該新設分割設立株式会社の設立時代表取締役の就任承諾書に押印した印鑑につき市町村長の作成した証明書を添付しなければならない。〔21-31-5〕 | ○ |

## ×肢のヒトコト解説

2　Ａ社の登記申請は、Ａ社の代表取締役が行います。

# 第3節 株式交換・株式移転

## (1) 株式交換

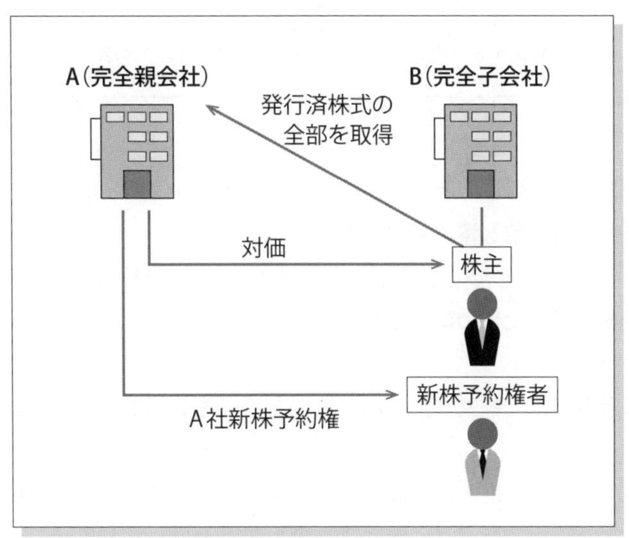


「B会社の株主から株式を全部巻き上げ、それによってA会社がB会社の100%の親会社になる」これが株式交換という制度でした。

株式を巻き上げたA会社は、B会社の株主に対し対価を渡します。上記の例では、A会社の株式を発行して渡したとしましょう。

また、B会社に新株予約権者がいたとします。この新株予約権を放置すると、後々になって100%親子関係が崩れる可能性があります。そのため、放置せずに、A会社が新株予約権を渡すことによって、B会社の新株予約権を消すことになります。

では、株式交換が起きると、登記事項のどこに、どんな変化が生じるのでしょうか。

株式交換による変更の登記（完全親会社）

1. 事　　株式交換
1. 登　　令和○年○月○日次のとおり変更
　　　　　発行済株式の総数　○株
　　　　　資本金の額　金○円
　　　　同日発行
　　　　（※　新株予約権の内容を記載する）
1. 税　　増加した資本金の額 ×7／1000
　　　　（計算額が3万円未満のときは金3万円）（登録税別表1.24.(1)ニ）

A会社は株式を発行し、そしてB会社の株式という財産を取得していることから、**発行済株式の総数と資本金が増えます**。

また、新株予約権を発行して完全子会社のB会社の株主に渡していますので、**新株予約権を発行した旨の申請**が必要となります。

**登記すべき事項に、株式交換という旨がどこにもない**ことに気付いたでしょうか。

登記の事由に株式交換と書きますが、登記すべき事項には株式交換ということは一切書かないため、登記簿には株式交換したことは、載りません。

合併した旨、分割した旨は登記事項でした。この**2つの手続では、会社間で権利義務の承継があったので、それを公示するため**に、合併した旨、分割した旨を登記したのです。

一方、**株式交換・株式移転では、会社間で権利義務の移動がありません**。会社同士で権利義務の移動がないので、交換した旨を登記する必要がないのです。

そして、登録免許税を見てください。**株式交換をした旨は登記事項ではないため、税金の区分が設けられていません**。そのため、一般的な資本金の増加の登録免許税の区分（ニ）を使っているのです。

株式交換による変更の登記（完全子会社）

| | |
|---|---|
| 1. 事 | 株式交換 |
| 1. 登 | ○年○月○日株式交換契約新株予約権消滅 |
| 1. 税 | 金３万円（登録税別表1.24.(1)ツ） |
| 1. 添 | 委任状　　　　　　　　　　　　　　　　　　　　　1通 |

**完全子会社側でも、登記すべき事項には株式交換をした旨が載りません。**載るのは、株式交換契約新株予約権がなくなったということだけです。

Point

株式交換により資本金の額や発行済株式の総数に変動が生じたときは登記を申請する必要があるが、登記事項に変動が生じない場合は登記を申請する必要がない。
株式交換契約新株予約権又は株式移転計画新株予約権がある場合は登記を申請する必要があるが、ない場合は、登記事由は発生しない。

例えば、株式交換で株式を対価としなかったとします。そして対価としてお金を渡しました。

また、新株予約権もなかったので、新株予約権の承継もしなかったとします。

この場合、**完全親会社側の登記事項には変化が起きません。**

発行済株式数は増えない、資本金も増えない、そして新株予約権も発行しないので、登記すべき事項が何もないことになります。だからこの場合、変更登記は要りません。

また、**完全子会社側も新株予約権がなくならない以上、登記事項は何も変更が生じません。**

この論点は、株式交換にしかありません。

合併や分割の場合、仮に株式を対価で渡さない、新株予約権がなくならないとしても、**合併した旨、分割した旨が登記事項だから、登記申請が絶対に必要**です。

では、株式交換はどういった手続を行い、どういった添付書類が必要かを見ていきましょう。

ただ、合併の存続会社・消滅会社とほぼ同じなので、説明は省略します（細かい違いについては、会社法のテキストを参照してください）。

詳しくは、次のまとめを見てください。

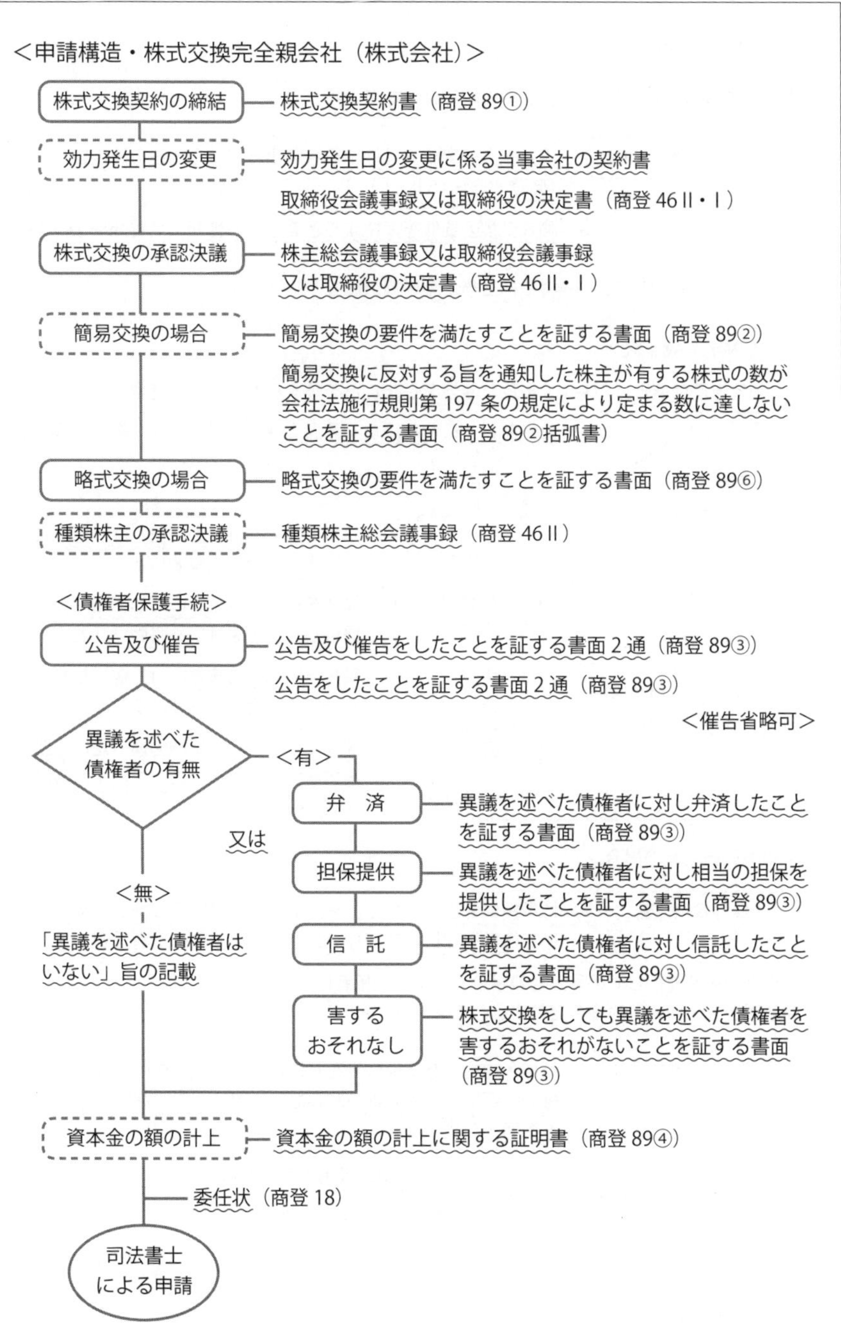
<申請構造・株式交換完全親会社（株式会社）>
株式交換契約の締結
株式交換契約書（商登89①）
効力発生日の変更
効力発生日の変更に係る当事会社の契約書
取締役会議事録又は取締役の決定書（商登46Ⅱ・Ⅰ）
株式交換の承認決議
株主総会議事録又は取締役会議事録
又は取締役の決定書（商登46Ⅱ・Ⅰ）
簡易交換の場合
簡易交換の要件を満たすことを証する書面（商登89②）
簡易交換に反対する旨を通知した株主が有する株式の数が
会社法施行規則第197条の規定により定まる数に達しない
ことを証する書面（商登89②括弧書）
略式交換の場合
略式交換の要件を満たすことを証する書面（商登89⑥）
種類株主の承認決議
種類株主総会議事録（商登46Ⅱ）
<債権者保護手続>
公告及び催告
公告及び催告をしたことを証する書面2通（商登89③）
公告をしたことを証する書面2通（商登89③）
<催告省略可>
異議を述べた
債権者の有無
<有>
弁　済
異議を述べた債権者に対し弁済したこと
を証する書面（商登89③）
又は
担保提供
異議を述べた債権者に対し相当の担保を
提供したことを証する書面（商登89③）
<無>
信　託
異議を述べた債権者に対し信託したこと
を証する書面（商登89③）
「異議を述べた債権者は
いない」旨の記載
害する
おそれなし
株式交換をしても異議を述べた債権者を
害するおそれがないことを証する書面
（商登89③）
資本金の額の計上
資本金の額の計上に関する証明書（商登89④）
委任状（商登18）
司法書士
による申請

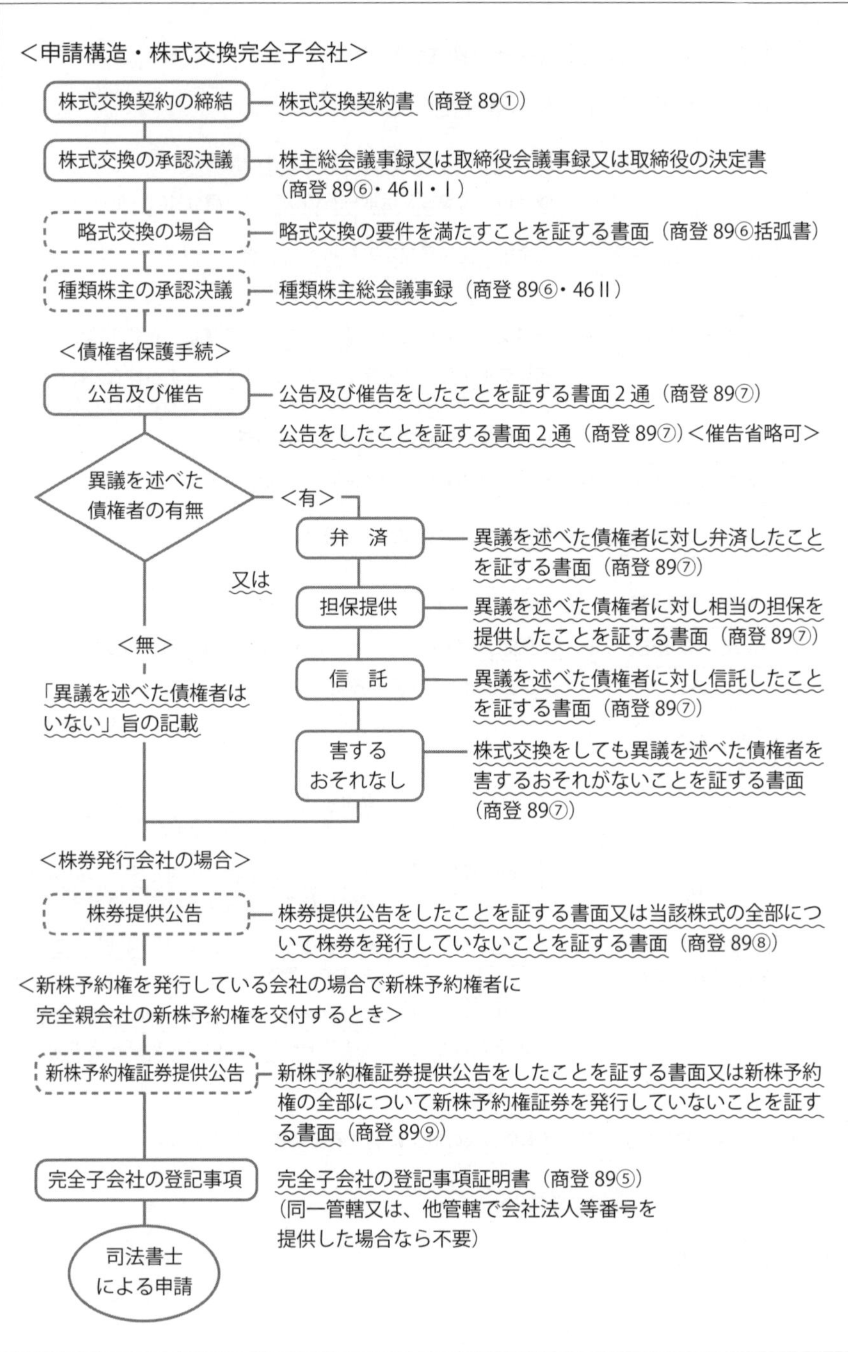
<申請構造・株式交換完全子会社>
株式交換契約の締結
株式交換契約書（商登89①）
株式交換の承認決議
株主総会議事録又は取締役会議事録又は取締役の決定書（商登89⑥・46Ⅱ・Ⅰ）
略式交換の場合
略式交換の要件を満たすことを証する書面（商登89⑥括弧書）
種類株主の承認決議
種類株主総会議事録（商登89⑥・46Ⅱ）
<債権者保護手続>
公告及び催告
公告及び催告をしたことを証する書面2通（商登89⑦）
公告をしたことを証する書面2通（商登89⑦）<催告省略可>
異議を述べた債権者の有無
<有>
弁済
異議を述べた債権者に対し弁済したことを証する書面（商登89⑦）
又は
担保提供
異議を述べた債権者に対し相当の担保を提供したことを証する書面（商登89⑦）
信託
異議を述べた債権者に対し信託したことを証する書面（商登89⑦）
害するおそれなし
株式交換をしても異議を述べた債権者を害するおそれがないことを証する書面（商登89⑦）
<無>
「異議を述べた債権者はいない」旨の記載
<株券発行会社の場合>
株券提供公告
株券提供公告をしたことを証する書面又は当該株式の全部について株券を発行していないことを証する書面（商登89⑧）
<新株予約権を発行している会社の場合で新株予約権者に完全親会社の新株予約権を交付するとき>
新株予約権証券提供公告
新株予約権証券提供公告をしたことを証する書面又は新株予約権の全部について新株予約権証券を発行していないことを証する書面（商登89⑨）
完全子会社の登記事項
完全子会社の登記事項証明書（商登89⑤）（同一管轄又は、他管轄で会社法人等番号を提供した場合なら不要）
司法書士による申請

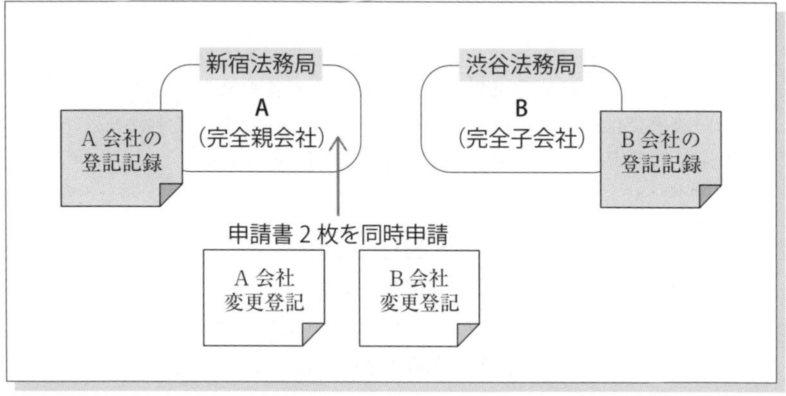


**申請書は2枚、両方とも完全親会社の管轄登記所に提出**します。添付書類も親会社の申請書にほとんど付けます。完全子会社であるB会社は生き残るので、B会社の代表取締役は委任状を書いて、そこに届出印を押します（**吸収分割と同じ**です）。

| | | |
|---|---|---|
| 1 | 株式交換完全親会社がする株式交換による変更の登記においては、株式交換をした旨並びに株式交換完全子会社の商号及び本店も登記しなければならない。〔24-32-エ〕 | × |
| 2 | 株式交換完全親株式会社が株式交換に際して株式交換完全子会社の新株予約権の新株予約権者に対して当該新株予約権に代わる当該株式交換完全親株式会社の新株予約権を交付した場合は、株式交換完全子会社について、新株予約権の消滅による変更の登記を申請しなければならない。〔オリジナル〕 | ○ |
| 3 | 株式交換完全子会社が新株予約権を発行し、当該新株予約権につき新株予約権証券を発行している場合における株式交換完全親株式会社がする株式交換による変更の登記の申請書には、当該株式交換完全子会社の新株予約権者に対して当該新株予約権に代わる株式交換完全親株式会社の新株予約権を交付しないときであっても、新株予約権証券提供公告をしたことを証する書面を添付しなければならない。〔オリジナル〕 | × |

| | | |
|---|---|---|
| **4** | 株式交換完全親会社が株式交換完全子会社の新株予約権付社債を承継する場合における株式交換完全親会社がする株式交換による変更の登記の申請書には、株式交換完全親会社において債権者異議手続をしたことを証する書面を添付することを要しない。〔24-32-イ〕 | × |

**×肢のヒトコト解説**

**1** 株式交換したことは、登記事項ではありません。

**3** 「新株予約権を交付しない」ため、完全子会社の新株予約権は消滅しないことになります。そのため、証券の回収手続は不要になります。

**4** 新株予約権付社債の承継がある場合には、完全子会社・完全親会社の両方で債権者保護手続が必要になります。

## （2）株式移転

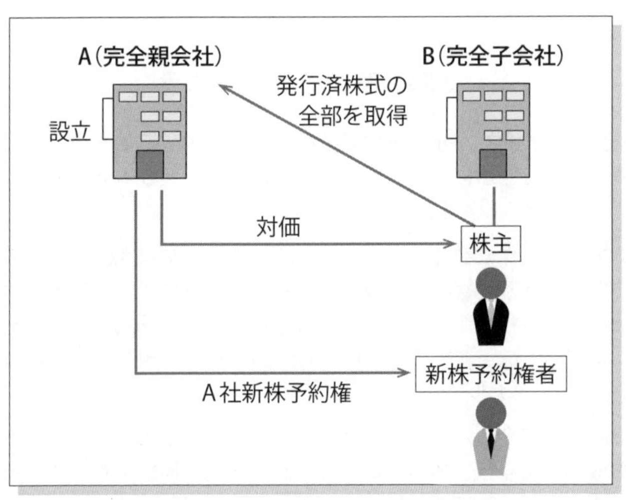


B会社からA会社を立ち上げて、そこにB会社の株式全部を流し込む、これが株式移転という手続でした。

株式移転による設立の登記（完全親会社）

1. 事　令和○年○月○日株式移転の手続終了
1. 登　商号　株式会社○○
本店　東京都○○○
（中略）　…（＊）
登記記録に関する事項　設立
1. 税　資本金の額 ×7／1000
（計算額が15万円未満のときは金15万円）（登録税別表1.24.(1)イ）

（＊）株式会社の登記事項を全部記載する。

株式移転による変更の登記（完全子会社）

1. 事　株式移転
1. 登　株式移転計画新株予約権消滅
1. 税　金3万円（登録税別表1.24.(1)ツ）
1. 添　委任状　1通

設立するA会社が完全親会社ですが、通常の設立登記をします。そして、登記記録に関する事項は単純に設立と書きます。**株式交換と同じく、株式移転をする旨は登記事項ではないので、それは書きません。**

登録免許税を見てください。**株式移転をする旨という登記事項はないので、登記の区分は、通常の設立を使います。**だから最低額15万円になっています。

一方、完全子会社は株式交換の場合とほぼ同じです。

また、**経由同時申請だということ、完全子会社の申請書には委任状がいるということも株式交換と同じ**です。

① 株式移転計画書

② 完全子会社の手続に関する書面

③ 完全親株式会社の手続に関する次に掲げる書面

a 定款
b 株主名簿管理人を置いたときは、その者との契約を証する書面
c 設立時取締役が設立時代表取締役を選定したときは、これに関する書面
d 株式移転完全親会社が指名委員会等設置会社であるときは、設立時執行役の選任並びに設立時委員及び設立時代表執行役の選定に関する書面
e 設立時取締役、設立時監査役及び設立時代表取締役（監査等委員会設置会社である場合にあっては設立時監査等委員である設立時取締役及びそれ以外の設立時取締役並びに設立時代表取締役、指名委員会等会設置会社にあっては、設立時取締役、設立時委員、設立時執行役及び設立時代表執行役）が就任を承諾したことを証する書面
f 設立時取締役、設立時監査役、設立時執行役の本人確認証明書
g 設立時会計参与又は設立時会計監査人を選任したときは、次に掲げる書面
　i 就任を承諾したことを証する書面
　ii これらの者が法人であるときは、当該法人の登記事項証明書
　iii これらの者が法人でないときは、会社法333 条1項又は337 条1項に規定する資格者であることを証する書面
h 特別取締役による議決の定めがあるときは、特別取締役の選定及びその選定された者が就任を承諾したことを証する書面
i 資本金の額が会社法第445条第5項の規定に従って計上されたことを証する書面
j 代表者の就任承諾を証する書面に関する印鑑証明書（商登規61ⅣⅤ）

①②の部分は、株式交換とほぼ同じで、③が新設合併とほぼ同じです。

1点だけ気を付けてほしいのが、「j就任承諾の印鑑証明書」です。新設合併と違って添付が必要です。

完全子会社は残りますので、完全子会社の代表取締役は、そのまま完全子会社の代表取締役を続け、完全親会社の代表取締役に就任することはないだろうということから、合併と取扱いを変えているのです。

### 問題を解いて確認しよう

| | | |
|---|---|---|
| 1 | 株式会社A社が株式移転により株式会社B社を設立するときは、A社の代表取締役は、B社の株式移転による設立の登記を申請することができる。〔14-31-5〕 | × |
| 2 | 株式移転設立完全親会社が取締役会設置会社である場合、株式移転による設立の登記の申請書には、設立時代表取締役が就任を承諾したことを証する書面に押印された印鑑につき市町村長の作成した証明書を添付しなければならない（なお、本問における株式会社は、指名委員会等設置会社以外の株式会社であるものとする)。〔オリジナル〕 | ○ |

### ×肢のヒトコト解説

1　B社の申請は、B社の代表取締役となるべきものが行います。

このあとには、株式移転についての過去問を掲載します。

ここまでの知識、会社法の知識を総動員して解いていってください。

### 問題を解いて確認しよう

| | | |
|---|---|---|
| 1 | 株式移転完全子会社が会社法上の公開会社（種類株式発行会社を除く。）であり、かつ、当該会社の株主に対して譲渡制限株式を交付する場合には、株式移転による設立の登記の申請書には、株式移転完全子会社の総株主の同意があったことを証する書面を添付しなければならない。〔18-32-ウ〕 | × |
| 2 | 株式移転完全子会社が種類株式発行会社である場合において、株式移転により株式移転完全子会社の株主に対して交付する株式移転完全親株式会社の株式の一部が譲渡制限株式であるときは、当該株式移転の登記の申請書には、当該譲渡制限株式の割当てを受けるすべての種類の株式に係る当該各種類の株式の種類株主を構成員とする各種類株主総会の議事録を添付しなければならない。〔20-32-オ〕 | × |
| 3 | 株式会社が株式移転をする場合の株式移転による設立の登記の申請には、その申請書に当該申請をする会社の定款の添付を要する。〔29-29-ウ〕 | ○ |

| | | |
|---|---|---|
| 4 | 株券発行会社（現実に株券を発行している株式会社に限る。）において、当該会社が株式移転完全子会社となる株式移転による株式会社の設立の登記の申請書には、株券の提供に関する公告をしたことを証する書面を添付しなければならない。〔26-31-キ〕 | ○ |
| 5 | 株式移転完全子会社の株主に対し株式買取請求権の行使の機会を与えるための公告をした場合でも、株式移転による設立の登記の申請書には、当該公告をしたことを証する書面を添付する必要はない。〔18-32-オ〕 | ○ |
| 6 | 株式移転設立完全親会社が株式移転に際して株式移転完全子会社の新株予約権の新株予約権者に対して当該新株予約権に代わる当該株式移転設立完全親会社の新株予約権を交付する場合における株式移転による設立の登記の申請書には、株式移転完全子会社の新株予約権が新株予約権付社債に付されたものでないときは、株式移転完全子会社において債権者保護手続を行ったことを証する書面を添付する必要はない。〔18-32-イ（令4-32-ア)〕 | ○ |

ヒトコト解説

1 株主総会特殊決議が必要です。そのため、株主総会議事録を添付すれば足ります。

2 もともと譲渡制限の性質のある種類については、種類株主総会は不要です。

3 設立登記では、定款の添付が必要になります。

4 株式を巻き上げるので、株券の回収が必要です。

5 公告だけを行う手続なので、立証は不要です。

6 新株予約権付社債の承継がない限り、完全子会社では債権者保護手続は不要です。

## 第4節 株式交付の登記

株式交付によって、登記事項に変化が生じます。次の表を見てください（令和3年1月29日法務省民商第14号）。

## ◆株式交付の登記事項（吸収型再編との比較）◆

| 吸収合併（商登79） | 吸収分割（商登84） | 株式交換 | 株式交付 |
|---|---|---|---|
| 存続会社<br>①合併の年月日、合併した旨並びに消滅会社の商号及び本店<br>②資本金の額、発行済株式総数（種類株式発行会社にあっては、発行済みの株式の種類及び数を含む）に変更があった場合は変更後の当該事項及び変更年月日<br>③消滅会社の新株予約権者に対して新株予約権を発行した場合は、新株予約権に関する登記事項及び変更年月日 | 承継会社<br>①分割の年月日、分割した旨並びに分割会社の商号及び本店<br>②資本金の額、発行済株式総数（種類株式発行会社にあっては、発行済みの株式の種類及び数を含む）に変更があった場合は変更後の当該事項及び変更年月日<br>③分割会社の新株予約権者に新株予約権を発行した場合には、新株予約権に関する登記事項及び変更年月日 | 完全親会社<br>①資本金の額、発行済株式総数（種類株式発行会社にあっては、発行済みの株式の種類及び数を含む）に変更があった場合は変更後の当該事項及び変更年月日<br>②完全子会社の新株予約権者に新株予約権を発行した場合には、新株予約権に関する登記事項及び変更年月日<br><br>なお、株式交換をした旨ならびに完全子会社の商号及び本店は登記すべき事項とはならない。 | 株式交付親会社<br>①資本金の額、発行済株式の総数並びにその種類及び種類ごとの数及び変更年月日<br>②株式交付子会社の株式の譲渡人に新株予約権を発行した場合には、新株予約権に関する登記事項及び変更年月日 |
| 消滅会社<br>合併の年月日、合併した旨並びに存続会社の商号及び本店<br><br>合併により消滅会社の新株予約権が消滅するとしても、その旨を登記する必要はない。 | 分割会社<br>①分割の年月日、分割した旨並びに承継会社の商号及び本店<br>②分割会社の新株予約権者に対して承継会社の新株予約権が交付された場合には、吸収分割契約新株予約権が消滅した旨及び変更年月日 | 完全子会社<br>株式交換完全子会社においては、完全子会社の新株予約権者に対して完全親会社の新株予約権が交付された場合には、株式交換契約新株予約権が消滅した旨及び変更年月日 | 株式交付子会社<br>（登記事項に変更は生じない。） |

（注）株式交付子会社の株式の対価として株式交付親会社の自己株式を交付する場合には、登記すべき事項の変更が生じないこととなる（令和３年１月29日民商14号）。

株式交付子会社の株式の譲渡人に対価として株式を交付します。自己株式を交付するのではなく、株式を発行した場合には、発行済株式の総数が増え、資本金が増加します。

また、株式交付子会社の株式の譲渡人に新株予約権を発行した場合には新株予約権に関する事項を登記することになります。

注意すべきは、**株式交付をしたことが登記事項になっていない**点です。

吸収合併や吸収分割では、消滅会社・分割会社の権利義務が引き継がれることになるため、それを公示しますが、株式交換や株式交付では、完全子会社・株式交付子会社の権利義務は引き継がれることはないため、登記事項になっていないのです。

そして、**株式交付子会社では全く登記事項がない**ことにも注意が必要です。株式交付子会社の方は何の手続もとらないため、登記事項の変化がおきないのです。

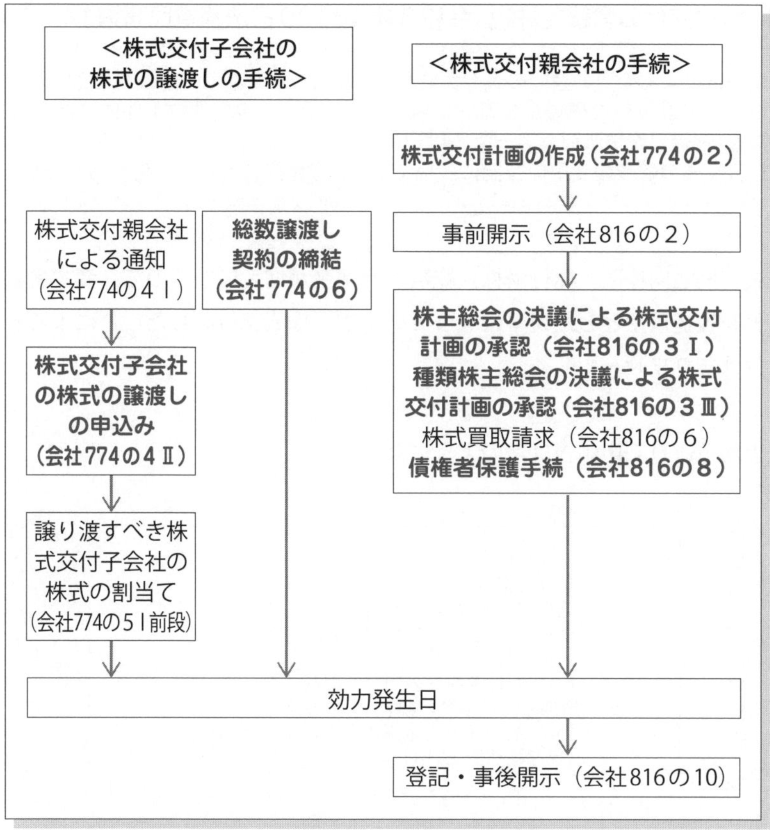


上記の実体の流れのうち、赤字部分の立証を商業登記法が要求しています。

ただ、簡易手続の場合には、上記に加えて、

・**簡易手続の場合に該当することを証する書面**

**（簡易株式交付に反対する旨を通知した株主がある場合にあっては、その有する株式の数が一定数に達しないことを証する書面を含む。）**

が要求されます（これは他の企業再編の場合と同様です）。

また、資本金が増加するので、**「資本金の額が会社法445条5項の規定に従って計上されたことを証する書面」の添付も必要**です。

### ◆ 株式交付の登録免許税（令和３年１月29日法務省民商第14号）◆

> 株式交付による変更の登記の登録免許税は、増加した資本金の額の1000分の７（これによって計算した税額が３万円に満たないときは、申請件数１件につき３万円）である（登録免許税法別表第一第24号（１）ニ）。
> 発行済株式の総数の変更の登記については、登録免許税を別途納付する必要はない。

株式交換と同様に、発行済株式総数と資本金が増えているので、**資本金が増えたことを根拠規定とした税率になっています**（株式交付をしたことによる独立の税区分はありません）。

以上から、登記申請書は次のようになります。

```
1．事　株式交付
1．登　年月日変更
　　　 発行済株式総数　○○株
　　　 資本金の額　　　金○○円
　　　 同日発行
　　　（※　新株予約権の内容を記載する）
1. 税　 増加した資本金の額×７／1000
　　　（計算額が３万円未満のときは金３万円）
　　　（登録税別表 1.24.(1)ニ）
```

**問題を解いて確認しよう**

| | | |
|---|---|---|
| 1 | 株式交付による変更の登記の申請書には、株式の譲渡しの申込み又は総数譲渡し契約を証する書面を添付しなければならない。〔オリジナル〕 | ○ |

## 第5節 組織変更

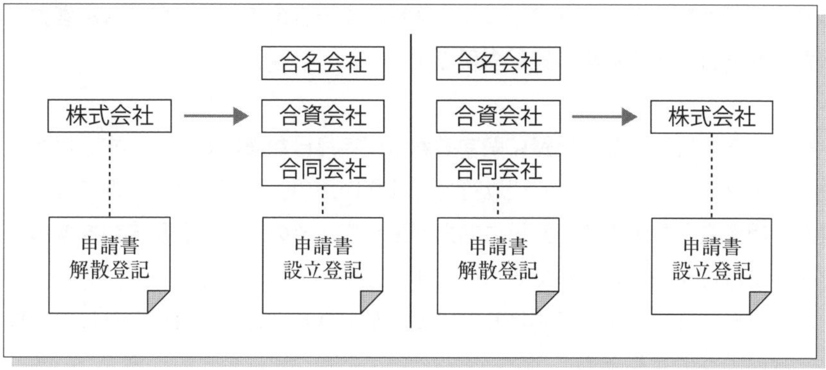


組織変更という制度があります。これは、株式会社から持分会社になる、または持分会社から株式会社になる制度を指します。

この組織変更があった場合、今の登記簿を潰して（解散登記）、新しく登記簿を作ること（設立登記）が必要になります。

**実体上の行為は変更行為**ですが、あまりにも登記事項が変わってしまうので、**登記簿を潰す解散登記と、登記簿を新しく作る設立登記をする**のです。

まずは、株式会社から持分会社に変わる場合の申請書を見ましょう。

株式会社から合名会社への組織変更

| | | | | |
|---|---|---|---|---|
| 1. 事 | 組織変更による設立 | | | |
| 1. 登 | 商号 | ○○合名会社 | | |
| | 本店 | 東京都○○ | | |
| | 公告をする方法 | 官報に掲載してする | | |
| | 会社成立の年月日 | ○年○月○日 | | |
| | 目的 | 1. 不動産の売買<br>2. 前号に付帯する一切の業務 | | |
| | 社員に関する事項 | 東京都○○ | 社員 | A |
| | | 東京都○○ | 社員 | B |
| | | 代表社員 | | A |
| | 登記記録に関する事項<br>○年○月○日○○株式会社を組織変更し設立 | | | |
| 1. 税 | 金6万円（登録税別表1.24.(1)ロ） | | | |

前ページには、持分会社に変わった場合の設立登記が載っています。

登記すべき事項ですが、ここには**持分会社の登記事項をすべて記載**します。

そしてポイントが2つあり、1つ目は会社成立年月日を書く点です。**もともと株式会社だったので、株式会社の設立年月日を書きます。いつから権利能力があったのかを公示するための登記事項**です。

そして2つ目は、**登記記録に関する事項に年月日が書ける**ことです。なすべき登記は設立ですが、実体は、設立行為ではないため、登記が効力要件ではありません。**組織変更計画に定めた日に効力が生じて、そのあとに登記申請をする**ので、申請書に日付を書くことができるのです。

次に登録免許税です。基本は6万円ですが、株式会社から合同会社になる場合は、次のようになります。

1. 課　　金500万円
1. 税　　(資本金の額 ×1.5/1000、計算額が3万円に満たない場合は金3万円、組織変更の直前における資本金の額を超える額に対応する部分については ×7/1000)（登録税別表 1.24.(1)ホ）

このように、1000分の1.5と1000分の7になる場合は、どこまでが1000分の1.5で、どこからが1000分の7なのかを立証するために、「**登録免許税施行規則第12条4項の規定に関する証明書**」を添付します。合併の場合と理屈は同じですが、条文番号が違うことに注意してください。

株式会社から合名会社への組織変更における株式会社の解散登記

1. 事　　組織変更による解散
1. 登　　○年○月○日東京都○区○町○丁目○番○号○○合名会社に組織変更し解散
1. 税　　金3万円（登録税別表 1.24.(1)レ）
1. 添　　(一切不要)

解散の申請書についても、**登記すべき事項に組織変更したことと日付が書けます**。そして、もう1つのポイントが添付書類です。こちらには、**添付書類を一切**

**添付しません。**

合併の場合も片方の会社には何も付けませんでした。吸収合併の場合、なすべき登記が変更と解散登記でした。今回も設立と解散登記です。

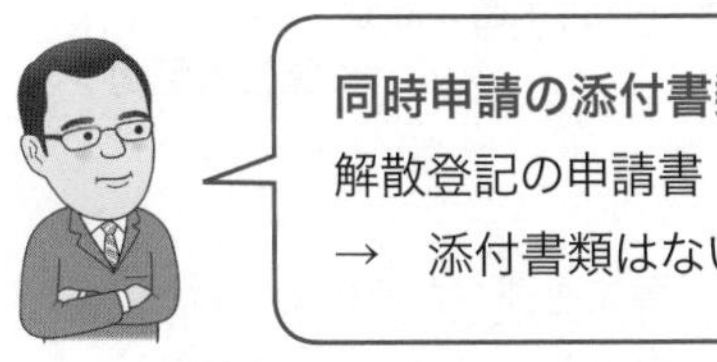

**同時申請の添付書類**
解散登記の申請書
→ 添付書類はない

では、次に組織変更をどういう手続で行うのかを見ていきます。

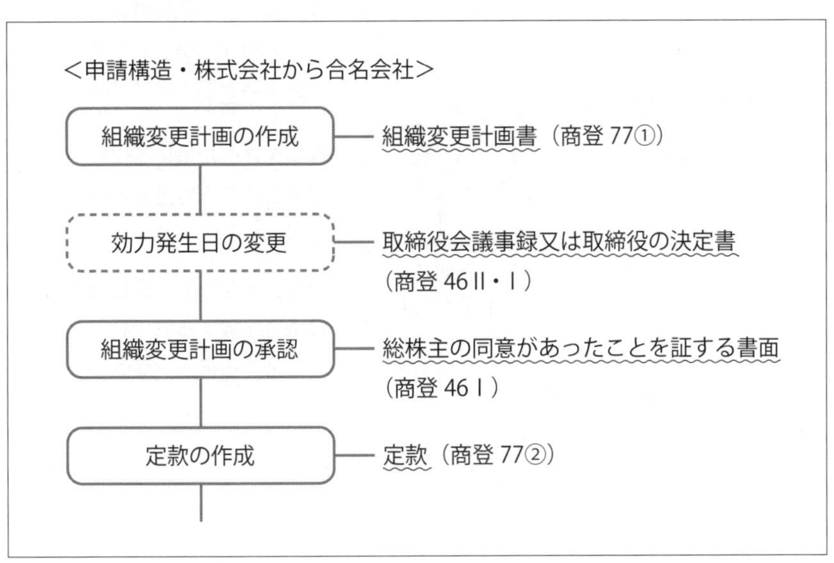


まず、**組織変更計画を作ります**。そこには効力発生日なども書いておきます。ちなみに、ここまでに終わりそうもなければ、効力発生日を変えることが必要となります。

そのあとに、組織変更計画についての承認を株主からもらいます。組織変更は、余りにも影響が大きいので、**特別決議では足りず、総株主の同意が必要**です。

そして、この後に持分会社の設立行為に入ります。設立行為となった場合、絶対に必要になるのが定款の作成です。

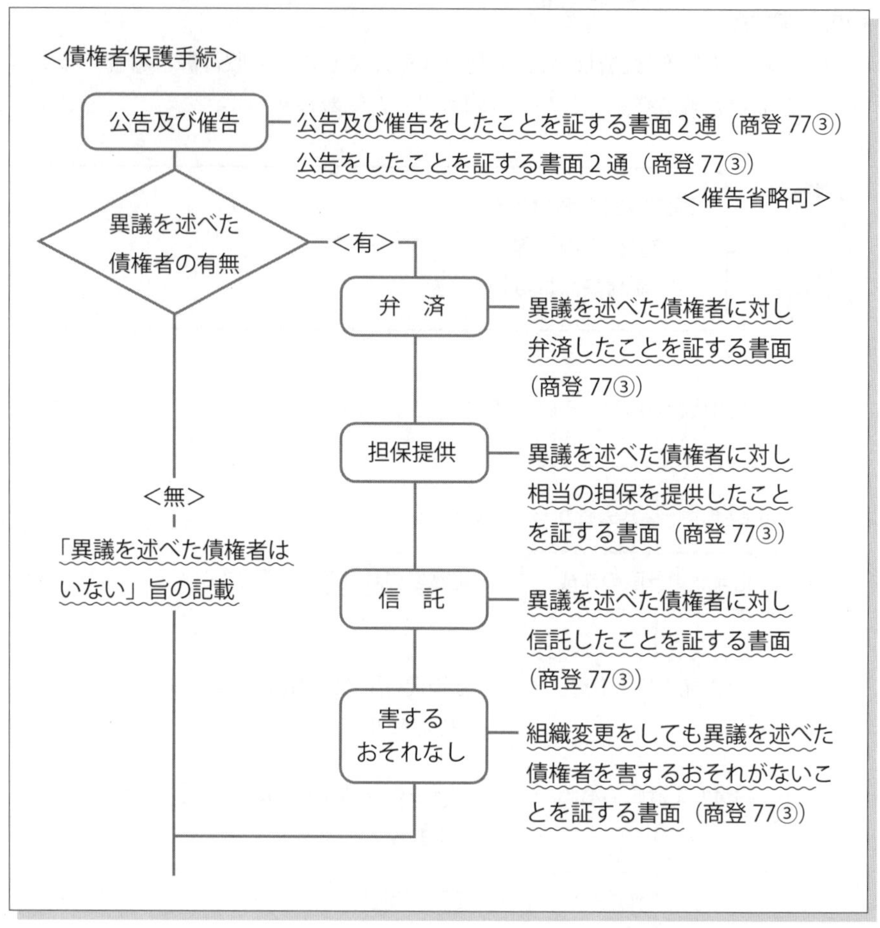


ここは、債権者保護手続です。組織変更は周りに与える影響が余りにも大きいということから、**債権者保護手続は絶対にやる必要があります**。省略できる場合はありません。

手続面については、今までの場合と同じですので、説明は省略します。

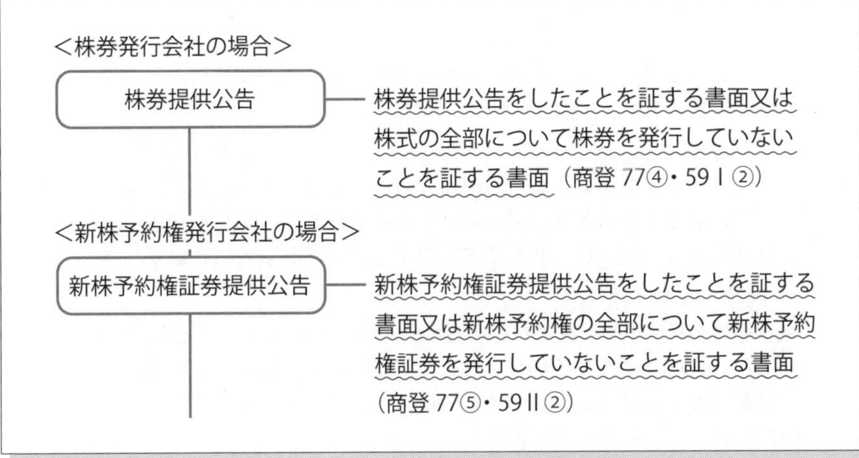

＜株券発行会社の場合＞
株券提供公告
株券提供公告をしたことを証する書面又は株式の全部について株券を発行していないことを証する書面（商登77④・59Ⅰ②）
＜新株予約権発行会社の場合＞
新株予約権証券提供公告
新株予約権証券提供公告をしたことを証する書面又は新株予約権の全部について新株予約権証券を発行していないことを証する書面（商登77⑤・59Ⅱ②）


株式会社自体がなくなります。そのため、**株式や新株予約権もなくなりますので、株券や証券の回収が必要**になります。

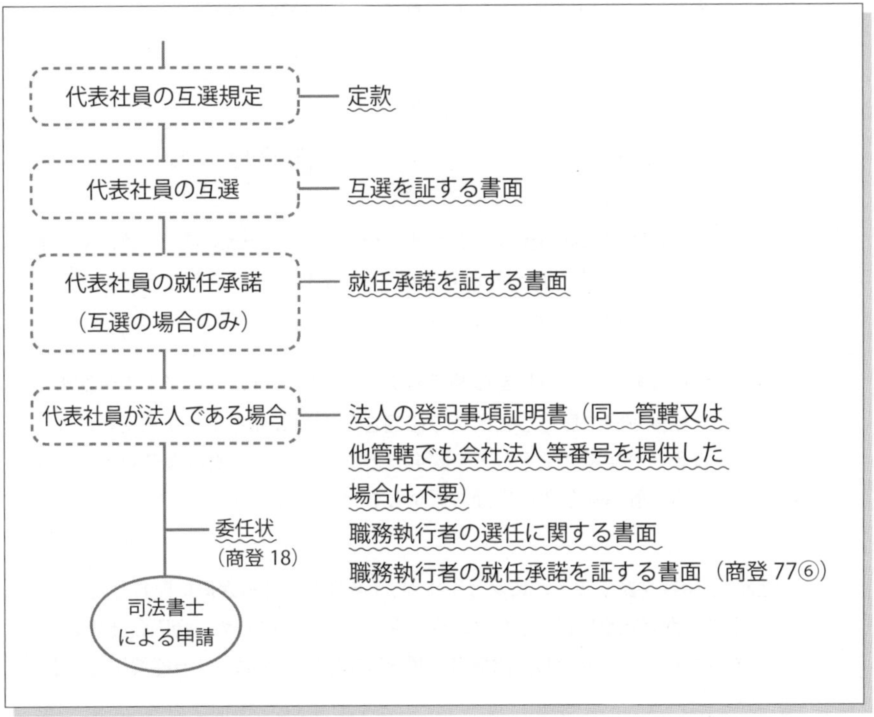

代表社員の互選規定 ― 定款

代表社員の互選 ― 互選を証する書面

代表社員の就任承諾（互選の場合のみ） ― 就任承諾を証する書面

代表社員が法人である場合 ― 法人の登記事項証明書（同一管轄又は他管轄でも会社法人等番号を提供した場合は不要）
職務執行者の選任に関する書面
職務執行者の就任承諾を証する書面（商登77⑥）

委任状（商登18）

司法書士による申請

## 問題を解いて確認しよう

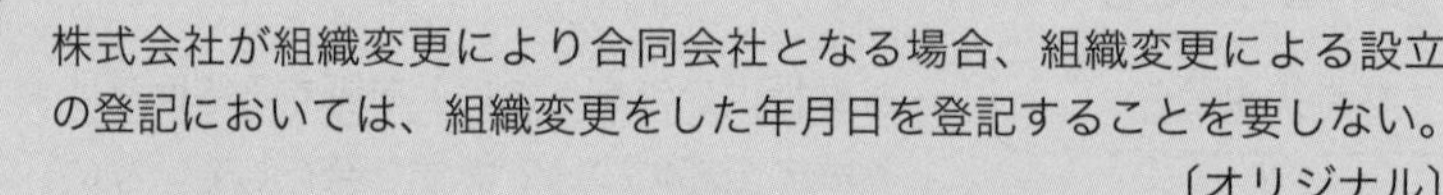

1 株式会社が組織変更により合同会社となる場合、組織変更による設立の登記においては、組織変更をした年月日を登記することを要しない。〔オリジナル〕 ×

2 株式会社が組織変更した場合の組織変更による設立の登記の申請書には、株式会社の商号並びに組織変更した旨及びその年月日を記載しなければならないが、株式会社の成立の年月日を記載することは要しない。〔オリジナル〕 ×

3 株券発行会社（現実に株券を発行している株式会社に限る。）が合名会社となる組織変更をする場合において、当該合名会社の設立の登記の申請書には、株券の提出に関する公告をしたことを証する書面を添付しなければならない。〔26-31-オ〕 ○

### ×肢のヒトコト解説

1 組織変更計画で定めた効力発生日を記載します。

2 もともとの株式会社の成立年月日も記載する必要があります。

## これで到達！ 合格ゾーン

□ 株式会社が合資会社となる組織変更をする場合には、組織変更による設立の登記の申請書には、有限責任社員が既に履行した出資の価額を証する書面を添付しなければならない（77⑧）。〔19-34-エ〕

□ 株式会社が組織変更をした場合の組織変更後の合同会社についてする登記の申請書には、社員が既に履行した出資の価額を証する書面を添付する必要はない。なお、株式会社が組織変更をして合資会社となるときは、有限責任社員が既に履行した出資の価額を証する書面を添付しなければならない（77⑧）。〔21-35-ア〕

**★登記事項は立証することになりますが、「有限責任社員が既に履行した出資の価額」が登記事項になるのは、合資会社です。そのため、合同会社では有限責任社員が既に履行した出資の価額を証する書面を添付する必要はありません。**

☐ 組織変更をする株式会社は、組織変更計画備置開始日から組織変更がその効力を生ずる日までの間、組織変更計画の内容その他法務省令で定める事項を記載し、又は記録した書面又は電磁的記録をその本店に備え置かなければならない(775Ⅰ)。しかし、組織変更後の持分会社については、事後開示の制度は存在しない。〔会社法29-34-5〕

**★持分会社に対して利害を持つものは多くないことから、事前開示・事後開示の制度は要求されていません。**

☐ 株式会社が組織変更をする場合には、組織変更をする株式会社の新株予約権の新株予約権者は、当該株式会社に対し、自己の有する新株予約権を公正な価格で買い取ることを請求することができる（777Ⅰ)。〔会社法29-34-1〕

**★新株予約権は持分会社では残すことができないため、組織変更によって新株予約権は消滅します。会社は、その新株予約権者に対価を払うことになりますが、この対価が不当と考えた新株予約権者は、正当な値段で買い取ることを請求できます。**

合名会社から株式会社への組織変更（取締役会非設置会社・各自代表）

1. 商号　○○株式会社
1. 本店　東京都○○
1. 事　　組織変更による設立
1. 登　　商号　　　　　　　　○○株式会社
　　　　本店　　　　　　　　東京都○○
　　　　公告をする方法　　　官報に掲載してする
　　　　会社成立の年月日　　○年○月○日
　　　　目的　　　　　　　　1. 不動産の売買
　　　　　　　　　　　　　　2. 前号に付帯する一切の業務
　　　　発行可能株式総数　　○株
　　　　発行済株式の総数　　○株
　　　　資本金の額　　　　　金 1,000 万円
　　　　役員に関する事項　　取締役　A
　　　　　　　　　　　　　　取締役　B
　　　　　　　　　　　　　　東京都○○
　　　　　　　　　　　　　　代表取締役　A
　　　　　　　　　　　　　　東京都○○
　　　　　　　　　　　　　　代表取締役　B
　　　　登記記録に関する事項
　　　　　○年○月○日合名会社○○を組織変更し設立
1. 課　　金 1,000 万円　（＊）
1. 税　　（資本金の額 ×1.5/1000、計算額が 3 万円に満たない場合は金 3 万円、組織変更の直前における資本金の額を超える額に対応する部分については ×7/1000）（登録税別表 1.24.(1)ホ）

（＊）組織変更の直前における持分会社の資本金の額として登録免許税法施行規則に規定する金額を超過する場合には、「ただし、内金○円は登録免許税法施行規則に規定する額を超過する部分である」と追記する。

次は、持分会社から株式会社になったパターンです。まず上記が設立の申請書です。

株式会社の登記事項をすべて書くこと、効力は生じているので年月日を記載すること、会社成立年月日を記載することがポイントで、他に登録免許税が1000分の1.5と1000分の7に分かれます。

合名会社から株式会社への組織変更における合名会社の解散登記

1. 事　　組織変更による解散
1. 登　　○年○月○日東京都○区○町○丁目○番○号○○株式会社に組織変更し解散
1. 税　　金 3 万円（登録税別表 1.24.(1)レ）
1. 添　　（一切不要）

次の申請書、これは解散の方です。添付書類が一切要らないということを意識しておいてください。では、必要な手続を見ましょう。

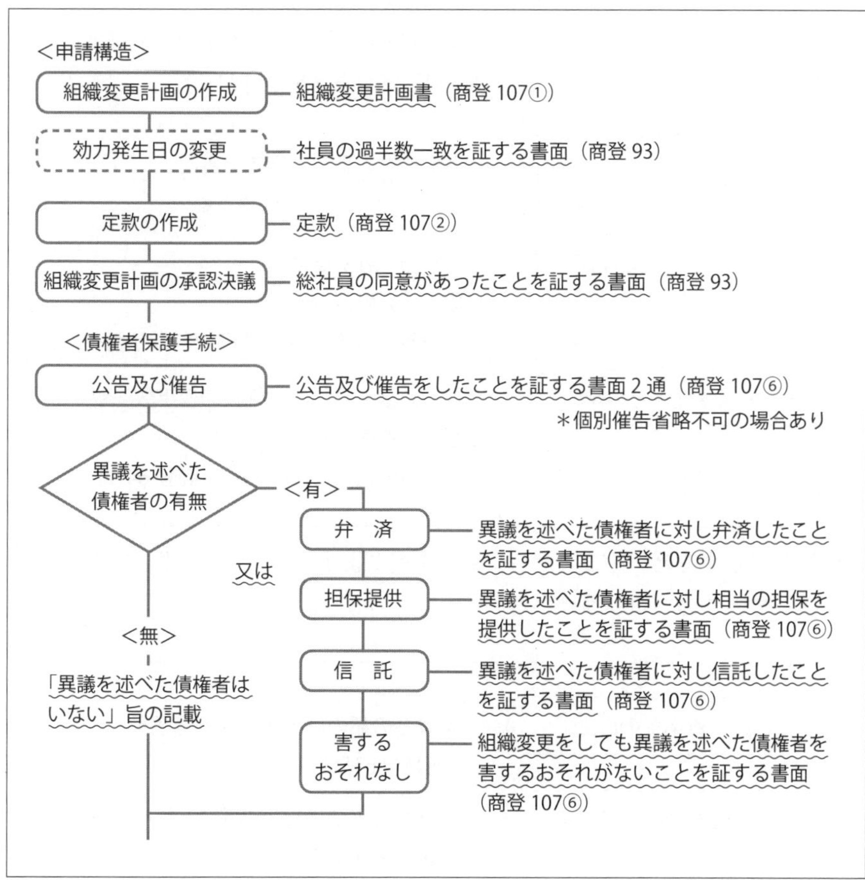


この申請構造ですが、先ほど見た株式会社から持分会社の場合とほとんど変わりません。

ただ、**債権者保護手続で個別催告の省略ができない場合があります**。合名会社から株式会社になる場合と、合資会社から株式会社になる場合です。

この２つの場合、会社から無限責任社員がいなくなります。**無限責任社員がいなくなるということは非常に影響が大きい**ので、この場合は個別催告を省略できない、必ず催告をして伝えなさいとしているのです。

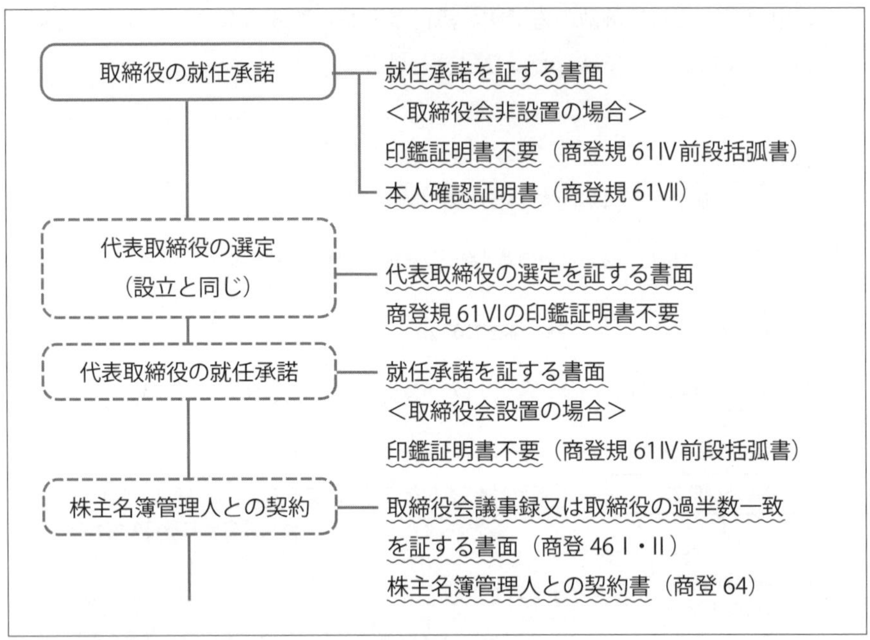


会社を設立するということから、機関を選びます。立ち上げる株式会社のタイプによって、このブロックはいろいろと変わります。

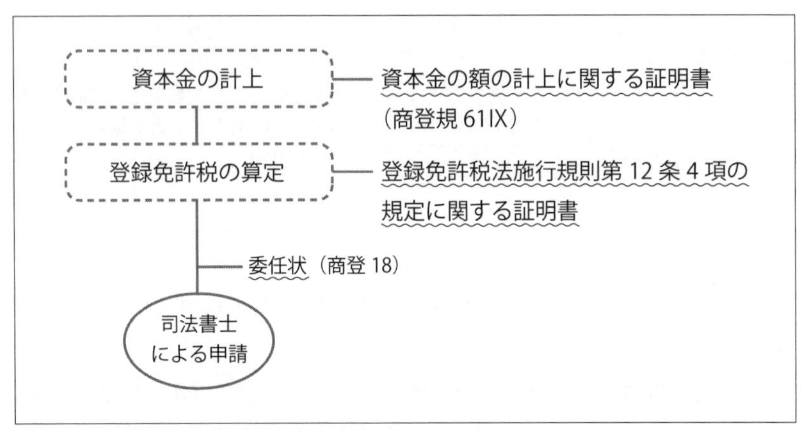


登録免許税の算定として登録免許税法施行規則12条4項の証明書が必要です。**持分会社から株式会社になる場合、登録免許税が1000分の1.5と1000分の7になる部分があるので、どこまでが1.5で、どこからが1000分の7なのかを立証する**ために付けることになります。

また株式会社は資本金を登記しますので、いわゆる資本金の計上を証する書面が必要です。

この計上を証する書面というものは、添付が必要な場合と不要な場合があります。

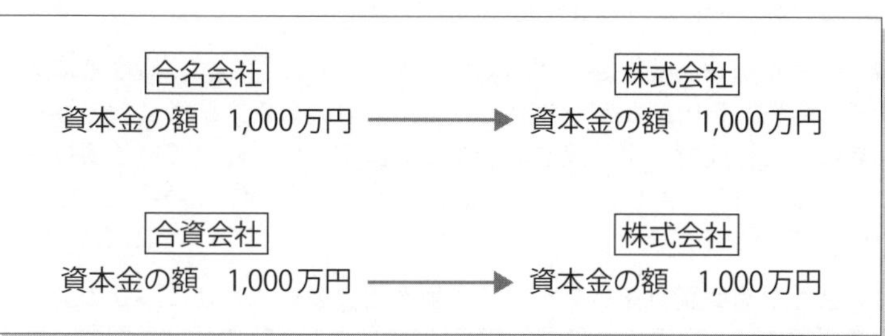


**組織変更において、資本金は前の会社の資本金と同じにする必要があります。**例えば、合名会社から株式会社にした場合、合名会社の時の資本金が1,000万円であれば、株式会社の資本金も1,000万円にする必要があります。

ただ、登記官は、前の資本金がいくらなのかがわかりません。そのため、**前の会社の資本金が1,000万円でしたということを立証する必要があります**。それが計上を証する書面なのです。

また、合資会社から株式会社になる場合も従前の資本金は登記でわからないので、立証が必要になります。

**Point**

合同会社の組織変更の場合には、登記簿から組織変更の直前の合同会社の資本金の額を確認することができるため、添付を要しない

| 合同会社 | | 株式会社 |
|---|---|---|
| 資本金の額　1,000万円 | → | 資本金の額　1,000万円 |

一方、合同会社から株式会社になる場合です。**合同会社の場合は資本金が登記されるため（後に説明します）、登記官は前の資本金は確認できる**ため、計上を証する書面の添付は不要となります。

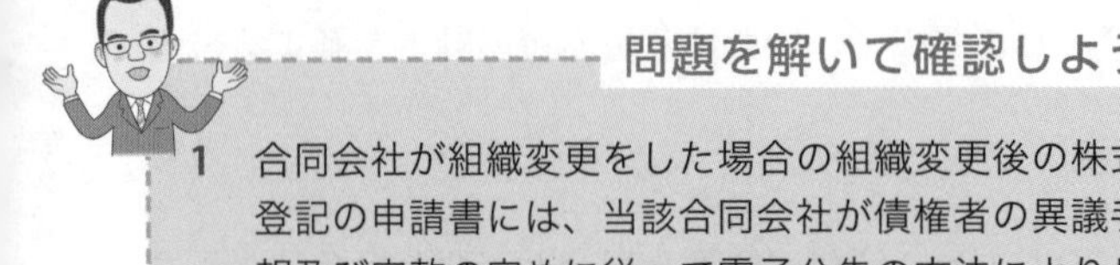

## 問題を解いて確認しよう

| | | |
|---|---|---|
| 1 | 合同会社が組織変更をした場合の組織変更後の株式会社についてする登記の申請書には、当該合同会社が債権者の異議手続に係る公告を官報及び定款の定めに従って電子公告の方法によりしたときであっても、これらの公告及び知れたる債権者に対する各別の催告をしたことを証する書面を添付しなければならない。〔21-35-エ〕 | × |
| 2 | 合名会社が株式会社となる組織変更をする場合において、債権者に対する公告を官報のほか定款に定めた官報以外の公告方法によってしたときは、組織変更による設立の登記の申請書には、知れている債権者に対して各別の催告をしたことを証する書面を添付する必要はない。〔19-34-オ〕 | × |
| 3 | 合同会社が組織変更をした場合の組織変更後の株式会社の設立の登記の申請書には、登録免許税法施行規則第12条第4項の規定に関する証明書を添付しなければならない。〔オリジナル〕 | ○ |
| 4 | 合名会社が組織変更により株式会社となる場合、組織変更による設立の登記の申請書には、資本金の額が会社法及び会社計算規則の規定に従って計上されたことを証する書面を添付しなければならない。〔オリジナル〕 | ○ |
| 5 | 合同会社が組織変更をした場合の組織変更後の株式会社についてする登記の申請書には、資本金の額が会社法及び会社計算規則の規定に従って計上されたことを証する書面を添付しなければならない。〔21-35-イ〕 | × |

### ×肢のヒトコト解説

1 無限責任社員がいなくなる企業再編ではないので、催告を省略することができます。

2 無限責任社員がいなくなる企業再編のため、催告を省略することはできません。

5 従前の資本金は登記簿で確認できるため、添付は不要です。

## これで到達！ 合格ゾーン

□「株式会社から持分会社への組織変更」を行う場合には、組織変更計画備置開始日から組織変更がその効力を生ずる日までの間、組織変更計画の内容その他法務省令で定める事項を記載し、又は記録した書面又は電磁的記録をその本店に備え置くことが必要である（775 I）。しかし、「持分会社から株式会社への組織変更」を行う場合には、当該書類又は電磁的記録の備置き・開示義務は、課されていない。〔会社法29-34-4〕

**★持分会社に対して利害を持つものは多くないことから、事前開示・事後開示の制度は要求されていません。**

～管轄法務局の立場を考えて手続の仕方を理解しましょう～

# 第8章 本店移転及び支店の登記

本店移転が択一だけでなく、記述でも頻繁に出題されます。
本店移転は、「管轄内移転」か「管轄外移転」かで手続がだいぶ異なってきますので、問題文などを見て状況把握をしっかり行ってください。

## 第1節 本店移転の登記

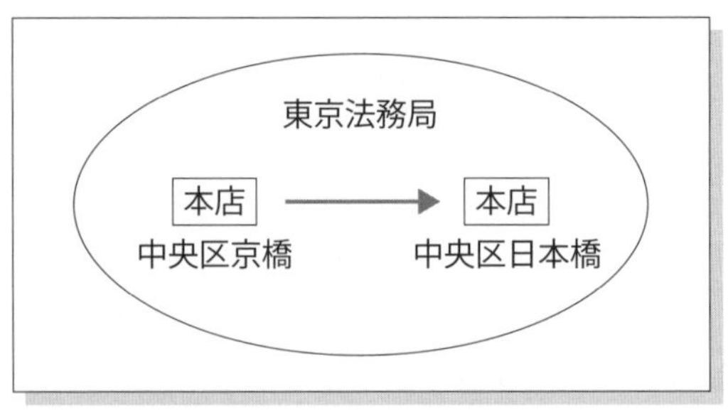


ある会社の本社が中央区の京橋から中央区の日本橋へ移りました。会社の登記所の管轄は変わりません。こういうのを、俗に管轄内本店移転といいます。

| | |
|---|---|
| 1．事 | 本店移転 |
| 1．登 | ○年○月○日本店移転<br>本店　東京都新宿区北新宿一丁目８番23号 |
| 1．税 | 金３万円（登録税別表1.24.(1)ヲ） |

登記すべき事項が「年月日変更」ではなく、「年月日本店移転」となっていることに注意をしてください。

また、登録免許税は３万円で（ヲ）という新登場の区分になっています。支店移転も同じ税率になっているので、**移転は（ヲ）で3万円**と覚えてください。

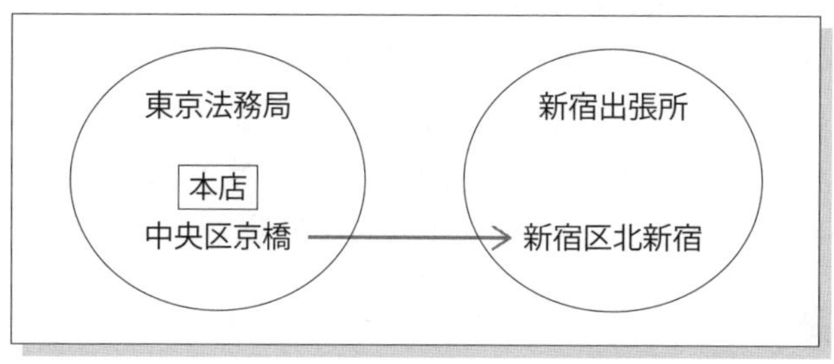


東京法務局の管轄内にあった中央区京橋の本店が、新宿区へ移転しました。今回、会社の登記所の管轄が変わります。このように管轄を飛び越えて移転する、こんなケースを管轄外本店移転と呼びます。

**登記所の管轄が変わる場合、なすべき登記は変わってきます。**

東京法務局の管轄内にはもう会社がありません。だから**登記簿を閉鎖する必要があります。**

一方、新宿区の管轄内には登記簿がありません。だから**登記簿をゼロから作る手続が必要**になります。

1．事　　本店移転
1．登　　○年○月○日本店移転
　　　　本店　東京都新宿区北新宿一丁目8番23号
1．税　　金3万円（登録税別表1.24.(1)ヲ）

これが、旧所在地の東京法務局に出す申請書です。この書き方自体は、先ほどの管轄内の本店移転と同じです。

1．事　　本店移転
1．登　　○年○月○日本店移転
1．税　　金3万円（登録税別表1.24.(1)ヲ）
1．添　　委任状

新所在地の登記所に出す申請書です。ここは、登記すべき事項を「○年○月○日本店移転」とだけ書くだけで構いません。このように書くだけで、**登記所側が東京法務局の最新データをコピーして、貼り付けてくれる**のです。

最新情報だけコピーして、貼り付けるため、その会社のすべての登記の履歴はわかりません。今までの登記簿の変化を調べたければ、東京法務局に閉鎖されている登記簿を取り寄せて、それを見るしかありません。

**Point**

２枚の登記申請書（旧所在地分・新所在地分）を東京法務局に提供する

↓

東京法務局で審査後、新所在地分は新宿出張所に送付される

↓

新宿出張所でも審査される

↓

管轄外本店移転登記は 経由・同時申請 が要求される

管轄外本店移転では、上記のように申請書を２枚作るのですが、この２枚はバラバラに提出できず、**２枚ともまとめて東京法務局に提出**します。

そして、申請書のうちの１枚は東京法務局を経由して、新宿出張所に送付してくれます。つまり、この申請は「東京法務局経由新宿行き」**経由同時申請になっています**。

東京法務局に申請書２枚を提出すると、東京法務局が申請の審査をします。そして、そのうちの１枚を新宿出張所に送ったら、新宿出張所のほうでも審査をします。

新宿出張所では、実体の審査は行いません。新宿出張所管轄内、**「その会社と同一の商号で、同一本店所在地の登記簿」がないかを調べるだけです**。

このように、実体の審査は東京法務局だけでやるため、添付書類は、東京法務局の申請書に付けます。

一方、新宿出張所のほうの申請書には何も添付しないわけではなく、**委任状だけ添付**します。

## 2周目はここまで押さえよう



### ◆ 本店移転登記を却下する場合 ◆

| | |
|---|---|
| 旧所在地を管轄する登記所が却下する場合 | 旧所在地の申請・新所在地の申請を共に却下しなければならない。 |
| 新所在地を管轄する登記所が却下する場合 | 旧所在地における申請は、却下されたものとみなす。 |

本店移転登記は「本店をここから移転しました」という登記（旧所在地の申請）と、「本店が移ってきました」（新所在地の申請）という２つの登記申請をします。

その２つの登記の関係上、片方だけの登記を却下して、もう片方だけ登記するわけにはいきません。却下事由がある場合は、両方が却下されることになります。

例えば、申請書２枚が旧所在地に提出されたところ、旧所在地の登記所が却下事由を見つけた場合、旧所在地の登記所が２つの登記申請を却下します。

一方、旧所在地が通っても、新所在地で却下になった場合には、旧所在地の登記官が却下処分をするのではなく、新所在地の却下によって、旧所在地の申請は却下されたとみなすことにしています。

新所在地の申請が却下されることにより、旧所在地の登記が却下になるのは明白なので、却下手続を抜きに、自動的な却下扱いにしているのです。

### ◆ 管轄外本店移転登記申請の取下げの方法（昭39.8.6民甲2712号）◆

| | 取下書の提出先 | 取下書の通数 |
|---|---|---|
| まだ申請書が２通とも旧所在地に存在する時点での取下げの方法 | 旧所在地を管轄する登記所 | 取下書１通<br>（新旧両所在地あての申請をともに取下げる旨の記載のあるもの） |
| 「新所在地あての申請書」が新所在地に送付された後での取下げの方法 | 新所在地を管轄する登記所 | 取下書２通（新所在地あての取下書＋旧所在地あての取下書） |

本店移転登記を申請したあとに、それを取り下げたい場合の手続です。申請書がどこにあるかによって、手続が変わります。

まだ、申請書が２通とも旧所在地に存在する時点での取下げでは、２つの申請をまとめて１通の取下書で、取り下げることが可能です。

一方、「新所在地あての申請書」が新所在地に送付された後での取下げには、まとめて取り下げることができないため、取下書が２枚必要となります。また、取下げの矛盾が生じないように、旧所在地あての取下書については、経由提出が要求されています。

| | |
|---|---|
| ☑ 1　本店を甲県所在のＡ登記所の管轄区域内から乙県所在のＢ登記所の管轄区域内に移転する本店移転の登記の申請を取り下げる場合には、Ｂ登記所に対し、取下書１通（Ａ登記所及びＢ登記所宛ての申請をともに取り下げる旨の記載のあるもの）を提出すれば足りる。〔26-30-ア（令2-28-オ）〕 | × |

次に、本店移転をするための、会社法の手続を説明します。

まずは、定款変更がいるかどうかの判断が必要です。

定款　「当会社の本店は、東京都千代田区に置く」
→①　本店が千代田区内で移転する場合
　②　本店が埼玉県越谷市に移転する場合

多くの会社の定款は、「当会社の本店は千代田区に置く」といった最小行政区画まで決めています。

この状態で、千代田区内に引っ越しをするか、それとも、千代田区を飛び超えて引っ越しするかによって、定款変更が要るかどうかが変わってきます。

上記の場合、①**については定款変更をする必要はありませんが、**②**については定款変更が必要**になります。

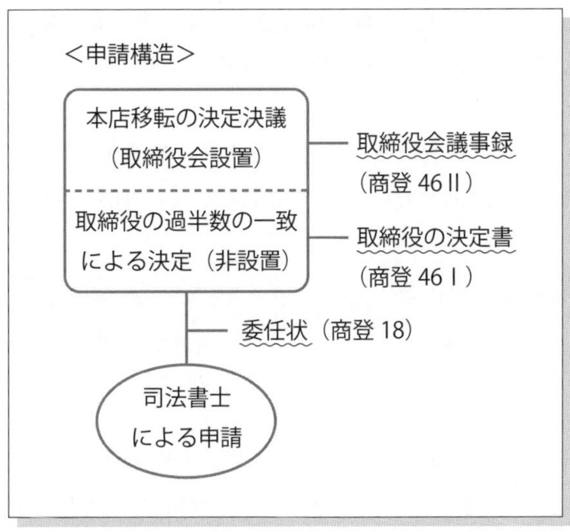


これは、定款変更が要らないケースの手続で、この場合は、**取締役だけで本店移転のこと（「どこに移るか・いつごろ移るのか」）を決めて**、あとは司法書士に頼むだけで構いません。

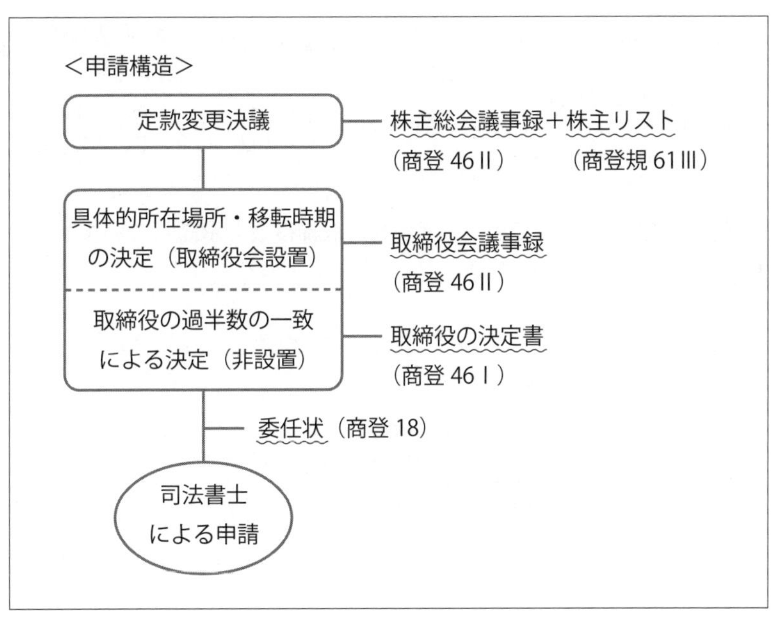

定款変更がいる場合には、**定款変更決議をして、あとは取締役たちで、「どこに移るか・いつごろ移るのか」を決めていきます**。

上記の手続、２つとも取締役が「どこに移転するのか」「いつ移転するのか」を決めるのですが、このいつ移転するのかについては細かく見る必要があります。

| 決定日・決定内容 | 現実の移転日 | 登記原因及び<br>その日付 | 可否 |
|---|---|---|---|
| 決定日：　令和６年８月20日<br>決定内容：「令和６年９月１日までに本店移転」 | 令和６年<br>９月３日 | 令和６年<br>９月３日本店移転 | × |

取締役の話合いで「令和６年９月１日までに本店を移転する」と決めたのに、実際の手続が遅れてしまったという事例です。**令和６年９月１日までの期限を守っていないので、この移転行為は認められません**。改めて決議をし直すことになります。

基本的に移転の効力は、決議＋現実の移転で起きます。ただ、決議で日にちを決めている場合は、その決めた日までに移転することが必要なのです。

| 決定日・決定内容 | 現実の移転日 | 登記原因及び<br>その日付 | 可否 |
|---|---|---|---|
| 決定日：　令和６年９月５日<br>決定内容：「令和６年９月１日に本店移転したが、それを本日承認する」 | 令和６年<br>９月１日 | 令和６年<br>９月５日本店移転 | ○ |

「決議前に移転をした」ことを、事後的に取締役会で承認しています。これは問題ありません。

１．事　本店移転
　　　　取締役の変更
１．登　○年○月○日本店移転
　　　　本店　東京都新宿区北新宿一丁目８番23号
　　　　同日取締役Ａ就任
１．税　金３万円（登録税別表1.24.(1)ヲ）
　　　　金３万円（登録税別表1.24.(1)カ）

本店の移転行為をするときに、一緒のタイミングで役員を変えたり、社名を変えたりすることがあります。

その場合、申請書は上記のとおりになります（これは旧所在地の申請書です）。本店を移転する、そして役員が変わったことをまとめて申請書に記載しています。

1．事　　本店移転
1．登　　○年○月○日本店移転
1．税　　金３万円（登録税別表1.24.(1)ヲ）
1．添　　委任状

これは、新所在地の申請書です。取締役の変更は全く書きません（**新所在地の登記所には、まだ登記簿がないのですから、登記を変更してほしいというのはおかしい**でしょう）。

取締役のことは申請書に記載しなくて問題ないのです。

管轄外本店移転をした場合、新所在地の登記所は、旧所在地の最新データをコピーして貼り付けるという作業をします。

旧所在地の方には、取締役Ａの就任登記が入っていますので、**取締役Ａが入った状態の登記簿がコピーして貼り付けられる**ことになります。

そのため、登記申請書には本店移転しか書かなくてよいのです。

結果として、**新所在地の申請では、登録免許税は本店移転の分しか掛かりません**。

登録免許税は登記される内容で決まるのではなく、登記の事由に何を書いたかで決まります。登記の事由に本店移転としか書かない以上、新所在地の方では、本店移転の分しか取らないのです。

## 問題を解いて確認しよう

| | | |
|---|---|---|
| 1 | 同一登記所の管轄区域内で本店を移転した場合には、申請書は1通で足りる。〔16-28-1〕 | ○ |
| 2 | 株式会社の本店を他の登記所の管轄区域内に移転した場合において、新所在地における本店移転の登記を代理人によって申請するときは、申請書に代理権限を証する書面を添付することを要する。〔61-40-4（19-28-イ、26-30-イ）〕 | ○ |
| 3 | 本店を他の登記所の管轄区域内に移転した場合には、たとえ、その区域内に支店があるときでも、旧所在地を管轄する登記所あての申請書と新所在地を管轄する登記所あての申請書とを同時に旧所在地を管轄する登記所に提出しなければならない。〔16-28-3〕 | ○ |
| 4 | 取締役会設置会社がその本店を他の登記所の管轄区域内へ移転した場合において、本店を現実に移転した日が令和5年5月8日であるときは、旧所在地における本店移転の登記の申請書に、本店移転の日を令和5年5月5日とする旨が記載された取締役会議事録を添付して、本店移転の登記を申請することはできない。〔オリジナル〕 | ○ |
| 5 | 取締役会設置会社において、定款変更を伴わない本店移転に当たり、現実の移転をした日の後に、本店移転をする旨の取締役会決議があった場合には、当該取締役会決議の日から2週間以内に、本店の所在地において本店移転の登記をしなければならない。〔25-28-イ（26-30-エ）〕 | ○ |
| 6 | 本店を甲県所在のA登記所の管轄区域内から乙県所在のB登記所の管轄区域内に移転する本店移転の登記が申請された場合において、B登記所の登記官が新所在地における登記の申請を却下したときは、その旨の通知を受けたA登記所の登記官は、旧所在地における登記の申請を却下しなければならない。〔26-30-オ〕 | × |

### ×肢のヒトコト解説

6　法律により却下されたとみなされるので、登記官による却下処分は不要です。

## 第2節　支店の登記

東京法務局

本店

東京都千代田区…

横浜地方法務局

横浜支店

横浜市西区…

東京法務局の登記記録

登記事項証明書

| 商号 | 株式会社ジャパンスタッフ |
|---|---|
| 本店 | 東京都千代田区千代田一丁目１番１号 |
| 会社設立の年月日 | 平成17年12月15日 |
| 公告する方法 | 官報に掲載してする |
| 目的 | １．労働者派遣業務<br>２．物品のリース及び情報提供サービス業 |
| 発行可能株式総数 | ８００株 |
| 発行済株式総数 | ６００株 |
| 資本金の額 | 金１，０００万円 |
| 役員に関する事項 | 取締役　鈴木一郎 |
| | （住所）<br>代表取締役　鈴木一郎 |
| 支店に関する事項 | １．横浜市西区港町三丁目１番３号 |
| 登記記録に関する事項 | 設立<br>平成17年12月15日登記 |

横浜地方法務局の登記記録

登記事項証明書

| 商号 | 株式会社ジャパンスタッフ |
|---|---|
| 本店 | 東京都千代田区千代田一丁目１番１号 |
| 会社設立の年月日 | 平成17年12月15日 |
| 支店に関する事項 | １．横浜市西区港町三丁目１番３号 |
| 登記記録に関する事項 | 平成18年12月15日支店設置 |

廃止

ある会社の本店が東京法務局の管轄内にあり、その会社が横浜の管轄内に横浜支店を持っていました。

本社がある東京には登記簿があります。そして、**本社の登記簿を見ると、支店がどこにあるのかがわかるようになっています**。これは、本社の登記簿の中の

| 支店に関する事項 | 1．横浜市西区港町三丁目1番3号 |
|---|---|

という箇所でわかります。

一方、支店所在地では登記簿があるのでしょうか。昔は登記されていたのですが、近年の改正で**支店所在地で登記されるというルールは廃止**されました。

そのため、会社の登記簿は、本店所在地だけに存在します（登記簿のデータはネットワークでつながっています。横浜の登記所でも、東京の本店の登記簿は見ることができるので問題ありません）。

### （1）支店廃止

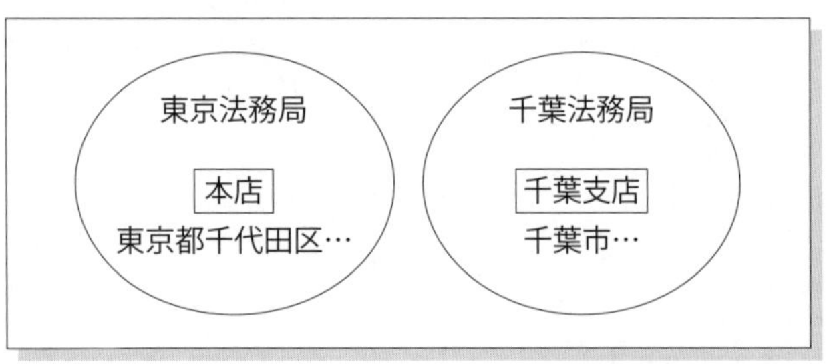


上記の状態で、千葉支店を廃止しました。この場合、どういう登記をするべきでしょう。

| 支店に関する事項 | 1．千葉県千葉市稲毛区1番3号<br>○年○月○日廃止 |
|---|---|

登記簿にはすべての支店が載っています。そして、すべての支店の中から、千葉支店がなくなったということを登記することになります。

1．事　　支店廃止
1．登　　○年○月○日千葉県千葉市稲毛区１番３号の支店廃止
1．税　　金３万円（登録税別表 1.24.(1)ツ）

支店の場所を特定するのが、ポイントです。登録免許税は、その他の事項ということで３万円の（ツ）になっています。

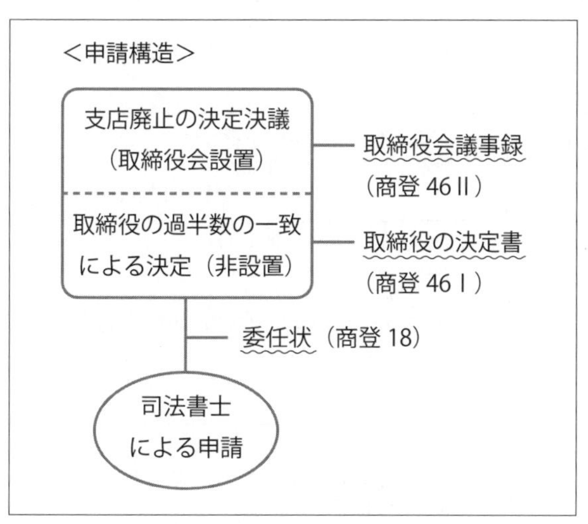


支店をどうするかというのは、取締役だけで決議ができます（定款変更手続は不要です）。

支店廃止がある場合の検討事項
1　決議機関・決議要件
　→　取締役又は取締役会で決議をしているか

2　その他の注意事項
　その支店に支配人はいないか

２の支配人については、次の章で説明します。

## （2）支店移転

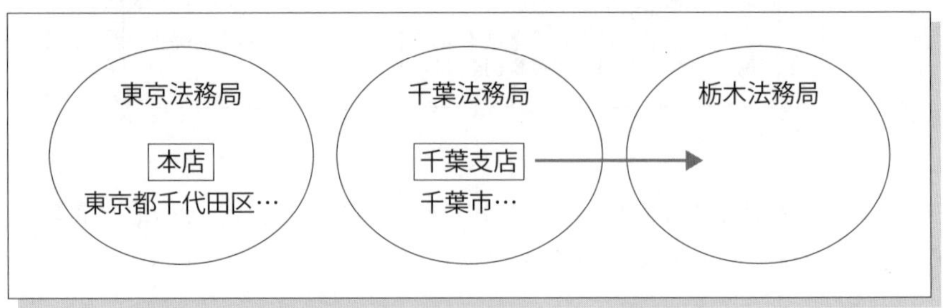


今回、千葉支店が栃木の方に引っ越すことになりました。

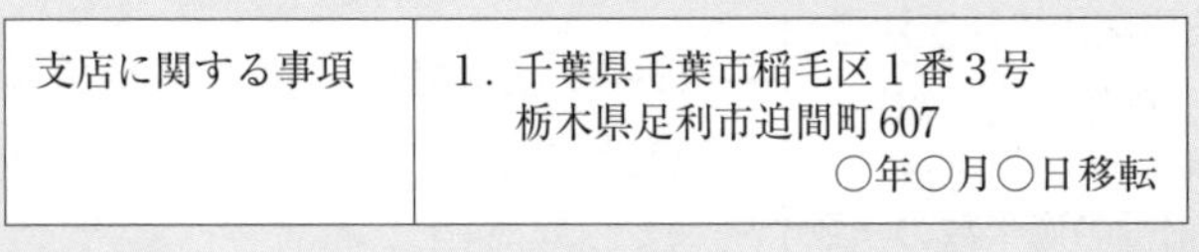

| 支店に関する事項 | 1．千葉県千葉市稲毛区１番３号<br>栃木県足利市迫間町607<br>○年○月○日移転 |
|---|---|

このように、今まで千葉にあった支店が栃木に移りましたということを登記します。

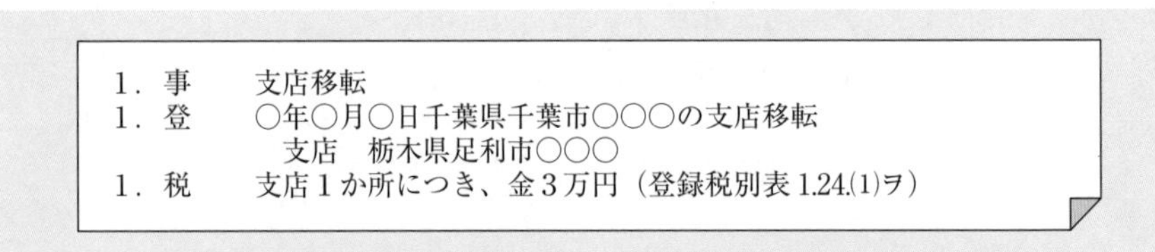

1．事　　支店移転
1．登　　○年○月○日千葉県千葉市○○○の支店移転
　　　　　支店　栃木県足利市○○○
1．税　　支店１か所につき、金３万円（登録税別表1.24.(1)ヲ）

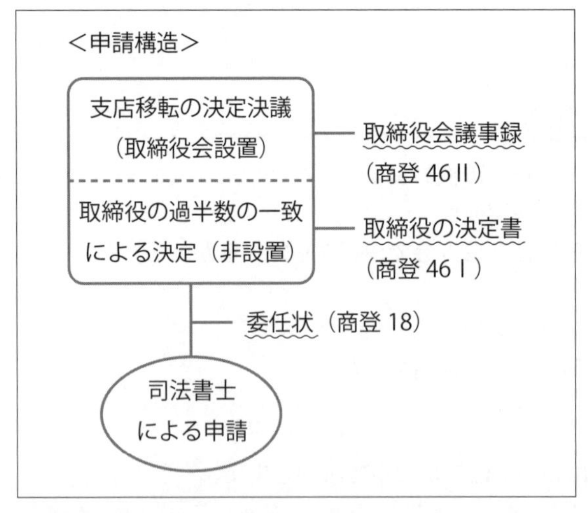

支店移転がある場合の検討事項

1　決議機関・決議要件

　→　取締役又は取締役会で決議をしているか

2　その他の注意事項

　その支店に支配人はいないか

2の支配人については、次の章で説明します。

## (3) 支店設置

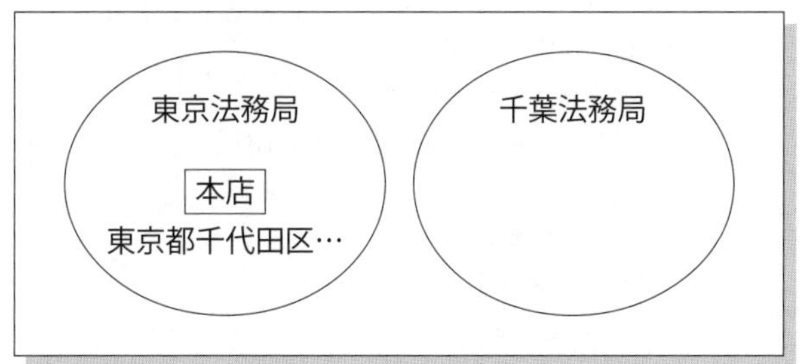


千葉法務局の管轄内に新しく支店を作ろうとしています。

なすべき登記は何かというと、**変更登記**です。

| 支店に関する事項 | 1．千葉県千葉市稲毛区1番3号<br>○年○月○日設置 |
|---|---|

支店欄を1つ付け加えますよという変更登記が入っています。

1．事　　支店設置
1．登　　○年○月○日設置
　　　　　支店　　1　千葉県市原市ちはら台西一丁目1番1号
1．税　　支店1か所につき、金6万円（登録税別表1.24.(1)ル）

これが申請書です。意識することは、以下の３点です。

① 設置と記載すること
② 支店１と記載すること（２つ以上あった場合は、支店２、支店３となります）
③ 登録免許税が（ル）で６万円

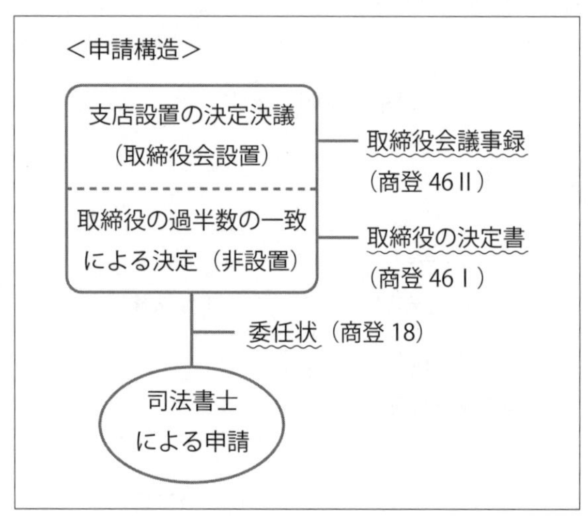

# 第9章 支配人の登記

ここで勉強する支配人の登記は、今までの登記とだいぶ異なります。
どういう部分がいつもと違うのか、それを意識しながら読み進めてください（なんで支配人だけ結論が違うのか、という理由は考えても結論は出にくいので、そこに時間をかけないようにしてください）。

## 第1節 支配人の選任登記

支配人というのは、その**営業所のトップというイメージ**です。ただ、単なる支店長とかいうレベルよりも、もっと権限が強く、**人事採用権を持っており、裁判まで代表してできます**（だから皆さんが想像している支店長は、この支配人には該当しないと思われます）。

この支配人は、使用人、雇用契約している人から選びます。
イメージとしては、
→従業員の中に相当優秀な人がいる。
→その人に「この営業所は君に任せる。人事は君が決めていいよ。訴訟沙汰になったら君が代表していいよ」というように包括的な代理権を与える。
→その従業員は支配人と呼ばれる。
こんな感じで考えてください。

| 支配人に関する事項 | 東京都千代田区…<br>甲野太郎<br>営業所　東京都千代田区… | 令和６年７月１日登記 |
|---|---|---|

これが支配人を選んだ時の登記簿です。支配人の名前が載り、営業所が載って

います。ここが、**支配人甲野太郎に任せた営業所で、ほぼ代表取締役と同じ権限を振るえることを公示**しています。

1．事　　支配人の選任
1．登　　支配人の氏名及び住所
　　　　　東京都○○　　甲野太郎
　　　　支配人を置いた営業所　　東京都千代田区…
1．税　　金３万円（登録税別表1.24.(1)ヨ）

登記の事由は、「支配人の選任」であり、「支配人の変更」ではありません。

そして登記すべき事項には、支配人の住所と名前、支配人に任せた営業所を載せます。

また、登録免許税が（ヨ）となっていて、（ツ）ではないのでご注意ください。

そして、**この申請書には、日付はどこにも記載しません。**

**この登記には登記期間の定めがありません。**

選任をしたら登記する義務はあるのですが、ただ、そもそも支配人を選ぶかどうかは自由なんです。**選ぶかどうかは自由というところから、「選んでから２週間以内」という登記期間を定めることができません。**

**登記期間というルールがない以上、申請書に年月日を書く必要はありません。**

そのため、支配人がいつ選ばれたかは登記簿を見てもわからないのです（先ほどの登記記録を見て確認しておいてください）。

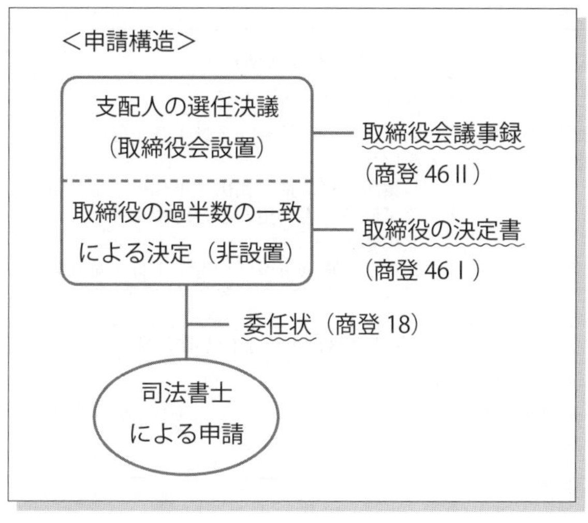


取締役が、従業員の中から支配人にする人を選びます。

そして選んだ時点で、その人は支配人になります。**その者の就任承諾をとる必要はありません。**

支配人となったからといっても、**今までの従業員としての契約に代理権が上乗せされるだけで、何の不利益も生じません。**そのため、その人の意思を問わず、単独行為で支配人に格上げできるとしたのです。

では、上記の手続のもとで申請をした場合、どのように登記されるかを見ましょう。

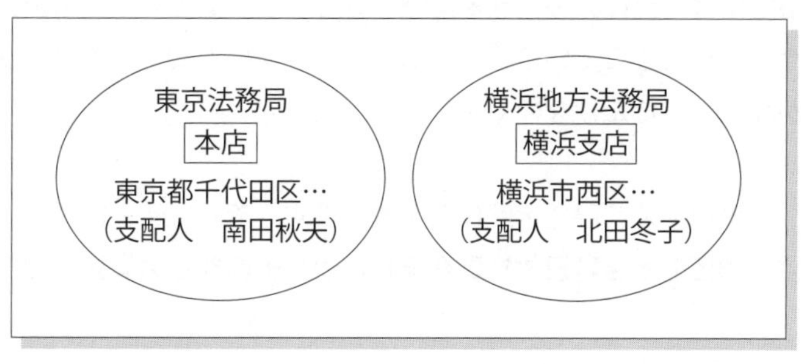


東京の本店及び横浜の支店、両方に支配人がいる状態です。

登記事項証明書

| 商号 | 株式会社ジャパンスタッフ |
|---|---|
| 支配人に関する事項 | 1．東京都渋谷区渋谷一丁目1番1号<br>南田秋夫<br>営業所　東京都千代田区千代田一丁目1番1号<br>2．埼玉県草加市新田一丁目1番1号<br>北田冬子<br>営業所　横浜市西区港町三丁目1番3号 |

| 支店 | 1．横浜市西区港町三丁目1番3号 |
|---|---|
| 登記事項に関する事項 | 設立<br>令和2年12月15日登記 |

こちらが、登記記録です。本店の支配人だけでなく、支店の支配人まで登記されています。

## 第2節 支配人の代理権消滅の登記

1．事　　支配人の代理権消滅
1．登　　○年○月○日支配人○○辞任
1．税　　金3万円（登録税別表1.24.(1)ヨ）

上記は支配人が辞任したときの申請書です。

登記の事由には、**支配人の代理権消滅と書きます**。支配人は雇用契約がある人に、高度な代理権を与えている状態を指します。支配人を辞めるというのは、その代理権がなくなっただけなのです。

登記すべき事項には、辞任・解任と記載します。そして、今回は、年月日を入れるのです。**選任のときは日付を書きませんが、そのあとの登記では日付を記載**します。

登録免許税が（ヨ）で3万円となっています。（ヨ）という区分は、先ほどの選任のときと同じ区分です。

ただ、ちょっと変な実例があります。次の申請書を見てください。

1．事　　支配人の選任
　　　　　支配人の代理権消滅
1．登　　支配人の氏名及び住所
　　　　　　東京都○○　　甲野太郎
　　　　　支配人を置いた営業所　　千葉県千葉市○○○
　　　　　○年○月○日支配人乙野次郎解任
1．税　　金６万円（登録税別表1.24.(1)ヨ）

これは１人の支配人が辞めたので、別の支配人を選んだ場合の申請書が載っています。

登録免許税、選任は（ヨ）で３万円、代理権消滅も（ヨ）で３万円なので、同じ区分では、二重課税はしないはずなのです。ただ、**なぜかここだけ（ヨ）で２回取っています**。

支配人の登記は変なところだらけだと思って、諦めて覚えてください。

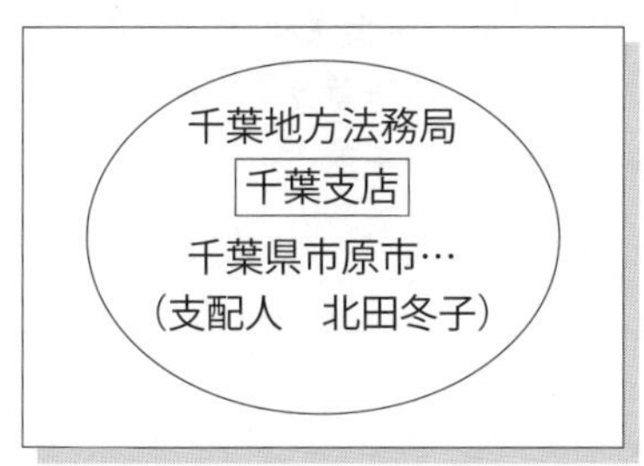


千葉支店に支配人北田冬子がいる状態で、千葉支店が廃止されました。この場合、支配人は辞めます。

**支配人というのは、営業所を任せた代理人**です。そのため、その**支店がなくなれば、支配人は辞めることになる**のです。

1．事　　支店廃止
　　　　　支配人の代理権消滅
1．登　　○年○月○日千葉県市原市ちはら台西一丁目１番１号の支店廃止
　　　　　同日千葉県市原市ちはら台西一丁目１番１号の支配人北田冬子を置いた営業所廃止
1．税　　金６万円（登録税別表1.24.(1)ヨ・ツ）

支店を廃止したこと、支配人に権限がなくなったことが載っています。この２つは、同時申請する義務になっています。

| 支店 | １．千葉県市原市ちはら台西一丁目１番１号<br>○年○月○日廃止 |
|---|---|
| 支配人に関する事項 | １．埼玉県草加市新田一丁目<br>北田冬子<br>営業所　千葉県市原市ちはら台西一丁目１番１号 |

上記のとおり、支店がなくなっているのに支配人が残っているという、**登記簿上の矛盾状態を作りたくないため**、２つの登記に同時申請義務を課したのです。

## 第３節 支配人を置いた営業所移転

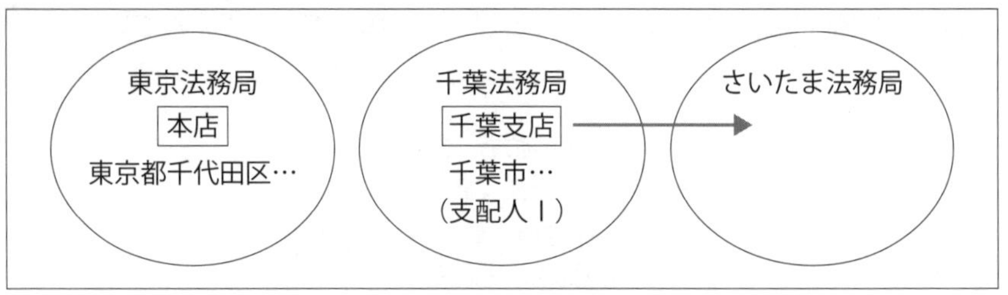


１．事　　支店移転
　　　　　支配人を置いた営業所移転
１．登　　○年○月○日千葉県市原市ちはら台西一丁目１番１号の支店移転
　　　　　　支店　さいたま市浦和区木崎一丁目２番３号
　　　　　同日千葉県市原市ちはら台西一丁目１番１号の支配人Ｉを置いた営業所移転
　　　　　支配人Ｉを置いた営業所　さいたま市浦和区木崎一丁目２番３号
１．税　　金６万円（登録税別表1.24.(1)ヲ・ツ）

千葉支店がさいたま支店に移転しました。この場合、**千葉支店を任せていた支配人も移動**します。**千葉支店を任せていたので、その営業所が移れば支配人も一緒に移ることになる**のです（担保権の随伴性みたいなイメージです）。

今回、支店移転と支配人も一緒に移ったという申請をしますが、これも同時申請の義務があります。

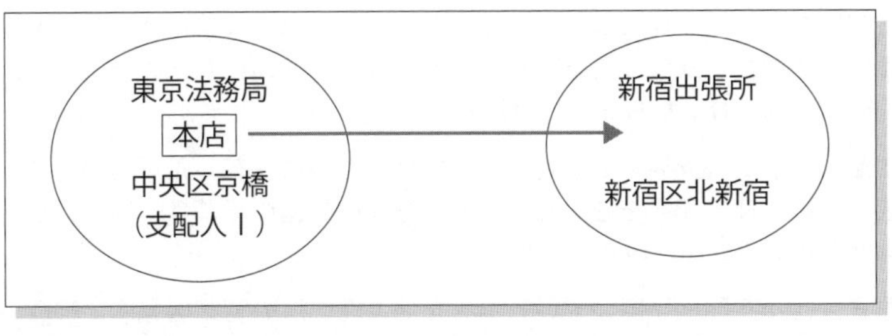


1．事　　本店移転
　　　　支配人を置いた営業所移転
1．登　　○年○月○日本店移転
　　　　　本店　東京都○○○
　　　　同日東京都△△△の支配人Ⅰを置いた営業所移転
　　　　　支配人○○を置いた営業所　東京都○○○
1．税　　金6万円（登録税別表1.24.(1)ヲ・ツ）

本店移転があり、その本店に支配人がいた場合の申請書です（本店所在地でも、支配人を置くことは可能です）。

上に記載されているのが、旧所在地の申請書で、本店が移ったこと、そして支配人も一緒に移ったことが載っています。

1．事　　本店移転
1．登　　○年○月○日本店移転
1．税　　金3万円（登録税別表1.24.(1)ヲ）

これが新所在地の申請書なのですが、**登記の事由には本店移転しか書きません。**

**新宿の登記所には登記簿がないのですから、支配人を置いた営業所移転と書いても、登記の変更のしようがありません。**だから、支配人のことは登記の事由に記載しないのです。

そして、本店移転と書けば、登記所側が旧所在地の最新データ、つまり、**支配人が移ってきていることも併せてコピーして貼り付けるので、問題ありません。**

その結果、**登記の事由に本店移転としか記載しないため、新所在地の登録免許税は3万円だけになる**のです。

## 問題を解いて確認しよう

| | | |
|---|---|---|
| 1 | 支配人を置いた本店について移転があったときは、本店に関する移転の登記の申請と支配人を置いた営業所に関する移転の登記の申請とは、同時にしなければならない。〔16-28-4改題〕 | ○ |
| 2 | 支配人を置いた支店を他の登記所の管轄区域内に移転した場合の、支店の移転及び支配人を置いた営業所の移転の登記の申請は、同時にしなければならない。〔19-28-オ〕 | ○ |
| 3 | 株式会社が支配人を置いている本店を他の登記所の管轄区域内に移転した場合には、新所在地における登記に課される登録免許税は、本店の移転分のほか、支配人を置いている営業所の移転分をも納付しなければならない。〔22-30-イ〕 | × |

### ×肢のヒトコト解説

**3** 新所在地の登記の事由は本店移転だけなので、登録免許税は本店移転の分のみで足ります。

## これで到達！ 合格ゾーン

□ 会社の支店設置と、その支店に支配人を置いた場合の支配人選任の登記につき、同時申請を要求する規定はない。〔6-35-ア〕

**★支配人の選任登記には登記期間の定めがありません。また、支配人の登記がされず支店設置のみが登記されても、登記簿上の食い違いが生ずることはないので同時申請を課していません。**

〜自ら会社を解散するときは、しっかり登記手続しましょう〜

# 第10章 解散以後の登記

解散するタイミング、清算人が登場するタイミングの登記が多く出題されます。
何が登記されるのか、そして添付書類として定款が必要かどうか、就任承諾書がいるのかという点を意識しながら読むようにしてください。

## 第1節 解散の登記

まずは、解散、清算、どのタイミングで登記をするかを学びましょう。

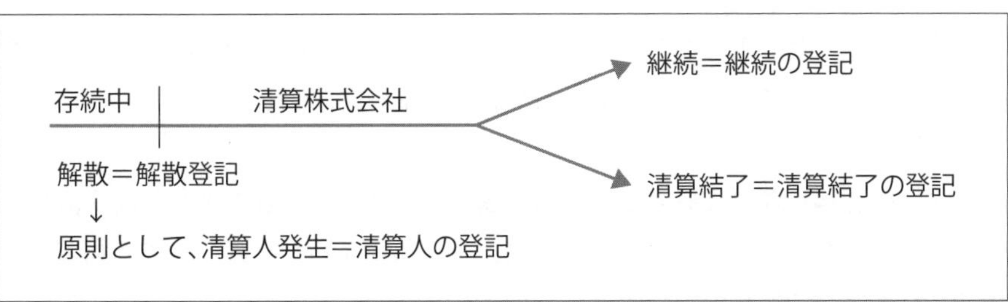


解散状態になると、会社の権利能力の範囲が狭くなります。この**解散のタイミングで登記**します。この会社は解散して、権利能力の範囲が狭くなったことを公示するのです。

そして、この解散した時点で、清算人が誕生するので、この**清算人も登記**します。

このあと、会社は清算株式会社という状態になり、権利義務をなくす作業に入ります。権利義務をなくす作業をして、これが完全になくなり、**清算結了という状態になったら、会社の登記簿を潰します**。ここでも、登記が必要です。

解散後であっても、やっぱり会社を続けようといった選択もできます。その場合は**継続という登記をして、権利能力の範囲が元に戻ったことを公示**します。

以上が、登記が必要になる場面です。

**◆清算株式会社の権利能力◆**

| | 可否 |
|---|---|
| ①存続会社となる吸収合併<br>承継会社となる吸収分割 | ×<br>（会社474・509 Ⅰ③） |
| ②消滅会社となる合併<br>分割会社となる吸収分割 | ○ |
| ③株式交換・株式移転<br>株式交付 | ×<br>（会社474・509 Ⅰ③） |
| ④支配人選任 | ○<br>（会社482 Ⅲ①・489 Ⅵ③） |
| ⑤募集新株予約権の発行 | ○ |

清算株式会社ができること、できないことは会社法だけでなく商業登記法でも問われます。ここでは、会社法で触れていない部分を説明します。

まず、**権利義務が増えるような企業再編をすることはできません**。清算活動をして権利義務をなくそうとしているのに、企業再編をわざわざ行って権利義務を増やす行ことを認めないのです（上記の①）。

一方、**解散した会社が、合併の消滅会社になって、自分の権利義務を引き継がせることは問題ありません**（上記の②）。

また、**解散すると親子関係を作ることができません**（上記の③）。せっかく、親子関係を作り上げても、その会社は消滅してしまいます。**消滅するような会社と親子関係を作る意味はない**でしょう。

一方、**支配人を選任することは可能です**（上記の④）。解散後の手続をすべて代表清算人にやってもらうのは大変なので、**代表清算人の仕事の補助としての支配人を置くことは可能です**。

ちなみに、解散時点にいる支配人は退任します。これは代表取締役の仕事をしていたものなので、解散して営業はしない以上、代表取締役の仕事をする支配人は不要になります。

**（解散時にいる支配人はやめる、その後、代表清算人に変わる支配人を選任することはできる**、と使い分けてください。）

また、**資金調達をする行為は可能です**（上記の⑤）。清算手続にお金が必要になったら、株式や社債、新株予約権を発行して資金を集めます（大抵は、その会社を作った親会社が資金投入します）。

問題を解いて確認しよう

| | | |
|---|---|---|
| 1 | 清算株式会社は、解散前に新株予約権付社債に付された募集新株予約権の発行に係る募集事項を決定したときに限り、募集新株予約権の発行による変更の登記を申請することができる。〔24-31-オ〕 | × |
| 2 | 清算株式会社は、支配人を選任して、その登記をすることはできない。〔24-31-ウ〕 | × |
| 3 | 清算株式会社を当事会社とする株式交換による変更の登記は、することができない。〔24-32-ア〕 | ○ |
| 4 | 募集新株予約権の発行による変更の登記は、解散の登記の日より後に生じた事由として登記の申請をすることができる。〔30-32-ア〕 | ○ |
| 5 | 清算株式会社が吸収合併消滅株式会社となる吸収合併による変更の登記は、解散の登記の日より後に生じた事由として登記の申請をすることができる。〔30-32-オ〕 | ○ |
| 6 | 株式会社は、清算の目的の範囲内において、募集株式を解散後に発行したことによる変更の登記を申請することができる。〔令2-32-5〕 | ○ |
| 7 | 清算株式会社は、株式交付により他の株式会社の子会社となることはできない。〔オリジナル〕 | ○ |

×肢のヒトコト解説

1 資金調達をすることは可能です。

2 解散後に支配人を選任することは可能です。

<table>
<tr><th>解散事由</th><th>解散登記等の方法</th><th>継続</th></tr>
<tr><td>① 定款で定めた存続期間の満了<br>（会社471①）</td><td rowspan="4">「申請」<br>（会社926・921）</td><td rowspan="3">○</td></tr>
<tr><td>② 定款で定めた解散の事由の発生<br>（会社471②）</td></tr>
<tr><td>③ 株主総会の特別決議<br>（会社471③・309Ⅱ⑪）</td></tr>
<tr><td>④ 合併（消滅会社）<br>（会社471④）</td><td rowspan="4">×</td></tr>
<tr><td>⑤ 破産手続開始の決定<br>（会社471⑤）</td><td>裁判所書記官による破産手続開始決定の登記の「嘱託」（破産257Ⅰ、解散登記はされない）</td></tr>
<tr><td>⑥ 会社法824条１項の規定による解散を命ずる裁判（いわゆる「解散命令」）（会社471⑥）</td><td>裁判所書記官の「嘱託」<br>（会社937Ⅰ③ロ）</td></tr>
<tr><td>⑦ 会社法833条１項の規定による解散を命ずる裁判（いわゆる「解散判決」）（会社471⑥）</td><td>裁判所書記官の「嘱託」<br>（会社937Ⅰ①リ）</td></tr>
<tr><td>⑧ 休眠会社のみなし解散<br>（会社472Ⅰ本文）</td><td>登記官の「職権」<br>（商登72）</td><td>○<br>３年以内</td></tr>
</table>

解散の事由が上の図表に載っていますが、すべての場面で解散登記の「申請」がいるわけではありません。

**⑧休眠会社のみなし解散**

みなし解散の場合、**登記官が勝手に解散登記をやってしまいます**。「当社は、みなし解散しました」という登記申請は要りません（登記申請しない会社がみなし解散するのですから、その**会社に解散登記を要求できるわけありません**）。

**⑥⑦「解散命令」「解散判決」**

これは会社が悪さなどをして裁判で出された場合です。

悪さをしている　→　解散判決が出る　→　会社側が「これはしょうがない解散登記にいこう」なんてなるわけがありません。**裁判所の方で勝手に解散登記をやってくれます。**

**⑤破産手続開始の決定**

会社が倒産した場合、**裁判所の方が登記をしてくれます**。その会社の方で「うちは破産しました」という申請をする必要はありません。

ちなみに、その会社が不動産を持っていた場合、会社の登記簿には破産というのが入りますが、不動産の登記簿には入りません。

上記以外の①～④は登記申請が必要になる解散事由です。

この登記申請がいるもののうち、①②③**は継続が可能です**。株主の意思によって解散したため、株主の意思で元に戻すことができます。

**問題を解いて確認しよう**

| | | |
|---|---|---|
| 1 | 株式会社の解散を命ずる裁判が確定した場合は、裁判所書記官は、職権で、遅滞なく、その登記を嘱託しなければならない。〔オリジナル〕 | ○ |
| 2 | 休眠会社は、解散したものとみなされた場合、解散したものとみなされた時から2週間以内に、その本店の所在地において解散の登記を申請しなければならない。〔オリジナル〕 | × |
| 3 | 法務大臣が休眠会社に対して2か月以内にその本店の所在地を管轄する登記所に事業を廃止していない旨の届出をすべき旨を官報に公告した場合において、当該休眠会社が期間内に届出をしないために解散したものとみなされたときは、裁判所書記官の嘱託によって解散の登記がされる。〔オリジナル〕 | × |

**×肢のヒトコト解説**

2　みなし解散は職権で行われるため、申請はできません。

3　みなし解散は職権で行われます。

では、次に解散登記を申請すると、どんな登記簿になるかを見ましょう。

| 解散 | 令和6年6月25日株主総会の決議により解散<br>令和6年7月1日登記 |
|---|---|

解散の日付だけでなく、解散した理由まで登記されています。**継続できるかどうかを公示するため**です。

| 解散登記に伴って職権抹消する登記 |
|---|
| ①取締役会設置会社である旨の登記並びに取締役、代表取締役及び社外取締役に関する登記 |
| ②特別取締役による議決の定めがある旨の登記及び特別取締役に関する登記 |
| ③会計参与設置会社である旨の登記及び会計参与に関する登記 |
| ④会計監査人設置会社である旨の登記及び会計監査人に関する登記 |
| ⑤監査等委員会設置会社である旨の登記、監査等委員である取締役に関する登記及び重要な業務執行の決定の取締役への委任についての定款の定めがある旨の登記 |
| ⑥指名委員会等設置会社である旨の登記並びに委員、執行役及び代表執行役に関する登記 |
| ⑦支配人の登記 |

解散登記だけやれば、登記所が勝手にやってくれる登記があります。

**解散登記を入れたら、今の役員や、○○設置会社という欄は、ほぼすべて職権で抹消してくれます**（こちらが申請書に「解散したから辞めました」と書く必要はありません）。

今いる役員たちは営業の役員、事業をするための役員です。**解散をすればもう営業事業はしなくなりますので、営業事業の役員は皆辞める**ことになり、それは登記官にもわかるので、登記所の方で勝手に登記してくれるのです。

ただ辞めない機関があります。

**監査役**です。**監査役は辞めないで、清算人を見張る**のです。

### 問題を解いて確認しよう

| | | |
|---|---|---|
| 1 | 株主総会の決議により解散した指名委員会等設置会社について解散の登記がされた場合には、指名委員会等設置会社である旨の登記並びに委員、執行役及び代表執行役に関する登記は、いずれも登記官の職権により抹消される。〔26-32-オ〕 | ○ |
| 2 | 監査役設置会社である株式会社が解散の登記を申請した場合、監査役設置会社である旨の登記は、登記官の職権により抹消される。〔オリジナル〕 | × |
| 3 | 解散の登記をしたときは、登記官は、職権で、監査役、監査役設置会社の定め、監査役会設置会社の定めの登記を抹消する。〔オリジナル〕 | × |
| 4 | 会計監査人設置会社が株主総会の決議により解散した場合は、解散の登記の申請と同時に、会計監査人設置会社の定めの廃止及び会計監査人の任期満了による退任の登記の申請をしなければならない。〔令4-33-ウ（28-33-ア）〕 | × |

**×肢のヒトコト解説**

**2,3** 監査役の登記は、職権抹消されません。

**4** 職権で抹消されるため、申請は不要です。

1．事　　解散
1．登　　○年○月○日株主総会の決議により解散
1．税　　金３万円（登録税別表1.24.(1)レ）

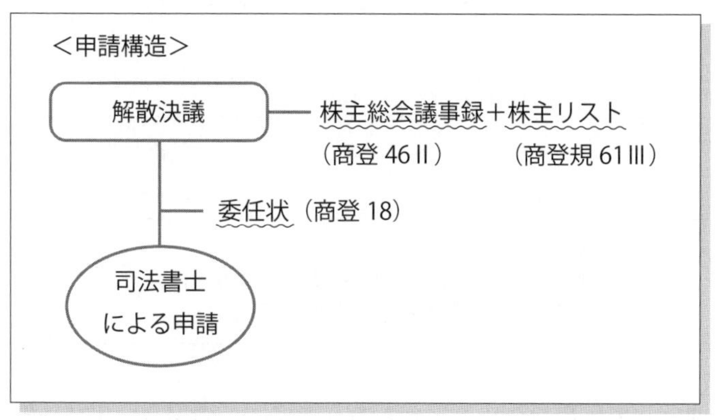


これは、株主総会決議によって解散した場合の申請書と申請構造です。株主総会の特別決議で解散したことを立証するため、株主総会議事録を添付することになります。

| 存続期間 | 当会社は、瀬戸内海に沈没している日本丸の引揚作業並びにその解体及び処分が完了したときに解散する |
|---|---|

1．事　　解散
1．登　　○年○月○日定款所定の解散事由の発生により解散
1．税　　金３万円（登録税別表1.24.(1)レ）

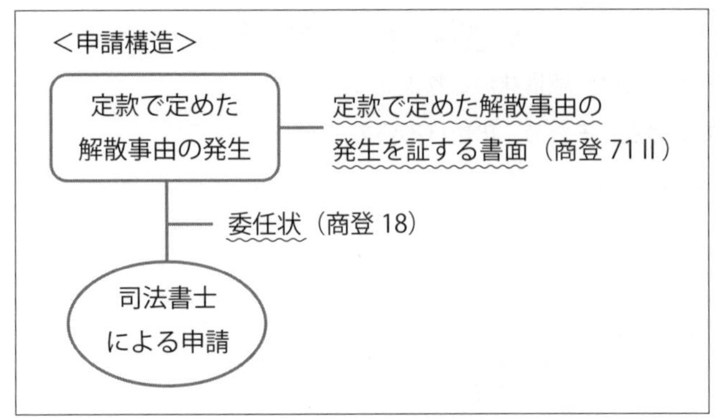


定款で解散する条件を決めていた場合、その条件をクリアすると会社は解散します。この場合は、条件が成就したことの立証が必要です。

| 存続期間 | 会社成立の日から満30年 |
|---|---|

1．事　　解散
1．登　　令和6年6月20日存続期間の満了により解散
1．税　　金3万円（登録税別表1.24.(1)レ）

存続期間として年数を決める場合もあります。この場合は30年経ったところで解散します。

ただ、この**解散事由の場合には、立証は不要**です。

**会社成立の日は、登記簿に載っています。また、その時点から30年経っているかどうかは、見ればわかる**からです。

## 問題を解いて確認しよう

| | | |
|---|---|---|
| 1 | 定款で定めた存続期間の満了により株式会社が解散した場合、当該解散の登記の申請書には、当該存続期間の満了を証する書面を添付することを要しない。〔オリジナル〕 | ○ |
| 2 | 定款で定めた解散の事由の発生により株式会社が解散した場合、当該解散の登記の申請書には、当該事由の発生を証する書面を添付することを要しない。〔オリジナル〕 | × |

×肢のヒトコト解説

2　解散事由が発生したかどうかは、登記官にはわからないので立証が必要です。

## 第2節 清算人の登記

| 商　号 | 第一電器株式会社 | |
|---|---|---|
| 役員に関する事項 | 取締役　　　　甲　野　太　郎 | 令和４年10月１日就任<br>令和４年10月８日登記 |
| | 取締役　　　　乙　田　春　子 | 令和４年10月１日就任<br>令和４年10月８日登記 |
| | 取締役　　　　丙　川　三　郎 | 令和４年10月１日就任<br>令和４年10月８日登記 |
| | 東京都大田区東蒲田二丁目３番１号<br>代表取締役　　甲　野　太　郎 | 令和４年10月１日就任<br>令和４年10月８日登記 |
| | 監査役　　　　丁　野　六　郎 | 令和４年10月１日就任<br>令和４年10月８日登記 |
| | 清算人　　　　甲　野　太　郎 | 令和６年４月８日登記 |
| | 清算人　　　　乙　田　春　子 | 令和６年４月８日登記 |
| | 清算人　　　　丙　川　三　郎 | 令和６年４月８日登記 |
| | 東京都大田区東蒲田二丁目３番１号<br>代表清算人　　甲　野　太　郎 | 令和６年４月８日登記 |
| 取締役会設置会社に関する事項 | 取締役会設置会社 | |
| 監査役設置会社に関する事項 | 監査役設置会社 | |
| 清算人会設置会社に関する事項 | 清算人会設置会社 | 令和６年４月８日登記 |
| 解散 | 令和６年４月１日株主総会の決議により解散 | 令和６年４月８日登記 |

こちらが、解散して清算人の登記を入れた登記簿の一部分です。

下線が幾つか入っていませんか？

これは先ほど述べた、解散登記を入れると、登記官が職権で消してくれる部分です（監査役に、下線が入ってないことを確認できましたか？）。

そして、清算人が登記されています。

**単なる清算人は名前だけ登記、代表清算人は名前と住所まで登記**しています。

また、登記簿の下の方には、清算人会設置会社という旨も入っています。

１つ注目してほしいのが、清算人の登記の横の日付です。**清算人のところには、年月日就任と入っていません**。

これが、初めて登記する清算人の特色です。**初めの清算人は、解散時点で就任しています**。そして、**解散の日付は登記簿からわかる**ため、あえて令和５年４月１日就任と書かないのです。

では、この清算人は誰がなるのかを復習しましょう。次の図をご覧ください。

| 清算株式会社において、最初の清算人となる者 | |
|---|---|
| ① | 定款で定める者 |
| ② | 株主総会の普通決議によって選任された者 |
| ③ | ①②に掲げる者がなければ、清算開始時の取締役（法定清算人） |
| ④ | ①から③により清算人となる者がないときは、利害関係人の申立てにより裁判所が選任した者 |

第１順位が定款で決めた人、これと同列で第１順位になるのが、株主総会の普通決議で選んだ人です。

その方々がいなければ法定清算人で、今の取締役などに無理やりやらせることになります。そして、これらもいなければ裁判所が選ぶことになっています。

ちなみに、どのパターンの清算人が就任した場合でも登記申請をすることになります。

**（清算人になった時点から２週間以内に登記する義務が生じます。）**

これは、裁判所が選任した清算人も同様です。商業登記では、裁判所が実体行為をした場合には登記は嘱託してもらうことが殆どなのですが、**裁判所が清算人の選任した場合には、嘱託する規定がなく、申請する**ことが必要です。

**問題を解いて確認しよう**

| | | |
|---|---|---|
| 1 | 株主総会の決議により株式会社が直ちに解散するとともに清算人が選任された場合には、当該清算人が当該決議の翌日に就任の承諾をしたときであっても、当該決議の日から２週間以内に、その本店の所在地において、解散の登記及び清算人の登記を申請しなければならない。〔24-31-イ〕 | × |
| 2 | 株式会社が解散した場合において、裁判所が利害関係人の申立てによって清算人を選任したときは、当該清算人は、清算人の登記を申請しなければならない。〔2-40-4、18-29-ウ〕 | ○ |
| 3 | 破産手続終了後の会社につき、残余財産があることが判明した場合において、裁判所が清算人を選任したときは、清算人の選任の登記は、裁判所書記官の嘱託によって行われる。〔28-33-エ〕 | × |
| 4 | 株主の請求により清算人解任の裁判があったときは、会社の清算人は、その裁判の謄本を添付して清算人解任の登記を申請しなければならない。〔60-32-1〕 | × |

**×肢のヒトコト解説**

1　決議の日からではなく、就任してから２週間です。

3　清算人の就任の登記は、一律申請で行います。

4　裁判所が解任しているので、登記は嘱託で行います。

## 定款で定めた最初の清算人就任

| | |
|---|---|
| 1．事 | ○年○月○日清算人及び代表清算人の就任 |
| 1．登 | 清算人　A<br>清算人　B<br>清算人　C<br>東京都○○○<br>代表清算人　A<br>清算人会設置会社 |
| 1．税 | 金 9,000 円（登録税別表 1.24.(3)イ） |

ポイントは日付です。**登記すべき事項には年月日就任と書かず、登記の事由に年月日を書きます**。

登記簿に、年月日就任とは入っていませんでした。登記簿に日付を入れない以上、登記すべき事項に日付は書けません。

ただ、就任から2週間以内に登記せよという**登記期間があるため、それを守っているかどうかを確認したいので、登記の事由に日付を書くことになっています**。

もう1つのポイントが、事由のところが、清算人の変更ではなく、清算人の**就任**となっている点です。ここには**「就任」と書く場合と、「選任」と書く場合があります**。

**◆ 最初の清算人の登記申請手続 ◆**

| 態様<br>論点 | 定款で定めた場合 | 株主総会の選任した場合 | 法定清算人 | 裁判所の選任した場合 |
| --- | --- | --- | --- | --- |
| 登記の事由 | 年月日<br>清算人の<br>就任 | 年月日<br>清算人の<br>選任 | 年月日<br>清算人の<br>就任 | 年月日<br>清算人の<br>選任 |

これは清算人のパターンによって、結論が違います。**選んだという要素があれば選任と書き、その要素がなければ就任と書きます**。

| 登記の種類 | 根拠 | 税率 |
| --- | --- | --- |
| ・最初の（代表）清算人の登記<br>・（解散当初からの）清算人会設置会社である旨の登記 | 24（三）イ | 1件につき<br>9,000円 |
| ・登記事項の変更・消滅・廃止の登記<br>（これらの登記のうちロに該当するものを除く。） | 24（三）ニ | 1件につき<br>6,000円 |

解散後の登記は登録免許税が安くなっています。ちなみに、このあとに清算人が追加されたり、辞めたりした場合は、上記の（ニ）に該当して金6,000円になります。

では次に添付書類を見ましょう。

添付書面の添付必要→○、不要→×

| 態様<br>論点 | 定款で<br>定めた | 株主総会の<br>選任 | 法定清算人 | 裁判所の<br>選任 |
|---|---|---|---|---|
| 定款 | ○ | ○ | ○ | ○ |

どの清算人のパターンでも定款が必要です。これは、清算人会を置くという定めがあるかどうかをチェックするためです。

清算人会を置くという定めがあれば、清算人は３人以上必要です。

また、代表清算人を選ぶ義務があります。

逆に、清算人会を置くという定めがなければ、清算人は１人でもいいし、代表清算人をあえて選ばないこともできます（選ばない場合は、各自代表です）。

このように、**清算人会を置くという定めがあるかないかによって、登記の審査がだいぶ変わります**。

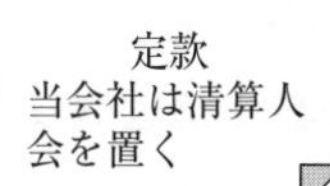
定款
当会社は清算人会を置く

登記官

清算人は３人以上か、代表清算人を選んでいるか審査がいるな。

定款
（清算人会の定めなし）

登記官

清算人は１人でもいいし、代表清算人を選ぶ必要はないな。

このようになっているため、**「清算人会を置く」旨があるかないかを確認したい**ので、定款を添付することを要求しているのです。清算人会の定めがない場合でも、定款は添付する点に注意してください。

添付書面の添付必要→○、不要→×

| 態様<br>論点 | 定款で<br>定めた | 株主総会の<br>選任 | 法定清算人 | 裁判所の<br>選任 |
|---|---|---|---|---|
| 選任の<br>立証 | ○<br>定款 | ○<br>株主総会<br>議事録 | × | ○<br>裁判所の<br>選任決定書 |

定款で定めた場合、定款を持っていって、「清算人は○○とすると書いてある」ことを立証します。

また、株主総会で選んだ場合、「株主総会で、清算人を○○と決めた」ことを立証します。

ただ、**法定清算人の場合、選んだという立証は要りません。**

これは誰も選ばれないときに、**無理やりやらせる制度**です。**選任という行為がそもそもないため、立証は不要**です。

裁判所の選任の場合は、裁判所の選任決定書というものを添付します。

添付書面の添付必要→○、不要→×

| 論点＼態様 | 定款で定めた | 株主総会の選任 | 法定清算人 | 裁判所の選任 |
|---|---|---|---|---|
| 就任承諾書 | ○ | ○ | × | × |

就任承諾が要るかどうかという論点です。

基本的に就任承諾は要りますが、要らない場合が２つあります。

まず１つは法定清算人の場合です。**法定清算人は自動的に無理やりやらせるということから、就任承諾は要りません。**

もう１つは、裁判所の選任の場合です。「裁判所が選んだら拒否ができない。いやいやでもやりなさい」という訳ではありません。

裁判所が選ぶときは「あなたは清算人をやる気がありますか」と事前に聞いておきます。就任する気があるとわかったら、選任行為をするという慣例になっているのです。

だから、**選任決定書が付いていれば、「就任承諾した人を選任している」とわかるため、就任承諾書は添付不要にしている**のです。

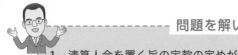

## 問題を解いて確認しよう

| | | |
|---|---|---|
| 1 | 清算人会を置く旨の定款の定めがある株式会社が解散したときにする清算人の登記においては、清算人の氏名並びに代表清算人の氏名及び住所のほか、清算人会設置会社である旨も登記しなければならない。〔24-31-エ（25-34-イ）〕 | ○ |
| 2 | 最初の清算人に関する登記においては、清算人及び代表清算人の就任年月日を登記しなければならない。〔オリジナル〕 | × |
| 3 | 会社が解散し、定款の定めにより清算人が定まった場合において、清算人の就任の登記を申請するときは、申請書に当該清算人が就任を承諾したことを証する書面を添付することを要する。〔61-36-4（22-32-オ）〕 | ○ |
| 4 | 清算人を株主総会により選任しなかった場合で、清算開始時の取締役が清算人となったときの当該清算人の登記の申請書には、就任を承諾したことを証する書面を添付しなければならない。〔オリジナル〕 | × |
| 5 | 株式会社が解散したときにする最初の清算人の登記の申請に関して、会社の定款の定め以外の方法によって清算人が就任した場合において、清算人の登記の申請書に定款を添付することを要しないときがある。〔25-34-ア改題〕 | × |

### ×肢のヒトコト解説

2 最初の清算人の就任日は、解散の日付で分かるため登記されません。

4 無理やりやらせているため、就任承諾の手続は取りません。

5 株式会社の清算人の登記では、定款の添付は、絶対に必要です。

## これで到達！ 合格ゾーン

□ 解散後の株主総会で清算人を選任した場合には、その選任登記の前提として法定清算人の就任を行う必要がある（昭49.11.15 民四5938 号）。

**★解散後、清算人が総会で選任されるまでの間は、法定清算人が清算事務を行っています。そのため法定清算人の登記が必要になるのです。**

## 2周目はここまで押さえよう

### ◆最初の代表清算人に関する添付書面◆

| 代表清算人の定め方 | | 選定を証する書面 |
|---|---|---|
| 清算人会「非設置」会社 | ① 各自代表（積極的に代表清算人を定めない場合） | （問題とならない） |
| | ② 定款に直接代表清算人の氏名を記載 | 定款 |
| | ③ 株主総会の普通決議 | 株主総会議事録・株主リスト |
| | ④ 定款の定めに基づく清算人の互選 | 定款＋互選書 |
| 共通 | ⑤ 法定代表清算人（会社483Ⅳ） | × |
| | ⑥ 裁判所の選任（会社483Ⅲ・Ⅴ・489Ⅴ） | 選任決定書 |
| 清算人会「設置」会社 | ⑦ 清算人会の決議（会社489Ⅲ） | 清算人会議事録 |

代表清算人が誰になるか、そのときの「選任」の立証がいるかをまとめた図です。考え方は、代表取締役の登記とほぼ同じになっています。

取締役会設置会社か、取締役会を置かない会社かで、

・代表取締役を選ぶ義務があるかどうかの違い（各自代表の制度のありなし）

・代表取締役の選定方法

が異なっていましたが、代表清算人も同じ結論になっています。

意識して学習すべきなのは、法定清算人になる場合です。

例えば、清算人会設置会社では代表清算人を選定する義務があるのが原則ですが、法定清算人で処理する場合は、代表清算人を選定しません。

法定清算人の制度では、今の取締役・代表取締役がそのまま、清算人・代表清算人にスライドすることになるので、代表清算人を選定する必要がないのです。

そして、法定清算人の場合は、選任行為をせずに代表清算人になるので、選定を証する書面は添付しないことになります。

### ◆「印鑑証明書」の添付の要否◆

| | |
|---|---|
| 代表清算人の選定を証する書面の印鑑証明書 | 不要 |
| 代表清算人の就任承諾書の印鑑証明書 | 不要 |

代表者の登記については、印鑑証明書を添付することがありました。それは、

（代表）取締役の就任登記・代表執行役の就任登記

という会社の経営者が変わる登記で要求されています。

一方、代表清算人は、清算手続を行うだけで「その地位を乗っ取ろう」「実在しない人を就任させよう」という危険がない役職です。

そのため、この代表清算人就任登記では、印鑑証明書を一切要求する必要はないのです。

| | | |
|---|---|---|
| ✓ 1 | 代表取締役を定めていた株式会社が株主総会の決議により解散した場合において、当該株式会社の定款では清算人を定めておらず、株主総会の決議においても清算人が選任されていないときは、代表清算人の申請に係る解散の登記の申請書には、代表清算人の資格を証する書面を添付しなければならない。〔20-31-エ〕 | × |
| 2 | 代表清算人の選任による登記の申請書には、清算人会議事録の印鑑につき、市町村長の作成した証明書を添付しなければならない。〔62-34-5（4-34-4、14-28-ウ、22-32-エ）〕 | × |
| 3 | 株式会社の代表清算人の変更の登記の申請書には、代表清算人の就任を承諾したことを証する書面の印鑑につき市町村長の作成した証明書を添付しなければならない。〔63-32-1（19-32-オ）〕 | × |
| 4 | 株式会社が解散したときにする最初の清算人の登記に関して、清算人が１名である場合にする清算人の登記の申請書には、当該清算人と解散時の代表取締役とが同一人であるときを除き、清算人の就任承諾書に押印された印鑑につき市町村長の作成した証明書を添付しなければならない。〔25-34-ウ改題〕 | × |

**最初の清算人以外の就任登記**

```
1．事　　清算人の変更
1．登　　令和6年6月25日清算人甲野太郎就任
1．税　　金6,000円（登録税別表1.24.(3)ニ）
```

上記は、最初の清算人が就任したあとに、追加で清算人の就任登記がされた場合の申請書です。

通常の取締役の就任登記とほぼ同様になっています。

**最初の清算人の登記だけが形式が変わっているのですが、最初以降は通常の役員変更と同じように処理**してください。

ただし、**税金が6,000円になる**ことには注意しましょう。

また、退任登記についても書き方は取締役と同様になります。下記に清算人の退任登記の論点を掲載します。

**◆清算人の退任事由と論点◆**

| 退任事由（一部） | 裁判所の選任した清算人への適用 |
|---|---|
| 清算人はいつでも辞任することができる。<br>※　但し、権利義務の概念はある | ○ |
| 清算人は、いつでも株主総会の普通決議をもって解任することができる。 | × |

会社の清算人の関係は、委任契約になります。そのため、委任契約の解除である辞任・解任は認められるはずです。

ただ、裁判所が選んだ清算人の解任は異なります。

選んだところがクビを切る、という会社法のしくみがあるため、**会社が選んでいない以上、会社が解任することはできません。**

ちなみに、**辞任は通常の清算人でも、裁判所が選んだ場合でも可能です。**ただ、欠員が生じれば権利義務になるので、登記申請はできません。

## 問題を解いて確認しよう

| | | |
|---|---|---|
| 1 | 裁判所が選任した清算人の辞任の登記は、裁判所による選任の取消しがなければ、することができない。〔22-32-ア〕 | × |
| 2 | 裁判所が選任した清算人が辞任した場合において、裁判所が後任の清算人を選任したときは、清算人が辞任したことを証する書面を添付して、清算人の辞任による変更の登記を申請することができる。〔31-33-イ〕 | ○ |
| 3 | 裁判所が選任した清算人を株主総会において解任する決議をした場合は、当該清算人の解任を決議した株主総会の議事録を添付して、清算人の解任による変更の登記を申請することができる。〔31-33-ウ〕 | × |

## ×肢のヒトコト解説

1 どの形態の清算人でも辞任はできます。

3 裁判所が選任した清算人なので、会社には解任する権限がありません。

## これで到達！ 合格ゾーン

□ 清算に関する登記事項の変更登記は、登録免許税が6,000円となる。

該当例）・新たな清算人の就任による変更
・清算人の退任による変更
・清算手続開始後の清算人会設置会社の定めの設定
・清算人会設置会社の定めの廃止

非該当例）・（清算株式会社の）支店廃止
・（清算株式会社の）本店移転
・（清算株式会社の）監査役の変更（登記研究364-82）

**★清算後の変更登記は、基本6,000円で可能です。ただ、解散前でもできる登記を、解散後に行っても通常通りの税金になります。例えば、本店移転を解散後に行っても、解散後の変更登記として6,000円の課税ではなく、3万円の課税になります。**

## 2周目はここまで押さえよう

### ◆清算株式会社における監査役が（任期満了により）退任する場合◆

| 事由＼会社の状態 | 清算株式会社 | cf. 解散前 |
|---|---|---|
| ①「監査役を置く」旨の定款の定めを廃止する定款の変更 | 退任する<br>（会社480Ⅰ①） | 任期満了により、退任する<br>（会社336Ⅳ①） |
| ②「監査等委員会又は指名委員会等を置く」旨の定款の変更 | （清算株式会社には委員会を置くことはできない） | 任期満了により、退任する<br>（会社336Ⅳ②） |
| ③「監査役の監査の範囲を会計に関するものに限定する」旨の定款の定めを廃止する定款の変更 | 退任する<br>（会社480Ⅰ②） | 任期満了により、退任する<br>（会社336Ⅳ③） |
| ④発行する株式の全部の内容としての譲渡制限の定めを廃止する定款の変更（非公開会社が公開会社となる） | 退任しない<br>（会社480Ⅱ） | 任期満了により、退任する<br>（会社336Ⅳ④） |
| ⑤「選任後４年以内に終了する事業年度のうち最終のものに関する定時株主総会の終結の時」が到来した | 退任しない<br>（会社480Ⅱ） | 任期満了により、退任する<br>（会社336Ⅰ） |

監査役の退任を比較した図表になっていますが、ほとんど、解散前と同じ理由で退任します。

②の「監査等委員会又は指名委員会等を置く」旨は結論は異なります（清算株式会社には委員会を置くことはできないためです）。

また、⑤の部分も異なります。清算中は清算人だけでなく、監査役も任期がなくなるためです。

そのため、④の結論も異なります。そもそも非公開会社から公開会社になった場合、非公開会社の10年任期が維持できなくなるため退任することにしていたのですが、清算中は任期がないため、このルールを適用する意味がないのです。

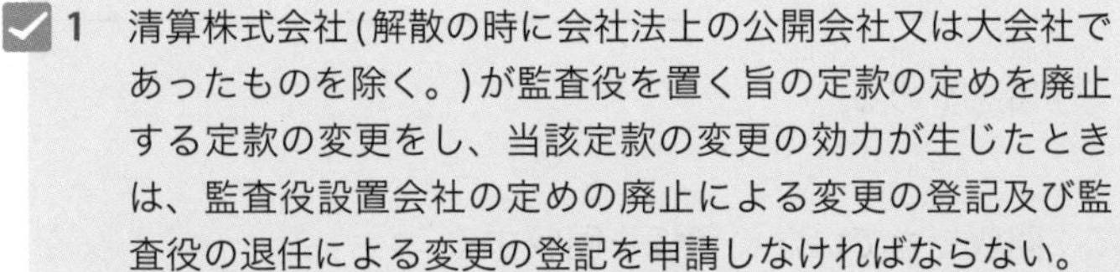

| | | |
|---|---|---|
| ☑ 1 | 清算株式会社(解散の時に会社法上の公開会社又は大会社であったものを除く。)が監査役を置く旨の定款の定めを廃止する定款の変更をし、当該定款の変更の効力が生じたときは、監査役設置会社の定めの廃止による変更の登記及び監査役の退任による変更の登記を申請しなければならない。〔24-31-ア〕 | ○ |
| 2 | 定款に監査役の任期の定めがない場合における監査役の任期満了による退任の登記は、解散の登記の日より後に生じた事由として登記の申請をすることができる。〔30-32-ウ〕 | × |
| 3 | 清算株式会社の監査役の任期は、清算を開始した時から4年以内に終了する清算事務年度のうち最終のものに関する定時株主総会の終結の時までである。〔令2-31-イ〕 | × |

## 第3節 清算結了の登記

| 登記記録に関する事項 | 令和6年6月25日清算結了<br>令和6年7月1日登記<br>令和6年7月1日閉鎖 |
|---|---|

清算手続が全部終わって、登記所に申請書を持っていくと、清算結了と登記簿に入ります。そして、このタイミングで登記簿が閉鎖されます。

この登記簿を閉鎖する申請手続を見ていきます。

1．事　　清算結了
1．登　　令和6年6月25日清算結了
1．税　　金2,000円（登録税別表1.24.(3)ハ）

表現方法には特徴がありませんが、税金を見てください。この登記簿を閉じるだけなので、今までで1番安い税金になっています。

では、この清算結了までにどんな手続をするのか見ていきましょう。

現務の結了：仕事をやめる
↓
債権の取立て：回収できていない債権を回収する
↓
債務の弁済：集めた財産で、未払いの借金を払う
↓
残余財産の分配：余ったものを株主たちで分配する

こういった手続が必要ですが、この4つの手続は登記申請時には立証しません。立証するのは、このあとの部分です。

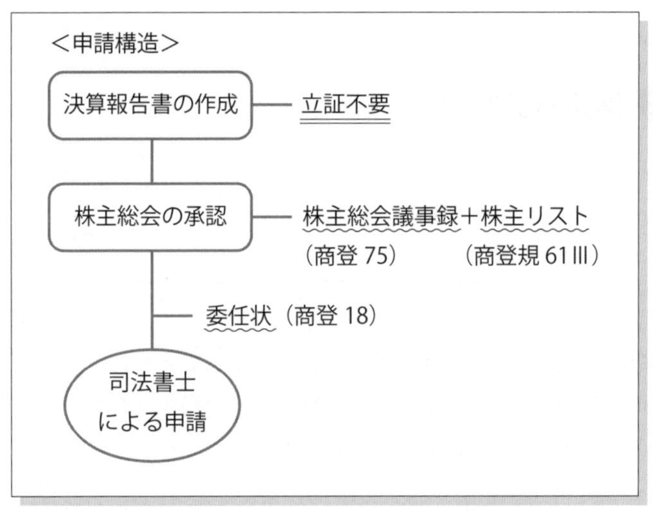


上記の手続を取ったあと、決算報告書というものを作ります。

資産状態の報告書です（これも立証しません）。

そのあと、この決算報告書について株主総会で承認決議を取ります。権利義務が全部なくなったあとに、株主からのＯＫをもらうのです。

この株主のＯＫがあったところで、清算結了となり、このタイミングで会社が消滅します。

この**承認決議があったことだけ、立証を要求しています。**

立証する部分は、株主総会決議だけなのですが、日付については別途審査しています。

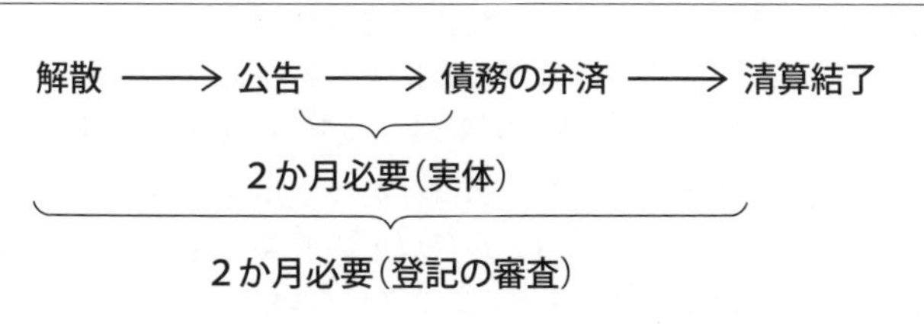


解散したあと、債務を払うまでに、1回公告を出します。「借金返しますから債権者さん来てくださいね」という公告です。

これは2か月以上間隔を空けるように会社法で規定されているのですが、この公告は立証書面とはなっていません。

**立証書面とはなっていないのですが、「解散から清算結了まで2か月間空けているか」を登記官はチェックします。**

| | |
|---|---|
| 解散日 | 令和6年5月6日 |
| 清算結了日 | 令和6年6月6日 |

上記のような清算結了の登記申請は却下されます。解散から2か月後の日付を清算結了の日付にしていない、つまり、**公告手続をとって2か月を待っていないのは明らかだと評価される**からです。

### 問題を解いて確認しよう

| | | |
|---|---|---|
| 1 | 清算結了の登記の申請書には、決算報告の承認があったことを証する書面としての株主総会議事録とともに、「一定の期間内に債権を申し出るべき旨」を公告した官報を添付しなければならない。〔14-28-オ〕 | × |
| 2 | 株式会社の清算結了の登記の申請書には、債権者に対して債権を申し出るべき旨を公告及び催告したことを証する書面を添付することを要する。〔2-40-5改題〕 | × |

3　清算結了の登記の申請をする場合においては、当該清算結了の登記の申請書には、決算報告の承認があったことを証する書面として、当該決算報告の承認を決議した株主総会議事録並びに当該株主総会の承認を受けた決算報告書並びに清算開始時における当該清算株式会社の財産目録及び貸借対照表を添付しなければならない。〔20-31-ウ〕　×

4　株式会社において解散及び清算人の選任の決議がされた場合においては、当該清算人が就任してから2か月以上の期間を経過していなければ、清算結了の登記の申請をすることはできない。〔20-31-イ（25-34-エ）〕　○

×肢のヒトコト解説

1　公告の立証は不要です（最後の株主総会決議のみ立証します）。

2　公告及び催告の立証は不要です（最後の株主総会決議のみ立証します）。

3　財産目録・貸借対照表の添付は不要です（最後の株主総会決議のみ立証します）。

## 第4節 会社継続の登記

1．事　会社継続
取締役、代表取締役及び監査役の変更
取締役会設置会社の定めの設定
監査役設置会社の定めの設定
1．登　○年○月○日会社を継続
同日次の者就任
　取締役　A
　取締役　B
　取締役　C
　東京都世田谷区池尻一丁目1番1号
　　代表取締役　A
　監査役　D
同日設定
　取締役会設置会社
同日設定
　監査役設置会社
1．税　金12万円
　内訳　取締役会設置会社分　金3万円（登録税別表1.24.(1)ワ）
　　　　監査役設置会社分　金3万円（登録税別表1.24.(1)ツ）
　　　　役員変更分　金3万円（登録税別表1.24.(1)カ）
　　　　継続分　　　金3万円（登録税別表1.24.(1)ソ）
1．添　株主総会議事録　1通
株主リスト　1通
取締役会議事録　1通
取締役の就任承諾を証する書面　3通
代表取締役の就任承諾を証する書面　1通
監査役の就任承諾を証する書面　1通
印鑑証明書　4通
委任状　1通

会社を継続する場合は、「年月日会社を継続」だけでは足りません。

解散登記に伴って役員たちはほぼすべて職権抹消しているため、**役員を選び直して、また登記すること**になります。

上記には役員を選び直して、登記する一例の申請書が載っています（取締役会を置いて、監査役を置いたケースが掲載されています）。他にもいろんなパターンがあります。その事例ごとに合わせて対応してください。

添付書類を見てください。

継続をするには、株主総会の特別決議をすることが必要であるため、特別決議の立証として株主総会議事録が必要です。

それ以外に何がいるかどうかは、どこまで役員を選んでいるか、どんな役員を選んでいるか、どんな機関を設置しているかによって個別具体的に違ってきます。

だから、株主総会の特別決議の議事録と株主リストはいるけど、あとはケースバイケースと思ってください。

登録免許税もケースバイケースになります。

継続の区分だけは、確認してください（継続の区分は、（ツ）でも、（カ）でもなく、（ソ）という区分になっています）。

| 会社成立の年月日 | 平成10年10月１日 |
|---|---|
| 存続期間 | 会社成立の日から満25年 |
| 解散 | 令和５年10月２日存続期間の満了により解散<br>令和５年10月21日登記 |

**Point**

存続期間の定めの変更又は廃止の登記申請が必要となる。したがって、継続の決議において、同時に存続期間の定めの変更又は廃止の決議をしなければならない。

存続期間が満了したことによって解散している会社です。この**会社が継続するときは、継続決議だけではできません**。

もし継続決議しかしていない場合、この**会社の存続期間が満了しているので、すぐ解散することになってしまいます**。

そのため、継続の前提として、存続期間を延ばすか、存続期間を廃止するかのどちらかの手続が必要になるのです。

以上が継続の登記の部分です。

## 問題を解いて確認しよう

| | | |
|---|---|---|
| 1 | 定款で定めた存続期間の満了により解散した株式会社が当該存続期間の満了後直ちに当該株式会社を継続する旨の株主総会の決議をしたときは、解散及び清算人の登記をした後でなければ当該株式会社の継続の登記の申請をすることができない。〔20-31-オ〕 | ○ |
| 2 | 株式会社を継続する旨の株主総会の決議があった場合の、継続の登記の申請と新たに選任された役員の就任の登記の申請は、同時に申請しなければならない。〔6-35-オ〕 | ○ |

〜ほぼ個人企業のような特例有限会社の登記はそれなりに必要です〜

# 第11章 特例有限会社に関する登記

令和７年本試験は
ここが狙われる！

ここは、「何が登記されて」「何が登記されないのか」という点と、株式会社へ移行する登記が多く出題されます。
ここは、会社法のテキストをみて特例有限会社を復習した後に読むことをお勧めします。

## 第１節 特例有限会社の登記事項

まずは、有限会社の登記事項を見ましょう。株式会社の登記簿と同じ作りにしていますが、違うところもあります。

| | 通常の株式会社 | 特例有限会社 |
|---|---|---|
| 取締役会設置会社であるときは、その旨 | ○ | × |

取締役会設置会社であった場合はその旨を登記しますが、特例有限会社は取締役会を設置することができませんので、登記事項とはなりえません。

| | 通常の株式会社 | 特例有限会社 |
|---|---|---|
| 取締役 | 取締役の氏名 | 取締役の氏名及び住所 |
| 代表取締役 | 代表取締役の氏名及び住所（指名委員会等設置会社の場合は登記事項ではない） | 代表取締役の氏名（特例有限会社を代表しない取締役がある場合のみ登記事項） |

どこまで登記するかに注目すると、**取締役は、「住所まで」登記事項**になっていて、**代表取締役は「氏名のみ」登記事項**となっています。

そして次に、代表取締役を登記する場面が限定されていることが分かります。

| 各自代表でない場合 | 各自代表の場合 |
|---|---|
| 1．事　取締役及び代表取締役の変更<br>1．登　令和○年○月○日次の者就任<br>東京都○○○<br>取締役　A<br>東京都○○○<br>取締役　B<br>代表取締役　A | 1．事　取締役及び代表取締役の変更<br>1．登　令和○年○月○日次の者就任<br>東京都○○○<br>取締役　A<br>東京都○○○<br>取締役　B |

取締役の時点で住所まで登記して、その人が代表取締役になったとしても、もう住所は分かっているので、名前だけ登記すれば構いません。

そして、代表取締役は、「代表権がない取締役がいる場合、代表権を持っている人が代表取締役として登記される」ことになっています。平たく言えば、**「各自代表だったら、代表取締役を登記しない」ということ**です。

左側の申請書は代表取締役を登記していますが、右側の申請書は代表取締役を登記していません。各自代表取締役の制度を採用しているからです。

この申請書で印鑑証明書の添付を考えてみましょう。選任議事録と就任承諾の印鑑証明書は誰の登記に必要でしょうか。

**ポイントは、特例有限会社は取締役会を置かない会社だということ**です。

取締役会を置かない会社の場合、就任承諾書に実印を押して印鑑証明書を付けるのは、**取締役の時点**でしたね。

一方、選任議事録に実印を押して印鑑証明書を付けるのは、これは**代表取締役の登記に際して行いました**ね。

特例有限会社は、取締役会を置かない会社なので、印鑑証明書の扱いは取締役会を置かない会社と同じになります。

左側の申請書ですが、続きがあります。このあとBを代表取締役として選んだ場合、どうなるでしょうか。

### Bも代表取締役で選定した場合

1．事　　代表取締役の氏名抹消
1．登　　○年○月○日代表権を有しない取締役の不存在により，
　　　　　代表取締役Aの資格及び氏名抹消

この場合、取締役がA・Bで、代表取締役もA・Bになり、各自代表になります。そのため、**代表取締役が登記できなくなる**のです。

申請書を見てください。

代表取締役の氏名抹消と書いて、代表取締役の登記を消してもらう申請をします。

退任と書かないようにしてください。**代表取締役はいるけど、登記しなくなるだけ**だからです（登記すべき事項の表現は、無理に覚えなくていいでしょう）。

| | 通常の株式会社 | 特例有限会社 |
|---|---|---|
| 監査役 | ①　監査役設置会社である旨<br>②　監査役の氏名<br>③　監査役の監査の範囲を会計に関するものに限定する旨の定款の定めがある会社のときは、その旨 | 監査役の氏名及び住所 |

1．事　　監査役の変更
1．登　　令和○年○月○日次の者就任
　　　　　　東京都○○○
　　　　　　監査役　X

**監査役は「住所まで」登記**されます。株式会社では「氏名だけ」です（この理由は全くわかりません…）。

他にも違いがあり、**通常の株式会社は、監査役設置会社である旨が登記されるのに、特例有限会社はそれが登記されません。**

**特例有限会社では、「○○設置会社」ということは全く登記しないことにしているから**です（サーバーの負担になるからだそうです…）。

会計限定についても違いがあります。

株式会社の場合は、監査役の監査範囲に限定が入っていれば、「うちの監査役には会計限定がかかっている」ということを登記しますが、特例有限は、すべての監査役に会計限定がかかっていますので、あえて登記しなくていいのです。

**「うちの監査役は会計限定されているんだよ」と言ったとしても、「特例有限会社は全部そうじゃないか」ということで、登記する実益がない**のです。

| | 通常の株式会社 | 特例有限会社 |
|---|---|---|
| 会計参与設置会社であるとき | ○ | × |
| 監査役会設置会社であるとき | ○ | × |
| 会計監査人設置会社であるとき | ○ | × |
| 特別取締役による議決の定めがあるとき | ○ | × |
| 監査等委員会設置会社であるとき | ○ | × |
| 指名委員会等設置会社であるとき | ○ | × |

特例有限会社は、**取締役、株主総会、あと定款規定があれば監査役までしか置けません**。それ以外の機関構成は置けないので、上記は全部×となります。

| | 通常の株式会社 | 特例有限会社 |
|---|---|---|
| 貸借対照表に係る情報の提供を受けるために必要な事項 | ○ | × |

普段は新聞公告だけど、決算公告だけはネットでやりたい場合、株式会社では決算公告をするＵＲＬを登記することができました。

**特例有限会社は、そもそも決算公告自体やる必要がないので、このＵＲＬを登記する実益がありません**。

**問題を解いて確認しよう**

| | | |
|---|---|---|
| 1 | 通常の株式会社においては、取締役の氏名を登記しなければならないが、特例有限会社においては、取締役の氏名及び住所を登記しなければならない。〔オリジナル〕 | ○ |
| 2 | 会計参与設置会社である旨は特例有限会社の登記すべき事項ではない。〔18-34-エ〕 | ○ |

| | | |
|---|---|---|
| 3 | 特例有限会社が定款で監査役を置く旨を定めた場合であっても、監査役設置会社である旨の登記を申請することを要しない。〔オリジナル〕 | ○ |
| 4 | 特例有限会社が監査役を置いた場合、当該監査役の氏名だけでなく、住所も登記しなければならない。〔オリジナル〕 | ○ |
| 5 | 貸借対照表に係る情報の提供を受けるために必要な事項は特例有限会社の登記すべき事項ではない。〔18-34-オ〕 | ○ |
| 6 | 特例有限会社において、取締役３名中甲を除く２名が代表取締役である会社が甲を代表取締役と定め、取締役全員が代表取締役となったときは、甲が代表取締役に就任した旨の変更の登記をしなければならない。〔59-34-3（9-30-4）〕 | × |

**×肢のヒトコト解説**

6　各自代表取締役になっているため、代表取締役の氏名を抹消する登記をします。

## これで到達！　合格ゾーン

□ 清算株式会社である特例有限会社は、清算人の氏名及び住所、代表清算人の氏名（特例有限会社を代表しない清算人がある場合に限る。）を登記しなければならない（会社整備43Ⅱ、会社928Ⅰ①・②）。〔令2-32-2〕

**★代表取締役と同じ処理になっています。各自代表の場合は、代表清算人は登記されません（合名、合資会社の代表社員の登記と同じ規律になっています）。**

□ 特例有限会社において、最初の清算人となる者が株主総会の決議又は裁判所によって選任された場合には、当該最初の清算人の登記の申請書には、定款の添付を要しない（登研707-194）。〔29-29-オ〕

**★株式会社の清算人の登記では、「清算人会設置会社の定めの確認」のため、定款を添付しますが、特例有限会社においては、清算人会を置くことができないため（会社整備33Ⅰ）、上記の清算人の登記では定款の添付は不要となります。**

## 第2節 商号変更による通常の株式会社への移行

特例有限会社は、

① その商号を変更して「株式会社」という文字を商号に入れて

② 移行の登記をすると

→ 通常の株式会社に移行することができる（会整45条）

特例有限会社は、いつでも株式会社になることができます。

特例有限会社というのは、過渡的な制度と扱っている（特例）なので、**株式会社にできるだけ簡単に変更できるようにしています**。具体的には、商号変更して株式会社と入れて、登記をすれば、通常の株式会社になれるようにしています。

以前やった企業再編の手続と違って、**債権者保護手続や事前開示、事後開示は不要ですし、何かの提供公告そういう手間も要りません**。

とにかく簡単に変えられるようにしていると思ってください。

### 特例有限会社の株式会社への移行

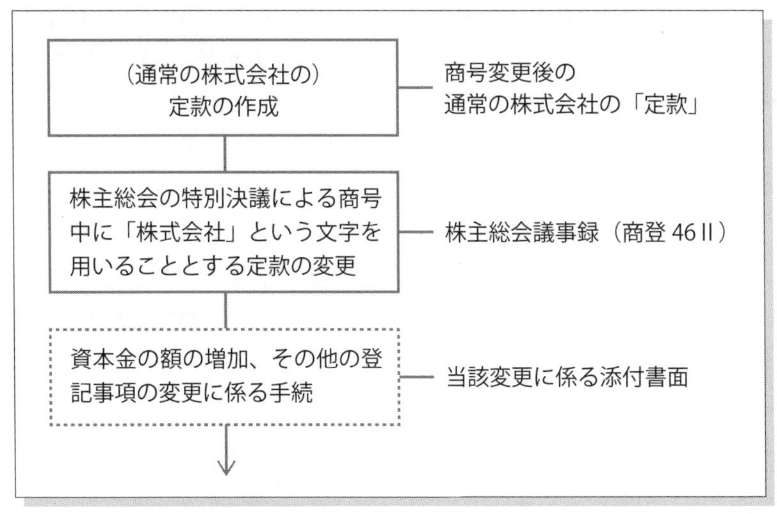

まずは、株式会社になるので、定款を作り直します。そして株式会社になるために、「株式会社」とする商号変更手続をとることが必要です。

そして、「株式会社になるんだったら、いろいろ変えよう」という感じで、この**移行手続の際に込み込みでいろんなことを変えることができます**。

例えば、「この際だから、取締役会設置会社になろう」とか、「譲渡制限を外そう」とか、いろんなことをまとめて変えることが可能です。

これには実益があります。**いろんなことを込み込みでやっても、登録免許税を別途取らない**のです。

例えば、移行と一緒に定款変更をして、取締役会設置会社になったとしても、(ワ) 3万円を別途取らないようにしているのです（それだけ、特例有限会社から株式会社になることを勧めているようです）。

では次に、移行に伴ってなすべき登記とは何かを見ましょう。

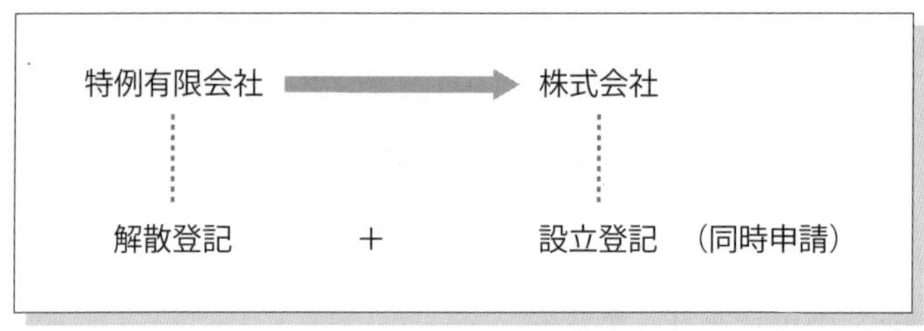


今ある、特例有限会社の登記簿を潰して（解散登記）、株式会社の登記簿を作る（設立登記）必要があります（**実体上は変更行為ですが、登記事項が余りにも変わるので、登記も作り直す**ことにしています）。

そして、添付書類はすべて設立登記の申請書に付けます。解散登記の方には、何の書類も付ける必要はありません。

また、この２つの登記申請は、バラバラじゃだめ、同時にやる義務があります。

そりゃそうですよね、**片方だけ登記されていたら、登記簿を見た人が誤解をしてしまいます**。

では、この設立登記と解散登記１つ１つを見ていきましょう。まずは設立登記です。

| | | |
|---|---|---|
| 1．事 | ○年○月○日商号変更による設立 | |
| 1．登 | 商号 | 株式会社ＫＯＨＯＫＵ |
| | 本店 | ○県○市○町○丁目○番○号 |
| | 公告をする方法 | 日本経済新聞に掲載してする |
| | 会社成立の年月日 | 平成 17 年 7 月 1 日 |
| | 目的 | 1．不動産の売買<br>2．前号に付帯する一切の業務 |
| | 発行可能株式総数 | 1 万 5,000 株 |
| | 発行済株式の総数 | 1 万 3,000 株 |
| | 資本金の額 | 金 300 万円 |
| | 株式の譲渡制限に関する規定 | 当会社の株式を譲渡により取得するには、株主総会の承認を要する。 |
| | 役員に関する事項 | 取締役　安部一郎<br>取締役　加藤次郎<br>取締役　佐藤花子<br>○県○市○町○丁目○番○号<br>代表取締役　安部一郎 |
| | 登記記録に関する事項 | ○年○月○日有限会社港北サービスを商号変更し、移行したことにより設立 |
| 1．課 | 資本金の額 | |
| 1．税 | 資本金の額 ×1.5／1000（商号変更の直前における資本金の額を超える資本金の額に対応する部分については、1000 分の 7<br>登録税 17 の 3・登録税別表 1.24.(1)ホ） | |

設立登記ですが、**事由には年月日が入ります**（**商号変更の決議の日を記載**します）。

株式会社に移行するには、定款を変更して、登記をすることによって生じます。**登記が効力要件となっているため、事由の部分に年月日を入れる**ことになります。

登記すべき事項を見てください。株式会社の登記簿を作るので、登記事項全部を書きます。

株式会社に変わる際に、いろんなことを込み込みで変えること（取締役会を設置したりとか、譲渡制限を外したりとか）があるので、その変更を考慮して登記すべき事項を書いていきます。

そして、末尾の登記記録に関する事項に「移行したことにより設立」したことを書きます。

ただ、なぜか**ここにも年月日を書く**ことになっています（**登記申請日を記載**します)。同じ登記が効力要件である新設合併については、登記記録に関する事項に日付を入れていないのに、なぜか移行の登記では日付を入れます。

登録免許税は、合併と同じように資本金の額×1000分の1.5。そして、**目的を変えたり、取締役会を設置したりしても、別途課税をしません**。

この申請書、最後に1つ注目してほしい点があります。

役員に関する事項です。この**役員の部分は、任期が残っている役員と、今回就任した役員を書きます**。

次の図を見てください。

<役員について>
取締役　安部一郎　平成17年7月1日就任
取締役　井上三郎　平成17年7月1日就任
取締役　加藤次郎　令和1年6月16日就任
取締役　佐藤花子　令和2年6月19日就任
↓
・株主総会決議にて、商号変更・取締役の選任（安部一郎）を行う
・移行後の株式会社の定款には「取締役の任期は10年とする」規定がある
・令和6年7月8日に登記申請

特例有限会社の状態で役員が4人いて、今回、株主総会決議で商号変更と役員を1人選んでいます。

このあと、移行の際の定款で、任期を10年とするようにしています。

特例有限会社には、任期規定がありません。一方、株式会社には、任期があります。つまり、**特例有限会社から株式会社に移行したところで、任期変更が起きる**のです。

**任期変更があった場合は、初めからその任期で計算**します。つまり、就任のところから、10年で計算し直します。

加藤と佐藤は10年で計算しても、任期中ですが、安部と井上はもう任期が切れます（ただ安部は、また選ばれています)。

そのため、任期中の加藤・佐藤と、選ばれた安部が申請書に載っています。

移行の登記では、任期変更によって、役員の任期満了がまず起きます。**誰が辞**

**めて誰が残るのかということの判断をする**ように心がけましょう。

| | |
|---|---|
| 1．事 | 商号変更による解散 |
| 1．登 | ○年○月○日○県○市○町○丁目○番○号○○株式会社に商号変更し、移行したことにより解散 |
| 1．税 | 金３万円（登録税別表 1.24.(1)レ） |

これは解散登記の申請書です。**登記すべき事項に年月日を入れています。**

登記が効力要件である新設合併の場合は、事由にも、登記すべき事項にも、どっちも年月日を入れないのに、移行の登記の場合は入れています。この辺りは、無理やり丸呑みしてください。

**覚えましょう**

移行による設立の登記と併せてすることができない登記
本店移転の登記

最後になりますが、この移行の登記、込み込みでいろんなことが変えられるといいましたが、変えられないものが幾つかあるのです。最低限、本店移転はダメということは覚えてください。

これは**会社の特定ができなくなる**からです。

法人は、商号と本店で特定します。もし、移行と共に本店まで移転すると、「移行により商号が変化」し、「本店移転により本店が変化」することになり、この会社の特定ができなくなってしまいます。

片方だけ残っていれば、まだそれを手掛かりに探すことができますが、両方が変わってしまうと、特定することが困難になってしまうので認めないのです。

**問題を解いて確認しよう**

| | | |
|---|---|---|
| 1 | 特例有限会社の、商号変更による通常の株式会社への移行による設立の登記の申請書には、通常の株式会社の設立の登記と同一の事項のほか、会社成立の年月日、特例有限会社の商号、商号を変更した旨及びその年月日を記載しなければならない。〔オリジナル〕 | ○ |

| | | |
|---|---|---|
| **2** | 特例有限会社の通常の株式会社への移行における設立の登記の申請書には、定款を添付しなければならない。〔23-32-ア〕 | ○ |
| **3** | 特例有限会社が商号変更により通常の株式会社に移行する場合における設立の登記の申請書には、定款変更に係る株主総会議事録及び商号変更後の株式会社の定款を添付しなければならない。〔オリジナル〕 | ○ |
| **4** | 特例有限会社が定款を変更して、その商号中に株式会社という文字を用いる商号の変更をした場合、本店の所在地における商号の変更後の株式会社についてする設立の登記の登録免許税の額は、資本金の額の1000分の７であり、これによって計算した税額が３万円に満たないときは、申請件数１件につき３万円である。〔オリジナル〕 | × |
| **5** | 特例有限会社が、定款を変更して、その商号中に株式会社という文字を用いる商号の変更をし、通常の株式会社への移行と同時に本店を他の登記所の管轄区域内に移転する定款の変更をした場合には、移転後の本店の所在場所をその本店の所在場所とする設立の登記を申請しなければならない。〔23-32-オ〕 | × |

×肢のヒトコト解説

**4** 税率は1000分の1.5です。

**5** 本店移転と、商号変更による設立は同時にできません。

## これで到達！ 合格ゾーン

□ 代表取締役を取締役の互選によって選定するとの定款の定めのある特例有限会社が、定款を変更して、その商号中に株式会社という文字を用いる商号の変更をし、取締役会設置会社でない通常の株式会社への移行をする場合には、移行時に取締役の全員が重任して、取締役の構成に変動が生じない場合は、商号の変更の前に取締役の互選により選定した者を代表取締役とする設立の登記を申請することができる。〔23-32-エ〕

**★商号変更時に限らず、選定時と効力発生時の取締役の構成が同じであれば、代表取締役の予選をすることができます（昭41.1.20 民甲271 号）。**

～錯誤とか遺漏とかでの登記の更正・抹消は必要な分だけです～

# 第12章 登記の更正及び抹消

不動産登記法と異なり、それほど出題されるところではありません。
そのためか、出題される論点が毎回同じなので、点数をとりやすいという面もあります。
理解しにくいところは、論点ごと結論を覚えることをお勧めします。

## 第1節 登記の更正

**132条（更正）**
登記に錯誤又は遺漏があるときは、当事者は、その登記の更正を申請することができる。

こちらに登記が更正できる場合が載っています。

**錯誤というのは間違っている、実体と違うという状態**を指しています。

**遺漏というのは、抜けている、登記事項が完全に入っていない状態**を指しています。

具体的に更正登記ができるかどうかを、事例で押さえていきましょう。

| 事例 | 更正登記の可否 |
|---|---|
| ① 資本金の額を「100万円」と変更したのが実体関係であるにもかかわらず、「1,000万円」と変更登記をしてしまった場合 | ○<br>錯誤にあたる |

まさに、錯誤に該当します。実体と登記が異なっている状態です。

| 事例 | 更正登記の可否 |
|---|---|
| ② 支配人の登記において、「支配人の氏名・住所」は登記されたが、「支配人を置いた営業所」が登記されていない場合 | ○<br>遺漏にあたる |

| ③　株主総会で取締役３名、監査役１名を選任したが、取締役３名の登記のみがなされ、監査役の登記をしなかった場合 | ×<br>別途、監査役の就任登記をすべき |
|---|---|

②は、完全な登記になっていません。**本来は却下されてもおかしくない内容**です。これは、登記事項が抜けていたということで、遺漏による更正ができます。

一方③ですが、監査役を除いて登記しても却下はされません。**却下されない事項を後から突っ込む場合は、遺漏とは評価されず通常の就任登記が必要**になります。

| 事例 | 更正登記の可否 |
|---|---|
| ④　６月４日に取締役に就任した旨の登記が６月６日にされる<br>→　後日６月７日に就任していることが判明した | ×<br>抹消登記をすべき |

結果的には、６月７日に効力が生じたことを６日に登記していたのです。つまり６日の時点ではまだ実体のない７日のことを登記していたことになります。

**実体のないことを登記していた場合は、更正では済みません**。１度、登記を抹消してやり直すことになります。

**将来のことを登記していたら、抹消してやり直す**と考えましょう。

## 問題を解いて確認しよう

1　取締役甲が平成３年６月４日に就任した旨の同月６日にされた登記につき、その就任の年月日に錯誤があったとして、同月７日就任したとする旨の登記の更正は、することができる。〔3-34-4（24-33-イ）〕　×

2　取締役を３名、監査役を２名選任した株主総会の議事録を添付して、取締役３名のみの登記を申請して登記がされた場合には、後日監査役につき遺漏があるとして登記の更正を申請することはできない。〔3-34-2（14-29-ア、24-33-ア）〕　○

## ×肢のヒトコト解説

1　将来のことを登記しているため、更正登記では済みません。本事例では、抹消登記をする必要があります。

| | | |
|---|---|---|
| 1. 事 | 錯誤による更正 | |
| 1. 登 | 商号を○○株式会社と更正 | |
| 1. 税 | 金２万円（登録税別表1.24.(1)ネ） | |
| 1. 添 | 錯誤があることを証する書面 | １通 |
| | 委任状 | １通 |

では、申請書がどうなるかを見ていきましょう。

この**更正登記には、登記期間がありません**。登記期間を「間違ってから２週間」ではないかと考えた人もいるかもしれません。ただ、間違ってから２週間だと、５年前の間違いに最近気付いたら、相当な過料になってしまいます。

かといって、「間違いに気付いてから２週間」とすると、おそらくほとんどの人が、今日気付いたと言い張るでしょう。そういうことから、登記期間を定めようがなかったのです。

**登記期間がないため、申請書に日付を入れる必要がありません。**

そして、登録免許税は２万円。今までにない税額になっています。

そして添付書類として「錯誤があることを証する書面」を付けて、勘違いだったことを立証します。

ただ、例外として添付が不要になることがあります。

＜錯誤があることを証する書面を添付しない場合＞
①氏名・住所の更正（商登132 Ⅱ但書）
②誤ってなされた登記の申請書又は添付書類により更正原因が明らかであるとき（商登規98）

①**名前や住所の変更があっても立証しないため、更正でも立証は不要**としています。

②については、下記を見てください。

添付書面
錯誤があることを証する書面
令和○年○月○日申請の変更登記申請書に添付の株主総会議事録を援用する。

**登記申請をしたときの添付書類と、申請書を見比べれば、申請書があきらかに間違っていることがわかる場合**です（株主総会議事録には「商号をBにする」と決めておきながら、申請書には「商号をAに変更する」と記載したような場合です）。

「前に出した登記申請書の添付書類を見れば間違っていることがわかるよ。だから、そっちを見てくれ」そういうニュアンスのことを添付書類欄に記載して、添付書類を付けないことも認められているのです。

問題を解いて確認しよう

| | | |
|---|---|---|
| 1 | 株式会社における、代表取締役の住所の登記の更正申請書には、錯誤を証する書面の添付を要する。〔62-35-2（24-33-オ）〕 | × |
| 2 | 取締役の氏名の更正の登記を申請する場合、当該登記の更正の申請書には、錯誤又は遺漏があることを証する書面を添付しなければならない。〔オリジナル〕 | × |

×肢のヒトコト解説

**1,2** 氏名・住所の更正の場合には、立証は不要です。

これで到達！

合格ゾーン

□ 本店を他の登記所の管轄区域内に移転した会社について、新所在地における資本金の額の登記が申請に基づき更正された場合、旧本店所在地の閉鎖した登記記録を復活して更正することは要しないとされている（平19.12.14 民商2722号参照）。〔22-31-エ〕

**★旧所在地から新所在地に本店移転をしたのですが、旧所在地の時点で資本金が間違っていました。この場合、新所在地で資本金の登記を更正すればいいとされています。旧所在地の登記簿（閉鎖されて、ほぼ誰も見ない）ものを更正する必要はありません。**

□ 剰余金の資本組入れによる変更の登記がされた後、資本金に組み入れるべき剰余金が存在しなかったことを理由として当該登記の更正を申請することはできない。〔14-29-オ、令2-31-イ〕

**★剰余金が存在しなかったのに組入れ登記をしている、つまり、実体がなかったのに登記をしているので、これは更正レベルで直せるものではなく、不存在を理由とした抹消登記をすべきでしょう。**

## 第2節　登記の抹消

**覚えましょう**

①次に該当する事由があること

商登24条1号：申請に係る当事者の営業所の所在地が当該申請を受けた登記所の管轄に属しないとき

商登24条2号：申請が登記すべき事項以外の事項の登記を目的とするとき

商登24条3号：申請に係る登記がその登記所において既に登記されているとき

商登24条5号：登記官が、2以上の登記の申請書を同時に受け取った場合又は2以上の登記の申請書についてこれを受け取った時の前後が明らかでない場合において、当該申請に係る登記をすることにより当該登記の申請書のうち他の申請書に係る登記をすることができなくなるとき

②登記された事項の実体関係が不存在の場合

③登記された事項につき無効原因があること
（訴えをもってのみその無効を主張することができる場合を除く）

**抹消登記を申請できる場合は、限定的**になっていて前の①②③のどれかにあたらないとできません。

①について

1号：**管轄が違うところで登記**していたら、抹消できます。

2号：**登記事項でないことを登記した場合**です。例えば社債を登記してしまった場合、それを抹消することができます。

3号：**二重登記**というものです。1つの会社で2つの登記簿ができてしまったら、後に片方を抹消することができます。

5号：**矛盾する登記のことを指します**。例えば、代表取締役がAからBに変わったという登記と、AからCに変わったという登記が入っていたとします。このような2つの登記はあり得ない登記です。

このような矛盾する登記が入っていたら、抹消することができます。

②について

先ほど、登記した時点で実体がなかった事例を説明しました（更正ではなく抹消登記をするべきとした事例です）。**登記した時点で実体がなければ、不存在による抹消という登記**をします。

③について

登記された事項に無効原因がある場合、つまり、無効になる可能性があるものは抹消ができます。

ただ、**抹消申請できないものもあります**。

Point

**訴えをもってのみ無効主張できるもの（会社828Ⅰ）**

① 会社の設立
② 株式会社の成立後における株式の発行
③ 自己株式の処分
④ 新株予約権の発行
⑤ 株式会社における資本金の額の減少
⑥ 会社の組織変更
⑦ 会社の吸収合併

⑧　会社の新設合併
⑨　会社の吸収分割
⑩　会社の新設分割
⑪　株式会社の株式交換
⑫　株式会社の株式移転

例えば、設立行為に瑕疵があったのですが、それが登記審査で気付かれずに登記が入りました。この場合、その設立は有効です。無効にしたければ、訴えを起こして、勝訴する必要があります。

**勝訴するまでは有効なので、抹消申請をすることができません。**
では、訴えて勝訴すれば無効になるので、その時点で抹消申請ができるかというと、それはできません。

**訴えて勝訴すると、裁判所が嘱託で抹消をしてくれます。**だから**我々が抹消申請をすることができない**のです。

上記の①〜⑫に載っているものは、すべて共通で、瑕疵があっても有効だから抹消申請ができないし、訴えで勝訴したとしても、嘱託で登記がされるから、結果として抹消申請ができないのです。

## 定足数を欠く取締役会決議によって設置する旨決定された支店設置登記の抹消

1．事　登記事項の無効による抹消
1．登　「○年○月○日設置 支店 千葉県千葉市○○」との登記の抹消
1．税　金２万円（登録税別表1.24.(1)ナ）
1．添　登記事項に無効原因があることを証する書面　1通
　　　委任状　1通

**更正と同じく、登記期間がありません**（だから、**申請書に日付が入りません**）。

また、登録免許税が２万円なのですが、根拠区分が更正と違うことに気を付けてください（ナとネになっています）。だから、更正登記と抹消登記を一括申請した場合、登録免許税は４万円になります。

> **規100条（登記の抹消）**
> 登記の抹消をする場合には、抹消すべき登記事項を抹消する記号を記録し、その登記により抹消する記号が記録された登記事項があるときは、その登記を回復しなければならない。

更正登記でも同じ条文があるのですが、抹消登記のほうがイメージを持ちやすいので、抹消登記で説明します。

取締役A　令和６年２月20日辞任

Ａの辞任登記が入っています。ただ、この辞任登記は、間違えて入れてしまったもので、この辞任登記の抹消申請をしました。それが次の図です。

取締役A　令和６年２月20日辞任<br>
　　　　　令和６年３月20日不存在により抹消

辞任のところに下線が入っていますね。

ただ辞任がなかったのであれば、Ａは、取締役として復活します。それが次の登記簿の状態です。

取締役A　令和６年２月20日辞任<br>
　　　　　令和６年３月20日不存在により抹消<br>
取締役A　令和６年３月20日抹消により回復

この登記簿は、登記官が職権でやってくれます。**辞任登記の抹消を申請すれば、回復は職権でやってくれる**ということです。

択一の引っ掛けとしては、「**抹消申請と回復の申請をしなければいけない→×**」というのが典型例です。

以上で更正・抹消登記は終了です。

## 問題を解いて確認しよう

| | | |
|---|---|---|
| 1 | 登記の更正を申請する場合には、その登記により抹消する記号が記録された登記事項があるときであっても、当該株式会社は、その登記の回復を申請することを要しない。〔24-33-ウ〕 | ○ |
| 2 | 取締役の辞任の登記に錯誤がある場合には、辞任の登記の抹消と辞任の登記により抹消する記号が記録された取締役の氏名の回復とを同時に申請しなければならない。〔59-39-1〕 | × |
| 3 | 取締役の辞任による変更の登記が当該辞任に係る当該取締役の意思表示の錯誤により無効であった場合において、当該変更の登記により抹消する記号が記録された取締役の氏名の登記を回復するときは、当該変更の登記の抹消の申請をしなければならない。〔22-31-ウ〕 | ○ |
| 4 | 取締役の解任による変更の登記に錯誤がある場合において、当該解任による変更の登記の抹消を申請したときは、抹消する記号が記録された取締役の氏名は登記官の職権で回復される。〔オリジナル〕 | ○ |

### ×肢のヒトコト解説

2 回復は職権で行ってくれます。

## 2周目はここまで押さえよう

| | 事例① | 事例② |
|---|---|---|
| 状況 | 資本金の額<br>実体　1,000万円　→　5,000万円<br>登記　1,000万円　→　3,000万円 | 資本金の額<br>実体　1,000万円　→　5,000万円<br>登記　1,000万円　→　7,000万円 |
| なすべき登記 | ×　更正登記　○　抹消登記<br>＋変更登記 | ○　更正登記 |
| 補足 | | 債権者保護関係書面は添付しないでかまわない。 |

募集株式発行で、資本金を間違えて登記してしまった場合の処理の仕方をまとめています。

まず事例①のように、資本金を少なく登記してしまった場合、なすべき登記は更正登記では済みません。実体を公示しなおすために、いったんは抹消して、募集株式発行登記をやり直すことになります（ただ、登録免許税は差額分×1000分の7になります）。

一方、事例②のように多めに登記してしまった場合は、一回の更正登記で直せます。そして、この場合、登記簿上は資本金が減少していますが、実質は5,000万円のままだということから（実体は資本減少ではない）、債権者保護手続は要求されません。

| | | |
|---|---|---|
| ✓ 1 | 募集株式の発行による変更の登記において、誤った申請により資本金の額が少なく登記された場合には、当該登記後に更に資本金の額の変更の登記がされている場合を除き、資本金の額について当該登記の更正を申請することができる。〔令2-31-エ（22-31-オ）〕 | × |
| 2 | 募集株式の発行による変更の登記において資本金の額を誤って多く登記した場合には、当該登記後に更に資本金の額の変更の登記がされているときを除き、債権者の異議手続をしたことを証する書面を添付することなく、資本金の額の登記の更正を申請することができる。〔22-31-イ〕 | ○ |

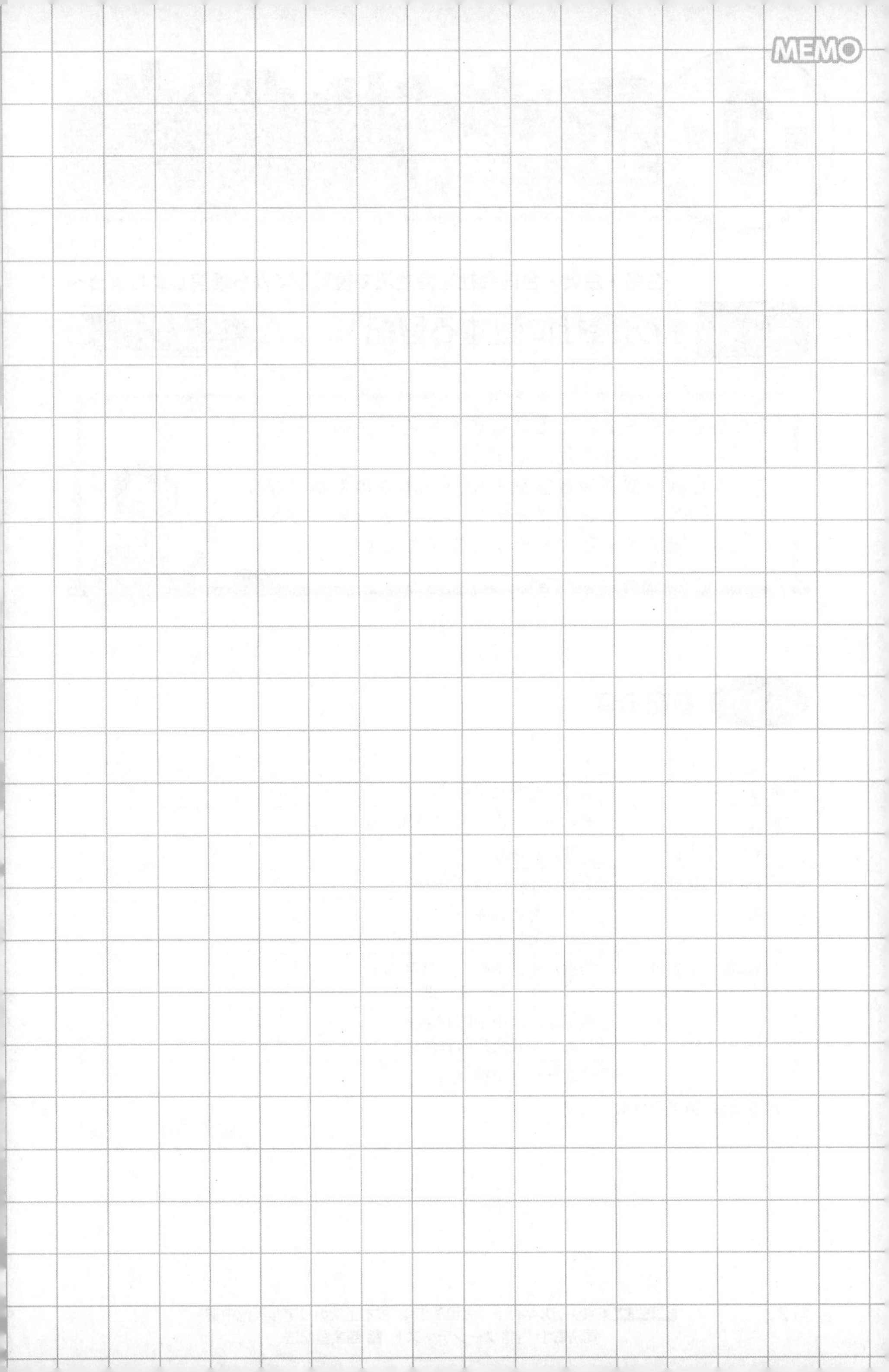
MEMO

# 第3編 択一対策編

～合名・合資・合同会社を会社法で復習してから理解しましょう～

## 第1章 持分会社に関する登記

令和７年本試験は
ここが狙われる！

これからは択一でよく出る論点を中心に説明します。
まずは、持分会社の登記です。
ここは定款記載事項と登記事項が基本中の基本になります。細かいことを覚える前に、この２つをしっかりと理解・暗記することを心がけてください。

### 第１節 登記事項

| 商 号 | 合名会社横浜木材商店 |
|---|---|
| 本 店 | 横浜市中区山下町37番地の９ |
| 公告をする方法 | 官報に掲載してする |
| 会社成立の年月日 | 令和○年○月○日 |
| 目 的 | １　木材の販売<br>２　上記に附帯する一切の事業 |
| 社員に関する事項 | 横浜市中区本町二丁目10番地<br>社員　甲　野　太　郎 |
| | 横浜市中区山下町15番地<br>社員　株式会社西野商店 |
| | 代表社員　甲野太郎 |
| 登記記録に関する事項 | 設立<br>令和○年○月○日登記 |

社員に関する事項に何が載っているかが重要です。**合名会社では、出資者の全員の名前と住所が登記されます**。

合名会社の出資者（社員）は、全員直接無限責任を負っています。つまり、債権者は、直接社員に債権全額の請求ができるのです。そこで、**どこの誰に請求できるのかを公示するために、名前と住所すべて書く**のです。

取引する相手は、ここを見て、

会社と取引して払えなければ、彼らが責任取ってくれるんだな。
取引相手


と信頼するのです。

次に、代表社員というところを見てください。

持分会社は社員全員が代表権を持っていますが、代表権を限定することも可能です。代表権を限定した場合は、**限定された者だけが登記されます**。

ちなみに、前出の登記簿の代表社員という欄を手で隠して見てください。そのような登記簿もあり得ます。それは、**社員が全員代表社員という状態**なのです。この場合は、代表社員ということをあえて書きません。

各自代表になっている場合は、代表社員は登記されない


このように押さえてください。

次の登記簿を見てください。

| 社員に関する事項 | 代表社員　株式会社西野商店<br>横浜市中区本町三丁目30番地<br>職務執行者　西野三郎 |
|---|---|

これは**代表社員が法人の場合の登記簿**です。

法人は取締役になれません。人のように動けないからです。

しかし、法人は出資することができるため、法人は社員になることができ、法人が業務執行をする立場に立ってしまうことがありえます。

ただ、法人は人のように動けないので、**業務執行をする社員に選ばれた法人は、具体的に仕事をする人を選ぶ**ことになります。

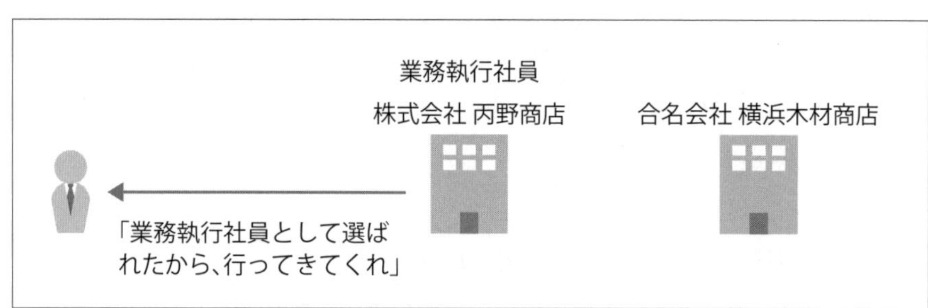
業務執行社員
株式会社 丙野商店
合名会社 横浜木材商店
「業務執行社員として選ばれたから、行ってきてくれ」

このように、誰かを派遣することになります（この者は、その会社の代表取締役である必要はありません）。その場合、その派遣される人の名前と住所が登記事項です。**誰が、実際に会社を代表するのかを公示すること**にしています。

| 商 号 | 合資会社横浜菓子本舗 |
|---|---|
| 本 店 | 横浜市中区山下町37番地の9 |
| 公告をする方法 | 官報に掲載してする |
| 会社成立の年月日 | 令和○年○月○日 |
| 目 的 | 1　和菓子の販売<br>2　上記に附帯する一切の事業 |
| 社員に関する事項 | 横浜市中区本町二丁目10番地<br>無限責任社員　甲　野　太　郎 |
| | 横浜市中区本牧町二丁目20番地<br>無限責任社員　乙野商事株式会社 |
| | 横浜市中区山下町15番地<br>有限責任社員　丙　野　五　郎<br>神奈川県鎌倉市小袋台70番地宅地150平方メートル、<br>この価額金500万円　全部履行 |
| | 横浜市戸塚区戸塚町100番地<br>有限責任社員　丁　野　六　郎<br>金100万円　内金50万円履行 |
| | 代表社員　甲野太郎 |

| 登記記録に関する事項 | 設立<br>令和○年○月○日登記 |
|---|---|

今度は合資会社です。社員に関する事項というところを見てください。

まず、こちらは**無限責任と有限責任という肩書が全員に振られます**。1人1人の社員の性質を公示しているのです。

先ほどの合名会社では、このように無限責任というのは書かれませんよね。**みんなが無限責任なのですから書く必要はありません。合資会社は有限責任と無限責任がいるので、それぞれどっちなのかを明確に書きます**。

そして、無限責任でも有限責任でも、直接責任を負いますので、どこの誰に請求できるかを表すために、名前と住所まで載せます。

それだけではありません。**有限責任社員の方だけ、出資している内容が書かれています**。

上記の登記簿では、「丙野五郎さんは、土地を出資しようとしている。そして出資が終わっている」「丁野六郎さんは、100万円出資する予定で、50万円だけ履行している」というのがわかります（合名会社・合資会社の社員は出資の約束さえすれば、社員となるので、出資の約束をしながらもまだ払ってないこともあります)。

丁野には、50万円を請求できるぞ。
(丙野には、請求できないな…)
債権者


このように出資する内容と、それが出資されているかは登記事項になっていますが、これは、**出資がされていない部分を債権者が丁野六郎に直接請求できる**からです。

債権者が請求できる金額を公示するために、いくら履行する予定で、実際いくら履行しているかを登記しているのです。

では、なぜ無限責任社員には、出資内容が載らないのでしょうか。

限度がないからです。いくらの**出資約束をして、いくら履行していようが、会**

**社債務について、限度なく責任を取ります**。だから出資内容を書く意味がないのです（合名会社でも、この出資の内容と履行した部分は登記していないことを確認してください）。

では代表社員の部分を見てください。ここは先ほどの合名会社と同じで、各自代表なら登記をしません。

| 社員に関する事項 | 代表社員　株式会社西野商店<br>横浜市中区本町三丁目30番地<br>職務執行者　西野三郎 |
|---|---|

代表社員が法人だった場合についても、合名会社と同じです。

| 商 号 | 合同会社横浜菓子本舗 |
|---|---|
| 本 店 | 横浜市中区山下町37番地の9 |
| 公告をする方法 | 官報に掲載してする |
| 会社成立の年月日 | 令和○年○月○日 |
| 目 的 | 1　和菓子の販売<br>2　上記に附帯する一切の事業 |
| 資本金の額 | 金500万円 |
| 社員に関する事項 | 業務執行社員　甲野商事株式会社 |
| | 業務執行社員　丁野六郎 |
| | 業務執行社員　戊野七郎 |
| | 横浜市中区山下町15番地<br>　代表社員　丁野六郎 |
| 登記記録に関する事項 | 設立<br>令和○年○月○日登記 |

今度は合同会社の登記簿です。

**今までと違って、資本金の額という欄があります**。

合同会社の債権者は社員に請求ができず、会社財産を当てにしています。**会社財産を当てにしているので、会社財産を最低どれだけ持っているのかを公示**します。

次に、社員に関する欄を見てください。**すべての社員の住所氏名は載りません**。

**合同会社の場合、社員には請求できないため、名前と住所を載せる実益がない**のです。

合同会社は、株式会社と同じように考える

株式会社の場合は、内部的な事を行う取締役と、対外的な事まで行う代表取締役を登記しました。そして取締役は名前だけ、代表取締役は名前と住所を登記しました。代表取締役は指名委員会等設置会社でなければ、必ず登記しますよね。

合同会社も同じような仕組みになっていて、**内部的な仕事をする業務執行社員は名前だけ登記**し、**代表権を持っている社員は名前と住所まで登記**し、**代表社員は、必ず登記**します。

ちなみに、**出資の履行した部分は登記事項になっていません**。

合同会社については、出資しなければ社員と認めませんでした。そのため、仮に履行した部分を登記しても、**全員が全部履行している状態になっているので、登記する実益がありません**。

| 社員に関する事項 | 横浜市中区山下町15番地<br>　代表社員　甲野商事株式会社<br>横浜市中区山下町15番地<br>職務執行者　甲野太郎 |
|---|---|

代表社員が法人だった場合の処理は同じです。やはり職務執行者を登記します。

以上の登記事項の比較を、次のページでまとめています。

## ◆ 持分会社の本店所在地の登記事項 ◆

登記事項 → ○、登記事項ではない → ×

<table>
<tr><th>持分会社の種類<br>事項</th><th>合名会社<br>（会社912）</th><th>合資会社<br>（会社913）</th><th>合同会社<br>（会社914）</th></tr>
<tr><td>通常の社員</td><td colspan="2">○<br>氏名（名称）・住所</td><td>×</td></tr>
<tr><td>社員が有限責任社員・無限責任社員のいずれであるかの別</td><td></td><td>○</td><td></td></tr>
<tr><td>社員の出資の目的及びその価額並びに既に履行した出資の価額</td><td>×</td><td>有限責任社員の出資の目的及びその価額並びに既に履行した出資の価額</td><td>×</td></tr>
<tr><td>資本金の額</td><td colspan="2">×</td><td>○</td></tr>
<tr><td>業務執行社員</td><td colspan="2">×</td><td>○<br>氏名（名称）</td></tr>
<tr><td>代表社員</td><td colspan="2">△<br>氏名（名称）<br>（会社を代表しない社員がある場合に限る）</td><td>○<br>氏名（名称）・住所<br>（常に登記事項）</td></tr>
</table>

**Q.** 「通常の社員」、なぜ合同会社は登記しないのですか。

**A.** 合同会社の社員には直接請求ができないからです。

**Q.** 「社員が有限責任・無限責任のいずれかであるかの別」をなぜ合名会社と合同会社では登記しないのですか。

**A.** 合名会社は全員無限責任社員、合同会社は全員有限責任社員、だから登記する実益がないのです。

**Q.** 「社員の出資の目的及びその価額並びに履行した出資の価額」、これをなぜ合名会社と合同会社は載せないのですか。

**A.** 合名会社はみんな無限責任で、合同会社はみんな出資の履行が全部終わっているからです。

**Q.** 「資本金の額」をなぜ合名会社・合資会社では登記しないのでしょうか。

**A.** 合名・合資会社の債権者は、会社財産よりも社員を当てにしています。だから会社財産の基準は公示する実益がありません。

**Q.** 「業務執行社員」をなぜ合名会社、合資会社では登記しないのでしょうか。
**A.** よくわかりません。内部的なことなので、公示しなくてよいらしいです（だったら、合同会社で登記する理由がわかりません…）。
ここは飲み込んでください。

最後に、代表社員の部分ですが、処理が若干違うことに気付いてください。

まず、**合名・合資会社は名前しか載りません**。住所は既に通常の社員として載せていますから、もう１度、住所を入れる必要はないのです。そして登記する場面が限定的で、各自代表だった場合は登記しません。

**合同会社では名前と住所まで必ず登記します**。

すべての持分会社に共通の登記事項（会社912条～914条）
① 目的
② 商号
③ 本店及び支店の所在場所
④ 会社の存続期間又は解散の事由についての定款の定めがある場合は、その定め
⑤ 会社を代表する社員が法人である場合は、当該社員の職務を行うべき者の氏名及び住所
⑥ 会社法939条１項の規定による公告方法についての定款の定めがある場合は、その定め
⑦ 公告方法についての定款の定めが電子公告を公告方法とする旨のものである場合は、次に掲げる事項
　イ　電子公告により公告すべき内容である情報について不特定多数の者がその提供を受けるために必要な事項であって法務省令で定めるもの（施規220）
　ロ　会社法939条３項後段の規定による定款の定めがある場合は、その定め
⑧ 公告方法についての定款の定めがない場合は、会社法939条４項の規定により官報に掲載する方法を公告方法とする旨

これはすべての持分会社で共通する登記事項です。ざっと見ていただければ十分ですが、⑤だけ気を付けてください。

ここは、代表社員が法人だった場合に、職務執行者を登記するという部分となります。

覚えましょう

◆ 持分会社の定款の絶対的記載事項 ◆

| 事項＼持分会社の種類 | 合名会社（会社576Ⅰ・Ⅱ） | 合資会社（会社576Ⅰ・Ⅲ） | 合同会社（会社576Ⅰ・Ⅳ） |
|---|---|---|---|
| 目的 | ○ | | |
| 商号 | ○ | | |
| 本店の所在地 | ○ | | |
| 社員 | ○<br>全員の氏名（又は名称）及び住所 | | |
| 社員が有限責任社員・無限責任社員のいずれであるかの別 | ○<br>社員の全部を無限責任社員とする旨 | ○<br>社員の一部を無限責任社員とし、その他の社員を有限責任社員とする旨 | ○<br>社員の全部を有限責任社員とする旨 |
| 社員の出資の目的及びその価額又は評価の標準 | ○ | | |

これは**定款記載事項の比較**の表です。

注目してほしいのは、社員という欄です。**社員はすべて定款に記載**します。だから１人でも社員が変わろうものなら、定款変更になります。

また、「社員が有限責任社員・無限責任社員のいずれであるかの別」の部分ですが、定款には１人１人、無限責任社員か有限責任社員かを書きます。ここは**登記事項と違うところ**です。

そして１番下の「社員の出資の目的及びその価額又は評価の標準」、ここが出資の約束の部分です。どのぐらい出資をするのかというのは、合名会社、合資会社、合同会社、どの会社でも定款に記載します。

そして、約束だけなく、全部履行することを要求しているのは合同会社だけです。合名・合資会社は約束をするだけで社員と扱われます。

以上が持分会社の基礎知識、定款記載事項と登記事項の部分となります。

## 問題を解いて確認しよう

| | 問題 | 解答 |
|---|---|---|
| 1 | 合名会社、合資会社、合同会社のいずれの場合も、持分会社を代表する社員が法人であるときは、当該社員の職務を行うべき者の氏名及び住所を登記しなければならない。〔オリジナル〕 | ○ |
| 2 | 合名会社、合資会社、合同会社のいずれの会社を設立する場合であっても、公告方法についての定款の定めがないときは、官報に掲載する方法を公告方法とする旨を登記しなければならない。〔オリジナル〕 | ○ |
| 3 | 合名会社の場合、社員全員の氏名又は名称及び住所を登記しなければならないが、合同会社の場合、合同会社の業務を執行する社員の氏名又は名称及び住所を登記しなければならない。〔オリジナル〕 | × |
| 4 | 合名会社の設立の登記においては、社員の氏名又は名称及び住所並びに無限責任社員である旨を登記しなければならない。〔オリジナル〕 | × |
| 5 | 合名会社においては、社員の全部が無限責任社員である旨を登記することを要しない。〔オリジナル〕 | ○ |
| 6 | 合資会社において、社員が無限責任社員又は有限責任社員のいずれであるかの別は、定款の絶対的記載事項であるが、登記事項ではない。〔オリジナル〕 | × |
| 7 | 合資会社の設立の登記においては、社員が有限責任社員又は無限責任社員のいずれであるかの別を登記しなければならない。〔オリジナル〕 | ○ |
| 8 | 合資会社においては、社員全員の出資の目的及びその価額並びに既に履行した出資の価額を登記しなければならない。〔オリジナル〕 | × |
| 9 | 合同会社の設立の登記においては、社員の出資の目的及びその価額並びに既に履行した出資の価額を登記しなければならない。〔オリジナル〕 | × |
| 10 | 合資会社の設立の登記においては、資本金の額を登記しなければならない。〔オリジナル〕 | × |

## ×肢のヒトコト解説

3 業務を執行する社員については、氏名だけが登記事項です。

4 無限責任社員である旨は登記事項ではありません。

6 定款の絶対的記載事項ですし、登記事項です。

8 これらの内容が登記されるのは、有限責任社員だけです。

9 合同会社の社員はすべて履行しているので、登記されません。

10 合資会社では、資本金は登記されません。

## 第2節 社員に関する登記

持分会社の出資者のことを社員と呼びます。

この出資者が入ってくる場面と、抜けていく場面の登記を見ていきます。

| 社員に関する事項 | 横浜市中区山下町40番地<br>社員　丁野四郎 | 令和5年10月1日加入<br>令和5年10月8日登記 |
|---|---|---|

出資者が新たに入ってくるという場面の登記簿です。就任ではなく、加入という文字を使っています。

### ◆ 新たな出資による加入の手続 ◆

| | |
|---|---|
| 原則 | 持分会社の社員の加入は、当該社員に係る定款の変更をした時に、その効力を生ずる（会社604 Ⅱ）。 |
| 合同会社の場合 | 合同会社が新たに社員を加入させる場合において、新たに社員となろうとする者が、定款の変更をした時にその出資に係る払込み又は給付の全部又は一部を履行していないときは、その者は、当該払込み又は給付を完了した時に、合同会社の社員となる（会社604 Ⅲ）。 |
| 資本金の額 | 社員が出資の履行をした場合には、持分会社の資本金の額は、原則として、当該出資により払込み又は給付がされた財産の額の範囲内で、持分会社が計上するものと定めた額が増加する（会社計規30 Ⅰ①）。 |

定款で入るよという約束さえすれば、出資をしていなくても社員となるので、**定款変更時が効力発生日**になります。ただ、**合同会社では出資しないと社員になれないので、効力発生日が異なってきます**。

そして、出資の際に、持分会社は資本金を増やすこともできます。

ただ、**株式会社と違って、出資の半分は資本金に入れろというルールがありません**。だから、出資があっても、増加する額を0円と決めれば、資本金を増やさないで済みます。

| 社員に関する事項 | 東京都中央区八丁堀三丁目３番２号<br>有限責任社員　乙野太郎<br>金200万円　全部履行 | |
|---|---|---|
| | | 令和５年12月３日退社<br>令和５年12月10日登記 |
| | 東京都千代田区大手町二丁目<br>１番16号<br>有限責任社員　丙野五郎<br>金200万円　全部履行 | 令和５年12月３日加入<br>令和５年12月10日登記 |

これは、乙野太郎の持分を丙野五郎が買って、入ってきたという登記簿になっています。乙野太郎は退社、そして丙野五郎が加入となっています。

この持分譲渡は、当事者の合意だけではできません。

| | 持分譲渡の要件 |
|---|---|
| 原則 | 他の社員の全員の承諾<br>（会社585 Ⅰ） |
| 業務を執行しない有限責任社員が持分を譲渡する場合 | 業務執行社員の全員の承諾<br>（会社585 Ⅱ） |

**持分譲渡をするには、他の社員の全員の同意が必要**です。社員間には信頼関係があるので、他の社員の全員からＯＫがないと社員になれないのです。

ただし、**業務を執行しない有限責任社員が持分を譲渡する場合は、規制が緩くなります**。**仕事もしないし、責任も軽い社員が譲渡する場合は、影響が小さいことから、業務執行社員全員でできる**のです。

以上の登記簿を作るためには、どんな添付書類が要るか見ていきます。

加入の登記の添付書類
・加入の事実を証する書面（商登96 Ⅰ、111、118）
・法人社員関係書面

共通事項として必要なものは2つあって、そのうちの1つが、加入の事実を証する書面です。具体的に何を付けるのかを、次の図表でまとめています。

**◆ 加入の事実を証する書面 ◆**

| | |
|---|---|
| 新たな出資による加入の場合 | ・定款の変更に係る「総社員の同意書」等 |
| 持分の譲受による加入の場合 | ・持分譲渡契約書<br>・定款の変更に係る「総社員の同意書」等 |
| | 業務を執行しない有限責任社員の持分の譲受けにより加入するとき<br>・持分譲渡契約書<br>・譲渡された持分が業務を執行しない社員に係るものであることを証する書面（変更前の定款等）<br>・業務執行社員の全員の同意書 |
| 相続または合併による加入の場合 | ・会社法608条1項の定めがある定款<br>・戸籍謄抄本等又は登記事項証明書 |

**定款変更となるので、総社員の同意書が必要**です。

ただ、有限責任社員の持分の譲り受けの場合は、要件が緩くなっているので、その場合は、**業務執行社員全員の同意で構いません。**

ただし、**業務を執行しない有限責任社員であることを立証することになります。これは定款で立証が可能です**。定款を見れば有限責任か、無限責任かが分かります。また、業務執行権を限定しているかどうかも、定款で分かります。

他に、入社の仕方としては、相続または合併ということもあります。

本来、**社員に相続があった場合は、退社扱い**になって、相続人は入社することができません。ただ、**相続があった場合には相続人が加入するというｖことを、定款に定めることができます**。この定めがあれば、相続人が入社できます。

この場合には、定款で「相続人が入社できる」ということを立証する必要があるし、入社する人が相続人であることの立証も必要となります。

Point

社員と持分会社との間には、株式会社の取締役と会社との間における民法上の委任の関係はない（会社593・330参照）ので、就任の承諾は問題とならない。

社員というのは出資者です。会社と委任契約を結ぶ関係ではなく、会社に出資をしている関係です。そのため、**取締役のように就任承諾書を添付することにはなりません**。

### 法人社員関係書面

① 代表社員となるときは、次に掲げる書面（商登96Ⅰ・94②、111、118）
　イ 当該法人の登記事項証明書
　ロ 当該法人の職務執行者の選任に関する書面
　ハ 当該法人の職務執行者の就任承諾を証する書面
② 代表社員以外の社員となるときは、次に掲げる書面
　当該法人の登記事項証明書（商登96Ⅰ・94③、111、118）

法人が社員になる場合に別途要求される書面があります。それが俗称で、法人社員関係書面と呼ばれるもので、上の図表にまとめています。

**法人が入社するタイミングで、実在していることの立証が必要**です。これは登記事項証明書で行います。

また、代表社員が法人だった場合には、職務執行者を登記しますよね。だから、**職務執行者を選んだということ、その者が就任承諾したということの立証が必要**となります。

ちなみに、ここまで、**登記事項証明書と出てきたものは、会社法人等番号に代えることが可能**です。

覚えましょう

合資会社特有の添付書面
・有限責任社員が新たに出資を履行して加入した場合
　→有限責任社員が既に履行した出資の価額を証する書面（商登112）

合資会社の有限責任社員が入ってくる場合には、添付書類が増えます。

有限責任社員はどれだけ履行しているかが**登記事項なので、どれだけ履行しているかを立証すること**になります。

合同会社特有の添付書面

・新たに出資を履行して加入した場合
　→出資に係る払込み又は給付があったことを証する書面（商登119）

・新たに出資を履行して加入した場合において、資本金の額が増加したとき
　→資本金の額の決定に係る「業務執行社員の過半数の一致があったことを証する書面」（商登118・93）

・資本金の額が会社法及び会社計算規則の規定に従って計上されたことを証する書面（商登規92・61 IX）

合同会社になると、もっと追加添付書類があります。

**合同会社の場合は、払わないと社員になれませんので、全部払ったという立証が要ります**。

また、**資本金を増加した場合は、いくら増やしたかという決定の部分と、その計上を証する書面とが必要**になります。

ちなみに、計上を証する書面には特則があります。

**Point**

社員が出資の履行をした場合であって、出資に係る財産が金銭のみである場合は、この証明書は不要である（平19.1.17民商91号）

株式会社の設立でも同じような論法がありましたね。それと同じで、合同会社の増資の場合も、金銭だけなら立証を要求していません。

## 問題を解いて確認しよう

| | 問題 | 解答 |
|---|---|---|
| 1 | 合資会社の有限責任社員の入社による変更の登記の申請書には、就任承諾書及び入社の事実を証する書面を添付しなければならない。〔17-29-ウ〕 | × |
| 2 | 合名会社に無限責任社員が入社する場合には、無限責任社員の入社の登記の申請書には、当該無限責任社員が就任を承諾したことを証する書面を添付しなければならない。〔18-35-イ〕 | × |
| 3 | 合同会社において、新たな出資により業務を執行する社員が加入したことによる変更の登記の申請書には、出資に係る払込み又は給付があったことを証する書面を添付しなければならない。〔オリジナル〕 | ○ |
| 4 | 合資会社の業務を執行しない有限責任社員が持分の全部を他人に譲渡した場合には、社員の変更の登記の申請書には、持分の譲渡について総社員の同意があったことを証する書面を添付しなければならない。〔18-35-ウ（22-34-ア）〕 | × |
| 5 | 個人が合同会社の業務執行社員の持分の全部を譲受け、業務執行社員として加入した場合、業務執行社員の加入による変更の登記の申請書には、その事実を証する書面として、持分の譲渡契約書及び定款の変更に係る総社員の同意があったことを証する書面を添付しなければならない。〔オリジナル〕 | ○ |
| 6 | 合資会社の業務を執行しない有限責任社員の持分を譲り受けたことにより、新たに社員が加入した場合、当該社員の加入による変更の登記の申請書には、その譲渡に係る定款の変更につき総社員の同意があったことを証する書面を添付しなければならない。〔オリジナル〕 | × |
| 7 | 個人が、合同会社の業務を執行しない社員の持分を譲り受け、業務執行社員として加入した場合には、業務執行社員の加入による変更の登記の申請書には、その事実を証する書面としては、持分の譲渡契約書、定款変更に係る業務執行社員の全員の同意があったことを証する書面及び変更前の定款を添付すれば足りる。〔19-35-ウ〕 | ○ |
| 8 | 社員が死亡した場合に当該社員の相続人が当該社員の持分を承継する旨の定款の定めがある合名会社において、社員が死亡し、その者に当該持分会社の社員ではない相続人がいる場合、当該死亡した社員の退社による変更の登記及び相続人の加入による変更の登記を申請しなければならない。〔オリジナル〕 | ○ |

## ×肢のヒトコト解説

1,2 社員と会社は委任契約ではないため、就任承諾をしたことを証する書面は不要です。

4,6 業務執行社員全員の承諾書で足ります。

## 2周目はここまで押さえよう

### ◆（合資会社）社員間の持分の一部譲渡により出資を変更した場合◆

<table>
<tr><td rowspan="4">社員に関する事項</td><td colspan="2"><u>東京都目黒区目黒五丁目12番3号<br>有限責任社員　甲　野　太　郎<br>金350万円　全部履行</u></td></tr>
<tr><td>東京都目黒区目黒五丁目12番3号<br>有限責任社員　甲　野　太　郎<br>金300万円　全部履行</td><td>令和5年12月3日持分の一部譲渡<br>令和5年12月10日登記</td></tr>
<tr><td colspan="2"><u>東京都大田区中央一丁目3番3号<br>有限責任社員　乙　野　次　郎<br>金200万円　全部履行</u></td></tr>
<tr><td>東京都大田区中央一丁目3番3号<br>有限責任社員　乙　野　次　郎<br>金250万円　全部履行</td><td>令和5年12月3日持分の一部譲受<br>令和5年12月10日登記</td></tr>
</table>

社員が、他の社員に持分の「全部」を移転した場合には、退社の登記が必要となります。

一方、他の社員に持分の一部を移転した場合には、原則として、登記事項に変更は生じません。

ただし、上記の図のとおり、合資会社の有限責任社員が一方当事者となるときは、出資の価格等に変化が生じます（譲渡した方の出資価額が減少し、譲り受けた方の出資価額が増加します）。

## これで到達！　合格ゾーン

□ 合資会社の業務を執行しない有限責任社員が持分の一部を他の社員に譲渡した場合における有限責任社員の出資の目的等の変更の登記の申請書には、業務執行社員の全員の同意があったことを証する書面を添付すれば足りる（111・93)。〔28-34-エ〕

**★持分全部譲渡の場合には、「退任の事実を証する書面」という名目で持分の譲渡契約書、譲渡された持分が業務を執行しない社員に係るものであることを証する書面も添付しますが、退社しない本事例ではこれらの書面まで要求されません。**

□ 清算持分会社は、新たな出資により又は持分の譲受けにより社員を加入させることができない（会社674①・604Ⅰ）。

**★清算持分会社は、社員関係の終結に向けて清算を行っているため、社員の加入を認めていません。**

1．事　　社員の退社
1．登　　○年○月○日　社員　何某　退社

1．事　　無限（有限）責任社員の退社
1．登　　○年○月○日　無限（有限）責任社員　○○　退社

1．事　　業務執行社員の退社及び資本金の額の減少
1．登　　○年○月○日　業務執行社員　何某　退社
　　　　同日変更
　　　　資本金の額　金○○万円

退社という、出資者が抜ける場面の登記を学習します。

上記に申請書が３つ並んでいますが、それぞれ合名会社の申請書、合資会社の申請書、合同会社の申請書です。

合同会社の申請書についてですが、資本金を登記していることに気付くでしょうか。**退社をすれば、持分の払戻しをしますが、そのタイミングで、資本のメモリを下げることができる**のです。

では、この登記申請をするために、必要な添付書類を見ていきます。

| 論点<br>持分会社の社員の退社事由 | 退社の事実を証する書面<br>（商登96Ⅰ・111・118） |
|---|---|
| i　持分の全部の譲渡による退社 | 「持分の譲渡契約書」＋「総社員の同意書」 |
| ii　予告による退社（会社606Ⅰ Ⅱ） | 「6か月前に予告したことを証する退社員の退社予告書」 |
| iii　やむを得ない事由による退社（会社606Ⅲ） | 「退社員の退社届」 |
| iv　定款で定めた事由の発生（会社607Ⅰ①） | 「定款」＋「当該事由の発生を証する書面」 |
| v　総社員の同意（会社607Ⅰ②） | 「総社員の同意のあったことを証する書面 |
| vi　死亡（会社607Ⅰ③） | 「戸籍抄本」又は「死亡診断書」 |
| vii　破産手続開始の決定（会社607Ⅰ⑤） | 「破産手続開始の決定書の謄本」 |
| viii　後見開始の審判を受けたこと（会社607Ⅰ⑦） | 「後見登記の登記事項証明書」<br>又は「後見開始の審判書の謄本及び確定証明書」 |
| ix　社員の持分を差し押さえた債権者が、その社員を退社させた場合（会社609） | 「会社及び当該社員に対して6か月前に予告をしたことを証する書面」<br>＋「当該社員の持分を差し押さえたことを証する書面（当該社員の持分に対する差押命令の謄本）」 |

「退社の事実を証する書面」という添付書類です。これは、退社した理由に応じて、それぞれ立証していきます。

１つ１つの退社事由と、立証書面を見比べれば納得ができると思います。

ただ、図表のixは気を付けてください。

**会社法第609条（持分の差押債権者による退社）**

社員の持分を差し押さえた債権者は、事業年度の終了時において当該社員を退社させることができる。この場合においては、当該債権者は、6箇月前までに持分会社及び当該社員にその予告をしなければならない。

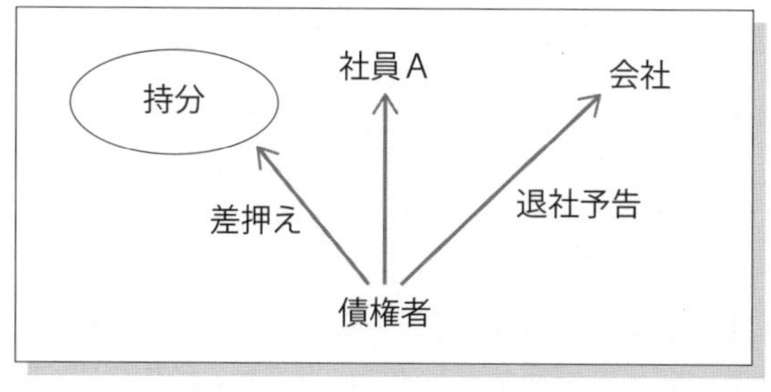


ある債権者が持分を差し押さえています。持分を差し押さえていれば、会社に対し、「事業年度末日で辞めさせろ」といった退社予告ができるのです。

退社をすると、払戻しが受けられます。この**払戻金を差し押さえるために、上記のような退社予告ということをする**のです。

この場合、社員Aは退社するので、登記簿から消すことになります。

そのときに**立証することは、「債権者が退社予告をしたこと」**と、それができる**「債権者が持分を差し押さえたこと」**という2点です。

**覚えましょう**

・合同会社において、社員の退社により資本金の額を減少した場合は、上記に加えて、以下の書面が必要となる。
①債権者保護手続関係書面（商登120）
②資本金の額の減少につき業務執行社員の過半数の一致があったことを証する書面（商登118・93）
③資本金の額が会社法及び会社計算規則の規定に従って計上されたことを証する書面（商登規92・61Ⅸ）

合同会社で資本金を減らした場合については添付書類が増えます。

①資本金の減少をしていれば、債権者保護手続が必要になります。

②③どれだけ減らしたのか、資本金のルールにしたがって行ったのかを立証するために添付します。この②と③は、**資本金を増やそうが減らそうが、セットで要求される書類**だと思ってください。

## 問題を解いて確認しよう

1 合資会社の無限責任社員がやむを得ない事由により退社した場合、当該社員の退社による変更の登記の申請書には、退社の事実を証する書面として、総社員の同意があったことを証する書面を添付することを要しない。〔オリジナル〕 ○

2 合名会社の社員の持分の差押えによる当該社員の退社の登記の申請書には、当該持分に係る差押命令書並びに当該合名会社及び当該社員あての退社予告書であって事業年度の終了時の6か月前までに退社の予告をした事実が判明するもの等の当該社員の退社の事実を証する書面の添付を要しない。〔22-34-エ〕 ×

3 合同会社の社員の持分の差押債権者が6か月前までに会社及び社員に予告をして事業年度の終了時に当該社員を退社させた場合には、社員の退社による変更の登記の申請書には、当該社員の持分に対する差押命令の謄本を添付すれば足りる。〔19-35-イ〕 ×

### ×肢のヒトコト解説

2 持分を差し押さえたことと、退社予告をしたことの立証は必要です。

3 退社予告をしたことの立証も必要です。

## これで到達！ 合格ゾーン

□ 持分会社の社員の除名は、除名判決の確定により効力を生じ、裁判所書記官から、嘱託書に裁判書の謄本を添付して、その登記の嘱託がされる（会社937Ⅰ①ル)。〔令2-34-オ〕

**★商業登記では、裁判所が実体を作り出すと、登記までやってくれる傾向があります。本事例も退社の効果が裁判で生じたため、嘱託で登記がされます。**

□ 清算中の持分会社においては、社員につき破産手続開始の決定があった場合であっても、当該社員は退社しないため、当該社員の退社による変更の登記を申請することを要しない。〔令2-34-ア〕

**★解散後は残余財産分配まで金銭を受けることはできないため、死亡しても退社せず、持分が相続人に当然承継される処理にしています。**

## 2周目はここまで押さえよう

### 社員の相続による登記

1．事　　相続による社員の変更
1．登　　年月日　社員　何某　死亡
　　　　　同日次の者加入
　　　　　　○県○市○町○丁目○番
　　　　　　　社員　何某

社員に相続があった場合には、原則として退社します。ただし、「当社の社員が死亡した場合には、相続を認める」という内容の定款があれば、退社せずに相続人が社員になります。

この場合、上記のように「被相続人の死亡の登記」と「相続人の加入の登記」を行います（このとき、添付書類として相続関係の立証が必要です）。

| 論点 | 結論 |
|---|---|
| <遺産分割協議><br>定款に相続承継加入できる旨の定めがある場合に、遺産分割協議により１人の相続人のみが承継加入できるか | × |

社員Ｘの相続人がＡＢＣ３人だった場合、３人を承継させる登記が必要になります。遺産分割をして、誰か１人だけを加入させる登記はできません。

社員の地位は、権利義務を包括したものであり、一旦社員となることにより生じた債務は分割することができないためと言われています（債務の遺産分割はできないと考えましょう）。

☑ 1　合資会社の社員の死亡によりその相続人が当該社員の持分を承継する旨を定款で定めている場合において、当該合資会社の社員が死亡したことにより、当該合資会社の社員でない当該社員の相続人が相続により当該合資会社に加入したときは、相続による加入を原因とする社員の変更の登記の申請書には、その者が死亡した社員の相続人であることを証する書面を添付しなければならない。〔24-34-ウ〕　○

2 社員の死亡によりその相続人が当該社員の持分を承継する旨を定款で定めている合資会社の社員が死亡した場合には、遺産分割協議により当該社員の相続人のうちの一人を社員の持分を承継する者と定めたときであっても、相続人であって社員以外の者すべてを社員とする変更の登記の申請をしなければならない。〔22-34-オ〕 ○

### ◆代表社員の就任登記の添付書面◆

| ケース | 添付書面 |
|---|---|
| 定款で業務執行社員の中から代表社員を定めた場合 | 定款変更に係る総社員の同意を証する書面 |
| 定款の定めに基づく(業務執行)社員の「互選」によって定めた場合 | a．定款<br>b．互選を証する書面<br>c．代表社員の就任承諾書 |
| 定款で社員の中から業務執行社員を定め、業務執行社員が各自代表社員となる場合 | 定款変更に係る総社員の同意を証する書面 |

業務執行社員の中から、代表社員を選ぶことができます。選び方は、**「定款で定める方法」「定款規定に基づく互選で定める方法」**が一般的です。

ちなみに、代表社員は無限責任社員からでも有限責任社員からでも選べます。

上記は代表社員が変更する際の添付書面になっていますが、**株式会社の代表者と異なり、印鑑証明書の添付は要求されていません。**

（乗っ取り防止や、実在性保証の印鑑証明書は、会社法の法人では株式会社にのみ要求されています。）

| 社員に関する事項 | 横浜市中区山下町40番地<br>代表社員　　　株式会社甲野商店<br>東京都大田区中央三丁目４番６号<br>職務執行者　甲野一郎 | 令和５年10月１日加入<br>令和５年10月８日登記 |
|---|---|---|
| | 横浜市中区山下町40番地<br>代表社員　　　株式会社甲野商店<br>東京都大田区蒲田三丁目２番１号<br>職務執行者　乙野二郎 | 令和６年４月１日変更<br>令和６年４月８日登記 |

これは、代表社員の株式会社甲野商店が法人で職務執行者の甲野一郎が仕事をしていたところ、その職務執行者を変えた場合の登記記録です。

代表社員の地位に変更がなく、職務執行者のみが交代した場合でも、**登記情報システム上、代表社員と職務執行者とは１つの登記事項の単位となっている**ため、**全体について変更の登記をする**ことになっています（〔23-33-エ〕で出題されています）。

### ◆（平20.11.21民商3037号）◆

| | 論点 | 結論 |
|---|---|---|
| 業務執行社員Ａ　定款「業務執行社員の任期は２年とする」→　任期満了 | 直ちにＡが業務執行社員に再度指定された場合、なすべき登記は | なし |

定款規定による業務執行社員の任期満了後、直ちに当該業務執行社員が業務執行社員に再度指定された場合には、**なすべき登記はありません。**

これは、業務執行社員の任期を延長しても、株式会社の役員のような**退任して就任するという効果が生じるわけではない**ことを理由にしています。

### 問題を解いて確認しよう

| | | |
|---|---|---|
| 1 | 業務執行社員の中から社員の互選により代表社員を定める旨の定款の定めがある合資会社においては、業務執行権を有する有限責任社員を代表社員に互選したことを証する書面を添付しても、代表社員の選任による変更の登記の申請をすることができない。〔28-34-ウ〕 | × |
| 2 | 定款に業務執行社員につき任期の定めがある合同会社において、当該定款の規定による業務執行社員の任期満了後直ちに当該業務執行社員が再度業務執行社員に指定された場合には、業務執行社員の重任による変更の登記を申請しなければならない。〔令3-33-オ〕 | × |
| 3 | 定款に業務執行社員の任期の定めがある合同会社において、任期満了後、直ちにその業務執行社員が再び業務執行社員に定められたときは、業務執行社員の選任による変更の登記の申請を要しない。〔28-34-イ〕 | ○ |

### ×肢のヒトコト解説

1　有限責任社員を代表社員にすることは可能です。

2　重任登記を申請する必要はありません。

## これで到達！  合格ゾーン

□ 合資会社の無限責任社員の責任を有限責任に変更する登記の申請書には、当該定款の変更に係る総社員の同意があったことを証する書面を添付しなければならない（111・93）。〔30-35-イ〕

□ 合資会社の有限責任社員の出資の価額の増加による変更の登記の申請書には、総社員の同意があったことを証する書面を添付しなければならない（111・93）。〔18-35-エ〕

**★持分会社において、「社員の責任」「出資の価額」は定款の絶対的記載事項であるため、その変更には定款変更手続が必要になります。**

## 第3節 設立の登記

**◆ 持分会社の設立手続概略 ◆**

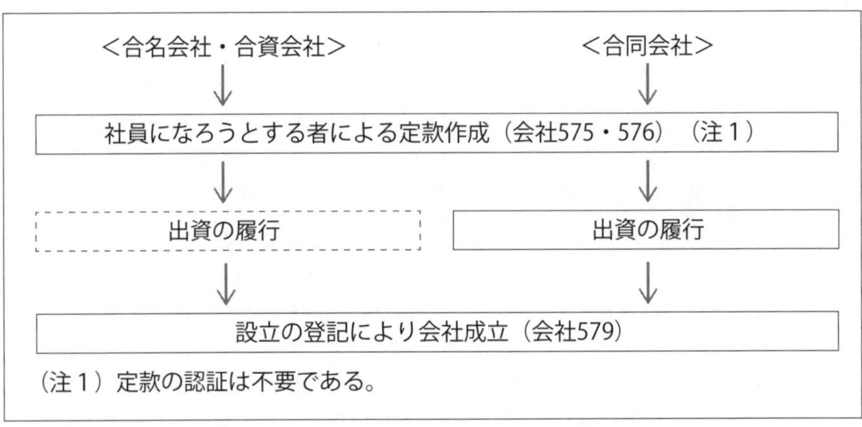


持分会社の設立手続は、「定款を作って、（場合によっては出資をして）、設立登記をする」ことで完結します。しかも、この定款は、公証人の認証をとることも不要とされています（株式会社と異なり、利害を持つ人が少ないことから、規制を緩くしています）。

ただ、登記手続では色々と添付書面が要求されます。

たとえば、法人が社員の場合には、**法人社員関係書面が必要**になります（第2節で説明したものです）。

### ◆ 持分会社の通常の設立登記申請における出資履行立証の要否 ◆

| | 合名会社 | 合資会社 | 合同会社 |
|---|---|---|---|
| 出資履行時期の制限 | なし | なし | あり |
| 出資履行立証（添付書面）の要否 | 不要 | 必要<br>有限責任社員が既に履行した出資の価額を証する書面 | 必要<br>出資に係る払込み及び給付があったことを証する書面 |

**合資会社では「有限責任社員が、いくら払ったのか」を立証すること**が要求されています。

有限責任社員は、設立時までに出資を完了する必要はありませんが、出資した金額が登記事項であるため、それを立証させています。

また、合同会社では設立時までに出資することが要件なので、**出資が終わっていることを立証させています**。

払込み・給付された財産
資本金の額を決定
（業務執行）社員

| 論点 | 結論 |
|---|---|
| 資本金の額は、どの範囲で決めるべきか | 払込み又は給付がされた財産の額の範囲内で、零以上の額にしなければならない |
| 合同会社の設立登記申請における資本金の額に関する添付書類は | ①設立時の資本金の額につき業務執行社員の過半数の一致があったことを証する書面<br>②資本金の額が会社法及び会社計算規則の規定に従って計上されたことを証する書面 |
| 上記②が不要になる場合は | 出資に係る財産が金銭のみの場合（平19.1.17民商91号通達） |

合同会社においては、「払込みが1000万あったが、そのうち300万を資本金とする」と決めることになります。これは、**業務執行社員の過半数で行います。**

この資本金の決定は、株式会社と異なり、**払込み又は給付に係る額の２分の１以上を資本金として計上しなければならないという規制もありません。**

そして、立証としては、資本金を登記するので、「①資本金の額につき業務執行社員の過半数の一致があったことを証する書面」「②資本金の額が会社法及び会社計算規則の規定に従って計上されたことを証する書面」の２つが要求されます（金銭だけの出資であれば、②が省略されるのは、株式会社と同様です）。

### 問題を解いて確認しよう

| | | |
|---|---|---|
| 1 | 合同会社の設立に際し、自然人Ａ及び合同会社Ｂが業務執行社員として定められた場合において、合同会社Ｂの代表社員がＣ株式会社であり、その職務執行者がＤであるときは、資本金の額の決定についてＡ及びＤの一致を証する書面を添付して、設立の登記を申請することができる。〔30-35-エ〕 | ○ |
| 2 | 合同会社を設立しようとする場合において、定款に資本金の額を定めていないときは、合同会社の設立の登記の申請書には、資本金の額の決定に係る総社員の同意があったことを証する書面を添付しなければならない。〔令3-33-エ〕 | × |
| 3 | 合同会社の設立の登記の申請書には、資本金の額として、出資として払込み又は給付がされた財産の価額の２分の１以上の額を記載しなければならない。〔29-33-ウ〕 | × |
| 4 | 業務執行社員の中から社員の互選により代表社員を定める旨の定款の定めがある合名会社の代表社員が法人である場合には、当該法人の代表者が職務執行者となるときであっても、合名会社の設立の登記の申請書には、当該代表者が職務執行者に就任することを承諾したことを証する書面を添付しなければならない。〔28-34-オ〕 | ○ |
| 5 | 合同会社の設立の登記の申請書には、代表社員が就任を承諾したことを証する書面に押された印鑑につき市町村長の作成した印鑑証明書を添付しなければならない。〔19-35-ア（30-35-ウ）〕 | × |

### ×肢のヒトコト解説

2　業務執行社員の過半数の一致で足ります。

3　２分の１以上を資本金にする規制がありません。

5　就任を承諾したことを証する書面に押された印鑑は、株式会社においてのみ要求されています。

これで到達！  合格ゾーン

- [ ] 社員の出資の目的を金銭とする合同会社の設立の登記の申請書には、当該金銭の払込みがあったことを証する書面として、当該合同会社の代表社員が作成した出資金領収書を添付することができる。〔29-33-ア〕

  **★株式会社においてはいくら払ったかで権利の大きさが異なるので、払込みは銀行等に限定されています（強い証拠を残すことを要求しています）。一方、持分会社では払った金額で持分の強さは変わらないため、銀行等に払うことも認められています。**

- [ ] 合同会社の設立の登記については、登記期間の定めはない（会社914参照）。〔25-28-エ〕

  **★合同会社に限らず、持分会社の設立には登記期間の定めがなく、自由に行えるようにしています。**

## 第4節 種類の変更

合名会社から、合資会社にチェンジしない？

### ◆ 定款の変更による持分会社の種類の変更 ◆

| | |
|---|---|
| 意義 | 持分会社は、定款を変更することにより、持分会社の種類の変更をすることができる（会社638）。債権者保護手続は、特に要求されていない。 |
| 効力発生日（原則） | 総社員の同意があった日（会社637・638）。 |
| 効力発生日（例外） | 合名会社又は合資会社が定款を変更し、合同会社となる場合において（会社638Ⅰ③・Ⅱ②）、その会社の社員が定款変更後の合同会社に対する出資の全部又は一部を履行していないときは、その定款の変更は、その払込み及び給付が完了した日に、その効力を生ずる（会社640Ⅰ）。 |

合名会社から合資会社、合資会社から合同会社、合同会社から合名会社など、持分会社が他の持分会社にチェンジする、これが種類の変更というものでした。

これは、**定款変更をするだけでできるようにしています**。組織変更のように計画書を作るだとか、債権者保護手続を取るとか、そういう長ったらしい手続は要りません。

しかも**定款変更のタイミングで効力が生じます**。

ただし、合同会社になる場合には注意が必要です。例えば、合名会社から合同会社になる場合、もともと合名会社であれば、社員は出資をしていない可能性があります。**合同会社は全部払わないと社員となれませんので、定款変更しても払うまで効力発生を認めません**。

持分会社の種類が変わるケースがもう１つあります。次の図を見てください。

### ◆ 合資会社の定款のみなし変更 ◆

| | |
|---|---|
| 意義 | ・合資会社の有限責任社員が退社したことにより、当該合資会社の社員が無限責任社員のみとなった場合、その合資会社は、合名会社となる定款の変更をしたものとみなされる(会社639Ⅰ)。<br>・合資会社の無限責任社員が退社したことにより、その合資会社の社員が有限責任社員のみとなった場合、その合資会社は、合同会社となる定款変更をしたものとみなされる(会社639Ⅱ)。 |
| 合同会社となった場合の出資の履行義務 | 社員がその出資に係る払込み又は給付の全部又は一部を履行していないときは、当該定款変更をしたものとみなされた日から１か月以内に、当該払込み又は給付を完了しなければならない(会社640Ⅱ)。 |

退社によって、無限責任社員だけになった、有限責任社員だけになったといった場合、退社したタイミングで合名会社、あるいは合同会社に自動的に変わります。

特に合同会社になるタイミングに注意をしてください。払ったところで合同会社になるのではありません。**無限責任社員が退社した時点**で**合同会社になります**（ただ、合同会社になってから１か月以内に払う義務が生じます）。

では、どんな登記が要るかを説明します。

### ◆ 種類変更（みなし変更）の際の登記手続 ◆

| | | |
|---|---|---|
| なすべき登記 | 種類の変更前の持分会社 | 解散の登記 |
| | 種類の変更後の持分会社 | 設立の登記 |
| 同時申請 | | 種類変更前の会社の解散の登記と、種類変更後の会社の設立の登記とは同時に申請する（商登106Ⅰ） |

組織変更と同じように考えてください。実体上の行為は変更ですが、登記事項が余りにも変わるので、**登記簿を潰して新たに登記簿を作る、解散と設立登記を必要**としました。

そして、片方だけ登記してしまうと、登記簿上の矛盾が起きるので、その２つの同時申請を義務としています。

では、添付書類がどうなるかを見ましょう。

| | 合資会社から合同会社への種類の変更 | 合名会社から合同会社への種類の変更 | 合資会社から合同会社へのみなし変更（無限責任社員全員の退社による定款のみなし変更） |
|---|---|---|---|
| 設立登記の添付書面 | ①定款（変更後） | | |
| | ②総社員の同意書 | | （斜線） |
| | ③出資に係る払込み及び給付があったことを証する書面 | | （斜線） |
| | ④資本金の額が会社法及び会社計算規則の規定に従って計上されたことを証する書面 | | |
| | ⑤設立時の資本金の額について、業務執行社員の過半数の一致があったことを証する書面 | | |
| 解散登記の添付書面 | 不要（委任状も不要） | | 退社の添付書面 |

合同会社になる場面が特に出題が多いので、前の図表でまとめました。

３つのパターンがありますが、すべてのパターンで共通するのが定款です。**設立登記という形式になったら、必ず、定款が必要**になります。

そして、定款変更している場合は、**定款変更のための総社員の同意書が必要**です。ただ、**みなし変更の場合は、社員が退社した時点で勝手に変わる**ため、**総社員の同意書は不要**です。

また、**出資して初めて合同会社の社員になれる**ので、出資したことの立証が要ります。ただ、**みなし変更では、退社した時点で自動的に変わってしまう**ため、出資の立証も不要です。

そして資本金を登記するので、「④資本金の額が会社法及び会社計算規則の規定に従って計上されたことを証する書面」「⑤設立時の資本金の額について、業務執行社員の過半数の一致があったことを証する書面」の２つの書類が要求されます。

最後に、**解散登記の添付書類は基本的には何も要りません**。ただし、みなし変更の場合には、退社することによってみなし変更になるので、その退社の立証は必要です。

**問題を解いて確認しよう**

| | | |
|---|---|---|
| 1 | 合名会社が種類の変更により合資会社となる場合、定款の変更の効力が生じた日から２週間以内に、種類の変更前の合名会社については解散の登記を申請し、種類の変更後の合資会社については設立の登記を申請しなければならない。〔オリジナル〕 | ○ |
| 2 | 合資会社の唯一の有限責任社員の死亡により当該合資会社が合名会社に種類の変更をする場合においては、当該種類の変更前の合資会社については解散の登記、当該種類の変更後の合名会社については設立の登記をそれぞれ申請しなければならない。〔20-30-イ〕 | ○ |

| | | |
|---|---|---|
| 3 | 合資会社が種類の変更により合名会社となる場合、合資会社についてする解散の登記は、合名会社についてする設立の登記と同時に申請することを要しない。〔オリジナル〕 | × |
| 4 | 合名会社が種類の変更により合同会社となる場合、当該種類の変更後の合同会社についてする設立の登記の申請書には、債権者保護手続を行ったことを証する書面を添付しなければならない。〔会社法令2-32-ア改題〕 | × |
| 5 | 合資会社の唯一の無限責任社員の退社により当該合資会社が合同会社に種類の変更をする場合における当該種類の変更後の合同会社についてする登記の申請書には、当該合資会社の社員が当該合同会社に対する出資に係る払込み及び給付の全部を履行したことを証する書面を添付する必要はない。〔20-30-ア〕 | ○ |

**×肢のヒトコト解説**

3 同時申請が義務になっています。

4 種類の変更には債権者保護手続は不要です。

**これで到達！**  **合格ゾーン**

☐ 合資会社において、全部の有限責任社員の退社と同時に新たな有限責任社員が加入した場合、合名会社への種類の変更があったものとみなされた後、合資会社への種類の変更をしたものとみる必要はない（昭42.9.29 民甲2411号）。〔28-34-ア〕

**★退社と同時に加入しているため、無限責任社員だけになった状態は起きていないので、みなし変更は生じていません。**

☐ 合同会社が無限責任社員を加入させる定款の変更をしたことにより合資会社となった場合、当該合資会社についてする設立の登記の申請書には、有限責任社員が既に履行した出資の価額を証する書面を添付することを要する（122Ⅱ②）。〔24-34-エ〕

★種類の変更の設立登記では、定款変更の立証をすること以外は、ほぼ通常の設立登記と同じ書類が要求されていると考えましょう。本肢の場合、合資会社の設立登記の添付書類として要求されるものが、種類変更登記でも必要になります。

## 第5節 解散に関する登記

| 解散事由 | 登記の方法 | 継続の可否 | 清算の方法 |
|---|---|---|---|
| ① 定款で定めた存続期間の満了 | 解散登記の申請 | ○ | 法定清算<br>任意清算 |
| ② 定款で定めた解散の事由の発生 | 解散登記の申請 | ○ | 法定清算<br>任意清算 |
| ③ 総社員の同意 | 解散登記の申請 | ○ | 法定清算<br>任意清算 |
| ④ 社員が欠けたこと | 解散登記の申請 | × | 法定清算 |
| ⑤ 合併（合併により当該持分会社が消滅する場合に限る。） | 解散登記の申請 | × | |
| ⑥ 破産手続開始の決定 | 破産登記の嘱託<br>（裁判所書記官） | × | |
| ⑦ 会社法第824条第1項の規定による解散を命ずる裁判（解散命令） | 解散登記の嘱託<br>（裁判所書記官） | × | 法定清算 |
| ⑧ 会社法第833条第2項の規定による解散を命ずる裁判（解散判決） | | | |

どんな時に解散するのか、そして解散登記を申請するのかどうかをまとめています。

申請しなくていいのが⑥⑦⑧です。裁判所が絡んだケースの解散登記は裁判所が嘱託でやってくれます。

次に継続できるかどうかという点を見てください。社員たちの意思で解散した場合は継続ができます。だから、**継続できるのは、上記の解散事由①②③の場合だけ**になります。

次に、清算の方法です。清算の方法には、法に定められた手続にしたがって行う法定清算と、自分たちで勝手に決めていいという任意清算がありました。

自分たちで勝手に決めていいという任意清算は一定の場合しかできません。それは**継続ができる場合と完全に一致**しています。

◆ 解散登記の登記事項 ◆

| | 任意清算 | 法定清算 |
|---|---|---|
| 登記事項 | ・解散の事由及び年月日等（商登98 Ⅰ） | ・解散の事由及び年月日等（商登98 Ⅰ）<br>・清算人の氏名・名称及び住所<br>・代表清算人の氏名・名称（会社を代表しない清算人がある場合に限る）<br>・代表清算人が法人であるときは、その職務執行者の氏名及び住所 |
| 申請人 | 代表社員 | 清算持分会社を代表する清算人 |

解散時点の登記事項が載っています。

任意清算と法定清算の両方に共通するのが、解散の事由と年月日、なぜ解散したのかと、いつ解散したのかということです。**継続ができる解散事由かどうかを公示**するためです。

そして、法定清算については、清算人を選ぶ必要があるので、その清算人の名前や住所等が登記されます。一方、代表清算人は名前だけを登記し、なおかつ、登記する場面が限定的です（各自代表だったら登記をしません）。

つまり、この仕組みというのは、**解散前の合名・合資会社の社員と代表社員の関係と同じ**です。

そして**代表清算人が法人だったら、職務執行者を決める**という点も同じです。

ちなみに**任意清算では、清算人すら選ぶ必要はないので、それは登記事項になっていません**。

### ◆法定清算における最初の清算人の登記の添付書面◆

| 清算人となった者 | 添付書面 | | |
|---|---|---|---|
| ①　定款で定める者 | 定款 | | 就任を承諾したことを証する書面 |
| ②　社員の過半数の同意によって定める者 | | 社員の一致があったことを証する書面 | |
| ③　業務を執行する社員（法定清算人） | 定款 | | |
| ④　裁判所が選任した者 | | 裁判所の選任決定書等 | |

清算人の登記申請、どんな添付書類がいるのかを見ていきましょう。

まず清算人のパターンが４パターンあることを覚えてください。

**株式会社と同じように考えてください**。株式会社の場合は、定款で決める又は株主総会で決めるとなっていて、この両方を決めていなければ法定清算人（取締役がスライドする）、そして、それもいなければ、裁判所が選ぶということでした。持分会社も、それとほとんど同じように考えればいいでしょう。

**ポイントになるのは、定款を付けるかどうかということと、就任承諾書がいるかどうかということ**です。

①では定款で選んでいるのですから、定款の添付が必要です。

定款で決めた人がいれば、③の法定清算人が出てくる幕はありません。そこで、**定款を添付して「定款で決めた清算人がいないから、法定清算人になっている」ということを立証します**。

④では定款の添付は不要です。**裁判所で定款規定があるかどうかを確認しているから**です。

次に就任承諾書ですが、③④は要りません。

**③は無理やり強制的にやらせているからで、④は就任承諾した人を選ぶという慣例になっているので、この裁判所の選任決定書がほぼ就任承諾書の代わりになっている**からです。

ちなみに、就任承諾書についての結論、理由は株式会社の場合と同じになっていますので、株式会社のほうも復習しておいてください。

## 問題を解いて確認しよう

| | 問題 | 解答 |
|---|---|---|
| 1 | 合同会社が解散した場合、常に代表清算人の氏名又は名称を登記しなければならない。〔オリジナル〕 | × |
| 2 | 代表清算人でない清算人が法人である場合、当該清算人の職務執行者の氏名及び住所を登記しなければならない。〔オリジナル〕 | × |
| 3 | 合名会社が総社員の同意により定めた方法をもって清算手続を行う場合、清算結了の登記は、当該合名会社における代表清算人が申請する。〔オリジナル〕 | × |
| 4 | 持分会社が解散し、最初の清算人を社員の過半数の同意によって定めた場合、当該清算人の登記の申請書には、定款及び清算人の就任承諾を証する書面を添付しなければならない。〔オリジナル〕 | × |
| 5 | 清算持分会社において、社員の過半数の同意によって定める者が清算人となった場合、当該清算人の登記の申請書には定款を添付することを要しない。〔オリジナル〕 | ○ |
| 6 | 合同会社が総社員の同意により解散し、定款であらかじめ定めた者が最初の清算人となった場合、清算人の登記の申請書には、当該清算人の就任を承諾したことを証する書面を添付しなければならない。〔オリジナル〕 | ○ |

### ×肢のヒトコト解説

1 各自代表のときは、代表清算人は登記しません。

2 法人が代表清算人のときだけ、職務執行者を登記します。

3 任意清算の場合には、清算人はいません。「総社員の同意により定めた方法をもって清算手続を行う」という表現で任意清算と読み取ることが必要です。

4 定款の添付は不要です。

これで到達！  合格ゾーン

□ 持分会社は、①定款で定めた存続期間の満了、②定款で定めた解散の事由の発生、③総社員の同意によって解散した場合には、清算が結了するまで、社員の全部又は一部の同意によって、持分会社を継続することができる（会社642Ⅰ・641 ①～③）。〔令2-32-4〕

**★社員ＡＢＣの解散した持分会社が、継続しようとした場合、ＡＢの同意でも可能です（一部の同意でも継続できます）。この場合は、同意しなったＣは退社扱いとなります。**

# 第6節 合同会社の資本金に関する登記

## (1) 資本金の増加の登記

合同会社において、以下の場合、資本金が増加します。

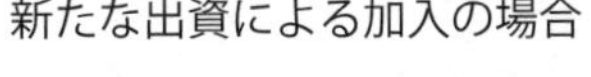


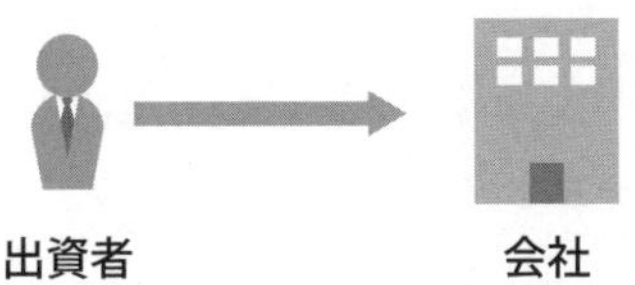


社員の出資の価額の増加をした場合

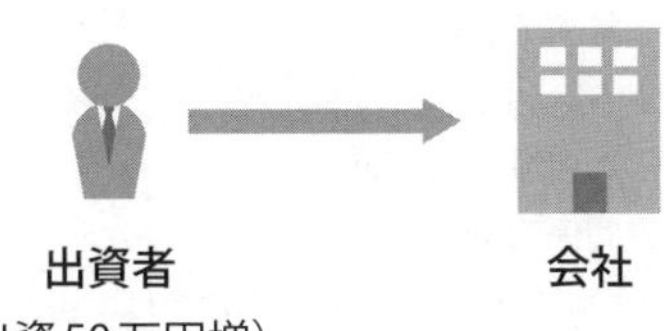


ただ、出資があったとしても、出資の金額からどれぐらいを資本金にするかは、業務執行社員が自由に定めることができ、**極論、「1,000万円出資があったが、資本金は1円も上げない」という処理もできます。**
(株式会社のように、2分の1以上を資本金にするという義務がないのです。)

資本剰余金の資本組入れ

| | | | |
|---|---|---|---|
| 資本金 | 4,000万円 | → | 4,300万円 |
| 資本剰余金 | 300万円 | → | 0万円 |

株式会社の剰余金の資本組入れと同じように考えましょう。会社が持っている剰余金を減少して、その分資本金を増加させるのです。

これらの方法で、資本金が増加した場合、どのような添付書類が必要になるのでしょう。次の図表を見てください。

### ◆ 資本金の額の増加変更登記の添付書面 ◆

| 添付書面＼増資する場面 | 新たな出資による加入の場合 | 社員の出資の価額の増加をした場合 | 資本剰余金の資本組入れ |
|---|---|---|---|
| 総社員の同意書 | ○ | ○ | × |
| 業務執行社員の過半数の一致があったことを証する書面 | ○ | ○ | ○ |
| 資本金の額が会社法及び会社計算規則の規定に従って計上されたことを証する書面 | ○（注） | ○（注） | ○ |
| 出資に係る払込み又は給付があったことを証する書面 | ○ | ○ | × |
| 法人社員関係書面 | ○ | × | × |

（注）出資に係る財産が金銭のみの場合は、当分の間、添付を要しない。

総社員の同意書

**定款変更の立証として添付します。**新たな出資による加入の場合、社員の出資の価額の増加をした場合は「社員の部分」「出資の部分」について定款変更が必要なので添付します。

資本剰余金の資本組入れの場合、資本剰余金は定款記載事項ではないため、添付不要です。

業務執行社員の過半数の一致があったことを証する書面

資本金の額が会社法及び会社計算規則の規定に従って計上されたことを証する書面

**資本金を登記するときに要求される**書面です。

ただ、出資が金銭だけであれば、「資本金の額が会社法及び会社計算規則の規定に従って計上されたことを証する書面」を別途添付することは不要です。払込みがあったことを証する書面だけで内容が分かるためです。

出資に係る払込み又は給付があったことを証する書面

これは、**出資金の払込みがあるときに要求される**書面です。そのため、資本剰余金の資本組入れ以外は払込みがあるため、必要になります。



| 法人社員関係書面 |
| --- |

これは、**社員が増える場面で、その社員が法人の場合に必要**になります。新たな出資による加入の場合では、新たに社員が増えるので要求されます。

## （2）資本金の減少の登記

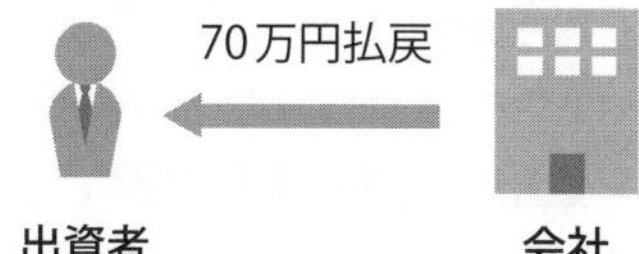

払戻しをする際に、払い戻す金額分、資本金を減少することができます。その払戻しには、

社員を退社したときの出資の払戻しと

社員でありながら、一部返金をする出資の払戻しがあります。

ちなみに、**出資の払戻しは「出資額の定款変更」が必要です**。合同会社では、定款に記載した出資額の全額を払い込む義務があるため、一部返金をするには、定款の金額を変える必要があるためです。

上記以外にも、損失の填補にあてる場合にも資本金を減少することができます。

では、これらの方法で、資本金が減少した場合、どのような添付書類が必要になるのでしょう。次の図表を見てください。

### ◆資本金の額の減少変更登記の添付書面◆

| 減資する場面<br>添付書面 | 社員の退社に伴い持分の払戻しをした場合 | 社員に対して出資の払戻しをした場合 | 損失の填補にあてる場合 |
|---|---|---|---|
| 総社員の同意書 | × | ○ | × |
| 業務執行社員の過半数の一致があったことを証する書面 | ○ | ○ | ○ |
| 資本金の額が会社法及び会社計算規則の規定に従って計上されたことを証する書面 | ○ | ○ | ○ |
| 債権者保護手続関係書面 | ○ | ○ | ○ |
| 退社の事実を証する書面 | ○ | × | × |

総社員の同意書

**定款変更する際に必要**で、上記の図表では「社員に対して出資の払戻しをした場合」のみ要求されます。

業務執行社員の過半数の一致があったことを証する書面

資本金の額が会社法及び会社計算規則の規定に従って計上されたことを証する書面

資本金を登記するときに要求される書面です。上記の図表ではすべてで要求されます。

債権者保護手続関係書面

資本金を減少する場合には、必ずこの手続が必要とされ、立証が要求されます。

## これで到達！  合格ゾーン

□ 退社に伴う持分の払戻しにおける債権者保護手続が必要になる場合。

① 払戻額が剰余金額を超える場合

② 資本金の額の減少手続をする場合

**★退社に伴う返金が、会社の余っているお金を超える場合には、債権者保護手続が必要になります。これは、剰余金以上に配当する、つまり会社の本体の財産まで返金で使うことの是非を債権者に問う意味もあります。**
**また、返金に伴って資本金を減少させた場合には、返金額のいかんを問わず、一律、債権者保護手続が必要になります。資本金をあてにしていた会社債権者のためです。**

退社の事実を証する書面

退社をする場合のみ必要とされ、前記の図表では、社員の退社に伴い持分の払戻しをした場合で必要になります。

### 問題を解いて確認しよう

| | | |
|---|---|---|
| 1 | 合同会社においては、資本金の額は、設立又は社員の加入に際して社員となろうとする者が当該合同会社に対して払込み又は給付をした財産の額であり、少なくとも当該額の２分の１の額は、資本金として計上しなければならない。〔会社法22-32-ア〕 | × |
| 2 | 合同会社の設立の登記の申請書には、資本金の額として、出資として払込み又は給付がされた財産の価額の２分の１以上の額を記載しなければならない。〔29-33-ウ〕 | × |
| 3 | 新たな出資による社員の加入により合同会社が資本金の額を増加する場合において、当該出資に係る財産が金銭以外のものであるときは、当該資本金の額の増加による変更の登記の申請書には、資本金の額が会社法及び会社計算規則の規定に従って計上されたことを証する書面を添付しなければならない。〔31-32-エ〕 | ○ |

| | | |
|---|---|---|
| **4** | 合同会社における資本剰余金の額の全部を資本金の額とするものと定めた場合には、定款に別段の定めがない限り、資本金の額の増加による変更の登記の申請書には、業務執行社員の過半数の一致があったことを証する書面並びに資本金の額が会社法及び会社計算規則の規定に従って計上されたことを証する書面を添付しなければならない。〔19-35-オ〕 | ○ |
| **5** | 合同会社の資本金の額の減少による変更の登記の申請書には、資本金の額が会社法及び会社計算規則の規定に従って計上されたことを証する書面を添付することを要しない。〔29-33-エ〕 | × |
| **6** | 合同会社が資本金の額の減少による変更の登記を申請する場合は、当該登記の申請書には、当該資本金の額の減少につき総社員の同意があったことを証する書面を添付しなければならない。〔31-32-イ〕 | × |

×肢のヒトコト解説

**1,2** 払込みの２分の１以上を入れる義務はありません。

**5** 資本金を登記する場面なので、必要です。

**6** 業務執行社員の過半数の一致があったことを証する書面の添付が必要です。

～日本の法令にあまり縛られない外国会社はどんな登記が必要か～

# 第2章 外国会社に関する登記



そこまで多く出題されている分野ではありません。
イメージを簡単に押さえたら、登記事項の暗記に努めてください（あまり、細かいことは出題されませんので、登記事項以外のところでハマりこまないように注意してください）。

外国会社とは、外国の法令に準拠して設立された法人その他の外国の団体であって、会社と同種のもの又は会社に類似するものをいう（会社２Ⅱ）。

外資企業イコール外国会社とは思わないでください。**外国の法令で設立して日本に支店を送り込んでいる、これが外国会社**です。

多くの外資系の企業は、日本の会社法に基づいて設立をしています（日本の会社法に基づいて設立した会社は、内国会社と呼びます）。

外国会社というのは、日本の法律で設立していない、**本国の法律で設立して日本に支店だけ送り込んでいるものを指しています**。

| 外国会社が日本で継続的取引を行うための要件 | |
|---|---|
| ①　「日本における代表者」を定めること | 必要 |
| ②　外国会社についての「登記」をすること | 必要 |
| ③　営業所を設置すること | 不要 |

この外国会社が日本で取引をするには、２つの条件をクリアする必要があります。

まずは日本における代表者を定める、**日本における責任者を決める必要があります**。そして日本で**目に見えるようにするため、登記することも必要**です。

私が勉強しているときはもう１つ、営業所を設置する、ここまで義務がありました。ですが、**インターネット等で取引ができる昨今、営業所を設置するという義務は撤廃**しています。

### ◆日本における代表者◆

| | | |
|---|---|---|
| 権限 | 日本における業務に関する一切の裁判上又は裁判外の行為をする権限を有し（会社817Ⅱ）、この代表権を制限しても、善意の第三者に対抗することはできない（会社817Ⅲ）<br>→　外国会社の本国における代表者は、日本においても当然代表権を有するが、日本における登記の申請をすることはできない（昭44.1.14民甲32号回答） | |
| 資格 | 日本人であることの必要性 | 日本人である必要はなく、外国人でも差し支えない |
| | 日本に住所があることの必要性 | 代表者は、その全員が日本に住所を有する必要はなく、１人以上が日本に住所を有していれば足りる（会社817Ⅰ後段） |

日本における代表者は、日本での権限を持っています。契約することはもちろん、登記申請や、裁判まで代表して行うことができます。一方、**本国の本社の人間には全く権限がありません。**

そして、日本における代表者は、**日本人の必要はありませんが、日本に住所があることが要求されます**。これは、内国会社にはない規制です。

| | 営業所非設置外国会社 | 営業所設置外国会社 |
|---|---|---|
| 初めてする外国会社の登記の場所 | 日本における代表者の住所地（会社933Ⅰ①） | 日本における営業所の所在地（会社933Ⅰ②） |
| 登記期間 | 外国会社が初めて日本における代表者を定めたときから、３週間以内 | |

外国会社が、どこに登記簿を作るべきかが上記にまとまっています。**営業所があれば、営業所の場所で登記する**ことになります。

営業所がない場合はどうするのでしょうか。

この場合、日本における代表者の住所、そこぐらいしか基準がありません。そのため、営業所を置かない外国会社は、日本における代表者の住所地で登記することになります。そのため、**日本における代表者は、日本に住所があることが条件になる**のです。

次に、登記期間を見てください。日本における代表者を選定したときから、登記義務が発生します。そして、期間は日本国内の会社より長く、３週間となっています。

では次に、何を登記するのか見ていきましょう。

| | |
|---|---|
| ① | 外国会社の設立の準拠法 |
| ② | 日本における代表者の氏名・住所 |
| ③ | 日本における同種の会社又は最も類似する会社が株式会社であるときは準拠法の規定による公告方法 |
| ④ | ③の場合において、貸借対照表を電磁的方法により開示するときは、ウェブページのアドレス |
| ⑤ | 公告方法についての定めがあるときは、その定め |
| ⑥ | 電子公告を公告方法とするときは、ウェブページのアドレス等 |
| ⑦ | ⑤の定めがないときは、官報に掲載する方法を公告方法とする旨 |
| + | 日本における同種の会社又は最も類似する会社の種類に従い、会社法第911条3項各号又は第912条から第914条までの各号に掲げる事項 |

この図表のポイントになるところを説明していきます。

| 公告をする方法 | 官報に掲載してする<br>(準拠法の規定による公告)<br>ロサンゼルス市で発行されるアメリカン・ポスト紙に掲載してする |
|---|---|

「官報に掲載してする」これは日本用の公告です。この**日本用の公告は必ず登記**します。

準拠法の規定による公告という部分、ここは本国の公告方法です。これは条件付きで、**日本の株式会社に似ている会社の場合だけ登記**されます。

| 会社設立の準拠法 | アメリカ合衆国カリフォルニア州会社法 |
|---|---|

外国会社とは、海外の法令に基づいて設立しています。海外のどういう法令に基づいて設立しているかを公示します。

<table>
<tr><td rowspan="5">役員に関する事項</td><td>取締役　　　　　ジム・ブラウン</td></tr>
<tr><td>取締役　　　　　メアリー・ブラウン</td></tr>
<tr><td>取締役　　　　　ジョン・ホフマン</td></tr>
<tr><td>アメリカ合衆国カリフォルニア州ロサンゼルス市<br>ダウンタウン８番地<br>　代表取締役　　　ジム・ブラウン</td></tr>
<tr><td>東京都渋谷区宇田川町１番10号<br>　日本における代表者　　ロバート・ウィリアム</td></tr>
</table>

ここには、本国の代表者だけでなく、日本における代表者が登記されています。日本に住所があることが確認できますね。

**問題を解いて確認しよう**

| | | |
|---|---|---|
| 1 | 外国会社が日本国内において継続して取引をするときは、日本における代表者は、日本における営業所の設置の登記の申請をしなければならない。〔20-29-ア〕 | × |
| 2 | 日本における代表者のうち少なくとも一人が日本国籍を有するものでなければ、外国会社の登記を申請することができない。〔オリジナル〕 | × |
| 3 | 外国会社の登記において、外国会社の設立の準拠法は登記事項でない。〔令5-34-ア〕 | × |
| 4 | 外国会社の登記において、外国会社の本店の所在場所は登記事項でない。〔令5-34-イ〕 | × |
| 5 | 外国会社の登記において、公告方法として、時事に関する事項を掲載する日刊新聞紙に掲載する方法を定めた場合における当該公告方法は登記事項でない。〔令5-34-エ〕 | × |

**ヒトコト解説**

1　営業所設置は、取引の要件ではありません。

2　日本に住所があれば足り、日本国籍は要しません。

3,4,5　いずれも登記事項です。

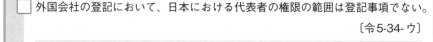

これで到達！  合格ゾーン



☐ 外国会社の登記において、日本における代表者の権限の範囲は登記事項でない。〔令5-34-ウ〕

**★日本における代表者は、日本における一切の権限をもっている（かつ制限しても善意の第三者に対抗できない）ため、それを公示する意味がありません。**

☐ 外国会社は、持分会社の社員となることができるが、その前提として日本において外国会社の登記の申請をする必要はない。〔20-29-エ〕

**★外国会社は、外国会社の登記をするまでは、継続した取引はできませんが、社員になるという出資する行為は問題なくできます。**

| | 営業所非設置外国会社が、日本における代表者を複数定めた場合 | 営業所設置外国会社が、営業所を複数定めた場合 |
|---|---|---|
| 処理（原則） | 「すべての」日本における代表者の住所地で（すべての登記事項を）登記しなければならない | 「すべての」営業所の所在地で（すべての登記事項を）登記しなければならない |
| 処理（例外） | それぞれの代表者の住所地を管轄する登記所が同一であるときは、当該管轄登記所に登記を申請すれば足りる（会社934 I 括弧書） | それぞれの営業所の所在地を管轄する登記所が同一であるときは、当該管轄登記所に登記を申請すれば足りる（会社934 II 括弧書） |

例えば、営業所設置会社が営業所を２つ置いた場合、**２箇所とも登記事項の全部を載せます**。そのため、**支配人を１つの営業所に置いた場合は、全部の登記所でその支配人が登記されます**（ただしすでに、その管轄で登記簿を作っていた場合は、もう１個を作る必要はありません）。

### ◆外国会社の変更の登記（通則）◆

| | |
|---|---|
| 登記期間 | 変更が生じたときから３週間以内<br>※　登記事項の変更が外国において生じたときは、その通知の到達したときから起算される（会社933 V）。 |
| 登録免許税 | 申請件数１件につき、金9,000円（登録税別表第１.24.(2)ハ） |
| 申請人 | 日本における代表者 |

これは、外国会社の登記がされたあとの、変更登記手続の共通項をまとめています。

登記事項が生じてから３週間内に登記義務が生じるのが基本ですが、本国で起きた事件については、本国で事件がおきてから３週間ではなく、**その連絡が日本に来てから３週間内に登記する義務**があります。

そして、その登記を申請するのは、本国の代表者ではなく、日本における代表者である点は、初めて外国会社の登記を作るときと同様です。

### ◆ 外国会社の代表者全員の退任 ◆

| | |
|---|---|
| 必要な手続 | 日本における代表者（日本に住所を有するものに限る）の全員が退任しようとする場合、債権者保護手続をしなければならない（820 Ⅰ） |
| 効力発生日 | 債権者保護手続が終了した後に、その登記をしたとき（820 Ⅲ） |

外国会社で代表者が全員退任しようとしています。代表者がいなくなれば、日本で取引できません。

つまり、**日本から撤退しようとしている場合の登記**なのです。

**日本から撤退しようとする場合、債権者保護手続が必要**です。撤退されると、本国まで行って請求することになり、取立てがかなり面倒になります。そこで、債権者保護手続を要求しました。

しかも、**登記を効力発生要件**としています。

登記をしないと日本から撤退できませんし、その登記をするには、債権者保護手続の書類が必要です。

つまり、「債権者保護手続をしないと」登記ができない、登記ができないから「日本から撤退できない」ことになります。**債権者保護手続をとってほしいので、登記を効力要件にした**のです。

## 問題を解いて確認しよう

| | | |
|---|---|---|
| 1 | 日本に営業所を設置していない外国会社が日本における複数の代表者を定めた場合には、外国会社の登記は、その代表者のうちいずれかの住所地を管轄する登記所にすれば足りる。〔16-33-イ〕 | × |
| 2 | 外国会社の日本における代表者の全員が退任した場合において、同時に後任者が選任されたときを除き、当該登記の申請書には、債権者異議手続をしたことを証する書面を添付しなければならない。なお、本問における外国会社は、裁判所から清算の開始を命じられていないものとする。〔オリジナル〕 | ○ |
| 3 | 外国会社の商号をその会社の本国である外国において変更したときの商号の変更の登記は、変更を生じた旨の通知が本国から到達した日を登記を申請すべき期間の起算日として、日本における代表者から申請すべきである。〔8-31-5改題〕 | ○ |
| 4 | 外国会社の商号の変更が本国である外国において生じたときは、その生じた日から3週間以内に、日本における営業所において商号変更の登記をしなければならない。〔25-28-オ〕 | × |
| 5 | 外国会社の営業所の設置の登記をする場合において、申請書に他の登記所の登記事項証明書で、当該営業所を設置した旨の記載があるものを添付したときは、日本における代表者の資格を証する書面を添付することを要しない。〔10-28-4〕 | ○ |
| 6 | 外国会社の営業所を廃止する場合において、日本における代表者が行方不明のときは、当該外国会社の本店の代表者によって、営業所廃止の登記の申請をすることができる。〔10-28-3〕 | × |
| 7 | 外国会社の登記については、日本における代表者が外国会社を代表して申請しなければならず、本国における代表者が申請することはできない。〔28-28-エ〕 | ○ |

## ×肢のヒトコト解説

1 すべての代表者の住所地で、登記が必要です。

4 日本に到達したときから3週間です。

6 本国の代表者には申請権限はありません。

～社団法人の登記は、主に目的や人の氏名が必要となります～

# 第3章 一般社団法人・一般財団法人に関する登記

そこまで多く出題されている分野ではありません。イメージを簡単に押さえたら、登記事項の暗記に努めてください（あまり、細かいことは出題されませんので、登記事項以外のところでハマりこまないように注意してください）。

## 第1節 一般社団法人に関する登記

① 一般社団・財団法人法に基づいて一定の要件を満たしていれば設立できる法人で、事業目的に公益性がなくても構わない。

この一般社団法人は、「権利能力なき社団に法人格を付けた場合」というイメージを持ってください。

昔は権利能力なき社団が、法人格を取るのは大変でした。ですが、今は**手続さえすれば、何をやっているかを問わず、法人格が取れます**。それによって団体名義で、登記ができたり、銀行口座が作れたりします。

② 株式会社等と異なり、社員に剰余金又は残余財産の分配を受ける権利を与える定款は無効となる（一般法人11 Ⅱ）。

この団体はどんなことでもできます。例えば営利事業なども可能です。

ただ、1つだけできないことがあります。

それが配当です。**出資者に配当することを禁じています**。もし、**出資者に配当したければ、株式会社や持分会社を選択する**ことになります。

> ③　事業原資はなくても２人以上の社員によって設立ができる(一般法人10)、
> 社員は、定款で定めるところにより、一般社団法人に対し、経費を支払う義務を負う(一般法人27)。
> 基金を社員が拠出し、又は外部からの拠出を募ることができる(一般法人131参照)。

社員には出資する義務がありません。例えば、サークルを立ち上げる時に出資までは要求しません。ただ、毎月サークル会費というように要求できます。

このように**出資は要求しませんが、経費は要求できます**。

そして、それ以外にも基金というものを募ることができます。この基金というとプラスっぽいイメージがあるかもしれませんが、これは**借金のことを指します**(つまり、株式会社でいうところの社債です)。

| 名称 | 一般社団法人霞が関協会 |
|---|---|
| 主たる事務所 | 東京都千代田区霞が関一丁目１番１号 |
| 法人の公告方法 | 官報に掲載してする |
| 法人成立の年月日 | 令和○年○月○日 |
| 目的等 | 目的<br>当法人は、環境保護を社会に普及させることを目的とするとともに、その目的に資するため、次の事業を行う。<br>1　環境保護に関する調査及び研究<br>2　環境保護に関する広報活動 |
| 役員に関する事項 | 理事　　甲野太郎 |
| | 理事　　乙野次郎 |
| | 理事　　丙野五郎 |
| | 東京都千代田区九段南一丁目１番15号<br>代表理事　　甲野太郎 |
| | 監事　　丁野六郎 |
| | 会計監査人　　監査法人桜会 |
| 理事会設置法人に関する事項 | 理事会設置法人 |
| 監事設置法人に関する事項 | 監事設置法人 |
| 会計監査人設置法人に関する事項 | 会計監査人設置法人 |
| 登記記録に関する事項 | 設立<br>令和○年○月○日登記 |

この一般社団法人の法律は、基本的には会社法（特に株式会社）をまねて作られています。そのため、株式会社と登記事項が似ています。

役員の肩書きの名前、これは異なります。

**理事というのが取締役に当たるものです。監事というのが、監査役に当たるもの**と思ってください。

**覚えましょう**

一般社団法人の機関設計ルール（一般法人60・61・63）と採用できる機関設計

①社員総会と理事は必ず必要

②定款の定めによって、理事会、監事又は会計監査人を置くことができる

③理事会設置一般社団法人及び会計監査人設置一般社団法人は監事を置かなければならない

④大規模一般社団法人は会計監査人を置かなければならない

機関設計のルールがまとまっています。**株式会社のルールと全く同じ**です。上記の①～④が、株式会社だったらどういうルールだったかというと、

①株主総会と取締役は必ず置かなければならない。

②定款の定めがあれば取締役会・監査役・会計監査人が置くことができる。

③取締役会設置会社は監査役を置く義務がある。会計監査人設置会社は監査役を置く義務がある。

④大会社は会計監査人を置く義務がある。

これらのルールに対応しています。

①社員総会＋理事
②社員総会＋理事　　　　　　　　　＋監事
③社員総会＋理事　　　　　　　　　＋監事＋会計監査人
④社員総会＋理事（３人以上）＋理事会＋監事
⑤社員総会＋理事（３人以上）＋理事会＋監事＋会計監査人

これは、一般社団法人が採れる機関設計のパターンです。

③**定款で会計監査人を置くことを決めたため、監事の設置が義務**になっています。

④**理事会を置くことを決めたら、理事が３人以上必要となるし、監事まで置くこと**になります。

### ◆ 一般社団法人 における代表理事の就任による変更登記申請の添付書面 ◆

| | 理事会を設置しない一般法人 | | | | 理事会設置一般社団法人 |
|---|---|---|---|---|---|
| | 各自代表 | 定款 | 社員総会 | 定款＋理事の互選 | 理事会 |
| 選定を証する書面 | 社員総会議事録 | 社員総会議事録 | 社員総会議事録 | 定款＋理事の互選書 | 理事会議事録 |
| 商登規61条６項に対応する実印が押印してある書面＊1 | 社員総会議事録 | 社員総会議事録 | 社員総会議事録 | 理事の互選書 | 理事会議事録 |
| 商登規61条６項の印鑑証明書の添付を要求される者 | 議長・出席理事 | 議長・出席理事 | 議長・出席理事 | (各)理事 | 出席理事・監事 |
| 代表理事としての就任承諾書 | − | − | − | 要する | 要する |
| 商登規61条５項就任承諾書に係る印鑑証明書 | − | − | − | − | 要する＊2 |

＊1　変更前の代表理事が登記所に提出した印鑑を押印している場合は、選定を証する書面に係る印鑑証明書の添付を要しない。

＊2　「再任」の場合は、添付を要しない。

論点が一杯詰まっているように見えますが、ここは、**株式会社の知識がそのまま使えます**。

株式会社の場合、代表取締役の選任の仕方、印鑑証明書の添付の要否は、取締役会設置会社と取締役会を置かない会社で異なっていました。

ここは、その株式会社のルールをまねているだけなので、資格を置き換えて、読んでみてください。

## 問題を解いて確認しよう

| | | |
|---|---|---|
| 1 | 理事会を設置している一般社団法人が定款で社員総会において代表理事を選定すると定めている場合には、定款及び社員総会の議事録を添付して、代表理事の就任による変更の登記の申請をすることができる。〔22-35-イ〕 | ○ |
| 2 | 定款に社員総会の決議によって代表理事を選定することができる旨の定めのある理事会設置一般社団法人において、社員総会により代表理事を選定したときは、当該代表理事の就任による変更の登記の申請書には、定款を添付しなければならない。〔オリジナル〕 | ○ |
| 3 | 理事会を置かない一般社団法人の社員総会で、代表理事を選定した場合において、社員総会議事録に押印された変更前の代表理事の印鑑が登記所に提出してある印鑑と同一であるときは、代表理事の変更登記の申請書に、社員総会議事録の印鑑につき市町村長の作成した証明書を添付することを要しない。〔10-29-オ〕 | ○ |
| 4 | 理事会設置一般社団法人における新たな代表理事の就任による変更の登記の申請書には、代表理事の就任承諾書の印鑑につき市町村長の作成した証明書を添付しなければならない。〔25-35-エ（14-35-4）〕 | ○ |

## これで到達！ 合格ゾーン

□ 一般社団法人の理事は、社員総会の普通決議によって解任することができ、当該社員総会の議事録を添付して、理事の変更の登記を申請することができる（一般法人320 Ⅴ・Ⅰ）。〔令5-35-オ〕

**★取締役は株主総会普通決議で解任できましたが、これと同じ処理になっています。ちなみに、監事設置一般社団法人の監事は、社員総会の普通決議によって選任しますが、監事を解任する場合は社員総会の特別決議が必要です（一般法人70 Ⅰ・49 Ⅱ②）。**

# 第2節 一般財団法人に関する登記



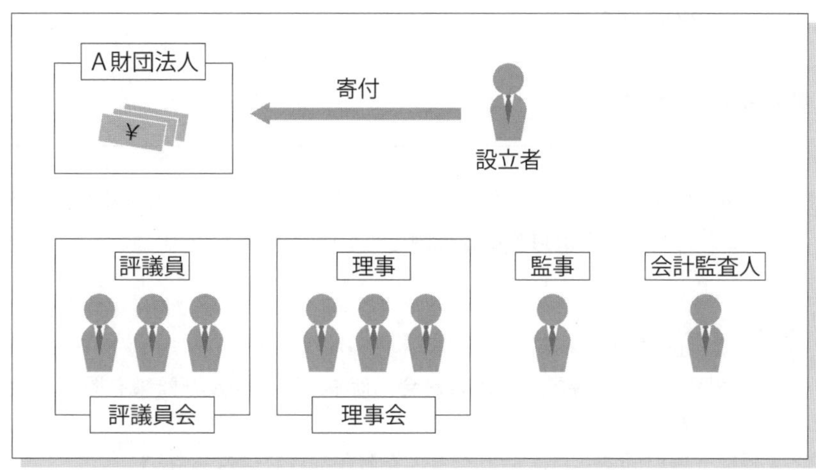


次は一般財団法人というもので、これは先ほどの一般社団法人とイメージがだいぶ違います。

右上に設立者というのがいます。この人が財産を寄付する人です。

この方が自分の財産を研究者たちに渡してエイズ撲滅の研究をしてもらいたいと考えていました。

ただ、彼らに渡してしまうと、彼らが個人的に使い込むのではないかと恐れています。

そこで、財団という仕組みを使いました。具体的には**持っている財産を寄付**します。そして**持っている財産を法人にする**のです。

その上で、**研究者たちを理事という形で就任させて、そのお金で研究をさせることにします。これが財団という仕組み**です。

似たような仕組みは、不動産登記法で学んだ相続財産清算人です。相続財産を法人にして、清算人を代理人にしました。それと同じように財産を法人とし、研究者たちを理事として、それを使わせる、こういったイメージを持ってください。

寄付された財産は、理事が運用する

↓

理事の濫用の危険がある

↓

監視機関を厳格にした

財産を理事が運用することになりますが、使い込みをしないよう監視体制を敷いています。しかも、**かなり厳重な体制**にしています。

①一般財団法人は、評議員、評議員会、理事、理事会及び監事を置かなければならない
②大規模一般財団法人は、会計監査人を置かなければならない

①評議員（３人以上）＋評議員会＋理事（３人以上）＋理事会＋監事
②評議員（３人以上）＋評議員会＋理事（３人以上）＋理事会＋監事＋会計監査人

機関設計は２つしか認めません。**評議員、評議員会、理事、理事会、監事、ここまで義務**にしています。会計監査人を付けるか付けないか、それしか選択肢がありません。それほど監視を厳しくしようとしているのです。

評議員の選任は、定款の定めに従って行う（一般法人153Ⅰ⑧）
（選任の方法の具体例）
①評議員の決議による方法
②評議員選任のための任意の機関によって選任する方法
③外部の特定の者に選任を委ねる方法

この評議員というのは、株式会社の株主に当たり、彼らが集まる会議を評議員

会といいます。そこで役員たちを誰にするかというのを決めます。

そして、この**評議員をどうやって決めるかは、団体ごとに定め方が異なっています**。これは有識者を評議員にするということもあれば、設立者がなるということもあれば、設立者の家族がなったりもします。

**どのように評議員を決めるかは、定款に書いておきます**。

> **(許されない定款の定め)**
> 「理事又は理事会が評議員を選任し、又は解任する」旨の定款の定めは、その効力を有しない(一般法人153 Ⅲ①)

基本的にはどのような定めを置いてもいいのですが、**絶対できない決め方が1つあります**。

それは**理事が評議員を決める**ということです。

**理事を監視するために、評議員を選任します。その評議員を理事が選べたら、意味がない**ですよね。

### ◆ 評議員会の権限と開催時期 ◆

<table>
<tr><td rowspan="3">権限</td><td colspan="2">一般社団・財団法人法に規定する事項及び定款で定めた事項に限る(一般法人178 Ⅱ)</td></tr>
<tr><td>普通決議事項</td><td>1．理事、会計監査人の選任・解任、監事の選任(一般法人176・177)<br>2．計算書類等の承認(一般法人126 Ⅱ・199)　他</td></tr>
<tr><td>特別決議事項</td><td>1．監事の解任(一般法人176)<br>2．定款の変更(一般法人200)　他</td></tr>
<tr><td>召集</td><td colspan="2">定時評議員会<br>→　毎事業年度の終了後一定の時期に招集しなければならない(一般法人179 Ⅰ)<br><br>臨時評議員会<br>→　必要がある場合は、いつでも招集できる(一般法人179 Ⅱ)</td></tr>
</table>

評議員会のやることが載っています。株主総会と同じようなルールになっているのがわかると思います。

| 添付書面 ＼ 代表理事の選定方法 | 一般財団法人 |
|---|---|
| | 理事会 |
| 選定を証する書面 | 理事会議事録 |
| 商登規61条6項に対応する実印が押印してある書面 | 理事会議事録 |
| 商登規61条6項の印鑑証明書の添付を要求される者 | 出席理事・監事 |
| 代表理事としての就任承諾書 | 要する |
| 商登規61条5項就任承諾書に係る印鑑証明書 | 要する |

次は代表理事の決め方です。一般社団法人と違って、非常にシンプルな図になっています。**財団は理事会を置くことが義務なので、理事会設置のパターンのみになる**からです。

| 名称 | 一般財団法人霞が関協会 |
|---|---|
| 主たる事務所 | 東京都千代田区霞が関一丁目１番１号 |
| 法人の公告方法 | 官報に掲載してする |
| 法人成立の年月日 | 令和○年○月○日 |
| 目的等 | 目的<br>1　環境保護に関する調査及び研究<br>2　環境保護に関する広報活動<br>3　環境保護に関する意見の表明 |
| 役員に関する事項 | 評議員　　甲野太郎 |
| | 評議員　　乙田春子 |
| | 評議員　　丙川三郎 |
| | 理事　　丁山四郎 |
| | 理事　　戊沢五郎 |
| | 理事　　己島夏江 |
| | 東京都千代田区九段南一丁目１番15号<br>代表理事　　丁山四郎 |
| | 東京都大田区鵜の木二丁目９番15号<br>代表理事　　戊沢五郎 |
| | 監事　　庚塚七郎 |
| 存続期間 | 法人成立の日から満50年 |
| 登記記録に関する事項 | 設立<br>令和○年○月○日登記 |

ここでポイントになるのが、下の方に**理事会設置という旨、監事設置という旨**

**が載ってない**ということです。

財団では、理事会、監事を置くことが義務付けられています。つまり、**財団では、この２つを必ず置くので、あえて登記する実益がありません**（株式会社で、株主総会設置会社という登記事項がないのと同じです）。



### ◆一般社団（財団）法人の登記事項（主たる事務所の所在地）◆

| | 一般社団法人（法人301 Ⅱ） | 一般財団法人（法人302 Ⅱ） |
|---|---|---|
| 目的 | ○ | ○ |
| 名称 | ○ | ○ |
| 主たる事務所の所在場所 | ○ | ○ |
| 従たる事務所の所在場所 | ○ | ○ |
| 存続期間（定款に定めがあるとき） | ○ | ○ |
| 解散の事由（定款に定めがあるとき） | ○ | ○ |
| 資産の総額 | × | × |
| 基金の額 | × | — |
| 理事 | ○（氏名） | ○（氏名） |
| 代表理事 | ○（氏名・住所） | ○（氏名・住所） |
| 理事会設置法人である旨 | ○ | × |
| 評議員 | — | ○（**氏名**） |
| 評議員会設置法人である旨 | — | × |
| 社員 | × | — |
| 社員の資格の得喪に関する定め | × | — |
| 設立者 | — | × |
| 監事 | ○（氏名） | ○（氏名） |
| 監事設置法人である旨 | ○ | ×<br>（清算中→○） |
| 会計監査人 | ○（氏名または名称） | ○（氏名または名称） |
| 会計監査人設置法人である旨 | ○ | ○ |
| 仮会計監査人の氏名 | ○（氏名または名称） | ○（氏名または名称） |
| 役員等の責任免除についての定め | ○ | ○ |
| 非業務執行理事等の責任の限度に関する契約 | ○ | ○ |
| 貸借対照表等の電磁的開示関係事項 | ○<br>（ウェブページのアドレス） | ○<br>（ウェブページのアドレス） |
| 公告方法 | ○ | ○ |
| 電子公告関係事項 | ○ | ○ |

では、一般社団法人と一般財団法人の登記事項を比較しながら見ていきましょう。

資産の総額

昔は登記事項として１円単位で登記していました。その結果、毎年のように変更登記が要求されていたのです。

社団、財団は大きなものから小さなものまであるので、**毎年登記を要求するのは酷だろうということで、資産の総額は登記事項から外しました。**

基金の額

基金の額、これは社団にしかない制度です。ただ、登記をしません。**基金は負債だということがわかれば、登記事項ではないとわかる**のではないでしょうか（株式会社でも社債は登記しませんでしたよね）。

理事・代表理事・理事会設置法人である旨

理事、代表理事は必ず登記するということ、名前だけか、住所まで登記するかという点は、株式会社と同じです。

差が出るのが理事会設置法人である旨です。社団法人は置いている法人と置かない法人がありますが、財団法人は設置が義務なので、設置していることを登記する必要はありません。

評議員・評議員会設置法人である旨・社員・社員の資格の得喪に関する定め・設立者

評議員という制度は財団だけです。代表権がないので氏名だけ登記事項となっています。

そして、社員という制度は社団だけです。サークルの会員や、大学のＯＢ会であれば、その会員がこれに当たります。**社員はすごく人数が多くなることが予想されるので、登記しない**ことにしています。

設立者、これは寄付をした者で、財団だけにある概念です。ただ、この設立者は登記簿には載らない、**寄付した者は外部に見せない**ことになっています。

監事・監事設置法人である旨・会計監査人・会計監査人設置法人である旨

監事の名前を載せる点は共通です。

監事設置法人である旨というのは、財団では原則登記をしません。**必須機関だから**です。

ただ、**財団が解散すると、監事は必須機関ではなく、任意機関**になります。そのため、**置いている財団と置いていない財団があるので、置いている場合には登記事項になります。**

会計監査人は、社団も財団も任意機関なので、設置した場合は登記事項となります。

ここ以外の紹介した登記事項については、「ほぼ株式会社と同じ」として考えましょう（株式会社だったら登記事項かという視点で解きましょう）。

**問題を解いて確認しよう**

| | | |
|---|---|---|
| 1 | 一般財団法人の設立の登記の申請書には、登記すべき事項として資産の総額を記載しなければならない。〔24-35-イ（14-35-3、17-35-1）〕 | × |
| 2 | 一般社団法人において、基金を引き受ける者の募集をすることができる旨の定款の定めがあるときは、その定めは、登記事項である。〔23-34-オ〕 | × |
| 3 | 一般社団法人の理事は氏名のみが登記されるが、一般財団法人の理事は氏名及び住所が登記される。〔オリジナル〕 | × |
| 4 | 一般社団法人及び一般財団法人のいずれにおいても、理事会を置いた場合には、理事会設置一般法人である旨が登記事項となる。〔オリジナル〕 | × |
| 5 | 一般社団法人においては、社員の氏名及び住所は登記事項とはならないが、一般財団法人においては、評議員の氏名及び住所は登記事項となる。〔オリジナル〕 | × |
| 6 | 一般社団法人において、社員の氏名及び住所は、登記事項ではない。〔23-34-イ〕 | ○ |
| 7 | 一般社団法人及び一般財団法人のいずれにおいても、監事を置いた場合、監事設置一般法人である旨及び監事の氏名が登記事項となる。〔オリジナル〕 | × |
| 8 | 定款で、一般社団法人の目的を達成するために行う事業として公益事業及び収益事業を定めた場合には、収益事業について登記することができない。〔8-33-1（23-34-ア）〕 | × |

| | | |
|---|---|---|
| 9 | 一般社団法人が存続期間についての定款の定めを廃止したときは、存続期間の廃止による変更の登記を申請しなければならない。〔25-35-イ〕 | ○ |
| 10 | 一般社団法人において、社員の資格の得喪に関する定款の定めは、登記事項である。〔25-35-オ〕 | × |

**×肢のヒトコト解説**

1 資産の総額は登記事項ではありません。

2 基金は負債と同じようなもので、登記しません。

3 代表者ではない理事について、住所までは登記しません。

4 一般財団法人では、理事会は必ず置かれるので、登記されません。

5 評議員は代表者でないため、住所は登記されません。

7 一般財団法人では、監事は必ず置かれるので、登記されません。

8 収益事業を行うことは可能ですし、登記もできます。

10 社員に関する事項は、登記事項ではありません。

## これで到達！ 合格ゾーン

□ 役員等の責任免除についての定め、非業務執行理事等の責任の限度に関する契約は、一般社団法人、一般財団法人のどちらも登記事項である。

□ 評議員の一般財団法人に対する損害賠償責任については、責任免除についての定め、責任の限度に関する契約の制度、どちらも適用されない。

**★評議員は業務執行を担わないことから実際に賠償責任を負うケースは非常に少ないと考えられるため、免除の制度を認める必要がないと考えられたためです。**

□ 一般社団法人の名称及び主たる事務所の所在場所が他の一般社団法人の既に登記した名称及びその主たる事務所の所在場所と同一であるときは、当該名称を登記することはできない（一般法人330、商登27）。〔23-34-ウ（59-32-1）〕

★株式会社では、商号と本店所在地の２つが完全同一になる会社は認めませんでした（会社の区別ができなくなるから）。この規制は、一般法人でも課せられます。

## 2周目はここまで押さえよう

### ◆公告方法◆

| | 一般社団法人<br>一般財団法人 | 会社（会社939 Ｉ） |
|---|---|---|
| ①官報に掲載する方法 | ○ | ○ |
| ②時事に関する事項を掲載する日刊新聞紙に掲載する方法 | ○ | ○ |
| ③電子公告 | ○ | ○ |
| ④主たる事務所の公衆の見やすい場所に掲示する方法 | ○ | × |
| ⑤定款で公告方法を定めないこと | ×<br>（絶対的記載事項） | ○<br>（任意的記載事項） |

公告方法について、株式会社・持分会社と比較しましょう。

官報に掲載する方法、時事に関する事項を掲載する日刊新聞紙に掲載する方法、電子公告で公告できる点は、株式会社と同じです。

ただ、一般法人は小規模なものがあることから

定款「当囲碁サークルのお知らせは、サークル室の掲示板に張っておく」というような、「主たる事務所の公衆の見やすい場所に掲示する方法」も認められています。

こういった方法も認められているからこそ、定款に公告方法を決めておかないということはNGです。

一般法人では、公告方法は絶対的記載事項と位置付けているため、公告方法を決めなければ定款が無効になります（株式会社では、任意的記載事項なので、定款で公告方法を定めなかった場合には、公告方法は「官報に掲載する方法」となります）。

### ◆財団法人の定款変更◆

| 定款の絶対的記載事項 | 評議員会の特別決議による変更の可否 |
|---|---|
| ①目的 | ×　※ |
| ②名称 | ○ |
| ③主たる事務所の所在地 | ○ |
| ④設立に際して設立者が拠出する財産及びその価額 | ○ |
| ⑤設立者の氏名又は名称及び住所 | ○ |
| ⑥設立時評議員、設立時理事及び設立時監事の選任に関する事項 | ○ |
| ⑦設立しようとする一般財団法人が会計監査人設置一般財団法人であるときは、設立時会計監査人の選任に関する事項 | ○ |
| ⑧評議員の選任及び解任に関する事項 | ×　※ |
| ⑨公告方法 | ○ |
| ⑩事業年度 | ○ |

※下記の条件がなければ、定款変更ができない

①設立者が原始定款（設立に際して作成した定款）にこれらの事項を変更することができる旨を定めている場合

②裁判所の許可を受けた場合

一般財団法人の定款は、評議員会の決議で変えることができます。ただ、定款変更できないものがあります。

例えば、設立者が「コロナ対策の団体を作る」と財産を寄付したところ、その団体が「当法人は、これから杜仲茶を研究する」と変えられたら、財産を寄付した設立者はやっていられないでしょう。

そこで、定款記載事項の中でも、目的と評議員の選任及び解任に関する事項については、設立者の意思を重視して、定款変更ができないようにしました。

ただ、もともと設立者が定款で変更していいと決めている場合は、もちろん変更することが認められます。

それ以外でも、法人を継続するためにはどうしても定款変更が必要な場合には、裁判所に定款変更の許可を求めることができます。

| | | |
|---|---|---|
| ✓ 1 | 設立しようとする一般社団法人の定款に公告方法の定めがない場合は、当該定款を添付して一般社団法人の設立の登記を申請することはできない。〔31-35-ウ〕 | ○ |
| 2 | 一般社団法人は、公告方法として「主たる事務所の公衆の見やすい場所に掲示する方法」を登記することができる。〔23-34-エ〕 | ○ |
| 3 | 一般社団法人の公告方法として、一般社団法人の主たる事務所の公衆の見やすい場所に掲示する方法を定めることができるが、一般財団法人の公告方法として、一般財団法人の主たる事務所の公衆の見やすい場所に掲示する方法を定めることはできない。〔オリジナル〕 | × |
| 4 | 目的を評議員会の決議によって変更することができる旨の定款の定めのない一般財団法人であっても、評議員会の特別決議により目的を変更したことを証する評議員会の議事録及び裁判所の許可書を添付すれば、目的の変更の登記を申請することができる。〔24-35-ウ〕 | ○ |

## ◆一般社団法人及び一般財団法人の設立手続◆

| 一般社団法人の設立手続 | 一般財団法人の設立手続 | |
|---|---|---|
| | 生前処分による場合 | 遺言による場合 |
| 設立時社員2人以上による定款作成（法人10） | 設立者による定款作成（法人152 Ⅰ） | 設立者が遺言で定款の内容を定める（法人152 Ⅱ）<br>↓<br>遺言の効力発生後、遺言執行者による定款作成 |
| ↓ | ↓ | ↓ |
| 定款の認証（法人13） | 定款の認証（法人155） | 定款の認証（法人155） |
| ↓ | ↓ | ↓ |
| | 設立者による財産の拠出の履行（法人157） | 遺言執行者による財産の拠出の履行（法人157） |
| ↓ | ↓ | ↓ |
| 設立時役員等を定款で定めなかった場合には、設立時社員による選任（法人15～17） | 設立時役員等を定款で定めなかった場合には、定款所定の方法による選任（法人159） | |
| ↓ | ↓ | |

| 設立時理事等による設立手続の調査（法人20Ⅰ） | 設立時理事及び設立時監事による設立手続の調査（法人161） |
|---|---|
| ↓ | ↓ |
| 理事会設置一般社団法人の場合には、設立時代表理事の選定（法人21） | 設立時代表理事の選定（法人162） |
| ↓ | ↓ |
| 定款に定めがある場合には、基金の募集・拠出（法人131） | |
| ↓ | ↓ |
| 主たる事務所の所在地における設立の登記（法人22） | 主たる事務所の所在地における設立の登記（法人163） |
| （登記期間）<br>以下に掲げる日のいずれか遅い日から２週間以内<br>・設立時理事等の調査終了日<br>・設立時社員が定めた日 | （登記期間）<br>以下に掲げる日のいずれか遅い日から２週間以内<br>・設立時理事等の調査終了日<br>・設立者が定めた日 |

こちらは、各法人の設立手続の概略です。基本は、株式会社の発起設立と同じようになっています。各法人ごとの注意点を掲げます。

一般社団法人

① 社員が設立手続を行う（発起人の役割をするのは社員）
② 出資の手続がない
③ 定款規定がある場合には、基金の募集ができる

一般財団法人

① 通常は、設立者が設立手続を行う（発起人の役割をするのは設立者）
② 遺言で財産を寄付して、財団法人を設立する場合、定款内容は遺言に記載されているが、その遺言がそのまま定款になるわけではなく、別途遺言執行者が定款を作成する
③ 代表理事を必ず定める（理事会設置法人のため）

上記の特徴を押さえたうえで、下記の過去問を解きましょう（手続面、添付書類などは株式会社を思い出しながら解きましょう）。

| | 問題 | 解答 |
|---|---|---|
| ☑ 1 | 一般社団法人の設立の登記の申請書には、定款を添付しなければならない。〔25-35-ア〕 | ○ |
| 2 | 一般社団法人の設立登記の申請書に添付する定款については、公証人の認証を受けることを要しない。〔4-39-オ（13-29-イ、17-35-イ）〕 | × |
| 3 | 一般財団法人を遺言によって設立する場合、遺言執行者は、当該遺言で定めた事項を記載した定款を作成し、これに署名し、又は記名押印しなければならない。〔オリジナル〕 | ○ |
| 4 | 一般財団法人の設立の登記の申請書には、財産の拠出の履行があったことを証する書面を添付しなければならない。〔令3-34-エ〕 | ○ |
| 5 | 一般社団法人の設立の登記の申請書には、財産の拠出の履行があったことを証する書面を添付することを要しないが、一般財団法人の設立の登記の申請書には、財産の拠出の履行があったことを証する書面を添付しなければならない。〔オリジナル〕 | ○ |
| 6 | 一般財団法人について、設立の登記の申請書には、法人を代表しない設立時理事が就任を承諾したことを証する書面の印鑑につき市町村長の作成した証明書を添付することを要しない。〔29-35-ア〕 | ○ |
| 7 | 設立しようとする一般社団法人が理事会設置一般社団法人でないときは、その設立の登記の申請書には、設立時理事が就任を承諾したことを証する書面に押印した印鑑につき市町村長の作成した証明書を添付しなければならない。〔28-35-イ〕 | ○ |
| 8 | 設立しようとする一般社団法人の定款に主たる事務所の所在場所の定めがない場合は、当該一般社団法人の設立の登記の申請書には、主たる事務所の所在場所について設立時理事の過半数の一致があったことを証する書面を添付しなければならない。〔31-35-ア〕 | × |
| 9 | 設立しようとする一般社団法人が監事設置一般社団法人であるときは、その設立の登記は、その主たる事務所の所在地において、設立時理事及び設立時監事の設立手続の調査が終了した日又は設立時社員が定めた日のいずれか遅い日から2週間以内にしなければならない。〔28-35-ア〕 | ○ |

## 第3節 合併

◆合併の制限（吸収合併の場合）◆

| 当事法人 | 合併の制限 |
| --- | --- |
| 一般社団法人<br>＋<br>一般社団法人 | ①存続法人は一般社団法人でなければならない<br>②解散した一般社団法人は存続法人となることができない |
| 一般財団法人<br>＋<br>一般財団法人 | ①存続法人は一般財団法人でなければならない<br>②解散した一般財団法人は存続法人となることができない |
| 一般社団法人<br>＋<br>一般財団法人 | ①存続法人の種類<br>原則：一般社団法人又は一般財団法人のいずれでもよい<br>例外：一般社団法人が合併契約の締結の日までに基金の全額を返還していないときは、存続法人は一般社団法人でなければならない<br>②解散した一般社団法人又は一般財団法人は存続法人となることができない |

どんな合併ができるかというのが、かなり細かくまとまっています。

まず**社団と社団が合併した場合は社団しか作れません**。**社団ということは財産をまったく持っていない可能性もあるので、その団体同士が合体しても財団にはなれません**。

**財団と財団が合併した場合も、財団しか作れません**。**財団には社員がいませんので、財団同士が合体しても社団にするのは無理があります**。

そして、解散した法人は、吸収合併で他の法人を飲み込むことができません。これは株式会社も同じルールで、解散した会社が（他社を）飲み込んで、権利義務を増やすことを認めませんでした。

そして、**社団と財団は合併することができ、この場合、存続法人は社団・財団のどっちでも構いません**。

ただ問題は、社団が基金を返済していない場合です。この場合は、まず**基金を返済すべきというところから、社団法人としてでしか残れません**。**一般財団法人には基金という制度はないので、財団として残すことができない**のです。

## 問題を解いて確認しよう

| | | |
|---|---|---|
| 1 | 一般社団法人と一般社団法人とが新設合併をする場合には、合併により設立する法人を一般財団法人とする設立の登記の申請をすることはできない。〔22-35-オ〕 | ○ |
| 2 | 一般社団法人と一般社団法人が新設合併をして合併により設立する法人を一般財団法人とする設立の登記を申請することはできないが、一般財団法人と一般財団法人が新設合併をして合併により設立する法人を一般社団法人とする設立の登記は申請することができる。〔オリジナル〕 | × |

### ×肢のヒトコト解説

2　財団法人と財団法人が合併しても、社団法人は設立できません。

## これで到達！ 合格ゾーン

□ 一般法人が新設合併をする場合、債権者保護手続が必要になるが、以下の特色がある

① 基金の返還に係る債権の債権者は、合併について異議を述べることはできない（法人法258 Ⅵ）。

② 公告方法が法人の主たる事務所の公衆の見やすい場所に掲示する方法の場合には、二重公告をすることによって、各別の催告を省略することはできない〔令4-35-オ〕。

**★基金を供出したものは、法人に対して返還請求権を持ちます。ただ、一般債権者より劣後的な立場にあることから、債権者保護手続に参加することができません。**
**また、一般的には二重公告をすると「２つの媒体で公告しているので、債権者は見ているだろう」ということから催告が省略できます。ただ、「主たる事務所の公衆の見やすい場所に掲示する方法」で公告されていても、「債権者が主たる事務所で見ているだろう」とはならないため、催告は省略できません。**

## 第4節 解散

### ◆ 法人の解散事由及び継続の可否 ◆

| 事由 | 一般社団法人 | 一般財団法人 | 継続 |
|---|---|---|---|
| ①定款で定めた存続期間の満了 | ○ | ○ | 社団は○ |
| ②定款で定めた解散の事由の発生 | ○ | ○ | 社団は○ |
| ③社員総会の特別決議 | ○ | × | 社団は○ |
| ④社員が欠けたこと | ○ | × | × |
| ⑤基本財産の滅失その他の事由による一般財団法人の目的である事業の成功の不能 | × | ○ | × |
| ⑥純資産額が２期連続して300万円を下回った場合 | × | ○ | 財団は○ |
| ⑦合併 | ○ | ○ | × |
| ⑧破産手続開始の決定 | ○ | ○ | × |
| ⑨法人法261条１項の規定による解散を命ずる裁判（「解散命令」） | ○ | ○ | × |
| ⑩法人法268条の規定による解散を命ずる裁判（「解散判決」） | ○ | ○ | × |
| ⑪休眠一般法人のみなし解散 | ○ | ○ | ○<br>３年以内 |

上記は、一般法人の解散事由・継続の可否をまとめたものになっています。一般社団法人は、ほぼ株式会社と同じ結論です。

押さえるべき点は、**④の社員が欠けたという解散事由**です（株式会社にはない解散事由です）。社団法人は人の集まりを法人にしているので、人がいなくなればもう存続できません。

## これで到達！ 合格ゾーン

□ 一般社団法人の社員が欠けたことを理由に解散登記を申請する場合には、添付書類として、社員が欠けたことを立証する必要はない。

**★もともと一般社団法人において、社員の氏名等は登記事項ではありません。登記事項でないことに変化があっても立証させることはありません。**

一方、財団法人には特徴的な解散事由があります。

**⑤　基本財産の滅失その他の事由による一般財団法人の目的である事業の成功の不能**

財団は一定の目的のために、財産を寄付した制度です。その目的が達成できないことが分かれば、もう財団を維持する必要はありません。

**⑥純資産額が２期連続して300万円を下回った場合**

財団を設立するときは、300万円必要ですが、その後、純資産（資産－負債のことをいいます）が300万円を２年連続切ると解散します。そのような財政基盤の弱い財団を残す必要性が乏しいからだと思われます。

これらが、解散事由ですが、継続についても注意が必要です。

**①定款で定めた存続期間の満了　②定款で定めた解散の事由の発生で解散した場合でも継続できないのです。**

定款は設立者の意思で作っています。設立者の意思で解散とした内容を、評議員の意思で覆すことは相当ではないからです。

結果として、**財団で継続できるのは、⑥純資産額が２期連続して300万円を下回った場合と休眠一般法人のみなし解散の場合だけ**となります。

## 問題を解いて確認しよう

| | | |
|---|---|---|
| 1 | 一般財団法人は、基本財産の滅失その他の事由による一般財団法人の目的である事業の成功が不能になった場合、当該事由による解散の登記を申請しなければならない。〔オリジナル〕 | ○ |
| 2 | ある事業年度及びその翌事業年度に係る貸借対照表上の純資産額がいずれも300万円を下回った場合、一般社団法人は解散の登記を申請することを要しないが、一般財団法人は解散の登記を申請しなければならない。〔オリジナル〕 | ○ |
| 3 | 一般社団法人が定款で定めた存続期間の満了により解散した場合、解散の登記をした一般社団法人は、清算が結了するまでは継続の登記を申請することができる。〔オリジナル〕 | ○ |
| 4 | 一般社団法人も一般財団法人も、定款で定めた解散の事由の発生により解散した場合には、継続の登記の申請をすることができない。〔22-35-ア（5-35-5、13-29-オ）〕 | × |
| 5 | 一般財団法人が定款で定めた解散の事由の発生により解散した場合には、清算が結了するまで、継続を決議した評議員会の議事録を添付して継続の登記の申請をすることができる。〔29-35-エ〕 | × |

### ×肢のヒトコト解説

4 一般財団法人では継続できません。

5 定款で定めた解散の事由の発生により解散した場合には、継続できません。

## これで到達！ 合格ゾーン

□ 一般財団法人が存続期間の満了により解散し、評議員会の決議によって清算人が選任された場合において、当該解散及び最初の清算人の登記を一の申請書で申請するときの申請書には、定款を添付することを要する。〔令3-34-イ〕

**★株式会社と同じく、清算人会の設置の有無を確認するため、定款を添付する必要があります。**

# 第5節 公益社団法人・公益財団法人



| | |
|---|---|
| 概略 | 公益目的事業を行う一般社団法人又は一般財団法人は、行政庁に対し公益認定の申請をすることができる。<br>→ 行政庁は、当該法人が認定法５条各号に掲げる基準に適合すると認めるときは、当該法人について公益認定をする（認定４・５） |
| 効果<br>（名称変更） | 公益認定を受けた一般社団法人又は一般財団法人は、当然に、その名称中の「一般社団法人」又は「一般財団法人」の文字を、それぞれ「公益社団法人」又は「公益財団法人」と変更する定款の変更をしたものとみなす（認定９Ⅰ） |

ある団体が手続を踏んで登記をすれば、一般社団法人ないし一般財団法人と扱われます。そして、この**団体に公益性があり、なおかつ、行政からの許可をもらえれば、公益財団に格上げできます**。

この公益財団となった場合、一般社団法人という名前から公益社団法人へと名前が変わります。

名前が変わるだけでなく、**公益法人になるといろんなメリットがあります**。

その１つは税金面で、相当な優遇をうけることができます（例えば、登録免許税はかかりません）。

登記完了後の登記記録

| 名称 | 一般社団法人霞が関協会 |
|---|---|
| | 公益社団法人霞が関協会<br>令和５年10月15日変更<br>令和５年10月22日登記 |

一般社団法人変更申請書
1．登記の事由　　　　　　　　名称の変更
1．公益認定書到達の年月日　　令和5年10月15日
1．登記すべき事項　　　　　　令和5年10月15日名称変更
　　　　　　　　　　　　　　　名称　公益社団法人霞が関協会
1．添付書類　　　　　　　　　公益認定書謄本　　　　　1通
　　　　　　　　　　　　　　　委任状　　　　　　　　　1通

ある社団法人に公益性があると認定されました。この場合、名前が変わったという名称変更登記をします。

[22-35-ウ]
一般財団法人が公益認定を受けて公益財団法人となる場合には、一般財団法人の解散の登記及び公益財団法人の設立の登記の申請をしなければならない。
→　×

会社の組織変更や、種類変更などを考えてください。これらの場合、登記事項が思いっきり変わるから、今の登記簿を潰して、新しく登記簿を作り直す、解散登記と設立登記をしました。

今回のケースでは**名称しか変わらないので、今の登記簿を生かしつつ、名称部分だけ変更**でよいのです。

| | なすべき登記 | 申請か嘱託か | 添付書面 |
|---|---|---|---|
| (最初の)公益認定(認定4～) | 名称の変更の登記 | 申請 | 公益認定を受けたことを証する書面 |
| 公益認定の取消し(認定29～) | 名称の変更の登記 | 嘱託 | 当該登記の原因となる事由に係る処分を行ったことを証する書面 |

図表の下段部分を見てください。これは公益認定を取り消された場合の話です。公益認定のあと、公益性がなくなったと判断された場合には、行政庁によって取消処分を受けます。この場合、名前が元に戻るので名称変更登記が必要です。

そして、先ほどの公益認定とは違って、**登記は申請ではなく、嘱託**で行います。**公益性が取り消されたというマイナス的なことを、法人側が率先して申請するとは思えません**。そこで、この場合は行政側が勝手に登記を嘱託するのです。

## 問題を解いて確認しよう

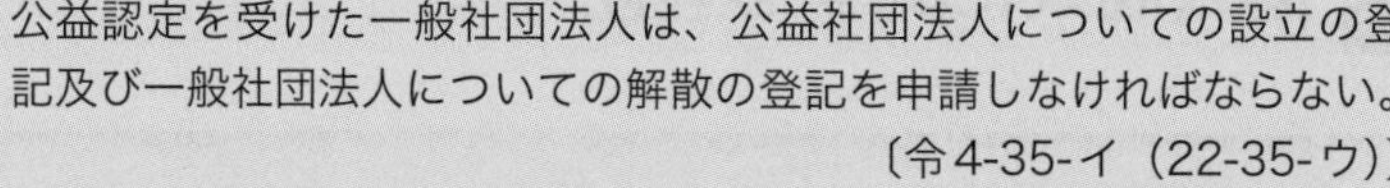

| | 問題 | 解答 |
|---|---|---|
| 1 | 公益認定を受けた一般社団法人は、公益社団法人についての設立の登記及び一般社団法人についての解散の登記を申請しなければならない。〔令4-35-イ（22-35-ウ)〕 | × |
| 2 | 公益認定を受けたことによる名称の変更の登記の申請書には、公益認定を受けたことを証する書面を添付することを要しない。〔オリジナル〕 | × |
| 3 | 公益認定を受けた一般財団法人がするその名称中の一般財団法人の文字を公益財団法人と変更する名称の変更の登記の申請書には、当該一般財団法人の名称の変更を決議した評議員会の議事録を添付しなければならない。〔31-35-イ〕 | × |
| 4 | 一般社団法人が公益認定を受け公益社団法人となった後に公益認定を取り消されたときは、当該公益社団法人は、遅滞なく、当該公益社団法人の主たる事務所及び従たる事務所を管轄する登記所に当該公益社団法人の名称の変更の登記を申請しなければならない。〔28-35-エ〕 | × |

## ヒトコト解説

1 名称の変更登記だけで足ります。

2 公益認定を受けたことの立証は必要です。

3 名称は自動的に変わるので、評議員会の決議は不要です。

4 申請ではなく、嘱託登記になります。

～未成年者や後見人は、登記のお墨付きでちゃんと商売ができます～

# 第4章 個人商人に関する登記

あまり出題されるところではないにも関わらず、単純暗記が多いところ、そして他に応用がきくところでもないという分野です。
初学者の方は、ここは飛ばして他の部分の理解・記憶に時間をかけた方がいいでしょう（直前期になったところで、読めば十分なところです）。

## 第1節 商号の登記

法人だけでなく自然人の商人も登記ができます。

何を登記するかといったら、基本は商号です（看板をイメージしてください）。

**商号を作ったら、自分の商号はこれだということを登記することができます。**

| 商号 | 鈴木呉服店 |
|---|---|
| 営業所 | 東京都千代田区霞が関一丁目１番１号 |
| 商号使用者の氏名及び住所 | 東京都千代田区一丁目１番１号<br>田中太郎 |
| 営業の種類 | 呉服類の販売 |
| 登記記録に関する事項 | 新設<br>令和○年○月○日登記 |

(1) 商号
(2) 営業の種類
(3) 営業所
(4) 商号使用者の氏名・住所

個人商人の登記の場合、**１番登記したいことを、登記簿の１番上に書きます。**
この登記では「自分が使っている看板はこれだ」ということを公示したいので、

1番上に商号を書くのです。

次に、営業の種類と営業所は、どの個人商人でも登記します。また、誰が使っているかを登記します。

**◆ 商号の登記の特徴 ◆**

| 登記期間 | × |
|---|---|
| 登記の義務 | ×(商11) |

個人商人は、そもそも商号自体を決めるかどうかが自由です。私は個人商人ですが、商号というのを決めていません。仮に決めたら、前記のような登記簿を作る義務があるかというと、これもないのですよ。

決めるかどうかも自由だし、登記するかどうかも自由です。**登記することが自由だから、「いつまでに登記しろ」という登記期間もない**のです。

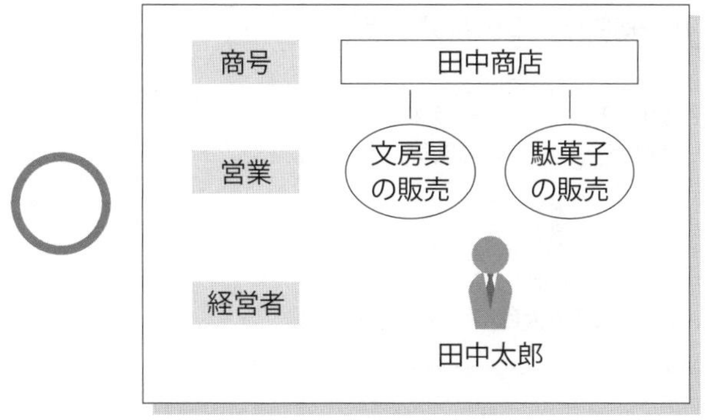


| 商号 | 田中文房具店 |
|---|---|
| 営業所 | 埼玉県草加市青柳六丁目24番38号 |
| 商号使用者及び住所 | 東京都千代田区千代田一丁目1番1号<br>田中太郎 |
| 営業の種類 | 文房具の販売<br>駄菓子の販売 |

1つの看板で2つ以上の商売をしている、これは問題なく、その旨の登記もできます。**営業の種類の欄に2つの商売が登記されます。**

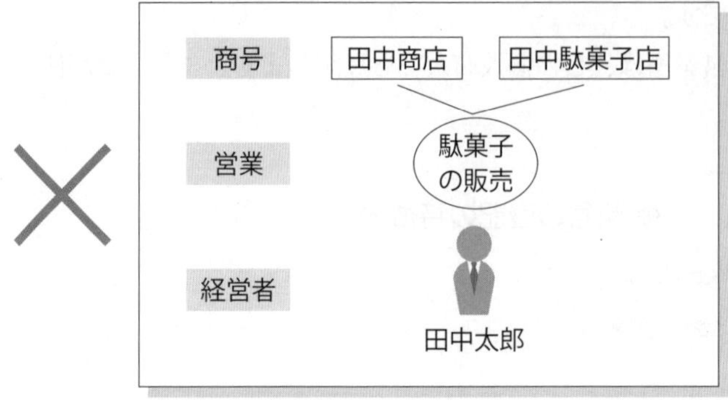


商号を２つ使っているのですが、営業は１つしかありません。

これはＮＧです。

**営業が１つなのに商号を２つにするのは、商号の無駄遣い**です。他にその商号を使おうと思っている人が、困るので上記のような無駄遣いは認めません。

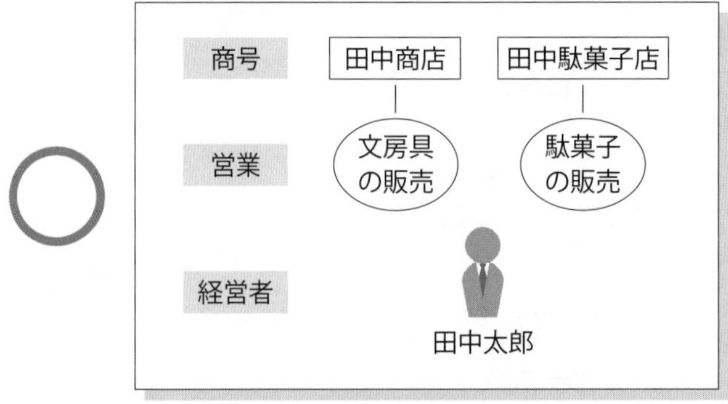


営業が２つあるので、それぞれ看板を変える。これは問題ありません。

ただし、この場合の登記簿は２つになります。

**商号の登記というのは、商号ごと登記簿を作ります**。だから商号が２つあれば、登記簿は２つになるのです。

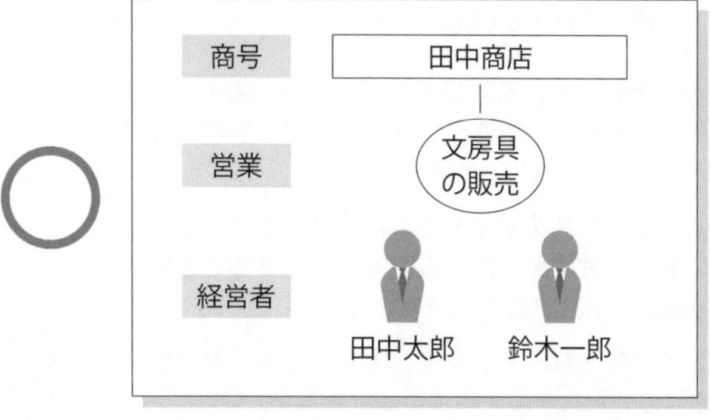


| 商号 | 田中商店 |
|---|---|
| 営業所 | 東京都千代田区霞が関一丁目１番１号 |
| 商号使用者の氏名及び住所 | 東京都千代田区千代田一丁目１番１号<br>田中太郎<br>埼玉県草加市青柳一丁目３番３号<br>鈴木一郎 |
| 営業の種類 | 文房具の販売 |
| 登記記録に関する事項 | 新設<br>令和○年○月○日登記 |

今度は経営者が２人のケースです。これは別に問題ありません。
登記簿の方は、商号使用者の欄に２人入ることになります。

| | | |
|---|---|---|
| 1 | 営業所ごとにする商号の登記における登記すべき事項は、商号、営業所並びに商号使用者の氏名及び住所であり、営業の種類を登記することを要しない。〔オリジナル〕 | × |
| 2 | 商号の登記をした商人が新たに営業所を設置した場合においては、その営業所が商号の登記をした営業所と同一市区町村内にあるときであっても、商号の新設の登記を申請することができる。〔5-28-イ〕 | ○ |
| 3 | ２人以上の者が共同して営業を営んでいる場合であっても、商号使用者を２人以上として商号の登記を申請することはできない。〔オリジナル〕 | × |
| 4 | 商号使用者が複数である場合、商号の新設の登記を申請することができない。〔オリジナル〕 | × |

×肢のヒトコト解説

1 営業の種類も登記事項です。

3,4 商号使用者が２人以上でも許されます。

## 第2節 未成年者登記

> 次の行為は、未成年者が単独で有効にすることができる。
> ① 単に権利を得、又は義務を免れる行為（民５Ⅰ但書）
> ② 法定代理人が目的を定めて処分を許した財産をその目的の範囲内で処分し、又は目的を定めないで処分を許した財産を処分する行為（民５Ⅲ）
> ③ 法定代理人から「一種又は数種」の「営業」を許された未成年者の営業に関する行為（民６Ⅰ）

未成年者が１人でできることが、上記に載っています。その中の**営業の許可の部分が、今回のテーマ**です。

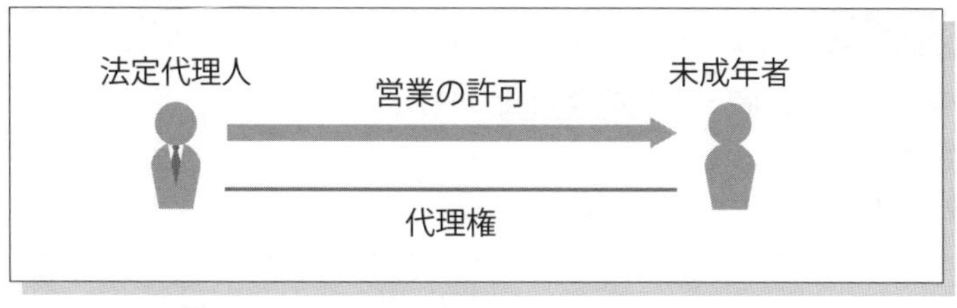


親が未成年者に対して、「食料品販売は、自分だけでやっていいぞ」と許可を与えたのです（これを営業の許可といいます）。

すると、この**未成年者は食料品の販売については、行為能力を持つ**ことになります。

これを公示するのが、未成年者登記です。**未成年だけど、食料品の販売については能力があることを公示する**のです。

| 未成年者の氏名、出生の年月日及び住所 | 東京都港区白金台一丁目１番１号<br>　A<br>平成19年５月１日生 |
|---|---|
| 営業所 | 東京都千代田区霞が関一丁目１番１号 |
| 営業の種類 | 食料品の販売 |
| 登記記録に関する事項 | 新設<br>令和５年10月１日登記 |

この未成年者と取引をしようと思っている者は、この登記を見たら、

自分が取引する相手は、未成年者だけど、営業許可を受けているから大丈夫だ。

と安心できます。

では、この未成年者登記、何を登記するのか細かく見ていきましょう。

(1) 未成年者の氏名・出生の年月日・住所
(2) 営業の種類
(3) 営業所

まず、**未成年者に能力があることを公示したいので、1番上に書くのは、未成年者**です。そして、**出生年月日まで載せます**。営業の種類と営業所を載せるというのは、商号の登記と同じです。

**頻繁に出題されているのが、「法定代理人は登記されない」ということ**です。法定代理人は、営業許可を与えることによって代理権を失います。そのため、法定代理人を登記簿に載せる実益がないのです。

**◆ 未成年者登記の特徴 ◆**

| 登記期間 | × |
|---|---|
| 登記の義務 | ○(商5) |

未成年者に許可を与えたときは、登記する義務があります。

ただし、「いつまでにやれ」という登記期間が定められていません。仮に「許可を与えてから2週間」としたとしても、実効性がありません。

申請人に「今日許可を受けました」と言われてしまえば、それで申請を受け付けるしかないからです。

そのため、**登記する義務はあるけど、登記の期間はない**としています。

**◆ 変更・消滅の局面と申請人 ◆** ○=可 ×=不可

| | | 未成年者 | 法定代理人 | 登記官 |
|---|---|---|---|---|
| 未成年者登記(商登36 I) | | ○ | × | × |
| 変更 | (1) 原則(商登36 I) | ○ | × | × |
| | (2) 許可の制限(商登36 II) | ○ | ○ | × |
| 消滅 | (1) 原則(商登36 I) | ○ | × | × |
| | (2) 許可の取消し(商登36 II) | ○ | ○ | × |
| | (3) 死亡(商登36 III) | × | ○ | × |
| | (4) 成年に達する(商登36 IV) | ○ | × | ○ |

登記する場面（図表の左側）と、誰が申請するか（図表の右側）を、まとめた図表です。

この図表は縦に見てください。

**未成年者は許可をもらうことにより能力を持つので、自分で登記申請することができます。**

ただ、1か所だけできません。それは未成年者が死んだ場合の抹消登記です（死んでいる以上、無理ですよね）。

**法定代理人は、基本登記ができません。**営業許可を与えたことによって、権限を失っているからです。

ただ、**許可を取り消したような場合は、権限が戻りますから登記申請が可能です。**

この許可の取消しの場合、**未成年者と法定代理人、この2人が登記申請できる状態**です。

親が未成年者に「お前には商売は無理だった。このままでは借金だらけになるから、もう商売をするな」と許可を取り消しても、

と言って登記申請をしない可能性があります。そのときに備えて、法定代理人もできるという条文にしておいたのです。

あともう1つ、法定代理人ができる場合があります。それは、未成年者自身が死んだ場合です。さすがに、これは親がやるしかないですよね。

今度は登記官というところを見てください。登記官は基本バツです。

1つだけできる場合があって、それが**成年に達したときで、その場合は、登記官が職権で消すことができます。生年月日が載っているので、成年に達したかどうか分かるため、登記官が勝手に登記をします。**

## 問題を解いて確認しよう

| | | |
|---|---|---|
| 1 | 未成年者が営業の許可を受けた場合、未成年者の法定代理人の氏名及び住所は登記すべき事項ではない。〔オリジナル〕 | ○ |
| 2 | 未成年者の登記をした未成年者が成年に達した場合には、当該未成年者の法定代理人であった者は、未成年者が成年に達したことによる消滅の登記を申請しなければならない。〔18-29-イ〕 | × |
| 3 | 未成年者の営業の許可の取消しによる消滅の登記の申請は、当該未成年者がすることはできない。〔23-28-エ〕 | × |
| 4 | 未成年者の登記をした未成年者が死亡した場合には、その法定代理人は、未成年者の死亡による消滅の登記を申請しなければならない。〔17-28-イ〕 | ○ |
| 5 | 法定代理人が未成年者の営業の許可を制限したときは、当該営業の許可の制限による変更の登記は、法定代理人が申請しなければならない。〔オリジナル〕 | × |

### ×肢のヒトコト解説

2　成年に達したことは登記官にわかるため、申請は不要です。

3　未成年者自身は、死亡以外であれば登記申請が可能です。

5　未成年者自身で、登記申請が可能です。

## これで到達！ 合格ゾーン

□ 未成年者が営業の許可を得たことにより初めてする未成年者の登記の申請書には、法定代理人の許可を得たことを証する書面を添付しなければならない（37Ⅰ本文）。しかし、当該申請書に法定代理人の記名押印があるときは、法定代理人の許可を得たことを証する書面の添付を要しない（37Ⅰ但書）。〔23-28-オ〕

**★申請書に直接「自分は許可します　父」のような感じの記載があれば、別途、許可書を添付する必要はありません。**

## 第3節 後見人登記

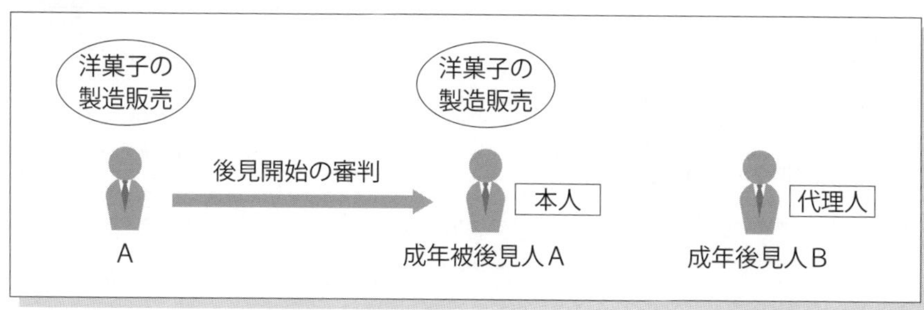


商売をやっていたある者が、後見開始の審判を受けました。後見開始の審判を受ければ、取引する能力はなくなります。そして、代わりに、成年後見人が登場します。

ただ、この**成年後見人Bは、成年被後見人Aに代わり商売することができません**。成年後見人というのは、あくまでも成年被後見人の財産管理のために選ばれた者です。商売ができる者として、選んだわけではありません。

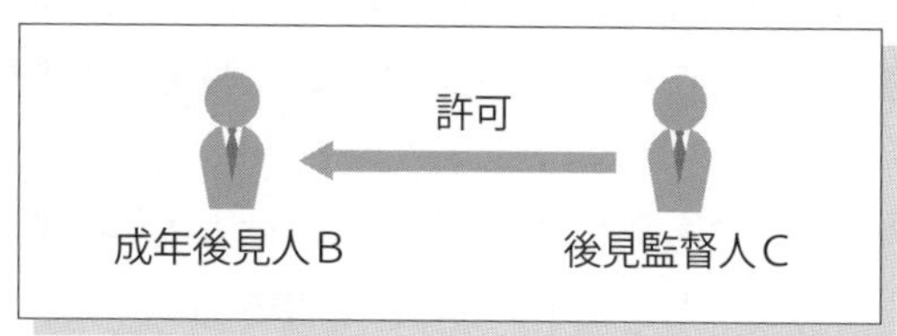


そのため、この成年後見人は商売ができないのですが、商売を畳むのは勿体ない、収入を減らしたくないという場合は成年後見人が商売をすることもできます。ただし、この場合、**後見監督人からOKをもらうことが条件**です。

そして、このときに登記をします。「**自分は監督人から許可を受けて商売ができる**」、**それを公示するのが後見人の登記**なのです。

では、どんな登記簿になるかを見ましょう。

| 後見人の氏名又は名称及び住所 | 東京都中央区築地六丁目20番6号<br>　B<br>(成年後見人)(又は(未成年後見人)) |
|---|---|
| 被後見人の氏名及び住所 | 東京都中央区京橋二丁目5番1号<br>　A |
| 営業所 | 東京都中央区京橋二丁目5番1号 |
| 営業の種類 | 洋菓子の製造販売 |
| 登記記録に関する事項 | 新設<br>令和○年○月○日登記 |

**覚えましょう**

①後見人の氏名又は名称及び住所並びに当該後見人が未成年後見人又は成年後見人のいずれであるかの別
②被後見人の氏名及び住所
③営業の種類
④営業所

1番上に載るのは1番公示したいことです。つまりこの事案では、**「後見人だけど、商売ができる」ってことを言いたいので、1番上には後見人の氏名・住所を載せます。**

そこには後見人のタイプも載せます。後見人には未成年後見と成年後見の2タイプがあるので、そのどっちのタイプなのかを書きます。

そして、上から2つ目に**被後見人の氏名住所という欄があります。**

あくまでも成年後見人は代わりに商売をしているだけで、その効果は成年被後見人Aに及ぶため、**「この人と取引すると、ここに効果帰属しますよ」と効果帰属先を示すために登記事項にしています。**

あとは営業の種類と営業所を載せます。

### ◆ 後見人登記の特徴 ◆

| | |
|---|---|
| 登記期間 | × |
| 登記の義務 | ○（商6） |

先ほどの未成年者登記と同じで、登記する義務はあるけど、登記期間はありません。

### ◆ 後見人登記の申請人 ◆

○＝可　×＝不可

| | | 後見人 | 被後見人 | 新後見人 |
|---|---|---|---|---|
| 後見人の登記 | | ○ | × | × |
| 消滅の登記 | 原則 | ○ | × | ○ |
| | 未成年被後見人が成年に達した場合<br>成年被後見人の後見開始の審判が取り消された場合 | ○ | ○ | × |

誰が登記申請をするかという図表ですが、これも縦に見てください。

**基本は後見人自身が登記申請をします**。後見人の登記を作るときも、なくすときも後見人自身がやります。

**被後見人である本人は、能力がないので、基本登記ができません**。ただし、被後見人である本人が権限を持ったことによって、後見人の権限がなくなったような場合には、被後見人自身が能力を持っていますので、本人が登記申請できます。後見人が登記申請をしないような場合には消滅登記をします。

また、消滅登記の原則の部分を見てください。

例えば、今の後見人が解任されて、別の人が選ばれたという場合を想定しています。この場合、**もともとの後見人が登記を消すこともできますが、その後見人からの登記申請が期待できません**。そこで、**新しい後見人が代わりに消滅登記を申請できるとした**のです。

## 問題を解いて確認しよう

| | | |
|---|---|---|
| 1 | 後見人の登記においては、後見人の氏名又は名称及び住所並びに当該後見人が未成年後見人又は成年後見人のいずれであるかの別を登記しなければならない。〔オリジナル〕 | ○ |
| 2 | 後見人が家庭裁判所から解任されたことによる後見人の消滅の登記は、解任された後見人又は新後見人のいずれからでも申請することができる。〔58-39-4（23-28-ウ）〕 | ○ |
| 3 | 後見人の登記をした後見人が死亡した場合における後見人の死亡による消滅の登記の申請は、後見人の相続人に限り、することができる。〔17-28-ウ〕 | × |
| 4 | 後見人が退任した場合であっても、新後見人は、当該後見人に関する消滅の登記を申請することができない。〔オリジナル〕 | × |

### ×肢のヒトコト解説

3 新しい後見人が申請することも可能です。

4 前の後見人の登記の抹消登記は、後の後見人も申請できます。

## これで到達！ 合格ゾーン

□ 未成年被後見人が成年に達したことによる消滅の登記は、その者も申請することができる（41Ⅱ前段）。しかし、登記官が職権で未成年被後見人が成年に達したことによる消滅の登記をすることができる旨の規定は存しない（41参照）。〔28-28-ア〕

**★未成年者の登記と異なり、生年月日の記載がないため、登記官には成年に達したかどうかはわかりません。**

# 第4節 支配人の登記

| 支配人の氏名及び住所 | 東京都千代田区霞が関一丁目１番１号<br>Ａ |
|---|---|
| 商人の氏名及び住所 | 東京都千代田区霞が関二丁目２番２号<br>Ｂ |
| 支配人を置いた営業所 | 東京都千代田区霞が関三丁目３番３号 |
| 登記記録に関する事項 | 新設<br>令和○年○月○日登記 |

個人商人が支配人を選んだ場合、その支配人は登記されます。

**選ばれた支配人Ａ、選んだ商人Ｂ、それぞれが登記されています**。これは**誰が動いて、誰に効果帰属するという代理人と本人の関係となっていることを公示しています**。

そして、営業所はあっても、営業所、営業の種類が載ってないことに気付くでしょうか。

原則的には営業の種類は登記しません（載せることもありますが、それは学習が進んでからでいいでしょう）。

**◆ 支配人登記の特徴 ◆**

| 登記期間 | × |
|---|---|
| 登記の義務 | ○（商22） |

ここも後見人と同じで、義務はあるけど登記期間がありません。

登記申請は誰がするかというと、すべて本人になります。**商人である本人が登記申請し、支配人には登記申請する権限が全くありません**。

営業主が死亡しても代理権の消滅事由とはならない（商506条）

本人が死ぬと代理権が消えるという民法のルールがありますが、このルールを直接適用するのは、民法ぐらいで、**他の法律では本人が死んでも、代理権は消えないことが多い**です。

もし相続によって**代理権を消したとしても、その本人の相続人は、今までの支配人に引き続きお願いすることが多い**ことから、だったらいっそのこと相続で代理権を消さない方がいいだろう、という配慮です。

### 問題を解いて確認しよう

| | | |
|---|---|---|
| 1 | 個人商人の支配人の選任の登記は、支配人ではなく、営業主である商人が申請しなければならない。〔オリジナル〕 | ○ |
| 2 | 支配人の登記をした商人が死亡した場合には、その相続人は、支配人の代理権の消滅の登記を申請しなければならない。〔17-28-エ〕 | × |
| 3 | 支配人の登記においては、支配人の氏名及び住所だけでなく、商人の氏名及び住所も登記すべき事項となる。〔オリジナル〕 | ○ |

### ×肢のヒトコト解説

2　支配人の代理権は、商人の死亡によって消滅しません。

〜日本の判子文化は、登記所でも印鑑証明書の交付などで大切です〜

# 第5章 商業登記総論

ここからは、商業登記の総論、共通項部分の学習に入ります。
ただ、商業登記の総論は、不動産登記と違って出題が少なく、1問も出ないという年もあります。
そのため、初学者の方はほかの部分の理解・記憶を優先しても構いません。

## 第1節 印鑑届出制度（印鑑提出制度）

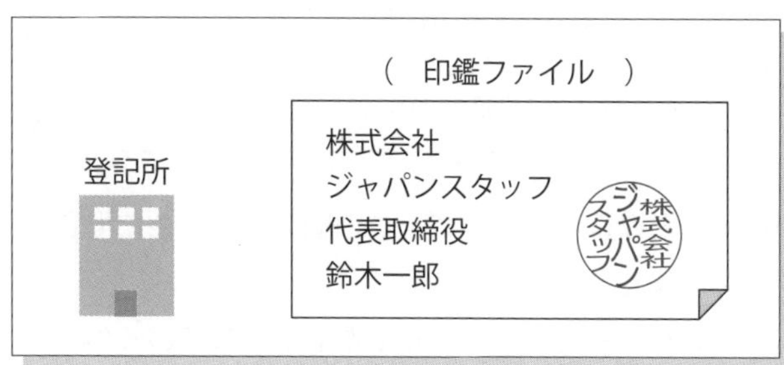


**会社を作ったら、登記所に印鑑届ができます。**

「うちの代表取締役の印鑑はこれです。この印鑑が押されていたら、うちの代表取締役が来たと思ってください。」というように印鑑届をします。

なぜこういうことをするのでしょうか。

**Point**

趣旨①　登記申請の真実担保のため

趣旨②　印鑑証明書の交付のため

印鑑届をしたあとに、その印鑑を押して登記申請をすると、その届け出た代表取締役が来たということがわかります。登記申請の権限がある者が行ったことがわかるので、登記申請の真実性が確保できます。これが1つ目の趣旨「登記申請の真実担保のため」になります。

２つ目の趣旨は印鑑証明書をもらうためです。印鑑届をすると、登記所が「印鑑届している印鑑（届出印）はこれです」という印鑑証明書を作ってくれます。

この印鑑証明書は、身分証として使われています。

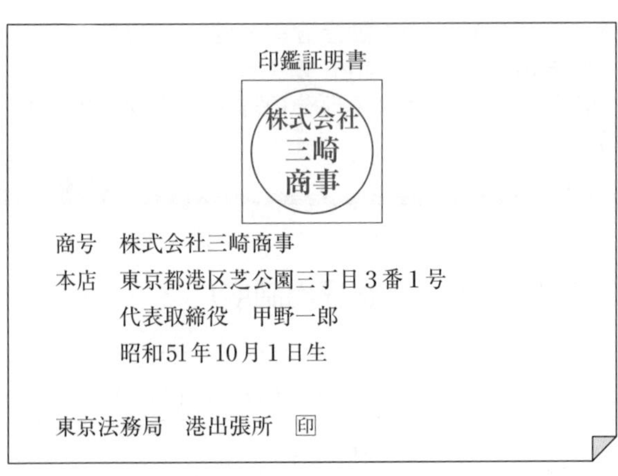
印鑑証明書

株式会社
三崎
商事

商号　株式会社三崎商事
本店　東京都港区芝公園三丁目３番１号
代表取締役　甲野一郎
昭和51年10月１日生

東京法務局　港出張所　印

印鑑証明書は本人しか取れないので、この紙を持ってきた場合は、代表取締役の可能性がきわめて高くなります。

印鑑証明書は、こういった身分証としても活用されているのです。

代表取締役は印鑑届をすることができますが、どのタイミングで印鑑届をすることになるのでしょうか。

| | |
|---|---|
| ① | 代表者の変更 |
| ② | 解散の登記申請 |
| ③ | 会社継続の登記申請 |
| ④ | 設立登記申請 |
| ⑤ | 他の登記所の管轄内への本店移転登記申請 |
| ⑥ | 新設合併による設立登記申請 |
| ⑦ | 新設分割による設立登記申請 |
| ⑧ | 株式移転による設立登記申請 |
| ⑨ | 組織変更による設立登記申請 |
| ⑩ | 持分会社の種類の変更の登記 |
| ⑪ | 特例有限会社の通常の株式会社への移行の登記 |

大きく分けると2つあります。この図表でいうと①②③、**代表者が変わる場面**です。代表者が変わる場面になると、印鑑届をする義務があります。

そして④から⑪は**登記簿を作るタイミング**です。登記簿を作るタイミングで、印鑑届をするのです。

ここでは代表者が変わるタイミングについて細かく見ていきましょう。

| 事例 | 印鑑の再提出する必要があるか |
| --- | --- |
| 会社の代表者が重任し、同一の印鑑を使用する場合 | 必要なし |

代表者が重任している、つまり**代表者は変わっていません**。そのため、印鑑届をする必要はありません。

| 事例 | 印鑑の再提出する必要があるか |
| --- | --- |
| 権利義務代表取締役が再選された場合に、同一の印鑑を使用する場合 | 必要なし |

権利義務者が再度代表取締役に選ばれた場合、権利義務は解消されて退任登記と就任登記を申請します。ただ、**代表取締役として仕事をする者が変わるわけではないので、印鑑届は要りません**。

| 事例 | 印鑑の再提出する必要があるか |
| --- | --- |
| 会社の代表者が「変更（新任）」し、前任者と同一の印鑑を使用する場合 | 必要 |

代表取締役が変わっているので、印鑑届が必要です。退任する代表取締役と同じ印鑑を使うとしても（たいていは、同じ印鑑を使います）、印鑑届をするのです（身分証を作り直すので、同じ印鑑を使用するとしても、手続をやり直すのです）。

## 問題を解いて確認しよう

1 株式会社の代表取締役の変更があり、変更前の代表取締役が登記所に提出していた印鑑を変更後の代表取締役が自らの印鑑として使用する場合でも、変更後の代表取締役は、改めて印鑑を登記所に提出しなければならない。〔6-32-2（10-31-4、21-32-ア）〕 ○

2 株式会社の代表取締役が再任された場合には、印鑑を再提出することを要しない。〔6-32-5〕 ○

3 代表取締役の権利義務を有していた者を再び代表取締役として再選した場合、就任による変更の登記の申請に際して異なる印鑑の提出をしない限り、当該代表取締役は改めて印鑑を提出することを要しない。〔オリジナル〕 ○

印鑑届書

| 株式会社三崎商事 |
|---|
| 東京都港区芝公園三丁目３番１号 |
| 代表取締役 |
| 甲野一郎 |
| 昭和５１年１０月１日生 |

上記のとおり届けます。
令和６年４月１日

東京都港区三田一丁目１番５号
甲野一郎

ここからは、登記所に対して印鑑届をする場面、「自分の印鑑はこれだ」と申し出る方法を説明します。

まず、印鑑届書を用意します。そして、左上に、届け出たい印鑑を押印します。

そして右側に、必要事項を記載します。商号、本店、資格、氏名、生年月日、このようなことを記載して、末尾に名前を書きます。

最後に、**印鑑届の意思を表すために実印を押します**。そして、これが**実印だと**

**いうことを立証するために、印鑑証明書を付ける**ことになります。

ちなみに、「提出する印鑑についての印鑑証明書を添付する　→　×」という問題が出題されたことがあります（提出する印鑑の印鑑証明書は、印鑑届をした後にもらえるので、この時点で提出せよと言っても無理があります…）。

本試験で印鑑証明書の添付が問われたら、どの押印についての印鑑証明書を添付するのか、意識して読んでください。

今のところを、もう１度繰り返します。次の図を見てください。

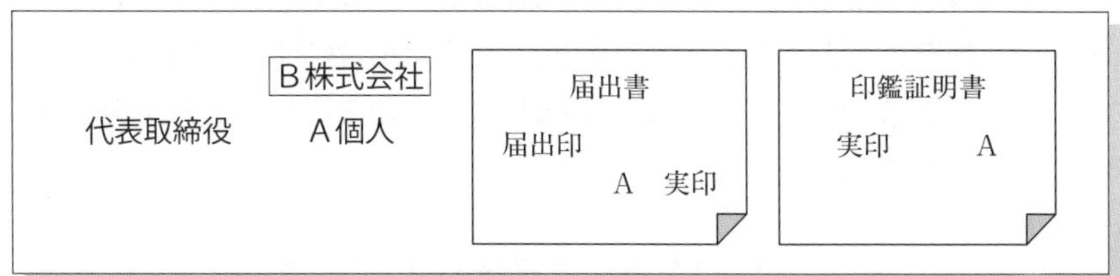


B株式会社の代表取締役Aが印鑑届をしたい、その時は届出書に、①届け出たい印を押す。そして、末尾に②A個人の名前を書いて個人の実印を押す。これが実印であることを立証するために、③印鑑証明書を添付することになります。①②③が押さえてほしいポイントです。

ただ、③の印鑑証明書は付けなくてもいい場合があります。

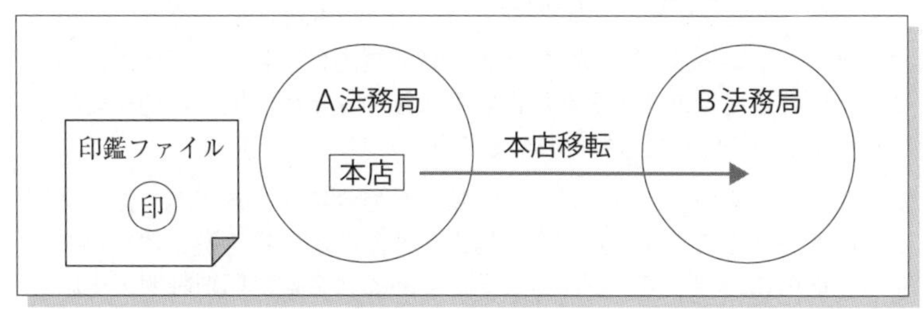


ある会社が、本店をB法務局の管轄区域内に移すことになりました。

今後は、B法務局で登記申請をすることになるので、B法務局のほうに印鑑届が必要になります。この印鑑届は本店移転の登記申請書とセットで出します。

そのときの印鑑届に印鑑証明書を添付するべきかどうかは、A法務局と同じ届出印を使うかどうかで違います。

| | ケース | 添付書類として印鑑証明書等は必要か |
|---|---|---|
| ① | 新所在地を管轄する登記所に提出する印鑑<br>＝旧所在地を管轄する登記所に提出してある印鑑 | 不要 |
| ② | 新所在地を管轄する登記所に提出する印鑑<br>≠旧所在地を管轄する登記所に提出してある印鑑 | 必要 |

**届出印が、A法務局の時代と同じであれば、印鑑証明書は要りません**。その**印鑑についての届出意思は、一度A法務局で確認している**からです。

本店所在地を変えるタイミングで届出印を変えた場合には、新たにその印鑑についての届出意思を確認するために、印鑑届書に実印を押して、その印鑑証明書をもう一度添付することになっています。

**問題を解いて確認しよう**

**1** 支配人を選任した商人（小商人及び会社である場合を除く。）が印鑑の提出をする場合には、印鑑届書に押印した印鑑につき市町村長の作成した証明書で作成後3月以内のものを添付しなければならない。〔30-28-ア〕 ○

**2** 登記の申請書に押印すべき者が印鑑を提出する場合には、提出に係る印鑑につき市町村長の作成した証明書で作成後3か月以内のものを添付しなければならない。〔10-31-2〕 ×

**3** 株式会社がその本店を他の登記所の管轄区域内に移転した場合において、新所在地を管轄する登記所にする印鑑の提出は、旧所在地を管轄する登記所を経由してしなければならない。〔22-30-オ〕 ○

**4** 本店を他の登記所の管轄区域内に移転した場合にすべき印鑑の提出は、新本店所在地を管轄する登記所に提出する印鑑が旧本店所在地を管轄する登記所に提出している印鑑と同一であるときは、印鑑証明書を添付しないで印鑑届書を提出することによりすることができる。〔59-31-4（21-32-エ）〕 ○

×肢のヒトコト解説

**2** 末尾に押印した印鑑についての印鑑証明書が必要です。

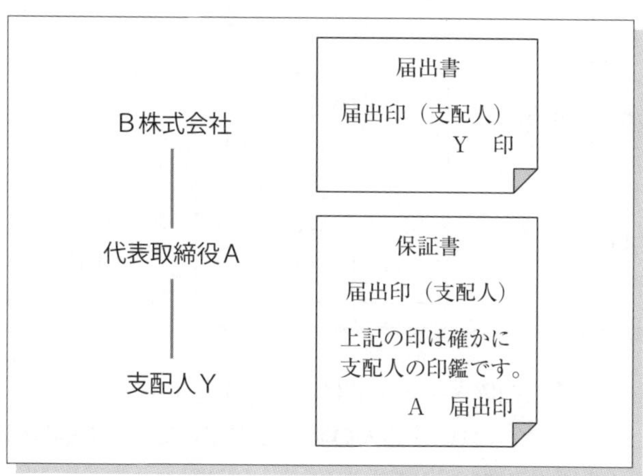


ある会社の支配人が印鑑届をすることになりました（身分証が欲しいときは、支配人も印鑑届ができます）。

このとき、**届出書自体は支配人のYが作ります**。ただ**支配人でも何でもない人が、印鑑届をすると困るので、代表取締役に保証書を作ってもらうことにしました**。

「間違いないですよ。この人は支配人です。代表取締役A」という保証書を作ってもらいます。そして、**代表取締役が作っていることを立証するために、そこに代表取締役の届出印を押してもらいます**（ちなみに、届出印かどうかの立証は不要です。押印された印鑑が届出印かどうかは、登記所の方で把握できるからです）。

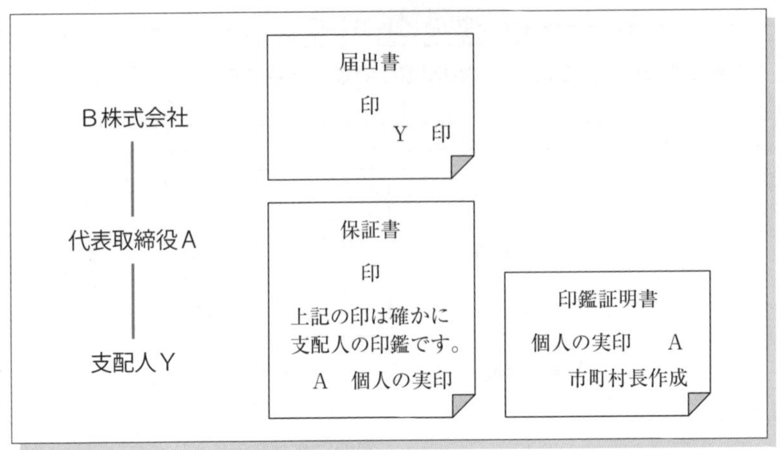


印鑑届をしている会社は保証書に届け印を押印しますが、印鑑届をしていない会社の場合は、上記のとおり、**「個人の実印を押印して」「個人の実印であることを立証する」**という仕組みにしています。

届出印かどうかは登記所の方で分かりますが、個人の実印は市町村長が管理しているため、登記所には分かりません。そのため、**市町村長作成の印鑑証明書の添付を要求している**のです。

| | 商人（会社の代表者）が登記所に印鑑を提出している場合 | 商人（会社の代表者）が登記所に印鑑を提出していない場合 |
|---|---|---|
| 保証書に押印する印鑑 | 登記所に提出している印鑑 | 市町村長に提出している印鑑 |
| 添付書面 | ①商人が支配人の印鑑に相違ないことを保証した書面 | ①当該法人の代表者が当該支配人の印鑑に相違ないことを保証した書面<br>②当該書面の印鑑につき市町村長の作成した証明書（作成後３か月以内） |

**問題を解いて確認しよう**

**1**　会社の代表者が会社の支配人の印鑑を提出する場合には、当該代表者が印鑑の届書に登記所が作成した作成後３月以内の当該代表者の印鑑証明書を添付してしなければならない。〔15-30-1〕　×

ヒトコト解説

1 支配人の印鑑届は、支配人自身が行います。会社の代表者が行うことが前提になっているこの肢は×になります。

これで到達！ 合格ゾーン

□ 会社の代表者が法人である場合におけるその職務を行うべき者が、当該法人の代表者ではないときは、印鑑届書の提出時に、当該法人の代表者が当該職務を行うべき者の印鑑に相違ないことを保証した書面を添付しなければならない（商登規９Ｖ⑤）。〔21-32-ウ〕

**★Ａ合名会社の代表社員がＢ株式会社の場合には、Ｂ株式会社が定めた職務執行者が印鑑届をします。この職務執行者がＢ株式会社の代表者でない場合は、Ｂ株式会社の代表者が「この印鑑は、職務執行者のもので間違いありません」という保証書が必要です（支配人の部分と同じ処理をしていると押さえましょう）。**

| 印鑑ファイルに記録された事項で登記されたもの（商号、本店、株式会社の代表取締役の住所等）につき変更の登記又は登記の更正の申請 |
|---|
| ↓ |
| 登記官が上記の登記の実行 |
| ↓ |
| 登記官は、印鑑ファイルの記録にその旨を記載しなければならない<br>※ 印鑑届書の再提出（旧商登規９の４Ｉ）は、不要である |

昔は、商号変更があったら、また印鑑届書を作って出し直してもらっていました。先ほどの印鑑届書を見てください。商号が載っていますよね。

そのため、商号変更登記手続をしたら、新しい商号で印鑑届を出し直すことになっていたのです。

その後、ここは改正され、**商号変更登記をしたら、商号が変わったことは登記**

**所でわかる**から、**印鑑届書は、登記所のほうで書き直すことにしました。**

このように、印鑑届書は登記所で書き換えてくれるので、**代表者が、印鑑届を出し直す必要はありません。**

## 問題を解いて確認しよう

| | | |
|---|---|---|
| 1 | 印鑑ファイルに記録された印鑑届出事項で登記されているものにつき、変更の登記を申請する場合の印鑑の再提出にあたっては、市町村長の作成した印鑑の証明書を添付しなければならない。〔57-39-2（6-32-4）〕 | × |
| 2 | 株式会社の代表取締役の氏名の変更の登記の申請をするときは、当該申請とともに、当該代表取締役の提出に係る印鑑届出事項の変更の届出もしなければならない。〔21-32-オ〕 | × |

## ヒトコト解説

1 印鑑の再提出をする必要がありません。

2 印鑑届の変更届をする必要はありません。

## 2周目はここまで押さえよう

印鑑届を止めたい

届出印が盗まれた！

オンライン申請のみすることになって、印鑑届自体を止めたい場合や泥棒に入られて印鑑等を盗まれたような場合は、印鑑届を廃止するという手続を取ります。

| 原則 | 廃止する印鑑を押印 |
|---|---|
| 例外<br>届出印の押印不要 | ①印鑑カードを提出する場合 |
| | ②廃止する印鑑を押印できず、印鑑カードも提示できない場合<br>→ 市町村に登録した印鑑を押印して、その印鑑についての市町村長作成の印鑑証明書を添付する（令3.1.29民商11号） |

この場合、本人が来ているかを確認したいので、
廃止する印鑑を押印するのが原則ですが、これでは盗まれた人が対応できません。
そこで、印鑑カードを提出する（これは印鑑証明書をもらうときに使うカードです）という方法もありますが、
印鑑と印鑑カードの両方盗まれた人もいます。

この場合は、市町村に登録した印鑑を押印して、その印鑑についての市町村長作成の印鑑証明書を添付して提出することによって、本人確認を取ります。

| | | |
|---|---|---|
| 1 | 印鑑の提出者は、印鑑の廃止の届出書に当該印鑑を押すことができない場合には、市町村長の作成した印鑑証明書を添付して、その廃止の届出をすることができる。〔15-30-4（6-32-3）〕 | ○ |
| 2 | 株式会社の代表取締役がその提出に係る印鑑の廃止の届出をするときは、当該印鑑に係る印鑑カードを提示すれば、当該届出に係る書面に当該印鑑を押印することを要しない。〔21-32-イ〕 | ○ |

<印鑑証明の交付を受けられるか>

| | | |
|---|---|---|
| ① | すでに退任登記がされている株式会社の代表取締役であった者 | × |

印鑑届をした者は印鑑証明書をもらうことができます。ただ、上記の者は印鑑証明がもらえないのです。

印鑑証明書というのは、身分証になります。この者はもう**代表取締役ではなくなっているのだから、身分証を出してはいけません**よね。

<印鑑証明の交付を受けられるか>

| | | |
|---|---|---|
| ② | 任期が満了した代表取締役であっても、なお登記簿上に代表取締役として登記されているもの | ○ |

任期満了しているのに、登記簿上に名前が残っているということは、権利義務の状態です。**権利義務の代表取締役として仕事は続けていますので、身分証は出すべき**です。

つまり、**印鑑証明書が出るかどうかは、権限を失っているのか、失っていないのかで考えればいい**のです。

| ③ | 裁判所の仮処分によって職務執行を停止された代表者（昭40.3.16民甲581号） | × |
|---|---|---|
| ④ | 会社の代表者の職務代行者 | ○ |

代表取締役Aが悪さをしていたようで、職務執行停止の仮処分を受けました。そして、職務代行者を選任しているようです。

今の**代表取締役Aは権限を失っていますので、印鑑証明書は出ません**。代わりに**職務代行者が仕事をしているので、職務代行者の者に印鑑証明書が出ます**。

| ⑤ | 登記記録上存続期間が満了している会社の代表者 | × |
|---|---|---|

存続期間が満了しているということは、その会社は解散しています。解散しているということは、トップは代表清算人です。

**代表取締役は権限を失っているため、印鑑証明書は出ません**。

| ⑥ | 破産手続開始の決定のなされている会社の破産手続開始の決定当時の代表者 | ○ |
|---|---|---|
| ⑦ | 上記の会社の破産管財人 | ○ |

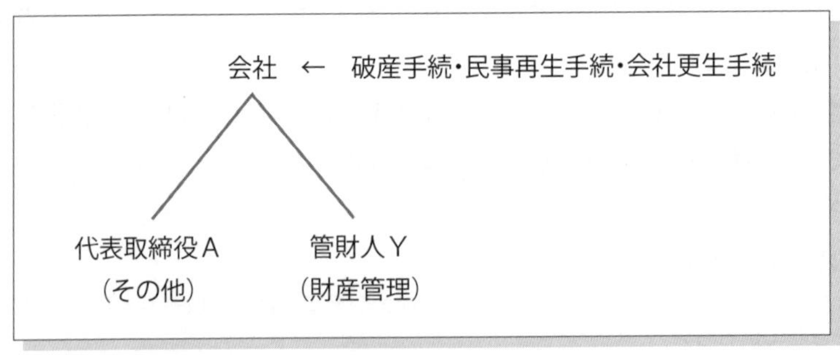


会社がいわゆる倒産手続をしました。その倒産手続をすると、破産管財人等の

財産管理をする人が出てきます。

昔は、「破産をすると、代表取締役は辞める」という仕組みだったのですが、判例が変わって、「**管財人は財産管理をするけど、それ以外の仕事は代表取締役が行う必要があるため、代表取締役は退任しない**」となりました。

その結果、**管財人Bだけでなく、代表取締役Aにも印鑑証明書が出る**のです。



### 問題を解いて確認しよう

| | | |
|---|---|---|
| 1 | 再生手続開始の決定がされた株式会社の代表取締役は、印鑑証明書の交付を受けることができる。〔22-33-ウ改題〕 | ○ |
| 2 | 会社について破産手続開始の決定があった場合には、破産管財人は登記所に印鑑を提出して印鑑証明書の交付を受けることができるが、当該会社の破産手続開始の決定を受けた当時の代表取締役は登記所に印鑑を提出していても印鑑証明書の交付を受けることができない。〔13-35-ウ〕 | × |
| 3 | 破産法の規定により株式会社につき選任された保全管理人は、印鑑証明書の交付を受けることができる。〔22-33-イ改題〕 | ○ |
| 4 | 株式会社において、職務執行が停止された旨の登記がされている代表取締役は、印鑑証明書の交付を受けることができない。〔7-33-ウ改題〕 | ○ |
| 5 | 株式会社の代表取締役の職務代行者は、印鑑証明書の交付を受けることができない。〔7-33-エ改題（13-35-エ）〕 | × |
| 6 | 代表取締役の職務執行停止及び職務代行者の選任の登記がされた後に、株式会社につき新たに選定された代表取締役は、印鑑証明書の交付を受けることができる。〔22-33-エ改題〕 | ○ |
| 7 | 任期が満了した後に退任の登記が未了である代表取締役は登記所に印鑑を提出していれば印鑑証明書の交付を受けることができるが、登記簿上存続期間が満了している会社の代表取締役は登記所に印鑑を提出していても印鑑証明書の交付を受けることができない。〔13-35-オ（7-33-ア、22-33-オ）〕 | ○ |
| 8 | 登記記録上存続期間の満了している株式会社の代表取締役は、印鑑証明書の交付を受けることはできないが、権利義務を有している代表取締役は、印鑑証明書の交付を受けることができる。〔オリジナル〕 | ○ |

×肢のヒトコト解説

2 破産当時の代表取締役も、権限が残っているため、印鑑証明書の交付が受けられます。

5 職務代行者が権限を持つため、印鑑証明書の交付を受けることができます。

## 2周目はここまで押さえよう

### ◆ 外国会社の場合 ◆

| | 日本における代表者 | 印鑑提出の義務<br>（書面申請をする場合） |
|---|---|---|
| ① | 「日本における代表者」が<br>**日本人**である場合 | 義務あり |
| ② | 「日本における代表者」が<br>**外国人**である場合 | 義務なし（注1）<br>→任意に印鑑を提出することはできる（注2） |

（注1）印鑑を提出していない場合には、登記申請をするたびに、申請書又は委任状への「署名」についての「署名証明書」を添付しなければならない（昭48.1.29民四821通達）。

（注2）自己の署名を登記所に提出することはできない。

外国会社の日本における代表者も印鑑届をすることができ、印鑑届をしていれば、印鑑証明書の交付を請求できます。

ただ、そもそも外国会社の日本における代表者が外国人の場合には、印鑑届をする義務がありません（外国人の方に、日本の印鑑の文化を要求できないためと考えましょう）。この場合は、申請書にサインをして、そのサインについての証明をその国の大使館にしてもらいます。

ちなみに、登記所に「自分のサインはこれです。このサインが来たら、自分だと思ってください」と署名を提出することはできません（提出したサインと、次の申請時に書かれたサインが完全一致することはないでしょう）。

- [x] 1 外国会社の日本における代表者が外国人である場合には、登記の申請書に押印する印鑑に代えて、自己の署名を登記所に提出することができる。〔10-28-1（30-28-エ）〕 ×
- 2 外国会社の日本における代表者は、印鑑証明書の交付を受けることができる。〔22-33-カ〕 ○

## これで到達！ 合格ゾーン

- [ ] 更生計画認可の決定の登記及び機関の権限回復の登記がされている株式会社につき選任されている管財人は印鑑証明書の交付を受けることはできない。〔22-33-ア〕

**★更生計画認可の決定の登記及び機関の権限回復の登記がされた場合、更正計画の遂行や財産の管理処分をする権限は代表取締役に移ります（管財人はこれを監督することになる）。管財人に代表権がなくなるため、印鑑証明書の交付は受けられません（会更72Ⅳ後段）。**

- [ ] 登記簿上存続期間が満了している会社の代表者事項証明書は交付することができない（昭42.1.31 民甲244号）。〔令2-28-ア〕

- [ ] 破産手続開始の登記がされた会社の破産手続開始の決定当時の代表者に係る代表者事項証明書の交付の請求があった場合、破産手続開始の登記がある旨を付記した上で代表者事項証明書を交付することができる（平23.4.1 民商816号）。〔令2-28-イ〕

**★代表者事項証明書とは、その名のとおり「その法人の代表者を証する書面」であり、代表者の身分証となります（そのため、印鑑証明書の交付の可否の論点と結論が同じようになります）。**

## 第2節 却下・取下げ

却下というのは、登記申請を退ける登記所の行為です。

取下げというのは、申請人のほうから登記申請をやめますという意思表示です。出題はこの２つの制度を比較させる問題が中心です。

| | 却下 | 取下げ |
|---|---|---|
| 申請書類等の還付 | 原則一切の書類を還付しない | 全ての書類を還付する<br>例外）偽造された書類その他の不正な登記の申請のために用いられた疑いのある書類は還付しない |

書類が返ってくるかどうかという比較です。

却下の場合は、書類が一切返ってきません。後々、**審査請求や国家賠償請求などがあったときの審査資料とするため**に、書類は何も返さないのです。

取下げの場合、**登記申請がなかったことになるので、全部、書類を返します**。ただ、「偽造された書類その他の不正な登記の申請のために用いられた疑いのある書類」は返却しません。**偽造事件として警察に通報するため**です。

| | 却下 | 取下げ |
|---|---|---|
| 原本還付の可否 | 可 | |

これは却下特有の話です。却下の場合は原則書類が返ってきません。そこで、コピーを出すから、原本を返してくれと請求することができます。それが原本還付という手続です（**取下げをした場合は添付書類が自動的に帰ってきますから、このような制度は不要**です）。

| | 却下 | 取下げ |
|---|---|---|
| 再使用証明の申出の可否 | 不可 | 可 |

申請書に貼られた印紙をもう１回使いたい、こういう場合に「もう１回使っていいですよ」という証明を取ることができます（不登法でもありました）。

この申出は、取下げの場合は可能です。申請書が返ってくるので、そこに貼られた印紙をもう１回使いたいときは、その旨の申出をします。

**却下については、申請書自体が返ってこないので、貼った印紙をもう１回使うことはできません。**

| | 却下 | 取下げ |
|---|---|---|
| 一部却下・取下げ | 可 | 可 |

例えば、申請書に商号変更、目的変更、役員の変更などを書きましたが、その中で商号変更だけを却下する、役員だけを取り下げるなど、一部分だけ却下・取り下げることができるのです。

| | 却下 | 取下げ |
|---|---|---|
| 代理権限証書の添付の要否 | | 原則：必要<br>例外：補正のための場合は不要 |

取り下げた場合だけの論点です。

取下げをするときに、代理人が行うときは、「取下げをしていいですよ」という委任状を別途もらう必要があります。**登記申請の代理権があるだけでは、勝手に取り下げることはできません。**

ただ、**補正をしたいから取り下げるという場合は例外**です。こういった理由の取下げであれば、その**行為は登記申請の代理権の範囲内**なので、登記申請の代理権だけで行うことができます。

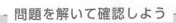

### 問題を解いて確認しよう

| | | |
|---|---|---|
| 1 | 登記の申請を取り下げた場合、添付書面は常に還付されない。なお、電子情報処理組織による登記の申請は考慮しないものとする。〔オリジナル〕 | × |
| 2 | 登記の申請を取り下げた場合は、申請書は還付されるが、添付書面は還付されない。〔オリジナル〕 | × |
| 3 | 登記申請が却下された場合は申請書に貼付した領収証書又は印紙について再使用証明の申出をすることはできないが、取下げの場合は再使用証明の申出をすることができる。〔オリジナル〕 | ○ |
| 4 | 同一の申請書によって２以上の登記の申請がされた場合において、その一部の申請のみを取り下げることはできない。〔オリジナル〕 | × |
| 5 | 登記の申請をした代理人が補正のために申請を取り下げるときは、取下書に委任状を添付しなければならない。〔オリジナル〕 | × |

### ×肢のヒトコト解説

1 取り下げた場合は、原則、すべての書類が還付されます。

2 添付書面を含めて、すべての書類が還付されます。

4 一部分だけ登記申請を辞めたい、ということは認められています。

5 補正のためであれば、別途委任状をつける必要はありません。

商業登記についても、審査請求の手続があります。手続の流れ、論点は不動産登記法とほぼ同じです。不動産登記法の知識を思い出しながら、下記の過去問を解いてください。

### 問題を解いて確認しよう

| | | |
|---|---|---|
| 1 | 登記の申請をした者は、当該申請を却下した処分に対して審査請求をすることができるが、登記簿の附属書類の閲覧を請求した者は、当該請求を却下した処分に対して審査請求をすることができない。〔27-35-イ〕 | × |

| | | |
|---|---|---|
| **2** | 登記すべき事項につき無効の原因があるにもかかわらず登記がされている場合において、登記官が職権により当該登記を抹消することができるときは、当該登記に関する審査請求をすることはできない。〔27-35-ウ〕 | × |
| **3** | 申請書の添付書面の不備を看過して登記がされた場合には審査請求をすることができるが、虚偽の申請書及び添付書面に基づいて登記がされた場合には審査請求をすることができない。〔10-35-3〕 | × |
| **4** | 審査請求は、登記官を経由してしなければならない。〔27-35-ア〕 | ○ |
| **5** | 審査請求は、処分があったことを知った日の翌日から起算して60日以内にしなければならない。〔61-37-2（10-35-5）〕 | × |

×肢のヒトコト解説

**1** 登記官の不当処分であれば、ほとんどのことについて審査請求が可能です。

**2** 登記がされている場合は、登記官が職権により当該登記を抹消することができるときのみ、審査請求ができます。

**3** 添付書類の不備は、登記官が職権で抹消できる場合ではありません。

**5** 審査請求には期間制限がありません。

## 第3節 オンライン手続

| | オンライン申請の対象となるか |
|---|---|
| ① 登記の申請 | ○ |
| ② ①と同時にする受領証の交付又は送付 | ○ |
| ③ オンライン登記申請の取下げ | ○ |
| ④ オンライン登記申請の補正 | ○ |
| ⑤ 行政機関による登記の嘱託（15） | ○ |
| ⑥ 印鑑の提出（注） | ○ |
| ⑦ 電子証明書発行請求 | ○ |
| ⑧ 印鑑証明書の交付（郵送等による送付又は窓口受取）の請求 | ○ |
| ⑨ 登記事項証明書の交付（郵送等による送付又は窓口受取）の請求 | ○ |
| ⑩ 電子証明書で証明した事項の変更の有無についての証明の請求 | ○ |
| ⑪ 審査請求 | × |
| ⑫ 裁判所による登記の嘱託 | × |

（注）印鑑の提出及び廃止の届出は、オンラインによる登記の申請と同時に行う場合にのみ可能

上記の図表にはオンラインでできることが載っています。登記申請だけでなく商業登記の多くの手続がオンライン上で可能です。

ここではオンラインでできないことを優先的に覚えましょう。具体的には、審査請求と、裁判所による登記の手続です。

比較したいのは、行政手続で、**行政機関が登記を頼む場合はオンラインでもできるのに、裁判所の場合はなぜかできません。**

図表の⑥印鑑の提出は注意が必要です。これは、**オンラインによる登記の申請と同時に行う場合にのみ可能**となっていて、登記申請とは別個に行う場合にはオンライン申請を認めていません。

登記申請と同時であれば問題ありませんが、登記申請と別個にやった場合は、その会社の代表取締役かどうかの確認がとりづらいことが理由だと考えられます。

また、⑧⑨にも注意が必要で、この２つは印鑑証明書・登記事項証明書を送ってくれとか、窓口で受け取るから用意しておいてくれとか言えるだけで、**印鑑証明書・登記事項証明書のデータで送ってくれということまではできません**。



### 問題を解いて確認しよう

| | | |
|---|---|---|
| 1 | オンラインによる登記の申請と同時にする受領証の交付の請求は、オンラインによってすることができる。〔オリジナル〕 | ○ |
| 2 | 登記の申請及びこれと同時にする受領書の交付の請求は、オンライン申請によってすることができるが、印鑑の提出及び電子証明書の発行請求は、オンライン申請によってすることはできない。〔オリジナル〕 | × |
| 3 | オンラインによる登記の申請をした場合、登記が完了するまでであっても、オンラインによって当該登記の申請の取下げをすることはできない。〔オリジナル〕 | × |
| 4 | 裁判所による登記の嘱託は、オンラインによってすることはできず、行政機関による登記の嘱託も、オンラインによってすることはできない。〔オリジナル〕 | × |
| 5 | 電子証明書の発行は、オンラインによって請求することができる。〔オリジナル〕 | ○ |
| 6 | 登記事項証明書の登記所での交付の請求は、オンラインによってすることができる。〔オリジナル〕 | ○ |

### ×肢のヒトコト解説

2 オンライン申請で可能です。

3 取下げをオンラインですることは可能です。

4 行政機関の登記は、オンラインですることが可能です。

これで、商業登記法の講義は終了です。

ここでは、本書を通読した後の学習方法について、説明します。

＜本書を通読した方の今後の学習法＞

① 記述式で出題される株式会社の登記の部分を、記述問題を解きながら通読する

↓

② 記述式と関係ない分野を通読する

↓

③ 会社法に戻り、商登法と関係ない分野を通読する

↓

④ 過去問集を解き、答案練習会に参加する

この科目は、とにかく**記述問題とセットで勉強するのが効率的**です。本書を見ながらでいいので、記述問題（できるだけ簡単なもの）を多く解いていきましょう。

その際には**「検討事項」を見ながら解いていくと、本書の内容も徐々に頭に入っていきます**。

そして、この後は**記述式で関係ない分野（株式会社・有限会社の登記以外）を普通に２回から３回ほど通読していきましょう**。

ここまで来たら、いったんは会社法に戻ることをお勧めします。商業登記法で触れている知識については、スムーズに読めるようになりますので、**それ以外の部分をメインに読んでいきましょう**。

ここまでいくと、合格力が相当ついてきていますので、このあとは、合格ゾーン（過去問題集）を解いたり、精撰答練（ＬＥＣの主催する答案練習会）に参加することで、**新作問題を通じて知識を増やしていきましょう**。

# 索引

## 数字



## あ行



## か行



## さ行

## た行



## な行



## は行



## ま行



## や行



## ら行

〈執筆者〉

**根本 正次**（ねもと しょうじ）

2001年司法書士試験合格。2002年から講師として教壇に立ち、20年以上にわたり初学者から上級者まで幅広く受験生を対象とした講義を企画・担当している。講義方針は、「細かい知識よりもイメージ・考え方」を重視すること。熱血的な講義の随所に小噺・寸劇を交えた受講生を楽しませる「楽しい講義」をする講師でもある。過去問の分析・出題予想に長けており、本試験直前期には「出題予想講座」を企画・実施し、数多くの合格者から絶賛されている。

**令和7年版 根本正次のリアル実況中継**
**司法書士 合格ゾーンテキスト**
**7 商業登記法**

2019年5月20日　第1版　第1刷発行
2024年7月5日　第6版　第1刷発行

執　筆●根本 正次
編著者●株式会社　東京リーガルマインド
LEC総合研究所　司法書士試験部

発行所●株式会社　東京リーガルマインド
〒164-0001　東京都中野区中野4-11-10
アーバンネット中野ビル
LECコールセンター　0570-064-464
受付時間　平日9：30～20：00/土・祝10：00～19：00/日10：00～18：00
※このナビダイヤルは通話料お客様ご負担となります。
書店様専用受注センター　TEL 048-999-7581 / FAX 048-999-7591
受付時間　平日9：00～17：00/土・日・祝休み
www.lec-jp.com/

本文デザイン●株式会社リリーフ・システムズ
本文イラスト●小牧 良次
印刷・製本●図書印刷株式会社


ISBN978-4-8449-6311-0

# 根本正次

LEC専任講師

## 誰にもマネできない記憶に残る講義

司法書士試験は、「正しい努力をすれば」、「必ず」合格ラインに届きます。
そのために必要なのは、「絶対にやりぬく」という意気込みです。
皆さんに用意していただきたいのは、
司法書士試験に一発合格する！という強い気持ち、この1点だけです。
あとは、私が示す正しい努力の方向を邁進するだけで、
合格ラインに届きます。

## 私の講義ここがPoint!

### 1 わかりやすいのは当たり前！ 私の講義は「記憶に残る講義」

❶ 知識の1つ1つについて、しっかりとした理由付けをする。

❷ 一度の説明ではなく、時間の許す限り繰り返し説明する。

❸ 寸劇・コントを交えて衝撃を与える。

### 2 法律を教えるのは当たり前！ 時期に応じた学習計画も伝授

❶ 講義の受講の仕方、復習の仕方、順序を説明する。

❷ すでに学習済みの科目について、復習するタイミング、復習する範囲を指示します。

❸ どの教材を、いつまでに、どのレベルまで仕上げるべきなのかを細かく指導する。

### 3 徹底した過去問重視の指導

❶ 過去の出題実績の高いところを重点に講義をする。

❷ 復習時に解くべき過去問を指摘する。

❸ 講義内で過去問を解いてもらう。

# *Nemoto*

## その裏に隠された緻密な分析力！

私のクラスでは、
❶ 法律を全く知らない人に向けて、「わかりやすく」「面白く」「合格できる」講義と
❷ いつ、どういった学習をするべきなのかのスケジュールと
❸ 数多くの一発合格するためのサポートを用意しています。
とにかく目指すは、司法書士試験一発合格です。一緒に頑張っていきましょう！

## 合格者の声　根本先生おすすめします！

一発合格

長井 愛さん

根本先生の講義はとにかく楽しいです。丁寧に、分かりやすく説明してくださる上に、全力の寸劇が何度も繰り広げられ、そのおかげで頭に残りやすかったです。また先生作成のノートやレジュメも分かりやすくて大好きです！！

一発合格
最年少合格

大島 駿さん

根本先生の良かった点は、講義内容のわかりやすさはもちろん、記憶に残る講義だということです。正直、合格できた１番の理由は根本先生の存在があったからこそだと思います。

一発合格

大石徳子さん

根本講師は、受験生の気持ちを本当に良く理解していて、すごく愛のある先生だと思います。講座の区切り、区切りで、今受験生が言ってもらいたい言葉を掛けてくれます。

一発合格

望月飛鳥さん

初学者の私でも分かりやすく、楽しく授業を受けられました。講義全体を通して、全力で授業をしてくれるので、こちらも頑張ろうという気持ちになります。

一発合格

H・Tさん

寸劇を交えた講義が楽しくイメージしやすかったです。問題を解いている時も先生の講義を思い出せました。

一発合格

田中佑幸さん

根本先生の『論点のストーリー説明→条文根拠づけ→図表まとめ』の講義構成がわかりやすく記憶に残りやすかったです。

LEC司法書士YouTubeチャンネル　https://www.youtube.com/@LEC-shoshi

# 著者 根本講師が担当　司法書士講座のご案内

# 新15ヵ月合格コース

## 短期合格のノウハウが詰まったカリキュラム

LECが初めて司法書士試験の学習を始める方に自信をもってお勧めする講座が新15ヵ月合格コースです。司法書士受験指導40年以上の積み重ねたノウハウと、試験傾向の徹底的な分析により、これだけ受講すれば合格できるカリキュラムとなっております。司法書士試験対策は、毎年一発・短期合格を輩出してきたLECにお任せください。

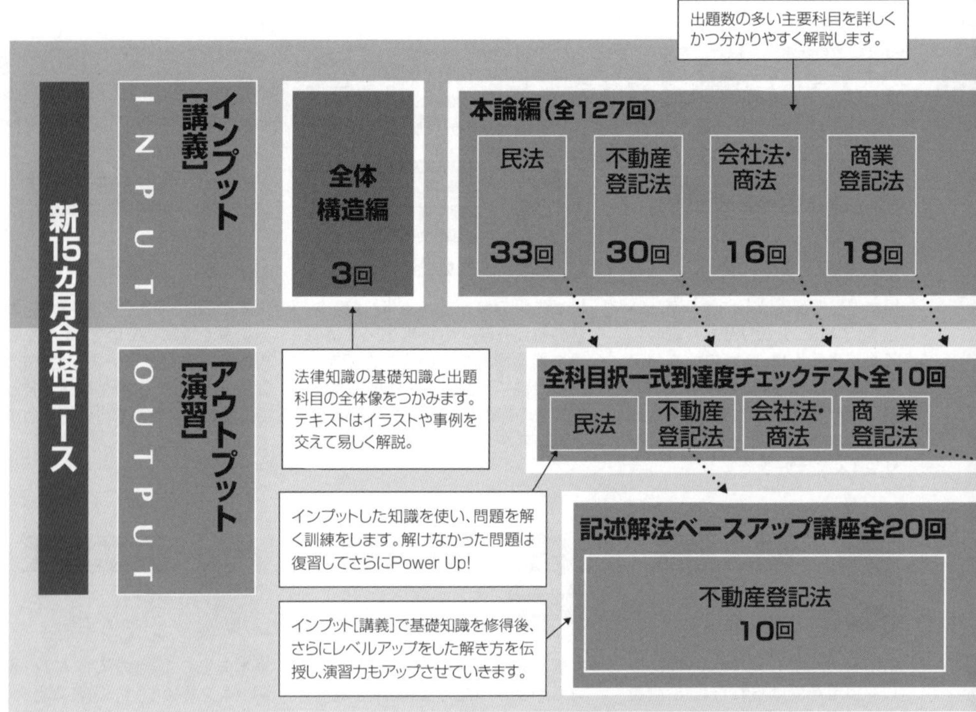


## インプットとアウトプットのリンクにより短期合格を可能に！

合格に必要な力は、適切な情報収集（インプット）→知識定着（復習）→実践による知識の確立（アウトプット）という３つの段階を経て身に付くものです。新15ヵ月合格コースではインプット講座に対応したアウトプットを提供し、これにより短期合格が確実なものとなります。

スマートフォン・タブレットから簡単アクセス！ ▷▷

## 自慢のメールマガジン配信中！（登録無料）

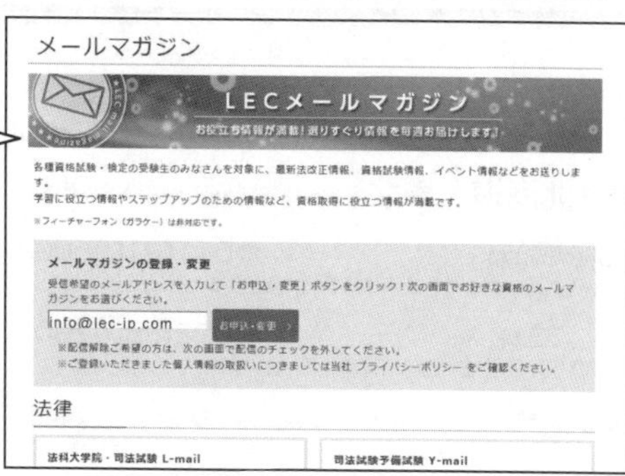


LEC講師陣が毎週配信！　最新情報やワンポイントアドバイス，改正ポイントなど合格に必要な知識をメールにて毎週配信。

**www.lec-jp.com/mailmaga/**

## LECオンラインショップ

充実のラインナップ！　LECの書籍・問題集や講座などのご注文がいつでも可能です。また、割引クーポンや各種お支払い方法をご用意しております。

**online.lec-jp.com/**

## LEC電子書籍シリーズ

LECの書籍が電子書籍に！　お使いのスマートフォンやタブレットで，いつでもどこでも学習できます。

※動作環境・機能につきましては，各電子書籍ストアにてご確認ください。

**www.lec-jp.com/ebook/**

LEC書籍・問題集・レジュメの紹介サイト **LEC書籍部** **www.lec-jp.com/system/book/**

- LECが出版している書籍・問題集・レジュメをご紹介
- 当サイトから書籍などの直接購入が可能(＊)
- 書籍の内容を確認できる「チラ読み」サービス
- 発行後に判明した誤字等の訂正情報を公開

＊商品をご購入いただく際は，事前に会員登録（無料）が必要です。
＊購入金額の合計・発送する地域によって，別途送料がかかる場合がございます。

※資格試験によっては実施していないサービスがありますので，ご了承ください。

# LEC 全国学校案内

＊講座のお問合せ，受講相談は最寄りのLEC各校へ

## LEC本校

### 北海道・東北

**札　幌**本校　☎011(210)5002
〒060-0004 北海道札幌市中央区北4条西5-1　アスティ45ビル

**仙　台**本校　☎022(380)7001
〒980-0022 宮城県仙台市青葉区五橋1-1-10　第二河北ビル

### 関東

**渋谷駅前**本校　☎03(3464)5001
〒150-0043 東京都渋谷区道玄坂2-6-17　渋東シネタワー

**池　袋**本校　☎03(3984)5001
〒171-0022 東京都豊島区南池袋1-25-11　第15野萩ビル

**水道橋**本校　☎03(3265)5001
〒101-0061 東京都千代田区神田三崎町2-2-15　Daiwa三崎町ビル

**新宿エルタワー**本校　☎03(5325)6001
〒163-1518 東京都新宿区西新宿1-6-1　新宿エルタワー

**早稲田**本校　☎03(5155)5501
〒162-0045 東京都新宿区馬場下町62　三朝庵ビル

**中　野**本校　☎03(5913)6005
〒164-0001 東京都中野区中野4-11-10　アーバンネット中野ビル

**立　川**本校　☎042(524)5001
〒190-0012 東京都立川市曙町1-14-13　立川MKビル

**町　田**本校　☎042(709)0581
〒194-0013 東京都町田市原町田4-5-8　MIキューブ町田イースト

**横　浜**本校　☎045(311)5001
〒220-0004 神奈川県横浜市西区北幸2-4-3　北幸GM21ビル

**千　葉**本校　☎043(222)5009
〒260-0015 千葉県千葉市中央区富士見2-3-1　塚本大千葉ビル

**大　宮**本校　☎048(740)5501
〒330-0802 埼玉県さいたま市大宮区宮町1-24　大宮GSビル

### 東海

**名古屋駅前**本校　☎052(586)5001
〒450-0002 愛知県名古屋市中村区名駅4-6-23　第三堀内ビル

**静　岡**本校　☎054(255)5001
〒420-0857 静岡県静岡市葵区御幸町3-21　ペガサート

### 北陸

**富　山**本校　☎076(443)5810
〒930-0002 富山県富山市新富町2-4-25　カーニープレイス富山

### 関西

**梅田駅前**本校　☎06(6374)5001
〒530-0013 大阪府大阪市北区茶屋町1-27　ABC-MART梅田ビル

**難波駅前**本校　☎06(6646)6911
〒556−0017 大阪府大阪市浪速区湊町1-4-1
大阪シティエアターミナルビル

**京都駅前**本校　☎075(353)9531
〒600-8216 京都府京都市下京区東洞院通七条下ル2丁目
東塩小路町680-2　木村食品ビル

**四条烏丸**本校　☎075(353)2531
〒600-8413　京都府京都市下京区烏丸通仏光寺下ル
大政所町680-1　第八長谷ビル

**神　戸**本校　☎078(325)0511
〒650-0021 兵庫県神戸市中央区三宮町1-1-2　三宮セントラルビル

### 中国・四国

**岡　山**本校　☎086(227)5001
〒700-0901 岡山県岡山市北区本町10-22　本町ビル

**広　島**本校　☎082(511)7001
〒730-0011 広島県広島市中区基町11-13　合人社広島紙屋町アネクス

**山　口**本校　☎083(921)8911
〒753-0814 山口県山口市吉敷下東 3-4-7　リアライズⅢ

**高　松**本校　☎087(851)3411
〒760-0023 香川県高松市寿町2-4-20　高松センタービル

**松　山**本校　☎089(961)1333
〒790-0003 愛媛県松山市三番町7-13-13　ミツネビルディング

### 九州・沖縄

**福　岡**本校　☎092(715)5001
〒810-0001 福岡県福岡市中央区天神4-4-11　天神ショッパーズ
福岡

**那　覇**本校　☎098(867)5001
〒902-0067 沖縄県那覇市安里2-9-10　丸姫産業第2ビル

### EYE関西

**EYE 大阪**本校　☎06(7222)3655
〒530-0013　大阪府大阪市北区茶屋町1-27　ABC-MART梅田ビル

**EYE 京都**本校　☎075(353)2531
〒600-8413　京都府京都市下京区烏丸通仏光寺下ル
大政所町680-1　第八長谷ビル

## LEC提携校

＊提携校はLECとは別の経営母体が運営をしております。
＊提携校は実施講座およびサービスにおいてLECと異なる部分がございます。

### 北海道・東北

**八戸中央校【提携校】** ☎0178(47)5011
〒031-0035　青森県八戸市寺横町13　第1朋友ビル　新教育センター内

**弘前校【提携校】** ☎0172(55)8831
〒036-8093　青森県弘前市城東中央1-5-2
まなびの森　弘前城東予備校内

**秋田校【提携校】** ☎018(863)9341
〒010-0964　秋田県秋田市八橋鯲沼町1-60
株式会社アキタシステムマネジメント内

### 関東

**水戸校【提携校】** ☎029(297)6611
〒310-0912　茨城県水戸市見川2-3092-3

**所沢校【提携校】** ☎050(6865)6996
〒359-0037　埼玉県所沢市くすのき台3-18-4　所沢K・Sビル
合同会社LPエデュケーション内

**東京駅八重洲口校【提携校】** ☎03(3527)9304
〒103-0027　東京都中央区日本橋3-7-7　日本橋アーバンビル
グランデスク内

**日本橋校【提携校】** ☎03(6661)1188
〒103-0025　東京都中央区日本橋茅場町2-5-6　日本橋大江戸ビル
株式会社大江戸コンサルタント内

### 東海

**沼津校【提携校】** ☎055(928)4621
〒410-0048　静岡県沼津市新宿町3-15　萩原ビル
M-netパソコンスクール沼津校内

### 北陸

**新潟校【提携校】** ☎025(240)7781
〒950-0901　新潟県新潟市中央区弁天3-2-20　弁天501ビル
株式会社大江戸コンサルタント内

**金沢校【提携校】** ☎076(237)3925
〒920-8217　石川県金沢市近岡町845-1　株式会社アイ・アイ・ピー金沢内

**福井南校【提携校】** ☎0776(35)8230
〒918-8114　福井県福井市羽水2-701　株式会社ヒューマン・デザイン内

### 関西

**和歌山駅前校【提携校】** ☎073(402)2888
〒640-8342　和歌山県和歌山市友田町2-145
KEG教育センタービル　株式会社KEGキャリア・アカデミー内

### 中国・四国

**松江殿町校【提携校】** ☎0852(31)1661
〒690-0887　島根県松江市殿町517　アルファステイツ殿町
山路イングリッシュスクール内

**岩国駅前校【提携校】** ☎0827(23)7424
〒740-0018　山口県岩国市麻里布町1-3-3　岡村ビル　英光学院内

**新居浜駅前校【提携校】** ☎0897(32)5356
〒792-0812　愛媛県新居浜市坂井町2-3-8　パルティフジ新居浜駅前店内

### 九州・沖縄

**佐世保駅前校【提携校】** ☎0956(22)8623
〒857-0862　長崎県佐世保市白南風町5-15　智翔館内

**日野校【提携校】** ☎0956(48)2239
〒858-0925　長崎県佐世保市椎木町336-1　智翔館日野校内

**長崎駅前校【提携校】** ☎095(895)5917
〒850-0057 長崎県長崎市大黒町10-10　KoKoRoビル
minatoコワーキングスペース内

**高原校【提携校】** ☎098(989)8009
〒904-2163　沖縄県沖縄市大里2-24-1
有限会社スキップヒューマンワーク内

※上記は2024年5月1日現在のものです。

# 書籍の訂正情報について

このたびは，弊社発行書籍をご購入いただき，誠にありがとうございます。
万が一誤りの箇所がございましたら，以下の方法にてご確認ください。

## 1 訂正情報の確認方法

書籍発行後に判明した訂正情報を順次掲載しております。
下記Webサイトよりご確認ください。

**www.lec-jp.com/system/correct/**

## 2 ご連絡方法

上記Webサイトに訂正情報の掲載がない場合は，下記Webサイトの
入力フォームよりご連絡ください。

**lec.jp/system/soudan/web.html**

フォームのご入力にあたりましては，「Web教材・サービスのご利用について」の
最下部の「ご質問内容」に下記事項をご記載ください。

- 対象書籍名（○○年版，第○版の記載がある書籍は併せてご記載ください）
- ご指摘箇所（具体的にページ数と内容の記載をお願いいたします）

ご連絡期限は，次の改訂版の発行日までとさせていただきます。
また，改訂版を発行しない書籍は，販売終了日までとさせていただきます。

※上記「2ご連絡方法」のフォームをご利用になれない場合は，①書籍名，②発行年月日，③ご指摘箇所，を記載の上，郵送にて下記送付先にご送付ください。確認した上で，内容理解の妨げとなる誤りについては，訂正情報として掲載させていただきます。なお，郵送でご連絡いただいた場合は個別に返信しておりません。

送付先：〒164-0001 東京都中野区中野4-11-10 アーバンネット中野ビル
株式会社東京リーガルマインド 出版部 訂正情報係

- 誤りの箇所のご連絡以外の書籍の内容に関する質問は受け付けておりません。
  また，書籍の内容に関する解説，受験指導等は一切行っておりませんので，あらかじめご了承ください。
- お電話でのお問合せは受け付けておりません。

# 講座・資料のお問合せ・お申込み

**LECコールセンター 0570-064-464**

受付時間：平日9:30～20:00/土・祝10:00～19:00/日10:00～18:00

※このナビダイヤルの通話料はお客様のご負担となります。
※このナビダイヤルは講座のお申込みや資料のご請求に関するお問合せ専用ですので，書籍の正誤に関するご質問をいただいた場合，上記「2ご連絡方法」のフォームをご案内させていただきます。